马克思主义研究译丛
"十二五"国家重点图书出版规划项目

全球动荡的经济学

[美]罗伯特·布伦纳(Robert Brenner)◎著
郑吉伟◎译

中国人民大学出版社
·北京·

马克思主义研究译丛 编委会

顾　　问　徐崇温　李景源　邴正贵　陈学明
名誉主编　俞可平
主　　编　杨金海
副 主 编　曹　路　曹玉涛
编　　委　(按姓氏笔画排序)
　　　　　马　霄　刘元琪　李观斌　杨学功　陈　俊
　　　　　郑一明　邴吉伟　段忠桥　聂锦芳　鲁克俭
　　　　　梁树发　韩立新　曾枝盛　魏小萍

总　序

"马克思主义研究译丛"自2002年问世以来，受到我国学术界乃至社会各界的广泛关注。其中有的译作在社会上产生了比较大的影响，对推进我国马克思主义研究发挥了积极作用。这套丛书还日益受到国际学术界的重视，不少国际著名学者愿意将自己的新作纳入丛书。为此，我谨代表本丛书编委会对各位尊敬的读者、作者、译者、出版者以及所有关心、支持和帮助我们工作的朋友致以衷心的谢意！

"世界潮流，浩浩荡荡"。进入新世纪以来，中国的发展一日千里，世界的变化日新月异。随着实践的迅猛发展，思想理论发展的步伐也日益加快。特别是近几年来，中国化的马克思主义理论成果不断推出，科学发展观、构建社会主义和谐社会等重大战略思想的提出开辟了中国特色社会主义发展的新境界，也使我国哲学社会科学的话语体系和理论研究呈现出崭新的面貌。2004年以来，由中央组织实施的马克思主义理论研究和建设工程不断向纵深发展，它与我国改革开放的实践进程交相辉映，使我国哲学社会科学在理论与实践、历史与现实、国内与国际、研究与教学的结合上愈加深入，愈加科学，愈加丰富，愈加具有实践性、时代性和民族性。中国思想界从来没有像今天这样朝气蓬勃而又富有理性。从国际看，随着全球化进程的发展和国际互联网运用的普及，人类的思想文化发展到了一个全新的时代。人类所面临的共同问题越来越多，如经济全球化、政治民主化、生态环境保护、人的全面发展、后现代状况、后殖民状况、多元文化、全球社会治理、世界体系演进等问题越来越受到国际社会的普遍关注，也越来越多地进入人们的理论视野。国际学术界很多有识之士运用马克思主义的基本观点和方法对这些问题进行了深入研究，取得了一系列理论成果。有的学者还就人类社会发展的规律进行了新的探索，特别是就社会主义、资本主义以及二者的关系、发展前景等进行了研究探索，获得了新的认识。有的学者还从当代人类的实践出发，对马克思主义的经典著作进行新的解读，对马克思主义基本理论、基本观点及其发展源流进行了新的梳理和分析，得出了新的结论。所有这些，都从不同方面反映了人类社会发展的潮流，对我们认识、研究当今中国和世界发展的历史进程，推进马克思主义理论研究有着重要的启发和借鉴意义。

作为当代中国的学者，特别是马克思主义学者，要想适应时代要求乃至引领思想潮流，就必须始终站在学术前沿，立足中国，放眼世界，不断汲取人类一切优秀的思想学术成果，以丰富自己的头脑，为推进我国的发展和人类的进步事业提供理论智慧。

正是出于上述考虑，我们力求站在新的历史起点上，结合我国近几年来的理论研究和现代化建设实践，从国际马克思主义研究的最新成果中选择有代表性的新作，译介给我国读者。其中，有的是关于马克思主义经典文本的研究成果，如关于马克思恩格斯的文本、基本观点研究等，可以帮助我们更加深入地解读马克思主义经典著作，推进马克思主义基础理论和马克思主义发展史的研究；有的是关于人类社会发展历史和规律的新成果，如关于社会主义的未来、资本主义的未来、后现代主义、后殖民主义、文化多元主义等，有助于我们科学把握人类社会发展的规律、现状和趋势；有的是关于现实问题的理论成果，如生态问题、人的发展问题等，可以给我们思考和研究一系列重大社会现实问题以启发。当然，由于所处的社会文化环境不同，这些作者的思想认识与我们的观点不一定相同，也不一定完全正确，相信读者会用科学的态度对这些思想成果进行甄别和借鉴。

由于这方面的研究成果很多，而我们的能力有限，只能有选择性地陆续翻译出版。希望新老朋友们继续关心、支持我们的工作，共同为繁荣发展我国的哲学社会科学和理论研究事业奉献智慧与力量。

杨金海

2008年3月28日于北京西单

中文版序言

当前世界经济的危机是自大萧条以来（我没有详细比较）最具有破坏性的，可以想象它的严重性已经接近大萧条了。这是因为它暴露出了几十年来由债务包裹着的现实经济中存在的巨大的、未解决的问题，暴露出了战后时期所没有见到过的金融陷阱。资本积累的不断减弱和金融部门的瓦解之间存在着相互强化的密切联系，政策制定者必然无法解决这一问题，而它的存在明显可能导致灾难性的结果。

这次危机的分析者自然将金融部门和证券市场的崩溃作为其出发点（这也是"地震"的震中）。但是，从美国前财政部长亨利·保尔森（Henry Paulson）和美国联邦储备委员会主席本·伯南克（Ben Bernanke）到后来的一些人（很少有例外地）都坚持这种做法。他们现在承认这场危机是严重的，尽管到现在危机已经扩展到了金融部门以外的部门，但是他们还是认为应在金融部门里寻找问题出现的原因，最初在金融部门的危机是孤立的。相比之下，经济的基础是稳固的，不存在问题。在2008年3月，保尔森在次贷危机（the subprime crisis）之前告诉美国国家公共电台（NPR）："我们有六年的非常稳固的经济增长。"[1]拿伯南克来说，他从2004年开始宣传"伟大的现代化"的思想，即在最近的几十年里，特别是由于货币政策的不断完善，经济更稳定，通货膨胀降低，经济表现良好，前景光明。[2]在2008年9月，此时金融市场处在崩溃的边缘，保尔森提出他的庞大的银行救援的计划，200位学术界的经济学家（其中的许多人来自哈佛、芝加哥和麻省，包括众多的诺贝尔奖获得者）在一封公开信中警告国会："尽管它们出现了麻烦，但是具有活力和创造力的私人资本市场已经给这个国家带来了前所未有的繁荣。从根本上

（通过政府干预）削弱这些市场来平息短期动荡的行为绝对是短视的。"[3]这确实是当前正统的观点，或者说至少过去如此。但是，没有什么比这种观点更具有误导性了。

当前危机的根本原因是发达资本主义国家经济体的经济在过去30年里一个经济周期接着一个经济周期地衰退，直到现在这个水平。资本积累和总需求长期下降的根源在于资本的回报率在体制范围内的大幅下降，并且没有得到恢复，而这在很大程度上——尽管不仅仅如此——源于全球制造业长期存在过剩产能即过度供给。从1973年长期衰退开始，经济当局通过更大规模的信贷（不管是公共的还是私人的）从而支撑需求来延缓在历史上困扰资本主义体制的经济危机。但是，它们得到暂时稳定的代价就是停滞在加深，因为债务的增加和无法消解的过剩产能使经济对刺激计划越来越不敏感。1993年的克林顿政府以及后来的欧盟试图打破这种债务依赖，承诺要平衡预算，但是这个目标到20世纪90年代末也没有实现。经济似乎可以从政府的严格控制下解放出来，通过万能的市场来推动发展。但是，这种巨大转变暴露了这个经济体制长期存在的停滞、利润率和资本积累的深层问题像以前一样束缚着它。由此导致的需求下降使发达资本主义世界在1991—1995年间进入到战后时期最严重的周期性衰退之中，充分表明这个制度缺乏动力，为一系列的重要金融危机的发生打开了大门——从日本，到英国和斯堪的纳维亚，再到墨西哥和巴西。

为了"止血"和保证增长，美联储从20世纪90年代中期之后转向了日本经济当局在10年前类似环境下首先使用的解决办法。公司和家庭（而不是政府）通过大量借贷和透支性支出来推动经济发展，而这些是由它们纸面上的财富的历史性增加而推动的，纸面上的财富又是由资产价格的大幅上升和后来的低成本信贷而推动的。私人透支（不管是公司的还是家庭的）替代了公共赤字。整个过程的关键是美联储最终担保的推动资产市场的不断增加的廉价借贷。

结果是形成整个后来时期的宽松货币政策。企业削减投资导致企业对信贷需求的大幅下降。东亚国家政府不断购买美元资产（dollar-denominated assests），旨在压制它们的货币的价值，提高它们的制造业的竞争力，通过不断提供贷款来增加美国消费者的购买力。所以，长期借贷的实际成本在逐步下降。同时，一出现危机的征兆，美国中央银行就通过降低联邦基金利率（the federal funds rate）来确保短期利率不会高到危及在金融市场获取利润的程度。人们因此会看到世界经济中一个特殊的现象，即资本积累持续下去已经发展到了依赖一波接一波的历史性的投机浪潮，这些投机浪潮由国家政策的制定者和规制者来精心呵护和公开合理化——首先体现在1995—2000年间的资产泡沫，以及在2000—2007年间的住房和杠杆信贷上。对高盛（Goldman Sachs）——不再是通用汽车——有利的事情，就是对美国有利的事情。

从1996年起用资产价格的凯恩斯主义（asset price Keynesianism）来替代呆板老套的凯恩斯主义，这给人的印象是（像其前辈一样）不能改变这个制度走向经济衰退的趋势。但是，它只能使这个制度暴露在危机之下。不断上涨的股票价格推动了艾伦·格林斯潘的"新经济"繁荣，引发了一波巨大的自战后长期繁荣以来从未见到过的投资和消费浪潮。但是，到1998年夏天，随着美元的上值和东亚出现危机，美国经济扩张的脚步开始停滞不前，因为非金融公司的利润和股票价格都在下降。第二年秋天，人们会看到战后历史上最严重的金融衰退发生了，这成为当前崩溃的一个预演，世界经济似乎走向深度的周期性衰退之中或者更恶劣的衰退之中。通过一系列的大幅度利率下降和放松信贷的其他措施，美联储成功地渡过了这次危机，证券市场的泡沫重新恢复，经济得以支撑长达两年多的时间。但是，它不能阻碍这个制度在2000—2001年间走向严重的衰退，这个美联储主席吹嘘的信息技术股票的历史性崩溃使这个经济失去了它的主要动力即失控的股票价格。股票价格的大幅下跌表明了利润率和资本积累的难题再一次不断恶化，表明它因此在很大程度上依赖于通过借贷来产生的投资和消费需求，而这些需求又是通过不断上升的资产价格来推动的。

经济本身的脆弱性现在又拯救了经济。1997—1998年间和2000—2001年间世界经济的一系列危机导致公司对贷款资金需求的大幅下降。东亚的主权资金仍然通过包揽美国国内和贸易的赤字来推动美国创纪录的刺激计划。长期利率继续下降，为新一轮的泡沫经济（bubblenomics）提供基础，这一次降落到住房和杠杆贷款上。抵押利率大幅下降，推动了住房价格和房地产财富自第二次世界大战以来最大的增长。住房贷款实现了前所未有的增长，推动个人消费和住房投资的增长，而这些又使经济好转直到扩张。但是，甚至到2003年，私人投资、就业和出口都没有达到2000年的水平，尽管存在房地产泡沫扩大所引起的财富效应的有力刺激，更不用说布什政府的"里根风格"的预算赤字。另外，抵押市场已经达到顶点，因为人们能够买得起住房的能力在面对住房价格快速上涨时也开始削弱了，很快威胁到家庭纸面上的财富的上升，所以经济扩张也面临威胁，当然，这又一次表明经济不能根据自身的动力来推动其本身的发展。

正如在1998年，形势需要美联储进行大胆的干预来使投机增加、泡沫再次膨胀和经济增长起来。美联储这两年送的大礼就是实际短期利率下降到零以下，同时它决定允许抵押贷款标准出现历史性的下降——更不用说追求利润的贷款出现前所未有的扩张——从2003年起为出现次级抵押贷款的突然而大幅增长创造条件，而次级抵押贷款为住房价格上涨和周期性扩张的持续提供了可能。即使如此，更加令人疑惑的是，如果能够找到足以为这些不确定的贷款提供充足资金的贷款者，并且能够保持扩张的势头，那么长期利率也不会这样持续下降，长期利率的最初下降推动了住房繁荣，但也会使金融投资的回报率下降，并且住房的繁荣会驱使投资者热切地寻求更高的收益。正是证券（其背后是次级抵押贷款的支撑）带来的收益率提高的幻象，导致养老基金、保险公司、对冲基金、地方政府和世界范围的银行大量购买次级抵押贷款，从而支撑证券市场，而这最终为次级抵押贷款提供资金，从而使房地产泡沫扩大。这次全球借贷市场上空前的投机被证明是保证实体经济增长所不可或缺的。

它证明经济在实际上如何失衡。尽管在美国实施了历史上和平时期最大的刺激计划——该计划由重新产生巨额的联邦赤字和创纪录的家庭借贷来推动——但是，与亨利·保尔森的意见不同，美国从2001年到2007年的经济周期是战后时期最脆弱的周期，西欧和日本的情况同样糟糕。当住房泡沫在2006年失去推力时，实体经济由于本身具有波动性而依赖于不合格贷款（nonconforming mortgage），就不可避免地滑向衰退了，同时，金融部门原先由于不合格贷款而支撑起来的高估值资产而忘乎所以，现在这些资产的价值也迅速下滑。住房价格减少了家庭的财富、消费需求和金融机构的资本，一场由实体经济下降和金融部门恶化相互作用的严重衰退就发生了。

导致严重的周期性衰退或进一步演化为制度上灾难性的危机的是很少有人注意到（甚至内部人也如此）的金融部门的发展——也就是"影子银行系统"（shadow banking system）的兴起。根据华尔街的忠实拥护者的观点，信贷市场的狂热实际上不会使这个制度面临危机，因为经济在信贷上所依赖的大银行将其发起或购买的抵押在形式上进行证券化，并且卖到很远的国家和更大的范围，将风险分散到数百万的相互隔绝的投资者手中。但是2007年8月信贷链条的破裂很快就表明，现实正好相反。为了应对困扰着金融部门的不断激化的竞争和回报下降——以及华尔街惊人的贪婪和过度自信——美国最大的金融房地产公司力图继续支配它们根据或者超出资产平衡表而发行的大部分抵押所支撑起来的金融工具，并且这些金融工具通过短期信贷市场为同样的资产提供资金。所以，当住房价格快速下滑，并且通过"发起—证券化"（originate-and-securitize）的机制扩展开来时，很多这样的机构发现它们失去了资本，无法取得信贷，事实上进入破产状态。这似乎是公正的，但存在例外的是，这些公司的高级管理者企图将自身与他们自己的公司的命运分开，惨重的损失首先重重地落在工人阶级和次级抵押产品的少数购买者身上。

　　金融市场的衰退削弱了银行向公司和家庭提供资金的能力，它们在此时面对住房泡沫破裂引发的经济衰退而突然收紧它们的贷款标准。根据这种方式，它大大加快了暴露在实体经济中的消费、就业和利润的危机，这又加速了由住房不动产和住房抵押所支撑起来的证券价格下降，进而导致金融部门的崩溃更加具有灾难性。但是，信贷供给的下降最终只是整个过程的一部分。最根本的问题不仅仅是公司和家庭不能得到它们所需要的信贷，而且是它们不会或者说不可能需要这些信贷。公司不进行任何投资，也不雇用工人，因此不会在整个产业周期中为了扩张而进行借贷。面对需求崩溃和利润下降，人们怎么会企望它们从现在开始投资呢？家庭在过去的7年里通过大量借贷、消费和住房投资而拯救了经济。但是，面对房屋价格急剧下降，并且他们已经积累了大量债务，而劳动力市场又低迷，人们怎么会企望家庭会重新借贷和消费来重新开始拯救经济呢？经济面临着自我强化的极其残酷的向下的恶性循环，市场信号在这种循环中告诉私人企业和家庭尽可能地收缩开支。不仅政府阻止这种衰退的愿望将可能无法在短期内实现，而且其阻止这种下滑的能力也将受到考验。

注　释

　　[1] "All Things Considered," NPR, interview with Melissa Bloch, 13 March 2008.

　　[2] See Ben S. Bernanke, "The Great Moderation," Remarks at the meetings of the Eastern Economic Association, Washington, DC, 20 February 2004, and "The Benefits of Price Stability," Speech at the Center for Economic Policy Studies, Princeton University, Princeton, New Jersey, 24 February 2006, both at Federal Reserve website.

　　[3] "Economists Against the Paulson Plan: To the Speaker of the House of Representatives and the President Pro Tempore of the Senate," 24 September 2008.

致 谢

我非常感谢佩里·安德森（Perry Anderson），他从一开始就对这个计划给予大量学术和道义上的支持，对我的书稿提出批评和改进的建议。同时，也要感谢马克·格利克（Mark Glick）、安德鲁·格林（Andrew Glyn）和鲍勃·波林（Bob Pollin）慷慨地奉献了他们辛苦得来的数据，向我解释如何运用这些数据，对多种图形发表意见，花费大量时间和我讨论诸多经济理论和数据，从而大大提升了最终成果的水准。我还要感谢戴维·戈登（David Gordon）、约翰·阿什沃思（John Ashworth）、戈帕尔·巴拉克瑞施南（Gopal Balakrishnan）、迈克尔·伯恩斯坦（Michael Bernstein）、萨姆·鲍尔斯（Sam Bowles）、亚历克斯·卡利尼科斯（Alex Callinicos）、吉姆·戈罗宁（Jim Cronin）、杰勒德·杜梅尼尔（Gérard Duménil）、萨姆·法伯（Sam Farber）、鲍勃·菲奇（Bob Fitch）、迈克·戈德菲尔德（Mike Goldfield）、洛伦·戈德纳（Loren Goldner）、迈克尔·霍华德（Michael Howard）、多米尼克·利维（Dominique Lévy）、拉斯·梅乔塞特（Lars Mjoset）、乔纳森·摩西（Jonathon Moses）、约翰·罗默（John Roemer）、鲁恩·斯卡斯坦（Rune Skarstein）、迪克·沃克（Dick Walker）和埃里克·赖特（Erik Wright），他们仔细地阅读了我的书稿，并提出了很有见地的批评。我还要感谢罗宾·布莱克本（Robin Blackburn），他在通读了最初发表在《新左派评论》（*New Left Review*）上的本书初稿之后给予我耐心的、友善的、支持性的和实质性的批判。感谢史蒂夫·克恩（Steve Kern）和朱利安·斯托拉布拉斯（Julian Stallabrass）在改进本书风格和提高表述清晰度方面给予的广泛帮助，感谢戴夫·胡思（Dave Huth）仔细研究大量数据并教我如何使用它。我特别感谢苏珊·沃特金斯（Susan Watkins）在最近通读了全部书稿，并对形式和内容提出有价值的建议，为本书的完成铺平了道路。约翰·罗杰斯（John Rodgers）在数据的收集和计算这一枯燥但又不可或缺的任务方面，给我提供不断的帮助和合作，这些计算要求将不同国家和多个部门的利润率收集起来。我非常感激他的无私相助。由汤姆·佩恩（Tom Penn）领衔的维索（Verso）出版社的团队［包括帕特·哈珀（Pat Harper）、索菲·斯卡贝克-博罗斯卡（Sophie Skarbek-Borowska）以及安德烈亚·斯廷普森（Andrea Stimpson）在内］，以高度的专业水准，通过制作过程加工了复杂的文本，我向他们表示感谢。塞巴斯蒂安·巴詹（Sebastian Budgen）从头到尾编辑了文本，在提高它的形式和表达上做了大量工作，为此我向他表示深深的感谢。汤姆·默特斯（Tom Mertes）在很长一段时间内以各种方式为我提供帮助——数据的收集、风格的改进、内容的批判、思想上的建议等。他的帮助和支持对于我完成这个研究起着不可或缺的作用，仅用"感激"一词是不能充分表达我的心情的。我最应该感激是特里·埃德加（Teri Edgar），她不仅从开始时就以各种形式向我提供帮助，而且一直坚持在向成功不断前进的过程中奉献着她的爱。

出版者说明

《全球动荡的经济学》首先是在《新左派评论》1998年5～6月号总第229期关于世界经济的专刊中发表的；出于风格改进或表述更清晰的原因在这里进行部分修订。书中的图表都进行了更新，尽可能采用修正的数据。前言和结束语都是新的内容，两个附录也是如此。

序言：动荡的机制

发达资本主义经济自第二次世界大战以来的演化自然分为两个大致相等的阶段，每一阶段大约持续了1/4个世纪，即从20世纪40年代后期到1973年的繁荣时期，以及1973年开始的增长下降和经济越来越动荡的时期，其标志就是衰退越来越严重和自大萧条以来没有出现的可怕的金融危机又出现了。《全球动荡的经济学》的目标就是对这个轨迹——战后的繁荣，在20世纪60年代中期到70年代中期从高涨到低迷的转变，以及后来的长期低迷进行一致的解读。长期低迷——经济动力下降和经济表现下滑的长期阶段，持续到旧千年结束，并进入到新的千年——首先是本书所试图解释的。

理论与历史

对战后发展的演化过程进行系统阐述的困难是明显的。从根本上说，问题在于提出一致的框架，从而能够马上阐述这个制度总体上的重要转变——一系列阶段，这些阶段在增长类型上彼此都不同——并且具有地区差异——积累出现多极化，并且在政治经济上相互分离。我们需要的是将理论与比较历史融合起来，这是一项紧迫的任务。现有解释的苍白使这项研究更困难，同时，正统经济学的失效使这种解释的不充分性更加严重。后者几乎没有认识到这一问题，而且在任何情况下，其均因缺乏关于资本积累的理论而无法解决上述问题。现在的另一些重要的解释最初有正统和异端两种看法，是在劳动反对资本的权力和压力不断增长的情况下探讨从繁荣到低迷的根源，这本身就是战后经济复苏长期扩展的部分结果。[1]这一观点得益于后见之明，但是，在20世纪70年代和80年代期间劳动与资本的斗争严重弱化而又不能恢复整个制度的经济活力的情况下，它肯定也受到质疑。无论如何，我在下面将对它进行广泛的批判，以便为阐述我自己的解释打下基础。

我对战后经济进行理论—比较历史分析从而切入问题的方式是分析利润率的实现途径。已实现的利润率是衡量公司从其工厂、设备和软件中取得剩余的能力的直接途径。它也是一个公司对新投资的预期回报率的最好警示。所以，利润率是一个经济的构成要素，即公司积累资本和扩大就业的比率的基本决定因素，所以它也是产出、生产率和工资增长的决定因素，反过来又是总需求（不管是投资还是消费）增长的决定因素。从这一点出发，立即回到最初的阐述。使美国、欧洲和日本开始出现战后繁荣并持续很长时间的因素就是利润率在20世纪30年代和40年代末之后得到提高并在随后的20年中持续下去。引起战后繁荣终结的因素是发达资本主义国家在1965—1973年间的利润率单独地和集体地大幅下降，这种下降集中在制造业，然后扩展到整个私人经济，并且从美国开始，然后扩散到西欧和日本。正如2000年，全球经济没有明确性的复兴是因为整个利润率系统没有确定性复苏，或者，对于美国、西欧及日本等经济体应分开考虑。当然，这些结果所提出的挑战是需要阐明利润率本身的模式——不仅是整个体制上，而且包括各种地区和国家——同时阐明这种模式如何解读战后经济发展的历史——同样不仅在全球经济层面上，而且在它的各个构成部分层面上。简言之，回应这种挑战是本书的目标。

简单地说，我的解释从三个相互联系的方面展开。在最基本层面上，我阐述一个能够解释利润率下降趋势的机制。这个机制将资本主义生产中的无政府状态和竞争作为起点。这些要求单个的资本通过引进包含更高效率技术的固定资本来降低成本以便生存下去，但是这样做不仅没有考虑到其他资本再生产的需要，而且威胁到它们的利润，事实上也威胁到它们的生存。一方面，生产集中的结果是带来生产力的空前发展。但是，另一方面，生产集中使那些具有高成本的生产方法固化在已经存在的工厂、设备和软件中，企业因此不能实现它们的固定资本投资。这表现为过剩产能和利润率下降。

为了将对利润率下降趋势的抽象阐述与战后经济演化的具体轨迹结合起来，我构建了它们之间在概念上的联系。以固定资本的推动力为基础，这种概念设想资本扩张采取不均衡发展的形式，因为二者之间是相互关联的：一方面，早期发展的资本集团最初在技术和社会经济上更发达，在政治上处于主导地位；另一方面，后起的资本发展集团起初在技术和社会经济上落后，在政治上处于屈从地位，但是，它们是能够利用后发的潜在优势和在不发达地区形成的新的优势。出发点是假定投资在相互联系的固定资本配置中以波浪式或以集团形式出现,其组成部分包含着大致相同的技术水平。结果是出现以下假定的发展模式:早期发展的资本集团在较长时期内倾向于支配自己的市场,阻止挑战者;新出现的资本集团,受到更早的集团的排斥而不能进入它的市场,通过开辟新的地区和剥削新的劳动力与更早发展起来的集团相隔离来获得利润;最后,后发展起来的集团的资本通过将更低成本的投入和同样或更发达的技术结合起来,挑战那些更早的发展集团,导致相互间资本竞争的激化,削弱了大量的固定资本投资自我实现的能力,进而导致生产能力过剩和利润率下降。

当然,这种概念框架的最终目标是使得构建一个令人信服的阐述自第二次世界大战以来世界经济演化的框架成为可能。我认为,在第一个战后的25年,发达资本主义国家的经济史可以描述为不均衡发展模式,最终导致不同经济的利润率沿着上述路径下降,其原因在于大资本集团的固定资本不能实现价值。只有早期发展起来的在美国的资本集团与后来发展起来的资本集团之间在美国的支持下形成有力的合作关系,高利润率和经济繁荣的再生产才会成为可能。美国早期发展起来的资本集团的特征是技术领先,更发达的社会经济演化,以及它的国家和资产阶级在国际上的霸权地位;西欧和日本后来发展起来的资本集团的特征是技术追随,受到阻碍的社会经济演化,以及相关国家和资产阶级受到霸权支配,最初在很大程度上与早期的发展集团相分离。后起的发展集团通过其经济统制和有组织的资本主义出口制造业产品这一具有重商主义倾向的方式最终保证了它们的动力;更早发展起来的集团通过自由市场、外国直接投资的全球化导向以及金融的国际化来实现它们的影响力,从而实现其国家在国际上的支配地位,更不用说它的军事主义与帝国主义。

但是,这种综合体的扩展和深化最终被证明是一种自我破坏。在1965—1973年间,更早的和后起的发展集团的生产者最终进入国际竞争激化的状态,这种国际竞争通过形成一种不断递增的使价格降低的压力,使得现存的固定资本中很大部分都无法保持自身价值的稳定。随之产生的过剩产能引起整个体制性的利润率下降,这集中在国际制造业部门,但是也吞噬着美国、西欧和日本的私人经济(不管是单个的还是总体的)。结果在很短的时间内,致使世界经济从长期繁荣走向长期衰退。

当然,如果用上述的机制来解释长期衰退的发生,那么它也进一步提出一个重大的问题:为什么长期衰退持续了这么长的时间?鉴于存在这样的事实——在随后的25年及更长的时间里,公司在政府的支持下,在整个发达资本主义世界进行更为自觉的、体制上的和全面的努力,通过降低成本首先是直接和间接的劳动力成本,以及改变其经营的方式来恢复利润率——这个问题变得更迫切了。它们发起了对工人阶级组织的更恶意的攻击以限制其发展，在一些情况下也降低了补偿①和社会服务水平。它们通过使商品和劳动力市场放松管制，国有企业私有化，以及使以前受到压制的金融部门自由化，从而使全球经济成为新自由主义经济，同时迫使不发达国家开放商品、外国直接投资、金融服务和短期资本的市场。它们使资本从高成本、低利润的制造业进入到金融服务业，越来越转向投机。它们推动了外国直接投资，以重新在发展中国家的一些地区部署制造业，目的是将廉价的但技能和教育程度越来越高的劳动力与最可能的技术结合起来，同时企图通过热钱在新兴市场的金融资产中流入和流出在南半球地区获取利润。实际上，所有这些相互联系的降低成本、新自由化以及全球化的措施——解除了发达资本主义国家自20世纪70年代以来的不断增长的政策紧缩——构成了或多或少的更热切的解决利润率下降的普遍的、持续性的问题的企图。但是，压倒一切的不是恢复经济活力，这些措施不能使发达资本主义国家的经济表现不再恶化。所以，到2000年，长期经济衰退并没有得到缓解。

在本书的最后一部分以及结束语中，我企图阐述这些过程并解释长期衰退令人意想不到地持续下去的原因，我会集中解释我所认为的这个问题的根源——在发达资本主义国家中私人部门的利润率没有恢复，首先是由于国际制造业中周期性过剩产能的长期存在。在这里，我试图同时阐述和扩展我解释长期繁荣和长期衰退时所构建的框架，集中关注固定资本与不均衡发展之间的内在关系。它包括两个方面：需求方面和供给方面。一方面，公司为了应对利润率下降，被迫降低投资和就业的增长，同时力图以前面已经阐述的各种方式降低它们成本的增长和水平，特别是劳动力成本。在利润率不能恢复的情况下，结果是投资、消费、政府支出以至总需求的周期性恶化。另一方面，与预期相反，发达资本主义世界的大公司只缓慢地、极不情愿地从生产领域撤回资本存量以应对它们的利润率问题。相反，它们只要有可能就会通过尽其所能地扩大投资来提高它们的竞争力，以保住它们在国际市场中的地位，甚至是在面对回报率下降的时候。同时，东亚的一个又一个地区——从东北亚新兴工业化国家（the Northeast Asian Newly Industrializing Countries, NICs），到东南亚小龙②，再到中国这个庞大的经济体——进一步扩大了不均衡发展，利用与后起者西欧和日本同样的后发的潜在优势，抵消了长期衰

---

① 这里主要指工资。——译者注
② 英文原文为"the Southeast Asian Little Tigers"，根据文化差异和习惯说法，这里译作"东南亚小龙"。——译者注

退。它们用前所未有的速度向上攀登技术之梯,特别是通过扩大外国直接投资和对外贸易实现不断加深的地区融合,它们向国际市场大量供应越来越成熟的工业品,不断对世界制造业的利润率施加压力。

但是,世界制造业市场中过剩产能的加剧(这不仅由于发达资本主义世界的意想不到的持续性,而且由于发展中国家前所未有的进入,特别是东亚)面临着总需求不足持续恶化的问题(这是因为普通的削减成本以及利润率下降而引起的投资速度的下降和创造的就业岗位的减少),并没有产生像人们期望的那样的高成本、低利润的生产方式被大规模淘汰的结果,低利润率导致严重的经济衰退和萧条。这是因为发达资本主义世界的政府确信可以通过各种渠道得到数量巨大的直接或间接的、公共的和私人的借贷,提供给公司和家庭以消化吸收供给超过需求的剩余部分,特别是在周期性地对稳定构成威胁的严重的循环衰退减弱之后。我们看到的不是使体制动摇的危机,而是利润率下降持续了30年,造成全球范围内的经济活力不断下降,以及更具有破坏性的资产价格泡沫、金融不稳定和严重的周期性衰退。结果是世界经济在进入新千年时面临着困境:长期衰退在生产供给过剩的背景下仍在持续,总需求增速减缓和大量过分溢价的货币资产,这些都是私人和公共债务以前所未有的速度和创纪录的水平进行积累所造成的(参见后文的图0—3、图0—4和图15—6)[2]。

长期衰退:一个持续性的问题

除了结束语外,本书在这里出版的部分是在新经济(the New Economy)高涨和1997—1998年东亚金融危机爆发的情况下完成的。它阐述了与此相伴的全球动荡是世界经济仍然没有跨越长期衰退的一个表现。它认为,在"神话般的十年"(the Fabulous Decade)的表面繁荣下,国际制度建立的基础并不稳固。它得出结论认为,"过剩的生产仍然会不时地侵蚀从贸易上得来的收益,同时竞争会终结这个引以为荣的补充渠道",结果是加速世界出口供给在日益萎缩的市场面前"使(利润)减少,所以削弱复苏的程度,根据这种方式中止了整个体制范围内的长期上升,使世界经济转入新的下降"。我认为,从那时起的经济发展在很大程度上证明了它的基本方法。长期衰退已经持续,并延伸到21世纪开始的几年。之所以如此,在很大程度上是因为国际制造业周期性的过剩产能的持续,这也是制造业的利润率和发达资本主义国家经济中的私人经济总体的下降得以持续的主要原因。长期下降的利润率自身在很大程度上也是自20世纪70年代以来普遍存在的GDP、投资、生产率和工资增长率长期下降的主要原因。我认为,正是在长期衰退持续下去——以及制造业的过剩产能和制造业及私人部门利润率下降——的背景下,才能解释20世纪90年代后半期的疯狂繁荣和证券市场的泡沫,资产净值价格的崩溃和大衰退,以及由此引起的周期性复苏的脆弱和不稳定。[3]

但是,一般学术界对长期衰退并没有给出过多的解释,而是明确地或不明确地否认它的存在。商界和政府公共部门认为,自20世纪80年代初以来,产业的放松管制已经引起加速创新;金融市场的自由化已经带来了更为廉价的资本和更有效率的资本配置;工会的逐渐式微使劳动力市场更加灵活;降低税收已经产生投资和劳动力的边际激励;国家干预的减少已经激发了创业精神。所以,经济不是继续下滑,而是不断增加活力,并在20世纪90年代末的新经济繁荣中达到高潮。更为谨慎的经济学家和经济史学家没有否认动力不足和增长减缓的事实,而是否认有必要对它进行任何特殊的解释。从他们的观点看,长期经济表现变弱表明回归到均衡——回归到标准的、相当不错的增长——在他们所认为的战后繁荣的特殊阶段之后。他们认为,真正需要解释的是经济在战后的第一个25年里的史无前例的动力,在他们看来,这归因于在注定走向危机的两次战争期间构建了被压抑的技术能力。他们认为,这种动力在战后长期繁荣中已经枯竭了,导致在1973年后回到常态。[4]事实上,这些观点都不能很好地解释过去30年经济的实际发展轨迹。

既符合商业鼓动者和新自由主义政治家心态又符合新自由主义经济学家心态的观点,将目光转向更自由的市场和更进一步的紧缩,从而必然且已经激发出更为强大的活力,但这与事实相悖。事实是从主要宏观经济指数(GDP增长、资本存量、劳动生产率和实际补贴)看,自战后繁荣结束以来,发达资本主义经济(美国、欧盟和日本)个体或整体的经济表现在一个经济周期接着一个经济周期地恶化。经济表现在20世纪90年代比80年代还差,更落后于70年代,当然70年代的经济表现比50年代和60年代更差。[5]这甚至像新自由主义政策一样,强调平衡预算和中央银行的重要地位,以更纯粹的形式治理经济。

至于美国,证券市场推动的高技术奇迹使它超越了长期停滞,而这一点正是困扰它的对手欧洲和日本的地方,因为美国的经济表现在20世纪90年代前半期比战后的任何5年都更差。20世纪90年代后半期不容置疑的经济加速发展提高了整个10年的数据,这一数据超越了20世纪80年代,但是这在很大程度上依赖于这些年证券市场泡沫的历史性的和不可持续的财富效应对消费和投资的巨大刺激。这些财富效应至少支撑了1995—2000年间GDP增长的1/4,如果没有它,平均增长率将变为较为平常的3%而不是4%。即使有了它,美国经济复苏在20世纪90年代也超不过相当糟糕的20世纪70年代。事实上，在1995—2000年的5年奇迹中，美国经济表现从主要宏观数据看，并不好于1948—1973年的25年，在这25年里国家干预和规制、工会权力、金融压制以及对公司的征税都达到最大程度，从表面上抑制了经济表现。[6]

尽管与一般的印象相反，美国的表现在这个时期从最终标准即生产率增长来看，并不优于它的主要竞争对手。必须强调的是，在长期衰退过程中，德国、西欧以及日本的总体经济表现比美国的经济表现更糟糕。但是，在1993—2003年间，欧盟作为整体（包括西班牙、希腊和葡萄牙）比美国的每小时GDP增长率略高，两者之比为1.8%：1.6%。[7]另外，到这个时期结束时，欧盟本身与美国的生产率差距相当接近，在2003年它的每小时GDP的总水平只比美国低5%。到2003年，德国、法国和意大利的每小时GDP水平略高于美国（在1%~3%之间），同时荷兰、比利时、卢森堡和挪威的每小时GDP实际上已经上升到更高水平（在6%~31%之间）。[8]

美国和整个发达资本主义国家自1973年以来的徘徊不前的经济表现也不能解释为源于错误审视战后几十年的异常表现的一种视觉上的假象。美国的战后黄金时代从历史上看无疑是令人难忘的，但是，无法与它自己以前在1890—1913年间的长期经济复苏相比。在第二次世界大战后的繁荣期，劳动生产率、人均收入和实际工资方面的增长比第一次世界大战前要快，尽管快得不是那么多。另一方面，第一次世界大战前GDP的增长和投资的增长与第二次世界大战后的繁荣期一样，或者比后一时期更高。从1950年到1973年的长期繁荣超过了从1890年到1913年的长期增长，但是将它们相提并论仍是合理的。

相比之下，对自1973年以来的长期衰退我们可以明显而恰当地作出如下判断：因为它的经济表现太脆弱了，无论是与第二次世界大战之后的繁荣相比，还是与第一次世界大战之前的长期繁荣相比。从所有的宏观经济指标看，它都明显缺乏这些长期扩张阶段。长期衰退……并且持续到千年结束，扩展到另一个最新的康德拉耶夫周期（Kondratieff cycle）的下降阶段（撇开它们存在的令人苦恼的难题不说）。[9]

增长放慢是否反映了技术潜力的枯竭呢？由于投资在大萧条时期的长期枯竭，技术潜力达到前所未有的高度，同时它也赋予战后几十年的经济异乎寻常的动力。这也似乎是宏观经济学家中处于支配地位的正统思想，但是从生产率的实际趋势看它是站不住脚的。[10]技术潜力在制造业中首先不会枯竭。制造业的生产率在从1938年到1973年期间基本保持3%的增长水平，在20世纪70年代以后下降，从1980年代起开始加速增长，到90年代达到战后任何十年里增长率的最高水平。如果生产率表明技术潜力已经枯竭,那么人们会设想它走过了一条多少有些连续性的下降的轨迹。事实上,私人经济作一个整体的生产率在1938—1973年间保持着较高的、特别稳定的增长。它在1973—1980年间突然大幅下降,并且在1980—2000年间没有复苏。如果技术能力是被利用并使长期繁荣成为可能,那么为什么制造业之外的生产率增长长期以来并没有下降?为什么制造业的生产率突然下降?为什么制造业停滞了这么长时间?在一定的时间和不连续的条件下,生产率下降最好被看作是一种结果,而不是经济下降的原因——特别是因为资本证券的增长放慢对利润率的影响,以及资本—劳动比率由于工资增长停滞不前而引起的增长下降。[11]

表1 长期繁荣与长期衰退:1890—1913年、1950—1973年与1973—1996年

(平均变化的百分比)

	1890—1913年	1950—1973年	1973—1996年
GDP	4.0	4.0	2.9
GDP/小时	2.2	2.6	1.2
GDP/总人口	2.1	2.5	1.8
实际工资(mfgr)	1.6	2.2	0
总资本存量	5.4	3.2	—
总资本存量/小时	3.4	1.7	—

资料来源:A. Maddison, *Dynamic Forces in the World Economy*, 1991, pp. 71, 140, 142; A. Maddison, *The World Economy:Historical Statistics*, 2003, pp. 84-86, Table 2b, and pp. 87-89, Table 2c; Bureau of Economic Analysis, National Income and Product Accounts, Table 7.1; (BEA website); A. Rees, *Real Wages in Manufacturing*, *1890-1914*, 1969, p. 120; Bureau of Labor Statistics, Hourly Earnings of Production and Non-Supervisory Workers (BLS website); Bureau of Labor Statistics, Consumer Price Index-U (1982-1984) (BLS website). (工资指的是制造业的工资,而不是整个经济体的工资,因为早期制造业之外的工资数据无法得到。)

可能最有说服力的是,经济动力的下降与不稳定的显著增加是相联系的。特别是从20世纪80年代开始,在世界范围内金融部门由于其战后管制的放松而越来越自由化。结果是原来在很大程度上被压制的金融危机在战后第一个25年里实际上消失了,现在又重新出现了。世界经济再一次受到以债务为基础的金融泡沫与投资繁荣这个不断延伸的链条的支配,不可避免地引起可怕的崩溃。绝非偶然的是,这些在20世纪90年代达到顶峰,资本市场自由化从核心国家延伸到发展中国家,金融的不断扩张和金融崩溃不仅使土耳其、俄罗斯、巴西和阿根廷经济瘫痪,而且在90年代末使东亚的新兴工业国家、日本和美国受到打击。[12]

经济不断衰弱的证明最终可以从生活水平以及收入分配的趋势中找到。

美国1%的收入最高的家庭和5%的收入最高的家庭占全美收入的比例在1928年达到20世纪的顶点,分别是19.6%和34.7%。但是,这两个比例在后来的45年里开始下降,在1973年达到最低点,分别是7.7%和20.6%,这一年也是战后繁荣的最后一年。但是这两个比例在长期衰退中从最低点不断上升,尽管没有达到它们在1928年的高点,但是在1998年分别达到14.6%和29.4%。收入的两极分化趋势在贫困率(the poverty rate)和家庭收入的变化轨迹中也表现出来。在1959—1973年间,贫困率从22.4%下降到11.1%。但是到1995年,贫困率上升到13.8%,到2000年它仍然略微高于1973年的水平,达到11.3%。中等家庭收入在1947—1973年的战后繁荣时期增长一倍以上,从1973年到1995年,它增长了不到12%,尽管女性劳动力的参与大大增加(在1995—2000年间猛增16%)。在长期衰退过程中,富人和公司所有者所得到的收益是以牺牲劳动者和穷人为代价的,特别因为其伴随着增长放慢。这种经济运行越来越糟糕,但是富人却对这种运行更满意。[13]

在1973—2000年间,私人部门中在生产和非管理岗位上的工人(他们大约占劳动力的80%)每年平均实际工资(不包括津贴)的增长恰好为零(在20世纪90年代的长经济周期内为0.5%)。但是,从同时出现的增速放缓的生产率、宏观经济动力的最终指数或者疲软的推动力来看,这种对实际工资增长的压制对于资本来说是不可缺少的。在1973—2000年间,劳动生产率(GDP/小时)平均每年的增长率只有1.2%(在20世纪90年代为1.7%)。这还不到1948—1969年间平均增长率2.65%的一半,勉强达到1890—1980年间长达90年平均每年生产率增长2.3%的一半。在20世纪90年代,私人经济的平均利润率仍然保持在15%,低于战后繁荣时期。但是,如果实际工资上升达到战后繁荣的最后10年(1964—1973年)的平均每年增长1.6%的水平,那么利润率就会远远低于15%这个水平。[14]经济之所以仍然保持活力,是因为在25年里生产和非管理岗位的工人实际工资没有增长。

事实是即使在当前,即从2001年2月开始进入新的、后新经济(Post-New Economy)周期的5年里,标准的宏观经济指数也没有清晰地表明长期衰退已经被克服。在2000—2005年间,欧盟和日本的平均年GDP增长率仍然低于自1950年以来的任何其他5年的水平,同时美国也不及它在1990—1995年间的增长速度,而1990—1995年这5年在战后是最差的。如果考虑到所有标准的宏观经济指数,发达资本主义国家经济的表现比战后其他任何5年都差(参见表13—1)。这还是美国政府在它的历史上进行最大的宏观经济刺激的结果。同时,金融不稳定和资产价格泡沫都超过了20世纪90年代后期的创纪录的水平,这使全球经济被一片乌云笼罩。长期衰退仍然需要超越……并且继续需要探讨。

注　释

[1] 尤其参见 P. Armstrong et al. , *Capitalism Since 1945*, London 1991, 该书是对这个时期的基础性研究。

[2] 这些论断已经引起了大量讨论和争论。特别参见 *Historical Materialism*, no. 4, Summer 1999, and no. 5. Winter 2000, as well as forums *in Challenge* 和 *The Magazine of Economic. Affairs*, vol. xlii, May-June 1999 and *Monthly Review*, vol. li, June 1999。

[3] 参见本书"结束语"。

[4] N. Crafts and G. Toniolo, "Postwar Growth: An Overview", in Crafts and Toniolo, eds. , *Economic Growth in Europe Since 1945*, Cambridge 1996.

[5] 参见本书第 13 章中表 13—1 "经济动力下降, 1960—2005"。

[6] R. Brenner, *The Boom and the Bubble*, London 2002, p. 47, Table 1. 10 and p. 221. Table 9. 1.

[7] K. Daly, "Euroland's Secret Success Story", *Goldman Sachs Global Economics Paper*, no. 102, 16 January 2004, pp. 1-3, 8, 10.

[8] OECD, *Science and Technology Scoreboard 2003—Towards a Knowledge-based Economy*, Table D. 2, "Income and productivity levels in the OECD, 1950-2002"（online）. Cf. B. van Ark, "Does the European Union Need to Revive Productivity Growth", Groningen Growth and Development Centre Research Memorandum GD-75, April 2005, p. 9, Table 2. 美国制造业生产率从 1995 年到 2000 年增长 4.7%, 这个成绩无疑是突出的, 但是它并不好于它的主要竞争对手, 法国是 5.2%, 陷入困境中的日本是 4.2%, 联邦德国是 4.9%（只统计到 1998 年, 其后的联邦德国的数据无法得到）。

[9] 至于长期衰退与第一次世界大战前和第二次世界大战后的经济复苏的比较, 参见 R. Brenner, "The Capitalist Economy, 1945—2000", in D. Coates, ed. , *Varieties of Capitalism, Varieties of Approaches*, Basingstoke 2005, p. 215, and Table 11. 1.

[10] W. J. Baumol, "Productivity Growth, Convergence, and Welfare: What the Long-Run Data Show", *American Economic Review*, vol. lxxvi, December 1986, especially pp. 1081-1082; P. Krugman, *Peddling Prosperity*, New York 1994, pp. 59 – 63.

[11] US Department of Commerce, *Historical Statistics of the United States*, Washington, DC 1970, Series D 685, p. 162.

[12] Bank of International Settlement, *71st Annual Report*, 1 April 2000 - 31 March 2001, Basel, 11 June 2001, pp. 123 - 124. "当金融制度［在 20 世纪 80 年代之前］受到严格管制, 中央银行集中控制货币和总的信贷时, 危及金融周期的可能性受到控制……这种受到管制的环境……更不可能在今天更为自由化的环境中产生大的周期性动荡。"参阅 E. Prasad et al. , *Effects of Financial Globalization on Developing Countries*, IMF, Washington, DC March 2003。

[13] T. Piketty and E. Saez, "Income Inequality in the United State, 1913 - 1998",

Quarterly Journal of Economics, vol. cxvii, February 2003, pp. 8-10, Table Ⅱ; L. Mishel et al. , eds. , *The State of Working America 2002/2003*, Ithaca 2003, Table 5.1, p. 312.

[14] 参见 Employment, Earnings, and Hours from the Current Employment Statistics Survey, US Bureau of Labour Statistics website, adjusted with CPI-U-1982-4 (1964 – 1977) and CPI-U-RS (1978 – 2000) 中关于就业形势的表格 B 中的历史数据; A. Maddison, *Dynamic Forces in Economic Development*, Oxford 1991, p. 71; "Industry Analytical Ratios for the Total Economy", 2 June 2005 (folder provided on request by the BLS)。

目 录

导言　长期衰退之谜 ……………………………………………… 1

第一部分　利润率的轨迹

第一章　供给派的解释：一个批判 ……………………………… 11
第二章　对长期衰退的另一种解释方法 ………………………… 26

第二部分　长期繁荣

第三章　战后繁荣的模式 ………………………………………… 43
第四章　美国经济：领导者的代价 ……………………………… 52
第五章　德国：出口推动的繁荣 ………………………………… 68
第六章　日本的高速发展 ………………………………………… 82
第七章　解读长期繁荣 …………………………………………… 97

第三部分　从繁荣到衰退

第八章　陷于危机 ………………………………………………… 103
第九章　危机蔓延 ………………………………………………… 126

第四部分　长期衰退

第十章　为什么长期衰退？一个概括 …………………………… 151
第十一章　凯恩斯主义的失败，1973—1979 年 ……………… 170
第十二章　美国发起的反攻 ……………………………………… 193

第五部分　重新恢复繁荣

第十三章　长期衰退与"长期趋势" ………………………… 247
第十四章　新一轮长期上升? …………………………………… 258
结束语　动荡在加深? …………………………………………… 275

附录Ⅰ　利润率和生产率增长：界定与来源 ………………… 351
附录Ⅱ　主要变量的来源 ……………………………………… 356

译后记 ……………………………………………………………… 360

图表目录

图

图 0—1　美国劳动生产率的增长，1870—1996 年 …………………… 3
图 0—2　美国制造业的实际工资增长，1890—2004 年 …………………… 4
图 0—3　美国、日本和德国制造业净利润率，1949—2001 年 ………… 5
图 0—4　美国、日本和德国私人部门净利润率，1949—2001 年 ………… 6
图 4—1　美国公司的国外投资与国内制造业投资比率，1957—
　　　　　1993 年 …………………………………………………… 58
图 4—2　美国工会水平与反映在违反《国家劳动关系法案》中的
　　　　　雇主反对工会情况，1945—1995 年 …………………… 62
图 4—3　美国制造业的实际工资增长，1950—2005 年 …………… 63
图 8—1　美国制造业和非制造业的私人部门的净利润率，
　　　　　1949—2001 年 …………………………………………… 112
图 8—2　美国罢工活动，1940—1980 年 …………………………… 118
图 9—1　G-7 制造业和非制造业的私人部门的净利润率，1952—
　　　　　1990 年 …………………………………………………… 145
图 11—1　相对单位劳动成本：美国、德国和日本，1975—
　　　　　1995 年 …………………………………………………… 189
图 12—1　美国罢工活动，1947—1995 年（罢工人数达到
　　　　　1 000 人或以上）………………………………………… 205
图 12—2　德国、日本和美国的制造业实际每小时工资的增长

图12—3	对美元的汇率：马克和日元，1968—2005年	212
图12—4	制造业中以美元计算的每小时工资增长情况，德国、日本和美国，1970—2004年	213
图12—5	美国制造业利润在未分配的利润、利息和红利之间的分配情况，1950—1996年	217
图12—6	商品和服务实际出口增长情况，1950—2002年	218
图15—1	美国企业破产率和破产企业的债务情况，1950—1997年	280
图15—2	美国净利润率指数，1978—2001年	280
图15—3	制造业净利润率指数：美国、德国和日本，1978—2001年	293
图15—4	公司税后净利润指数与纽约证券交易所成分股指数，1980—2000年	297
图15—5	美国金融部门的利润，1980—2001年	303
图15—6	制造业净利润率：德国、日本和美国，1949—2001年	308
图15—7	美国制造业产品价格增长、美国商品出口价格以及制造业出口价格，1979—2000年	313
图15—8	美国私人、制造业以及私人非制造业净利润率，1948—2001年	315
图15—9	美国各部门借贷占GDP的百分比，1960—2005年	319
图15—10	美国家庭财富：净资产与不动产，1990—2005年	321
图15—11	美国资产增值抵押借款，1991—2005年	322
图15—12	住房对于GDP增长的贡献，2001—2005年	322
图15—13	美国经常项目平衡收支状况，1980—2005年	326
图15—14	制造业占国际市场的份额，1970—2004年	327
图15—15	美国非金融公司净利润率，1949—2005年	334
图15—16	投资占GDP的百分比，1973—2004年	340

表

表0—1	战后繁荣与长期衰退的比较	4
表3—1	第一次世界大战前与第二次世界大战后繁荣的比较	43
表5—1	德国：出口占产出的比例	73
表5—2	德国的成本、价格和利润水平，1955—1960年	76

表 5—3	德国的成本、价格和利润水平，1961—1965 年	78
表 7—1	制造业出口占制造业产出的百分比	98
表 8—1	美国的成本、价格和利润水平，1965—1973 年	111
表 8—2	世界出口与世界产出	113
表 8—3	出口增长占 GDP 的百分比（固定价格）	113
表 9—1	美国与德国、日本和世界的贸易收支平衡表	129
表 9—2	德国的成本、价格和利润水平，1969—1973 年	136
表 9—3	日本的贸易盈余	138
表 10—1	实际社会支出的增长	154
表 10—2	政府实际最终消费支出的增长	154
表 10—3	劳动生产率与制造业资本/劳动比率	156
表 11—1	德国的成本、价格和利润水平，1973—1979 年	186
表 13—1	经济动力下降，1960—2005 年	248
表 13—2	美国生产率增长，1890—1996 年	252
表 13—3	G-7 经济体中（不包括美国）劳动生产率增长情况	254
表 14—1	美国控制通货膨胀的成本：1950—1965 年与 1990—1997 年比较	262
表 14—2	出口随产出停滞而加速	271
表 15—1	美国、日本、德国和 G-7：制造业和私人部门净利润率，1949—2000 年	287
表 15—2	私人部门实际非住房资本存量增长，1960—2005 年	288
表 15—3	劳动生产率增长，1960—2005 年	288
表 15—4	私人部门就业和单位工人的实际工资增长，1960—2005 年	288
表 15—5	私人部门工人总的实际工资	289
表 15—6	私人和政府部门的实际消费支出增长，1960—2005 年	289
表 15—7	美国商业银行：权益资本和资产的收益率，1949—2004 年	303
表 15—8	驱动增长的消费	320

图表中的缩写

GDP	国内生产总值
GK	资本总存量
K/L	资本/劳动比率
LPy	劳动生产率
Mfgr	制造业
NK	净资本存量
NKPRI	净资本存量价格
Non-mfgr	非制造业
NY	净产出
NY/NK	产出—资本比率
NY/NK real	实际产出—资本比率（资本生产率）
NPR	净利润率
NPSH	净利润比例
NW	名义工资
PPRI	产品价格
PW	产品工资
RW	实际工资
TFP	总要素生产率（单位劳动和资本投入的产出）
ULC	单位劳动成本

导言
长期衰退之谜

在 20 世纪 60 年代末，诺贝尔经济学奖获得者罗伯特·索罗（Robert Solow）和保罗·萨缪尔森（Paul Samuelson）面对美国在历史上最长时间的没有间断的经济高涨，宣称破坏性的资本主义的经济不稳定已经消失。索罗说："'经济周期'……的旧观念将不再令人特别感兴趣。当前的研究生从来没有听说过熊彼特对康德拉季耶夫（Kondratieffs）、朱格拉（Juglars）、基钦（Kitchins）的解释，如果他们说听过，他们也会发现这种解释是莫名其妙的。"萨缪尔森在 50 年的研究生涯之后，玩笑式地说国家经济研究局（the National Bureau of Economic Research）已经"使自己失业了，使经济周期消失了"。[1]随着新古典综合派现在控制着政府咨询，根据肯尼迪-约翰逊（Kennedy-Johnson）的首席顾问阿瑟·奥肯（Arthur Okun）的看法，衰退"在现在……是可以被防止的，像空难一样"，经济波动威胁现代经济平稳运行的说法是"过时的"。[2]

经济政策制定者有信心能够有效调控资本主义经济，在繁荣的高峰刚过，经济合作与发展组织（OECD）毫不保留地预测未来将与最近的黄金时期没有区别。正如它在 20 世纪 70 年代初期关于发达资本主义世界的预测研究中所得出的结论："经济合作与发展组织的商品与服务的产出整体上在过去 15 年中几乎翻了一番。没有什么证据证明增长率会下降，所以有一个有说服力的设想即经济合作与发展组织成员的国内生产总值在未来的 15 年里会翻一番……在 20 世纪 70 年代预期增长率的源泉不会很快消失；相反……政府需要将它们的政策构建在这个假定基础上，即推动经济快速增长的动力可能会继续，经济合作与发展组织成员潜在的国内生产总值（GDP）从现在起到世纪末会翻两番。"[3]由国家调控的市场奇迹现在会保证永久的增长。

长期衰退

萨缪尔森、索罗、奥肯和经济合作与发展组织的陶醉可能不合时宜。在他们做出他们的论断时,世界经济进入到长期的、越来越严重的衰退之中,这种衰退甚至在现在即25年之后还没有什么迹象表明它在减轻。关于周期性资本主义经济危机(事实上是长期停滞)的问题已解决的报告,是幼稚的。现在,当世界经济从20世纪60年代末以来的第四次主要衰退中复苏时,主要资本主义国家的平均失业率——不包括美国——至少与20世纪30年代大萧条的十年的平均值相当。[4]另外,随着国际证券市场创纪录地大幅上涨,东亚(包括日本)的大多数国家的经济——1996年,这个地区的投资与美国一样多,大约占世界出口额的20%——在世界经济衰退中出现萎缩。日本本身也在动荡的边缘,存在将世界其他地区拖下来的危险。

美国的失业率确实下降到4.3%,通货膨胀也回落到20世纪60年代中期的水平。存量资本的利润率在压抑了20多年后,也回到了战后繁荣时期的高水平,1997年确实是具有标志性的一年。美国资本环境的显著改善是以牺牲它的主要竞争对手特别是它的工人阶级为代价的,并且是在1996年糟糕的经济表现的背景下发生的。制造业活力的复苏是美国经济恢复的主要成就,而这是在美元对日元和马克①的大幅的、长期的贬值的基础上实现的。另外,它不能阻止对整个经济来说的生产率增长——可能是经济发展动力的最好的指标——从1973年到1996年近25年间下降到美国历史上的最低水平。在这个时期,每小时GDP的增长平均达到1.3%。这几乎不到前一世纪的平均水平的2/3,20世纪90年代(到1996年)的增长也低于这个水平。在这种背景下,这个时期的利润率的保持以及它在20世纪90年代的部分复苏,是在19世纪也可能是自美国内战以来对工资的史无前例的压抑的基础上实现的。在1973年——这时达到顶点——与1990年之间,私人经济中在生产岗位和非管理岗位上的工人的每小时实际工资下降12%,平均每年下降0.7%,在20世纪90年代的10年里,这两类人群的工资一直到1997年之前根本没有增长。在处在高点的1977—1990年间,在制造业中在生产岗位与非管理岗位上的工人的实际每小时工资(不包括津贴)沿着同样方向,平均每年下降0.8%,总体下降14%,并且在90年代没有上升。1997年,私人经济和制造业的实际工资分别与1967年和1972年的水平相同!相反,在1890—1973年间,制造业的实际每小时工资平均每年增长2%,在整个时期没有任何一个10年(包括20世纪30年代)增长率低于1.2%。[5]

美国财政部副部长劳伦斯·萨默斯(Lawrence Summers)是美国经济模式的主要宣传者,甚至被迫承认"当前经济繁荣的讽刺"。正如他最近在为硅

---

① 德国已通用欧元,作者写作时参考的数据均以马克为货币单位,因此本书所涉及的德国的货币单位仍为马克。——译者注

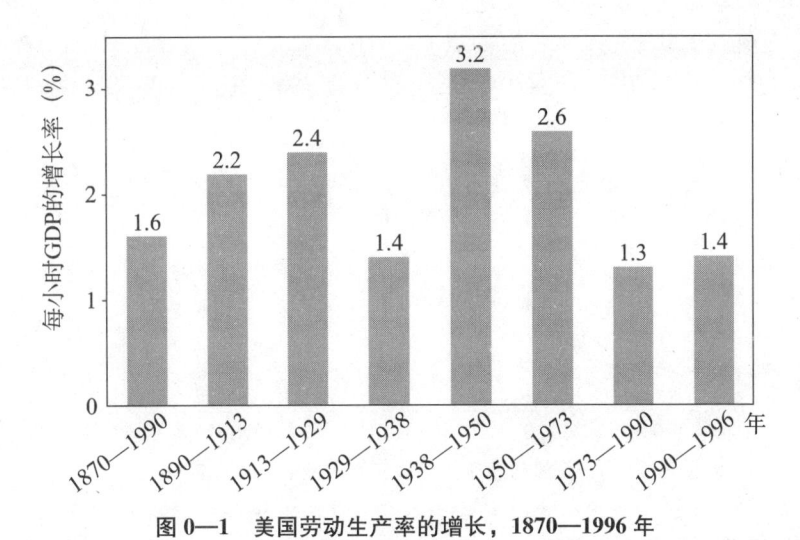

图 0—1　美国劳动生产率的增长，1870—1996 年

资料来源：A. Madison, *Dynamic Forces in Capitalist Development*, 1991, p. 71, Table 3.13; BLS Industry Analytical Ratios and Basic Data for the Total Economy. 也见本书附录Ⅱ。

谷的一群管理者所做的演讲中提到的："当前在纽约出生的孩子与在上海出生的孩子相比，更不可能活到 5 岁。"[6]萨默斯还应该补充说，20 世纪 90 年代的周期性的上升很少或根本没有改善许多穷人的生活。1996 年，贫困率是 13.7%（3 650 万人），比 1989 年高，到 1997 年末，未能达到温饱和无家可归的人数实际上在上升。最令人信服的是，当前人们为设想的美国经济奇迹即 20 世纪 90 年代的周期性繁荣欢欣鼓舞时，主要宏观经济数据——产出、投资、生产率和实际补偿①——的增长情况，都比以前脆弱的 20 世纪 80 年代和 70 年代还要差（更不用说 20 世纪 50 年代和 60 年代了）。正如《金融时报》在 1997 年初指出的："传统的看法是美国经济在 90 年代成为发动机，而欧洲和日本落在后面。并非如此。美国的经济表现至多是平平常常的，同时它与后两者之间的差异已经在很大程度上是周期性的了。"[7]

长期的和制度范围内的经济衰退的残酷事实已经对主流经济学家和资本主义政府自命不凡的预见和调控进行了嘲弄，将主要发达资本主义国家的宏观经济的两个阶段即 1950—1970 年间与 1970/1973 年至今进行比较，就会看到问题的严重性。发达资本主义国家在过去 25 年里的经济表现与战后的第一个 25 年相比不断严重恶化是不言而喻的。这些国家从 1973 年至今的产出、资本存量（投资）、劳动生产率和实际工资的平均增长率只是 1950—1973 年间的 1/3～1/2，而平均失业率已经翻了一番以上（见表 0—1）。

---

① 这里指实际工资。——译者注

图 0—2　美国制造业的实际工资增长，1890—2004 年

资料来源：A. Rees, *Real Wages in Manufacturing*, p.120；BLS National Employment, Hours, and Earnings Series。也本书见附录Ⅱ。

表 0—1　　　　　　　　　　战后繁荣与长期衰退的比较

[平均每年的变化速度，净利润率和失业率除外（这两项是平均数）]

制造业

	净利润率		产出		净资本存量		总资本存量		劳动生产率		实际工资	
	1950—1970年	1970—1993年	1950—1973年	1973—1993年	1950—1973年	1973—1993年	1950—1973年	1973—1993年	1950—1973年	1973—1993年	1950—1973年	1973—1993年
美国	24.4	14.5	4.3	1.9	3.8	2.3	—	—	3.0	2.4	2.6	0.5
德国①	23.1	10.9	5.1	0.9	5.7	0.9	6.4	1.7	4.8	1.7	5.7	2.4
日本	40.4	20.4	14.1	5.0	14.5	5.0	14.7	5.0	10.2	5.1	6.1	2.7
G-7	26.2	15.7	5.5	2.1	—	—	4.8	3.7	3.9	3.1	—	—

G-7 净利润率延伸到 1990 年；德国净资本存量包含时间区间为 1955—1993 年；日本制造业净利润率和净资本存量包含时间区间为 1955—1991 年。

私人经济

	净利润率		产出		净资本存量		总资本存量		劳动生产率		实际工资		失业率	
	1950—1970年	1970—1993年	1950—1973年	1973—1993年	1950—1973年	1973—1993年	1950—1973年	1973—1993年	1950—1973年	1973—1993年	1950—1973年	1973—1993年	1950—1973年	1973—1993年
美国	12.9	9.9	4.2	2.6	3.8	3.0	—	—	2.7	1.1	2.7	0.2	4.2	6.7
德国	23.2	13.8	4.5	2.2	6.0	2.6	5.1	3.0	4.6	2.2	5.7	1.9	2.3	5.7
日本	21.6	17.2	9.1	4.1	—	—	9.4	7.1	5.6	3.1	6.3	2.7	1.6	2.1
G-7	17.6	13.3	4.5	2.2	—	—	4.5	4.3	3.6	1.3	—	—	3.1	6.2

G-7 净利润率延伸到 1990 年；德国净资本存量包含时时间区间为 1955—1993 年。

资料来源：OECD, *National Accounts, 1960—1997*, volume Ⅱ, Detailed Tables; OECD, *Flows and Stocks of Fixed Capital*, various issues; P. Armstrong, A. Glyn, and J. Harrison, *Capitalism Since 1945*, Oxford 1991, data appendix, and their "Accumulation, Profits, State Spending: Data for Advanced Capitalist Countries 1952 - 1983", Oxford Institute of Economics and Statistics, July 1986 (updated by A. Glyn). (Henceforth, AGH).

---

①　在 1945—1990 年期间指联邦德国。全书同。——译者注

资本存量——特别是在制造业中——的平均利润率在过去 25 年里的下降是巨大的，因为利润率不仅是基本指标，而且是整个制度的健康状况的核心决定因素。[8]平均利润率表示经济能够从它的资本存量中产生剩余的能力，所以成为近似于它能够积累资本（投资）以及由此增加生产率和增长的能力。[9]平均利润率也表明这个制度可能发生经济动荡的程度：如果利润率离差保持不变，利润率（变化）将决定处于存亡边缘的公司的比例，以及可能产生的严重的衰退或萧条。最后，因为投资者不能预测或控制市场，他们一般必须根据已实现的利润率来估计预期的利润率，并在这个基础上决定如何分配他们的资金。[10]利润率从而决定资本存量中一个人的资金下降的相对吸引力，它意味着生产的义务，并且只能从长期角度来配置收益，这与仅仅雇用劳动力、购买和出售商品、投机或者个人消费的短期配置形成对比。[11]

在 1970—1990 年间，G-7 经济中制造业的总体利润率平均为 40％左右，低于 1950—1970 年间的水平。1990 年总体利润率平均保持在约 27％的水平，低于 1973 年的水平，相当于其在 1965 年达到顶峰时的 45％。[12]这些变化是经济在 20 世纪 70 年代早期以后的这段时间里整体显著恶化的信号和主要决定因素。正如我试图表明的，发达资本主义世界的利润率下降是同一时期特别是制造业中投资增长率下降以及随之出现的产出增速减缓的基本原因。我认为，投资增长率显著下降——以及产出本身的增长率显著下降成为生产率增长下降的首要原因，是失业率增长的主要决定因素。就业和生产率增长率下降是实际工资增长率显著下降的根源。

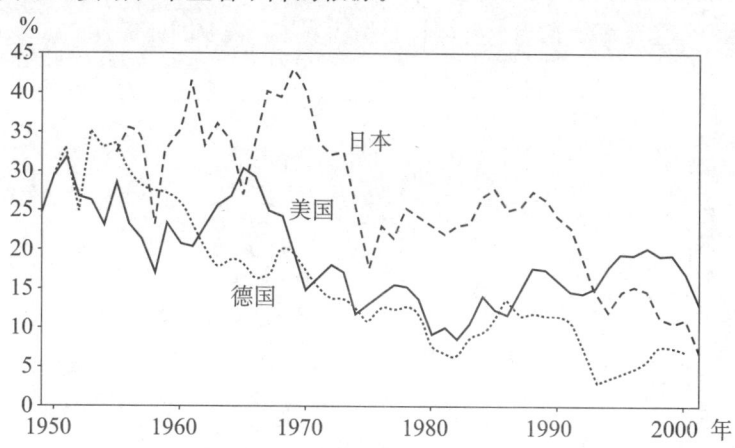

图 0—3　美国、日本和德国制造业净利润率，1949—2001 年

资料来源：参见本书附录Ⅰ关于利润率部分。德国的利润率包括联邦德国 1950—1990 年间和德国 1991—2000 年间的利润率。

通过分析利润率变化的原因和影响来解释长期衰退的起源和演化，是本书研究的目标。在第一章里，我首先研究似乎形成共识的供给派的理论（supply-side theories）。这些理论简单地说，就是将衰退和复苏的失败归结为工人对利润的压力。因为来自劳动的压力增长、直接和间接的工资增长超过了生产率的增长，从而引发了衰退；然后，因为来自劳动的压力没有充分下降，直接和间接的工资增长也没有与生产率增长下降相适应而充分下降，所以衰退持续下去。我注意到这种基本解释的各种变化后，并且指出它存在着基本概念上的问题，并且指出它不能解释长期衰退的许多实践中的基本趋势。然后，我运用自己批判供给派理论的一般观点，提出另一种方法，并将无计划的、不协调的和竞争的资本主义生产本质作为出发点，特别是将私人投资者不关心也不可能考虑到他们自己寻求利润对其他生产者和整个经济的利润率的影响作为出发点。

根据我的观点，总的利润率下降是长期衰退的原因，它并不是劳动对资本形成的挤压的结果，而是由于资本主义之间强化的、平行的竞争而引起的过剩产能和过剩生产（over-capacity and over-production）的结果。资本主义互相竞争的升级本身是由低成本的、低价格的商品进入国际市场而引起的，特别是在制造业中，这是以牺牲高成本的、高价格的现存生产者及其利润率和生产能力为代价的。从这种观点看，长期衰退得以持续，在很大程度上是因为发达资本主义经济已经证明不能有利可图地充分缩减或重新配置其生产能力，以克服制造业部门的过剩产能和过剩生产，从而恢复利润率，特别是在东亚在国际市场中的地位不断提高的情况下。因为利润率不能恢复，投资增长和产出增长也在长期下降，引起生产率增长和工资增长的长期下降，失业因此上升。

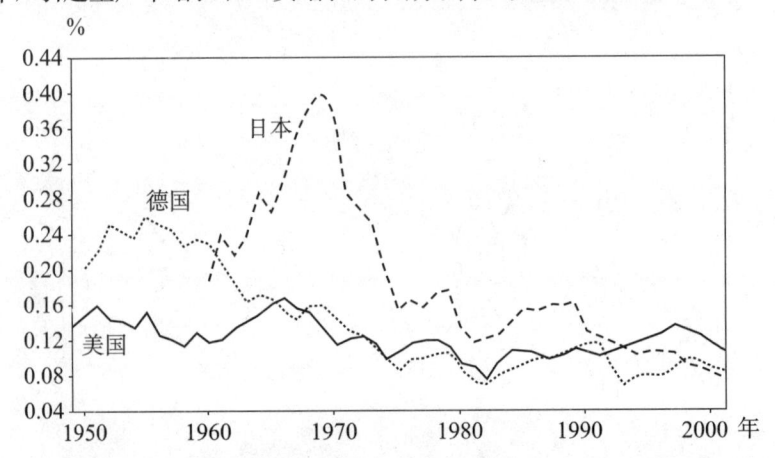

图0—4　美国、日本和德国私人部门净利润率，1949—2001年

资料来源：参见本书附录Ⅰ中关于利润率的部分。

在本书后面的部分，由于实践上的原因本书集中关注美国、德国和日本的情况，表明上述方法能够理解发达资本主义世界的经济演化，对这些数据进行比供给派更好的解释。[13] 所以，我在第二、第三和第四部分从发达资本主义经济在战后制度上不均衡发展的角度，分别阐述长期繁荣（1950—1965年）、利润率下降和从繁荣到危机（1965—1973 年）以及长期衰退（1973 年至今）——这可以从在这个时代的大多数时间（尽管不是全部时间）先发展起来的处于主导经济地位的美国缓慢增长与后来发展起来的日本和德国及再后来的东亚后起经济的加速扩展之间的关系进行讨论。我试图表明这种不均衡发展模式本身的运作方式，支撑我从竞争强化导致过剩产能和过剩生产以及利润率长期下降（特别是在制造业中）的角度来更一般地理解长期衰退。

注 释

[1] *Economic History Review*, 2nd series, vol. xxiii, August 1970, p. 410; V. Zarnowitz, ed., *The Business Cycle Today*, New York 1972, p. 167. 萨缪尔森在该局成立第 50 周年纪念研讨会中发表了这个论断。

[2] Arthur Okun, *The Political Economy of Prosperity*, Washington, DC 1970, p. 33. 奥肯是 20 世纪 60 年代的"新经济学"（New Economics）的主要奠基人之一，是林登·约翰逊（Lyndon Johnson）总统的经济顾问委员会（the Council of Economic Advisors）的主席。他的著作是在 1969 年 11 月完成的。在这一点上，正如他所说的，国家"处在其长达 150 个月的史无前例的没有中断的经济扩张中"，奥肯毫不迟疑地指出"经济周期模式过时了"（p. 32）。

[3] OECD, *The Growth of Output 1960 - 1980, Retrospect, Prospect and Problems for Policy*, Paris 1974, p. 166.

[4] 在 1996 年，欧盟的 11 个成员的失业率平均为 11.3%，包括美国在内的经济合作与发展组织的 28 个成员的平均值是 7.3%，美国是 5.0%。OECD, *Economic Outlook*, no. 62, December 1997, p. a24, Table 21. 16 个主要的资本主义国家在 1930—1938 年间（包括 1938 年）的平均年失业率为 10.3%。A. Maddison, *Dynamic Forces in Capitalist Development*, Oxford 1991, pp. 170-171, Table 6.2.

[5] A. Rees, *Real Wages in Manufacturing, 1890-1914*, Princeton 1961, p. 120. 自此以后，所有的工资数据是对于"补偿"来说的——包括工资、薪水和津贴——如果不说明，就是对于所有雇员来说的，而不仅仅是在生产岗位和非管理岗位上的工人。另外，如果不说明，"工资"和"补偿"是可以交换使用的，意指补偿。

[6] "Treasury Official Warns Against Complacency, Cites Great Depression", *Los Angeles Times*, 29 April 1998; F. Fiore and R. Brownstein, "All But the Poor Got Richer in '96", *Los Angeles Times*, 30 September 1997; N. Timmins, "Poverty on the Increase in US", *Financial Times*, 11 December 1997.

[7] "The Leader and the Laggards", *Financial Times*, 9 January 1997. 例如，在 1990—1996 年间，美国制造业的每小时实际工资（包括津贴）处在高速增长中，总体上升 3%，而在衰退的德国和日本分别总体上升 15% 和 17%。See also below "Declining Economic Dynamism", p. 269，Table 17.

[8] 利润率 r 一般被界定为利润 P 与资本存量 K 的比率（r＝P/K）。产出—资本比率（Y/K）是名义上的产出或增加的价值 Y 与资本存量的比率。利润份额（P/Y）是利润与产出的比率，或增加的价值。（在本书中，如果不注明，所有下述的可变量都是从净额角度来说的，即将贬值部分去掉。）所以，通过分解，利润率等于利润乘以产出—资本比率：r＝P/Y×Y/K。利润率不仅受到利润份额的影响，也受到产出—资本比率的影响（也受到生产能力的变化对这些构成的影响）。如果不具体说明，所有的利润率都是公司利润税之前的（但是间接营业税后的）。利润率（以及其他基本数据）一般都是对于"私人实体经济"（或者"私人经济"）来说的，这指的是整个非农业经济再减去政府部门，还要减去政府的企业。如果不说明，本书中，资本存量就等于工厂和设备，一般是指非住房性的。关于这些内容的全面阐述，参见本书附录Ⅰ"利润率和生产率增长：界定与来源"。

[9] 那些希望投资的人当然也会利用现在的信贷来源，所以在解释会产生多少投资时，有必要考虑到利息率以及实现的利润率。

[10] 这个理论不能更直接反映现实的地方是，投资者了解或者至少设想它们了解利润率的未来状况，他们在此基础上所预期的利润率能反映已实现的利润率，但也有某种程度的不同。

[11] 至于从制度上讨论利润率的意义，参见代表性著作：G. Duménil and D. Lévy, *The Economics of the Profit Rate Competition, Crises and Historical Tendencies of Capitalism*, Aldershot 1993，以及安德鲁·格林的最近的重要文章 "Does Aggregate Profitability Still Matter?"，*Cambridge Journal of Economics*，vol. xxi, September 1997。

[12] G-7 包括美国、德国、日本、英国、法国、意大利和加拿大。关于 G-7 经济的总体平均利润率、总利润额和总体资本存量的计算，源于 P. Armstrong, A. Glyn and J. Harrison, *Capitalism Since 1945*, London 1984; second edition, Oxford 1991, data appendix。

[13] 集中在这三个经济体上会产生一些曲解。另外，在 1950 年，它们加起来占 17 个主要资本主义经济体产出的 60%（从购买力平价方面说），到 1994 年，这个数据上升到 66%。A. Maddison, *Monitoring the World Economy 1820 - 1992*, Paris 1995, Table C-16a。另外，这三个经济体中的每一个都处在地区性的集团的中心，它们实际上推动和支配着这些地区性的集团。此外，正如我所认为的，这三个经济体的相互关系是发达资本主义世界在战后时期演化的核心之一。

第一部分

利润率的轨迹

第一章
供给派的解释：一个批判

首先从一般层面上看，资本主义生产方式区别于以前生产方式的地方，就在于它专一的和在体制上发展生产力的趋势。这种趋势源于社会—财产关系制度，在这种制度中经济主体——与以前历史时期的主体不同——必须依赖于市场来追求它们所需要的任何东西，并且不能通过超经济强制如农奴制、奴隶制或赋税制国家（the tax-office state）等体制来榨取剩余以保持收入。结果有两个方面：第一，单个的企业为了保持和改善它们的环境，通过增强专业化、积累剩余、采用低成本的技术以及不断转变生产方向来供给商品和服务以适应需求的变化等方式，使它们的利润率最大化；第二，整个经济通过市场上的竞争，形成一个自然选择的场所，淘汰那些不能以足够的利润率生产的企业。

单个企业的价格—成本最大化与通过竞争而形成制度上的自然选择结合起来，从而形成一个非常具有生产效率的制度，并且从长期历史看它已经成为这样的制度。资本积累引起劳动力规模的增长。它也引起劳动力的生产效率的提高，意味着劳动力能够在越来越少的时间里生产自己所需要的消费商品和生产这些商品所需要的工具，结果是假定（为了更好说明）实际工资保持不变，资本家必然付出越来越少的东西来维持劳动力的再生产。结果应该是双重趋势，两者都有利于资本。如果资本家顺利地销售他们生产的商品，他们就会得到与劳动力增长相匹配的不断上升的利润和由于劳动力的生产率不断增加而产生的不断上升的利润率。

马尔萨斯主义的延续

资本主义经济从长期看其内在动力以及提高生产力的趋势，似乎排除了众所周知的建立在前资本主义基础上的农业经济危机——马尔萨斯主义/李嘉图主义类型的危机（Malthusian/Ricardian type of crisis），这种类型的危机是由于劳动生产率下降特别是在农业中由于人口增长的压力的长期趋势而引起的。但是，果真如此，我们就面临着一个基本的问题：如果生产率增长下降的趋势不是资本主义危机的根源，那么它又是什么？

对这个问题的最普遍的回答在历史上和当前都是，简单地否认它的前提，在经济上形成生产力的能力下降中寻找资本主义危机的根源。当然，马尔萨斯和李嘉图看到，停滞或危机不可避免的趋势源于农业中劳动生产率下降的不可改变的趋势。随着人口增长而带来的越来越贫瘠的土地被开垦，利润受到挤压注定是地租不断上升和食物生产越来越昂贵而使维持工人生存的工资必然增长。在它的最初形式中，农业中运用科学技术会导致这种经典的观点过时；但是直到现在，它保持着最初的吸引力。

甚至在今天，大多数人阐述当前世界经济长期衰退的发生和持续，都是以20世纪70年代初期和末期不断发生石油危机以及特别是所谓的"生产率危机"（productivity crisis）为出发点的。右派做出这种解释，左派也是如此。根据一些主要左派的看法，利润率下降是长期衰退的重要原因，长期衰退又源于生产率增长长期下降，而生产率下降本身或者是组织劳动过程的所谓福特制度的效率下降的结果，或者是工人在工厂里的抵制和怠工情况不断增加的结果，或者是两者结合起来的结果。这些"社会马尔萨斯主义的"（social Malthusian）解释在实践中——当然，尽管不是根据它们的根本原则——与正统的马克思主义理论相当接近，马克思主义理论认为，经济依赖于间接劳动相对于直接劳动的更大比例而产生的生产率提高的趋势必然会不可改变地导致利润率下降。令人不可思议的是，该理论也具有马尔萨斯主义的特征，因为它也将利润率下降看作是生产率下降的结果。根据正统的马克思主义观点，为了竞争，资本家必须通过采用新技术、增加机器设备来降低成本，这表现为资本有机构成（资本—劳动比率）的不断提高。但是，他们这样做，不可避免地引起总的利润率下降，因为在产出—劳动比率增加过程中的资本有机构成提高不能抵消它同时产生的产出—资本比率下降。根据这种观点，利润率下降，因为假定实际工资不定，新技术及机器设备的投资只能导致劳动生产率（实际的产出—劳动比率）的提高，而劳动生产率的提高不可能由资本生产率（实际的产出—资本比率）下降来抵偿。如果这一理论是正确的，在逻辑上会得出马尔萨斯主义的观点即利润率也被预期为会下降，因为作为资本积累的直接结果，总的生产率——考虑劳动和资本投入的生产率——也可能被预期为会下降。[1]

工资—挤压的观点

当然，正如任何一位经济学家所断言的，生产率增长不管下降得多么厉害，其本身都不足以引起宏观经济的问题。只有实际工资增长不能相应下降时，生产率增长的下降才可能导致对利润率的挤压（squeeze on profitability）。但是，事实是当前各个领域的经济学家都相信生产率增长的下降，而工资（直接的和间接的）又不会随之调整，这种情况正是过去20年里所发生的，发达资本主义经济也是如此，这种发展状况是经济陷入困境的根源。

当前经济学家的一致看法是从工资增长没有随着生产率增长的下降而下降来解释长期衰退，并与马尔萨斯主义的观点（"生产率危机"和"石油危机"）和向下的"工资的刚性"（由于劳动力市场的政治化）结合起来。这样做也不令人吃惊，因为主流经济学深信，对于经济而言，市场是一种自我满足的、自我规制的机制，因此经济中的问题都只是"外在于"市场的：或者是政治干预的结果，这种干预阻碍了市场机制产生必要的经济调整；或者是技术没有进步的结果，技术进步的起源是与经济自身运行相分离的。

在某种程度上说，世界经济中长期衰退的问题在制度上已经提出了，它也令人不可思议地形成几乎一致的看法。马克思主义者和激进主义者加入到自由主义者和保守主义者中间，都将长期衰退看作是"供给方面"的、由于对利润形成挤压而导致的危机，反映了"过于强大的"劳动力对资本的压力。在他们这样做的过程中，对当前危机的看法与对两次世界大战之间的长期衰退的看法截然不同，两次世界大战之间的长期衰退广泛被看作是由于利润率总体上太高而产生的"需求方面的"或者"消费不足的"危机，反映了来自"过于脆弱的"劳动力的压力。

不同政治背景的众多分析者从供给方面提出的看法存在一系列变种。这一理论的标准的或经典的类型——可以称为充分就业利润挤压理论（the full employment profit squeeze theory）——可以追溯到一个多世纪之前，现在仍然有支持者。[2] 这一理论归结起来就是，从中期看资本积累导致危机，因为它在进行过程中没有充分考虑到它继续下去所必需的物质条件：劳动力（以及原材料）的供给没有与由于不断投资而产生的需求保持一致，导致劳动力（以及初级商品）成本上升，这开始影响到令人满意的盈利。[3]

1. "凯恩斯主义的矛盾"

大多数运用供给派方法的现实视角与经典的论断存在区别，它们认为劳动者力量的不断强化对利润的长期挤压不仅仅是劳动力市场紧张的结果，而且制度安排和政府政策在某个历史阶段的运行首先在第二次世界大战后的时期发挥作用。事实上，这种观点的最成熟形式是认为长期衰退的根源在于凯恩斯主义的矛盾。战后繁荣得以实现的制度安排和政府政策的运行解决了有效需求的问题，所以要求它为导致长期衰退的供给方面的原因负责。[4]

繁荣的关键

根据供给派的、"凯恩斯主义的矛盾"（contradictions of Keynesianism）的观点，长期繁荣是建立在需求持续增长的基础上的，需求增长可能超越据推测在两次世界大战期间的危机背后存在着消费不足，也可能出现战后时期工商业信心的高涨。[5]根据这种理论，需求增长的关键是1945年后劳动者在发达资本主义国家政治经济中上升到被承认的地位。劳动者地位的上升表现在一般由政府批准建立的资本与劳动力之间的安排上，以保证工资能够与生产率和价格同步增长，这也就是所谓的"资本—劳动协定"（capital-labour accord）。福利国家的出现——突出的是趋向于在反周期中运行的失业保障的增长——也是至关重要的，当然它不会太多地增加需求，因为它在很大程度上是由工人的税收提供资金以保持稳定的。政府采取凯恩斯主义的财政与货币政策也使需求稳定下来，从而抚平经济周期，保持高就业。[6]

但是，根据供给派的、"凯恩斯主义的矛盾"的观点，成功保证经济增长被证明从长期看是自掘坟墓的，因为这些安排的运行被设想能够引起支撑战后繁荣的需求扩张，对打破市场与社会政治权力之间的平衡产生长远影响，从而有利于劳动者和更广泛的民众，而对资本不利。

供给派面临的难题

在这种观点的经典阐述中，迈克尔·卡莱茨基（Michal Kalecki）发现对凯恩斯主义的反驳——从他的观点后来被滥用看有些自相矛盾——主要处在经济本身的边界之外。与他的理论来源即"凯恩斯主义的"理论保持一致——又独立于凯恩斯——卡莱斯基认为凯恩斯主义的需求管理政策推动繁荣的前提是对经济没有限制。但是，根据他的看法，凯恩斯主义的需求管理政策存在非常明确的政治上的制约。工厂和更一般的经济中的劳动者权力不断增长（这可能源于需求支撑的充分就业），同时国家对私人部门的侵占（这可能源于政府支出的不断增加）最终会削弱工商业的信心，而凯恩斯主义政策最初是保证这种信心的。越来越惊惶的工商业者会迫使政府削减支出，尽管利润率仍然较高，他们也感到应该降低投资。他们的由政治性动机引起的经济上的反应会引起衰退，尽管经济衰退的条件并不存在。[7]

后来坚持"凯恩斯主义的矛盾"的观点的人遵循着由卡莱斯基所设置的大框架，但是也有两个重要的不同：第一，他们在阐述这些制度的机制中超出了卡莱斯基，根据他们的理论，这种机制为战后繁荣提供了基础，并且在此过程中增加了市场和劳动者的社会政治权力；第二，与卡莱斯基相反，他们认为劳动者和民众的权力提高会对利润形成挤压，从而削弱积累过程。从当今"凯恩斯主义的矛盾"的理论家的观点看，资本—劳动协定的运行、福利国家的增加和政府方面对凯恩斯主义政策的信念在20世纪60年代晚期之前不仅保持了需求增长以达到进一步降低失业的目的，而且提高了工人的信心，相反失业的增长不能激起其在将来的信心。同时，失业保险（unemployment insurance）的普及程度和水平的提高降低了失去工作的风险和成本。并且，资本与劳动者之间的契约安排使工资与生产率和生活成本保持同步，这也使雇主越来越困难地通过提高价格来补偿不断上升的劳动力成本。最后，福利国家给国家收入造成越来越重的负担。

随着繁荣达到它的顶点和劳动力需求超过劳动力供给，工人利用他们已经提高了的筹码在发达资本主义国家经济中发动一波有力的劳动抗争（labour militancy）的浪潮。结果是"工资爆炸式增长"（explosion of wages）。[8]同时，根据一些阐述，工人坚持他们的影响力和关注工作条件，从而引发了生产率增长的长期下降。[9]结果是工资—生产率对利润的长期挤压，福利国家不能充分收缩也使这种挤压更为严重。

根据供给派的理论，利润率降低并不通过降低工人阶级的压力而得到调整。在20世纪七八十年代及之后，雇主针对利润率下降采取了一些预防措施，试图遏制工资和其他成本的增长，同时降低投资，造成失业的增长。同时，发达资本主义国家的政府试图通过采取紧缩的借贷政策和对福利国家的主要支出的削减，控制私人和公共部门的成本。政府对总需求补贴的减少更加剧了失业问题的严重性。即使这样，根据供给派理论，这个调整过程也不成功。尽管经济增长下降和大量增加失业，但是工人能够保持和利用建立在制度基础上的权力，这种权力是战后繁荣中劳动力市场"弹性"受阻和社会福利成本大大下降的产物。所以，它们阻碍了利润率的恢复。根据这种理论，工人权力的扩展也排除了运用凯恩斯主义的措施来恢复增长和就业的可能。因为，根据假设——如果工人组织起来对劳动市场继续产生直接和间接影响——为了降低失业就会使政府增加对需求的补贴，这将或者导致更加失控的通货膨胀，或者重新形成工资对利润的挤压。[10]

2. 供给派理论面临的概念难题

当然，没有理由否认**如果其他方面不变**，资本不断积累，相对于对劳动的供给,对劳动的需求增加,所以工资增长,工资的增长率也可能提高,从而更普遍地提高工人的谈判地位。随之出现的是支撑需求以及因此促进资本积累水平增加的政策和制度,**如果其他都是同等的**,那么结果就是失业下降,工人对利润的挤压能力进一步提高,同时,政府提供失业保险和与雇主进行的制度安排都降低了失去工作的风险和成本。但是,问题是假定所有其他条件不变是否合理。这个问题有两个方面需要仔细考察。首先,有一个关于起源或开始的问题:可以期望导致充分就业的资本积累过程的延续会使利润率降低吗?其次,也是更重要的,存在一个关于继续性和非调整(non-adjustment)的问题:即使假定完全充分就业确实导致工资增长超过生产率增长,那么因此导致的利润率下降会被期望持续下去,所以引起经济衰退在时间上持续下去吗?

从充分就业到对利润的挤压?

提高利润的充分就业:卡莱斯基的目标。尽管导致充分就业的需求增长会趋于提高劳动者的谈判地位,但是它也会对提高利润率形成另一方面的影响。正如米哈尔·卡莱斯基这位"凯恩斯主义的矛盾"说的创立者所指出的,增加就业不仅引起工资上涨的压力,而且导致更多的销售和生产能力的利用,从而降低单位成本和提高利润率。随着经济实现充分就业,它会经历一个利润率提高,甚至随着工资而加速增长的过程。[11]

资本对劳动力的替代导致对劳动力的需求相对减少和生产率增长的提高。实际工资的加速增长——源于对劳动力的需求超过供给——趋于超过生产率的增长,从而对利润形成直接挤压,这同时促进资本对劳动力的替代,进而加速技术创新。[12]由工资上涨引起的技术创新会以两种方式降低对劳动需求超过供给的压力。首先,它一般是节约劳动的;其次,它增加总的生产率(产出与总投入的比率,总投入包括劳动和资本的投入),所以降低所需要的劳动力数量,因此对于任何既定的产出水平来说,它都会降低所需要的劳动力数量。

同时,也要看到问题的另一面,技术变化不仅提高了劳动力的利用率,而且它也增加了效率,降低了既定的产出的总成本(资本加上劳动)。事实是实际工资增长或加速增长并不自动意味着利润率下降。为什么由工资增长导致的资本对劳动的替代和公司之间竞争的压力而推动的利润率增长,不能快到足以阻止回报率下降?

劳动供给增长:移民和资本输出。当劳动需求上升并因此导致工资上升时,工资上升又会通过劳动和资本市场自身的运行使劳动力供给增加。来自国外的劳动者发现它更具有吸引力而移民,并且——如果他们不受到政治手段的限制——他们的进入将缓解劳动力市场的紧张状态。同时，生产方式与低工资的劳动力结合起来就会导致利润率上升；所以，或者越来越多的资本会输出，或者在其他地方的资本家会加速投资。劳动后备军的有效规模因此会扩大劳动力供给，并且工资压力会下降。我可以在这里假定，实际上有另外的、更廉价的劳动力与能够体现当前技术水平的生产方式结合，这样不会造成效率损失（即以更低成本）。这种假定可以通过下面两个事实得到证明。

首先，在历史上任何资本积累延续的过程中，由于劳动需求的增长和有效率与低效率生产之间对劳动的竞争，劳动力都不可避免地要求工资增长大于补偿他们不断提高的技能增长——除了他们操作的机器，工人本身的生产率增长。更一般地说，那些长期经济发展地区的劳动力会得到更高的工资，这仅仅用他们具有相当高的生产率就能解释。其次，在相当长的历史时期，技术的变化会降低对生产既定产品的劳动力技能的要求，结果是制造这些产品而又不会损失效率的劳动力在不断扩大，要求付给他的工资相应降低。[13] 结果是随着他们的工资在经济繁荣时上涨，在最发达的、最早发展起来的地区的工人将自身价格定在市场价格之上，这是由于他们的所谓的工资—技能比率相对较高。

总之，不可能假定充分就业将以任何直接的方式形成对利润的挤压。资本积累过程的延续和在制度上建立起来的劳动权力的提高，在供给派的理论家看来降低了利润率，但是实际上也产生了利润率提高的相反趋势，从而阻碍了实际的利润挤压的发生。另外，否认充分就业导致劳动者影响力的提高从而推动利润率下降也是荒谬的，我有机会指出这种现象的一些历史事实。但是，即使充分就业挤压利润的说法偶尔可以解释利润率的大幅下降，但是它很难阐明这种已经导致长期衰退的利润率长期下降。

劳动力能阻止调整吗？

从劳动市场紧缺到经济危机？ 关键是紧缺的劳动力市场确实推动利润率下降，公司不可避免地通过降低投资来应对回报率下降。所以，不久以后，劳动力市场将宽松起来，对工资的压力降低，所以利润率和资本积累恢复。在资本主义经济中，利润和工资的取得并不仅仅是资本与劳动力之间相互作用的结果，当然，它们是这个分配过程的一个重要方面。相反，生产、就业和分配本身都依赖于以前的、自主的投资决定，这些都完全是在资本的控制之下的。如果雇主不能得到满意的回报率，他们就不会有动力在既定的地点和时间进行投资。换言之，雇主必须要求一个满意的利润率**作为投资的条件**，因为一个满意的回报率是竞争的基本条件，也是公司生存下去的基本条件。

雇主使分配转变为有利于自己,他们不仅直接与工人对抗,而且可以通过降低资本积累率来应对劳动力成本的增加而产生的利润下降,从而引起劳动力需求超过供给部分的总体下降,导致失业上升并足以缓和对劳动力的需求。这意味着资本积累导致劳动力需求超过劳动力供给,只会在**短期**被预期对利润形成挤压,所以不能导致长期的、体制上的长期衰退。充分就业挤压利润可以解释利润率下降的一些情况,但是不能解释长期衰退。[14]

"**刚性的**"**劳动力市场与劳动力。**"凯恩斯主义的矛盾"方法的更详细阐述——集中在福利国家和战后对资本—劳动关系的规制上——正是为了纠正充分就业挤压利润理论在阐述长期的、制度范围的经济衰退中存在的弱点而提出的。供给派的理论批判这种理论,认为由于利润率下降而导致投资下降,从而导致失业的增长,不可能期望失业上升成为恢复资本积累的条件的有效工具。他们的核心观点是,在战后时期,失业的不断上升不足以迫使劳动力缓和其工资要求,因为工人成功地在各个层面上——工厂条件、产业或工会和国家——使权力充分地制度化,阻止劳动力市场的恰当运作。供给派的理论家认为,政府努力保持充分就业,并且(或者)提供高额的失业津贴(unemployment benefit),这些都使被解雇的威胁失去作用。他们认为,工会在面对高失业时也找到了控制劳动力市场的办法,以牺牲"外部人"的方式来保护他们自己这些"内部人"。[15]所以,他们得出结论,认为"失衡"或挤压利润的工资能够与高失业长期并存。换言之,这种经济不会回到充分就业,因为如果回到充分就业,那么工资增长将再一次超过生产率增长,并且挤压利润。[16]

劳动者的权力或者在他们自己的制度或原则基础上运行,或者通过国家运行,都会使劳动力市场朝着有利于自己的方向发展——对于既定的公司、产业、地区甚至国家经济来说是如此,对于既定时期来说也是如此。事实是,这种结论尽管在实践中有合理的地方,但也有局限性。当然,劳动力市场运作具有无法回避的政治因素;工资在很大程度上是由阶级斗争等"政治因素"决定的,它同时是社会规则和价值以及国家干预运作的结果。但是,一方面需要指出的是社会—政治的战略行动常常在工资决策中起作用,另一方面这种行动可能挤压利润,以致引起**长期的、制度性的衰退**。劳动力一般不可能引起持续性的、制度性的衰退,因为任何生产领域的资本投资的所谓的潜在范围一般都超出劳动力市场之外,而劳动力市场则受到工会和(或者)政党的影响,或者受到国家所支撑的规则、价值观和制度的规制。所以,公司一般通过投资工人缺乏能力抵制的行业,从而绕过和因此削弱工人的已经制度化的力量。他们必须这样做,否则他们将被其他这样做的资本家包围或完全打败。

国家制度可能使这种基本动力下降,但不会从根本上改变它。如果政府为使劳动者对利润产生巨大挤压效应而间接地（例如，由于保持高水平的失业保障，或者为了充分就业而实施凯恩斯主义的政策）或者直接地（例如，由于对资本征税和将不断增加的社会服务分配给劳动者）进行干预，那么结果都是一样的，即看似劳动者在孤单奋战。从眼前看，资本家会发现他们的竞争地位受到削弱；从长期看，他们或者将他们的投资转向有更高利润率的地方，或者发现他们不能参与竞争，因为其他资本家都已经这样做了。

因为社会的所有方面都依赖于私人投资来支撑经济增长、就业和供国家支出的税收收入，政府被迫将其"资本家"的利润率放在首位，至少保证资本主义财产关系是不受挑战的。这种现实的更矛盾的结果是——特别自第二次世界大战以来——工会和社会民主党普遍接受了利润优先的原则，同时企图将这一原则强加给他们的后继者。与其组织化的程度、拥有的力量以及和为整个工人阶级的代表相称，工会和社会民主党有意识地从制度上使工资增长不会威胁到利润率，以有利于资本积累和增长，而资本积累和增长注定是工人阶级的物质利益的前提条件。在一定程度上说，工人物质需求的增长是过去几十年的利润率下降的原因，官方的工会和社会民主党确实运用他们的权力使这种发展逆转了。[17]

一般原则可以概括如下：工人在经济斗争中的胜利相对趋于地方化；由工人权力的实施而导致利润率下降所以相应地趋于地方化；但是，对雇主也有一些普遍化的、制度上的压力，迫使其在灭亡的痛苦挣扎中取得平均利润率。所以在某种程度上说，工人的收益使雇主的利润率降低到平均水平之下，他们削减了资本积累，从中期看创造了他们自己被消灭的条件。工人的行动可能在特定的地方从短期看降低了利润率，但是，这一般来说不可能导致衰退的扩展，因为这通常不可能引起利润率下降在空间上的（制度范围的）普遍化和在时间上的延续。但是，从当前情况看，需要解释的正是对利润的挤压和没有任何发达资本主义国家经济能够躲过相应的衰退，这种衰退同时和同步地困扰着所有经济，并且在时间上已经一直持续着。

3. 反对供给派思想的基本理由

因为供给派理论家从制度运作和政策影响的角度解释长期衰退，他们被迫从历史和国家的具体角度来解释它。所以，他们必须从表面上导致工人提高经济政治影响的经济制度与政策的具体历史演化角度，在一个个事例的基础上解释影响每个发达资本主义国家的利润挤压的发生和结果。但是，从衰退已经是普遍的、同时的和长期的明显事实看，这种解释如何成功实现呢？

长期衰退的普遍性。值得关注的现实是没有一个发达资本主义经济能够摆脱长期衰退。不管是具有最强大的工人运动（labour movement）而经济最脆弱的国家（如英国），还是具有最弱的工人运动而经济最强的国家（如日本），都不能幸免。那种将衰退解释为任何地方的工人都积累了足够力量来挤压利润是合理的吗？

发生的同时性和各个阶段。发达资本主义经济同时经历了长期衰退——在 1965—1973 年之间。另外，这些经济步调一致地经历了长期衰退之后的阶段，同时在 1970—1971 年、1974—1975 年、1979—1982 年出现衰退和从 1990—1991 年间开始又经历衰退。要说明的一件事情是，发达资本主义国家的经济与制度发展在战后时期相当一致——当然，人们会提到日本的特别情况，或者将美国与大多数欧洲国家进行比较，甚至这种一致性绝不明显。但也有另外一些地方需要指出，制度发展和政策形成的路径、资本积累和技术变化的过程以及资本—劳动关系的演化——以及更一般的政治——在主要资本主义国家都极为相似，以至于同时引起劳动力市场形势和阶级力量平衡的同一变化，进而在根本上决定了这些经济中利润率的同样变化。从劳动者的权力在很大程度上由国家范围内的不同条件决定并受国家范围限制的情况看，很难理解劳动者行使权力如何能够解释长期衰退的国际一致性变化。

衰退的长短。最后，衰退已经持续了这么长的时间的事实，似乎对于供给派的方法来说是至关重要的。很难令人相信的是特定的工会、工人运动或者社会民主党政府会在既定的时间和特定地方使利润率下降。但是，如果人们考虑到雇主可以找到另一种办法（具体地说，他们能够从利润被挤压的地方抽出投资并对其进行重新配置）和劳动者的长期利益（具体地说，它依赖于和关注——在没有其他任何选择的情况下——资本积累的持续性），那么不可能相信工人的权力得到有效而坚决的实施，以至于导致衰退在发达资本主义世界中持续 25 年之久。

4. 从批判到另一种解释

我对长期衰退的另一种解释将上述批判作为出发点。供给派的理论家企图从分配不公角度来理解危机——在两次世界大战期间的消费不足和当前衰退中的利润挤压——已经使他们仅仅关注资本家和工人之间的"垂直的"（市场和社会—政治的）权力关系。所以，他们不仅低估了生产者的利益，而且低估了构成资本主义制度经济支柱的公司之间的"水平的"竞争而引起的经济矛盾。我的出发点就是资本主义将生产力发展到前所未有的程度，由于它是**没有计划和竞争的**，所以它是以破坏的方式来发展生产力的。

供给派的理论家强调制度、政策和权力，他们形成的分析过分依赖于国家与国家的基础，从民族国家和国家经济角度——将世界经济看作一种国家经济的分散的组合，将制度上的经济问题看作是由地方的问题汇聚起来的。相反，我将世界经济——资本积累和一个制度的利润率作为整体——看作是理论上分析它的繁荣和它的危机的突破口，以及分析构成它的国家的突破口。

最后，尽管供给派的理论家具体阐述了在**既定地方短期内**导致成本上升和对利润的挤压的过程，但是，他们并没有充分考虑到经济、政治和社会的**补偿机制**，这些机制恰恰是劳动力或民众对利润的挤压或多或少地自动引起的——成本上升作用于这些机制并通过他们对利润率和对引导投资形成相反的影响，不仅引起"受影响"地区成本下降的压力，而且将投资重新配置到其他地方。

一个完善的危机理论为了将上述最后一点阐述得更合理，不仅必须解释为什么个人和集体在追求其利益过程中的做法会形成一个总的生产和分配方式，利润率在这种方式中受到削弱，从而降低投资能力和动力，它还必须解释为什么同一种方式导致生产者采取挽救的行为，这种行为不会引起调整，最终使原来情形的困难状况更加恶化。如果我们不仅理解资本主义长期发展的历史规律性，而且理解长期资本主义衰退的历史规律性，那么我们需要一个将残酷的看不见的手与亚当·斯密的仁慈的手结合起来的理论——这个理论包括自我形成的一系列源于个人（以及集体）利润最大化的措施，这些措施不会导致调整，相反会避开调整。

简要地说，为了与这一办法相协调，我将阐述长期衰退，探求利润率下降的根源，发现生产者通过配置越来越廉价和有效率的生产方法来发展生产力和提高经济效率的趋势，而没有顾及到现存的投资及其实现的必要条件，结果是总的利润率在向下的成本刚性面前受到价格下降的挤压。我将解释危机的持续性，表明资本面对其利润率下降而采取的利润最大化的理性行动，不仅不能解决首先会降低利润率的问题，而且集体采取必要的、理性的反应会进一步削减总的利润率。很多公司面对它们的利润率下降，发现最合理的是坚持它们的生产领域，而不是离开这个领域去寻找另外更好的领域；同时，另外一些成本更低的生产者发现进入到同一领域会更有利可图，尽管这个领域的利润率下降。所以，由于过剩产能和过剩生产与利润率下降（或者甚至以后进一步下降）相结合，投资和产出增长将下降，工资增长也会削减，这些反过来不仅会导致生产率增长下降，而且会导致有效需求（投资和消费）下降，而有效需求下降又进一步对利润率产生向下的压力。这个顺序像将要看到的一样是可以颠倒的,只有当大量的高成本的、低利润的生产方式可以被迫从受到过剩产能/过剩生产影响的、利润率下降的领域中退出,并且成功地重新配置到高利润的领域的时候,利润率才能得到恢复。

注 释

[1] 正如马克思所指出的,资本有机构成的上升引起利润率下降,正是在这种过程中引起了劳动生产率即产出—劳动的比率的增长(因为他没有强调这是通过引起产出与资本的比率更大程度下降而产生的)。"利润率下降——虽然剩余价值率这时保持不变或提高——是因为随着劳动生产力的发展,可变资本同不变资本相比减少了。因为,利润率下降不是因为劳动生产率降低了,而是因为劳动生产率提高了。"(马克思:《剩余价值理论》,见《马克思恩格斯全集》,中文1版,第26卷Ⅱ,498页,北京,人民出版社,1973)① 当然,马克思是反对马尔萨斯主义的。如果利润率下降是由于生产率下降引起的,再考虑到资本与劳动投入,那么他的利润率下降理论的马尔萨斯主义特征就是不协调的,尽管在逻辑上是不可避免的。这也犯了一个常识性错误。因为如果马克思本人似乎想当然地(参见《马克思恩格斯全集》,中文2版,第46卷,199~200页,北京,人民出版社,2003)设想资本家面对竞争会采取降低它们的单位商品的总成本(劳动加上资本,或者直接劳动和间接劳动)的技术变化来提高他们的利润率,那么他们创新的最终结果明显似乎是一旦普遍采用他们的方法,只能是降低以他们的方法生产出来的商品的交换价值,所以直接或间接地降低了工资的交换价值,因此如果(马克思)再一次假定实际工资保持不变,那么就提高了平均利润率。这确实不可能降低利润率。关于这些结果的形式上的证明,可参见 N. Okishio, "Technical Change and the Rate of Profit", *Kobe University Economic Review*, vol. vii, 1961, as well as in J. Roemer, "Technical Change and the 'Tendency of the Rate of Profit to Fall'", *Journal of Economic Theory*, vol. ii, March 1978, and "The Effects of Technological Change and the Real Wage on Marx's Falling Rate of Profit", *Australian Economic Papers*, June 1978。正统马克思主义的论点成立要求这样的假定——从马克思本人的前提看也再一次自相矛盾——资本家采用新技术,降低了他们自己的利润率——并且又以降低总体的利润率为终点。A. 谢克(A. Shaikh)承认和信奉马克思的利润率下降意味着,他提出这样的论断,即利润率下降是因为单个的公司为了从价格方面进行竞争而被迫使它们的利润边际最大化(即它们对循环的资本的回报率),也确实被迫采取新技术来提高它们的资本有机构成,所以提高它们的单位商品的总成本,当然,这也会降低总资本——不管是流动资本还是固定资本的利润率。"Political Economy and Capitalism: Notes on Dobb's Theory of Crisis", *Cambridge Journal of Economics*, vol. ii, 1978; "Marxian Competition Versus Perfect Competition: Further Comments on the So-Called

---

① 布伦纳在书中引用的马克思恩格斯的原话与中文版的《马克思恩格斯全集》存在表述上的差异,翻译时以中文版为准。——译者注

Choice of Technique", *Cambridge Journal of Economics*, vol. iv, 1980; "Organic Composition of Capital" in *The New Palgrave, A Dictionary of Economics*, ed. J. Eatwell et al., London 1987, vol. iii, pp. 755 – 757。

[2] K. Marx, "The Law of the Accumulation of Capital", *Capital*, Vol. 1, ch. 25, sec. 1. 也请参见下面注释 14。

[3] 关于这种基本观点的变种，参见 A. Glyn and B. Sutcliffe, *British Capitalism, Worker, and the Profit Squeeze*, London 1972, and "The Critical Condition of British Capital", *New Left Review* 66, March-April 1971; Armstrong et al., *Capitalism Since 1945*; R. Boddy and J. Crotty, "Class Conflict and Macro-Policy: The Political Business Cycle", *Review of Radical Political Economics*, vol. ii, 1975; "Class Conflict, Keynesian Policies and the Business Cycle", *Monthly Review*, vol. xxvi, October 1974; Makoto Itoh, *The World Economic Crisis and Japanese Capitalism*, London 1990。

[4] 左派中坚持这种观点的代表人物包括美国积累社会结构学派（the US Social Structure of Accumulation School, SSA）的主要人物［突出的有塞缪尔斯·鲍尔斯（Samuel Bowles），最近的戴维·戈登（David Gordon）和汤姆·韦斯科普夫（Tom Weisskopf）］和法国规制学派（the French Regulation School）的主要人物［突出的有米歇尔·阿克利塔（Michel Aglietta）、罗伯特·博耶（Robert Boyer）和阿兰·利皮兹（Alain Lipietz）］。那些主张充分就业挤压利润的观点的人加入到美国积累社会结构学派和法国规制学派，其集体性的著作是 *The Golden Age*（ed. Stephen Marglin and Juliet Schor, Oxford 1990）。对这个理论进行更为详细的阐述，尤其参见 A. Glyn, A. Lipietz, A. Hughes and A. Singh, "The Rise and Fall of the Golden Age"。坚持同样观点的还有来自自由主义方面的领军人物包括杰弗里·萨克斯（Jeffrey Sachs）。尤其参见萨克斯早期有趣的分析：Sachs, "Wage, Profits, and Macroeconomic Adjustment", *Brookings Papers on Economic Activity*, no. 2, 1979。与这种观点相联系的右派的主要经济学家是瑞士的阿萨·林德贝克（Assar Lindbeck）。

[5] 从消费不足方面对于两次世界大战之间的危机的解释，就是对长期衰退进行供给派解释的必然结果，参见 S. Bowles, D. Gordon, and T. Weisskopf, *After the Wasteland, A Democratic Economics for the Year 2000*, Armonk 1990, pp. 29 – 30; M. Aglietta, The *Theory of Capitalist Regulation, The US Experience*, London 1979, pp. 94, 285 – 286; R. Boyer, "Technical Change and the 'Theory of Regulation'", in G. Dosi et al., ed. *Technical Change and Economic Theory*, London 1988, pp. 82 – 83. 对于它的批判，参见 R. Brenner and M. Glick, "The Regulation Approach: Theory and History", *NLR* 188, July-August 1991, pp. 76 – 86。

[6] 主张"凯恩斯主义的矛盾"方法的左派学者倾向于贬低政府财政政策在促进需求，从而推动战后稳定和增长的作用；相反强调福利国家的扩张，特别是就业保障和规制劳动—资本关系，从而在表面上使工资与价格和生产率保持同步。我在这里将上述的所有这些方面统称为"凯恩斯主义"。

[7] M. Kalecki, "Political Aspects of Full Employment" (1943), in *Selected Essays on the Dynamics of the Capitalist Economy*, *1933 - 1970*, Cambridge 1971.

[8] 关于工资爆炸式增长的早期看法，参见 W. D. Nordhaus, "The Worldwide Wage Explosion", *Brookings Papers on Economic Activity*, 1972; P. Wiles, "Cost Inflation and the State of Economic Theory", *Economic Journal*, vol. lxxxiii, June 1973。

[9] 例如，参见 Bowles et al., *After the Wasteland*, pp. 53 - 54, 69 - 72, 83, 100 - 104, 111 - 114; R. Boyer, "Technical Change and the Theory of Regulation", p. 86; Armstrong et al., *Capitalism Since 1945*, p. 179。

[10] 对关于衰退持续的主流观点的批判性阐述，参见 R. Z. Lawrence and C. L. Schultz, "Overview", and P. R. Krugman, "Slow Growth in Europe: Conceptual Issues", in Lawrence and Schultz, eds, *Barriers to European Growth*, Washington, DC 1987。关于左派的观点，参见 S. Bowles, D. Gordon, and T. Weisskopf, "Business Ascendancy and Economic Impasse: A Structural Retrospective on Conservative Economics, 1979 - 1987", *Journal of Economic Perspectives*, vol. iii, Winter 1989; A. Glyn, "The Costs of Stability: The Advanced Capitalist Countries in the 1980s", *NLR* 195, September-October 1992。

[11] M. Kalecki, "Political Aspects of Full Employment", p. 138. "（工商业反对通过发放贷款来支撑政府支出而保持的充分就业）的态度并不容易得到解释。高的产出和就业不仅有利于工人，而且也有利于工商业者，因为他们的利润提高了。"

[12] 关于对这种形成共识的观点的批判，参见 R. J. Gordon, "Productivity, Wages, and Prices Inside and Outside of Manufacturing in the US, Japan, and Europe", *European Economic Review*, vol. xxxi, 1987。

[13] 参见 K. Akamatsu, "A Theory of Unbalanced Growth in the World Economy" (1938), *Weltwirschaftliches Archiv*, vol, lxxxvi, 1961, 以及关于产品周期的文献，首先是 R. Vernon, "International Investment and International Trade in the Product Cycle", *The Quarterly Journal of Economics*, vol. lxxx, May 1966. 另参见 M. Shinohara, *Industrial Growth, Trade, and Dynamic Patterns in the Japanese Economy*, Tokyo 1982。

[14] 马克思确实没有将他的就业上升对利润的挤压看作是可以直接运用于——或者可能导致危机发生于——现实世界的。他通过他所认为的这个制度不可克服的生产率增长（通过资本有机构成的提高而导致技术变化）和劳动力的扩张（通过失业后备军的增长）的趋势（或相反的趋势），非常抽象地阐述了它。另外，他将它严格限制在资本家在满意的回报基础上能够预测投资的范围内。参见 *Capital*, Vol. I, ch. 25, sections 2 - 5, as well as 1. "最荒谬的莫过于用工资率的提高来说明利润率的降低了，虽然这种情况在例外的场合也是存在的。"（《马克思恩格斯全集》，中文2版，第46卷，267页。）

[15] 关于这个说法的鲜明阐述，可以参见 A. Linbeck, "What is Wrong with the West European Economies?" *The World Economy*, vol. viii, June 1985. 也可参见 A. Lindbeck and D. J. Snower, "Wage Setting, Unemployment, and Inside-Outside Relations", *American*

Economic Review, vol. lxxvi, May 1986; J. B. Donges, "Chronic Unemployment in Western Europe Forever?" *The World Economy*, vol. viii, December 1985; Bowles, Gordon, Weisskopf, "Business Ascendancy and Economic Impasse"。

[16] See also below, pp. 160ff.

[17] "工资限制（在社会民主党统治的国家里）是黄金时代模式（the Golden Age model）的本质特征，并且它成为这些国家努力解决 70 年代和 80 年代困境的关键。" E. Huber and J. Stephens, "Internationalization and the Social Democratic Model: Crisis and Future Prospects", *Comparative Political Studies*, vol. xxxi. 1998。

第二章
对长期衰退的另一种解释方法

我从这样的一个前提出发，即在资本主义社会的产权关系（social-property relations）下，个人利润最大化的普遍准则与制度层面上的竞争压力相结合，就产生了生产力和总体生产率的增长，同时，假定实际工资保持不变，并且不存在实现的问题，结果就产生了利润率和利润量的上升。[1]但是，在资本主义无计划和竞争的本质下，实现问题不可能被排除在外。公司为了尽可能提高总体利润率而降低成本，但是这也可能产生总体利润率下降，从而导致宏观经济困难。

1. 导致过剩生产的降低成本的技术

在一个公司能够预测它们的竞争者将会做什么和调整什么的世界里，降低成本的技术变革不会产生什么问题。降低成本的公司会增加产量，目的是准确地满足由使用高成本的生产方式的生产者的生产下降所不能满足的需求。最初的结果是这个领域的利润率提高，因为降低成本者生产的产量所需要的生产投入就比那些还是按原来方式生产同样产量所需要的投入要少，所以拥有更高的利润率。降低成本的公司生产某产量的成本比在这个领域的其他（高成本的）公司生产同样产量的成本要低；因为总产量和假定的总需求保持不变，总成本降低，那么这个领域的平均利润率就会上升。从这一点出发，高成本的公司或者仿效降低成本的公司，或者降低它们在这个领域的生产方式达到降低成本的公司所增加的产能的程度，从而让出市场空间。这个领域产品的价格下降，从而反映生产它所需要的成本下降，这个领域以外的购买者也能分享这种收益，因为资本家投入比以前付出更少，并且（或者）工人用他们的货币工资能够购买到更多的商品。只要工人并不以增加实际工资的方式占有所有降低价格的利益，那么结果将是整个经济的利润率上升。

但是，在经济竞争的现实世界中，单个的资本主义生产者不会控制也不会预见到他们的商品的市场；投资产生利润，其唯一的前提是他们在破坏性竞争的战争之中脱颖而出。在这种条件下，唯一的生存和安全的道路就是冒险投资于新的、技术更先进的生产方式，并将这些生产方式与尽可能低的工资结合起来。以这种方式实现尽可能最低的成本和价格，从而使利润率最大化，或者使市场份额最大化，目标是保证在尽可能最长的时期内保持优势。但是，当一个公司以最低成本进行生产，并以相应的低价格将它的商品投放到市场，以增加它的市场份额，它这样做也给那些以更老的、成本更高的技术进行生产的公司带来严重的问题。

不仅仅是以现在的价格取代那些高成本公司的产量，这些高成本的公司已经耗尽它的一些生产方式——在上面提到的完全预见和充分调整的情况下——降低成本的公司会降低它们产品的价格，以牺牲更高成本的竞争者为代价来扩大它们产品的市场份额，同时仍然保持已经确立的利润率。[2]在价格下降的情况下，那些最不具有成本优势的公司将被迫放弃生产，因为它们不会再有盈利；另一些公司由于它们过高的成本而必须承受降低的利润率。因为低成本的生产者的利润率保持与以前一样的利润率，也因为高成本公司的利润率被降低，结果就是这个领域总体利润率下降。在这种条件下，可以认为这个领域的特征就是过剩产能或过剩生产，因为——或者在这种意义说——没有足够的需求来使高成本的公司保持它们先前的利润率；它们被迫停止使用一些它们的生产方式，通过降低它们的价格和因此降低它们的利润水平来保持利用剩余的生产方式。从当前利润率角度看，存在过剩产能或过剩生产。

尽管很少有人否认上述过程在资本主义经济中确实常见，但是大多数人不承认它存在问题。他们可能说，低成本的生产者扩大低价格的产出，导致这个领域的竞争加剧和（实际是同一件事）过剩产能或过剩生产，体现在一些高成本的生产方式的退出和对剩下的生产来说暂时降低的利润率上。但是，他们也可能认为，这种情况是"打破平衡"（out of equilibrium），所以只是过渡性的，因为一些公司在这个时候并没有像它们可能做到的那样，所以它们被期望会采取行动。那些经历了利润率降低的公司被认为应该离开这个领域，或者采取新的低成本的技术——或者以其他方式来与它的成本相匹配。如果它们不这样做，那些创新的公司就会占领整个市场。结果应该是迟早要在这个领域恢复以前的利润率，当然，这是基于低成本的生产者降低价格和成本的基础上。最终，这会导致整个经济（包括以前那些利润率降低的领域）的利润率上升，因为在完全预见/完全调整的情况下，假定工人不可能由于整个经济从这个领域的低价产品而受益。约瑟夫·熊彼特（Joseph Schumpeter）这位被称为"资产阶级的马克思"，将这个过程看作是资本主义的聪明之举。他所说的"创造性破坏"（creative destruction）——由更具有生产效率的生产方式战胜那些生产效率更低的生产方式——毕竟使资本主义更具有生产效率。

2. 调整失败

但是，熊彼特可能低估了他的创造性破坏中可能产生的破坏性一面。如果公司拥有固定资本，那些这个领域的低成本生产者的低成本和低价格商品必须要承受利润率下降，但公司不可能被假定其反应就是马上离开这个领域；这是因为它们会理性地长期留在这个领域，原因在于新的、降低的价格使它们至少得到它们的循环资本（circulating capital）的平均利润率——就是说，需要对劳动力、原材料和半成品进行额外投资，目标是将它们的固定资本流通起来。这样做的原因是，它们的固定资本是"沉淀的"（sunk），也就是说已经支付了资金——或者不管它是否使用，都要继续支付利息。它们在实践中可以被看作是不需要付出成本的，它的进一步使用是免费的。如果低成本的公司的商品价格不能低到能够阻止那些高成本的公司在其流通的资本中得到平均的回报率，那么高成本的公司力图继续坚守它们的市场份额就是合理的。[3]这种情况具有两方面的主要后果。

第一，公司可能通过它们早期对资本的配置，阻碍可能降低成本的生产者所生产的低成本的和低价格的商品的进入。这是因为低成本的公司既不能将价格定在这个领域当前的主导价格之下，也不能将价格定在足以使那些受影响的公司退出这个领域的水平——因为它们的循环资本的利润率被降到平均水平以下——它们如果不降低它们自己的利润率，也不会增加市场份额。如果这样的公司降低价格，并且企图保持旧的利润率，那么所有的受到影响的公司就会发现合理的做法就是与这种价格相符，以至少保持它们的循环资本的平均利润率——即使它们的总资本已经降低了。结果将会是阻碍了低成本的公司以该价格增加市场份额；同时，迫使价格进一步降低，将它的利润率下降到现在利润率之下，以达到得到市场份额的目的。如果这个领域里能够以更低成本和价格生产的公司不能迫使足够的产能退出该领域，从而能够为它们的产出提供充足的空间，那么它们也不能有利可图地扩大它们的市场份额。换言之，它们只要能够迫使其他生产者退出并让出市场，就可以在自己的利润水平不下降的情况下增加市场份额。

也就是说，应该进一步强调这一点。尽管高成本的公司通过它们拥有的固定资本，能够有力地阻碍降低了成本的公司扩大其市场份额（具体地说，就是那些能够将成本和价格降低到这个领域主导水平之下，但是不足以使一些受影响的公司退出的市场份额），但是这根本不能保证这种降低成本和价格的情况不会发生。那些降低成本和价格的公司可能策略性地接受更低的利润率，或者可能会失算。无论如何，它的行动的后果不仅是过剩产能/过剩生产，而且降低这个领域的所有生产者（包括降低了成本和价格的生产者本身）的利润水平。

第二，那些降低成本和价格的能够取代一些受到影响的公司——通过将它们的价格降到足以使后者不可能得到它们的循环资本的平均利润率，以迫使后者撤出它们的固定资本——不仅能够继续在更低的价格的基础上得到已经建立起来的利润率，而且能够增加市场份额。但是，前者在这样做的过程中，也会引起这个领域的平均利润率下降，因为它们新的低价格会迫使这个领域的其他公司（双重地）降低利润水平，迫使它们放弃市场份额和它们的（高成本的）商品接受价格降低。[4] 那些不能再根据它们的循环资本得到平均利润率的公司，将被迫让出市场份额。首先，从短期看，它们可能只会降低那些生产能力的利用，因为具有低成本的公司并没有足够的生产能力来占据它降价所保证的那么多市场份额。但是，随着那些高成本的公司的生产能力降低，它们本身也会承受由于产量（销售）下降而资本成本并不能降低的现实。最终，随着成本下降的公司扩张其生产能力，那些高成本的公司就会放弃和离开这个领域。那些仍然能够根据它们的循环资本得到平均利润率的公司，就会发现留在这个领域是合理的，但是将接受根据它们总资本的利润水平下降，因为它们的成本是一样的，但是它们必须根据降低了的价格来销售商品。

关于那些仍然处在"通常的"调整过程中的高成本的公司——高成本公司离开这个领域，并为低成本的生产所取代——并不会出现，因为这些公司拥有固定资本。那些低成本的进入者将使现在这个领域的产出的价格降低。这时市场上还留下了那些在它被降低的生产成本的基础上取得旧的利润率的公司和那些不能降低成本必须接受利润率下降的公司。从技术上说，由于降低成本的公司通过实施它的低价格而占据市场份额，过度投资导致的过剩产能和过剩生产就在这个领域中出现了，以前盛行过和仍然盛行的利润率也会发生变化。一些高成本的公司被迫抛弃固定资本，因为它们已经失去了市场份额；由于同样的原因，那些高成本的仍然存在的公司只能通过以低于原来的回报率来出售商品，以保持它们的地位（满足一些要求）。结果是，低成本的、低价格的生产者的进入导致了这个领域的利润率降低，而不是产生更高的利润率。这个领域"处在平衡状态",不可能期望马上就发生转变,因为受到影响的公司都尽可能地争取尽可能好的利润率。这个领域的利润率降低典型地体现在产出—资本比率下降和利润下降,因为从数量上看,它仅仅是高成本的公司由于降低成本的加入者的价格竞争压力而不能将它们的价格提高到它们的(设定的)资本和成本之上。

在开始考察上述机制对于解释经济危机和衰退延续的问题的相关性之前,还有最后一个主要的问题需要廓清。这个问题就是降低价格对整个经济的利润水平的影响,而降低价格决定了该领域利润率的下降又受到过剩产能和过剩生产的影响。我们知道,这个领域的价格下降像上面一样会导致这个领域的利润率下降,而在其他条件不变的情况下,普遍的价格下降将会引起该部门经济中购买这些商品作为投入的其他部门的收入相应增加。问题是,谁实际上得到这些好处——是其他资本家以由于生产成本降低而产生利润率上升的形式得到这些好处,还是工人因实际工资提高而得到这些好处呢?这个问题不能根据推理来回答,但是可能通过考察有限的事实来提出我们的论断。

如果降低了利润的部门之外的其他资本家从价格下降中得到了所有的好处,而工人没有从价格下降进而引起在利润下降的部门中得到任何好处,那些在利润下降的部门之外的资本家的利润水平增长将会抵消在利润下降的部门中的利润率下降,整个经济的总的利润水平仍然保持不变。但是这种设想似乎是不可能的,因为阻止工人从价格下降中受益于实际工资上升的条件并不存在。假定这个领域的产出是"典型的"——就是说,它在整个经济中与消费的相同比例被消耗,相应地,在消费品的消费和资本品的消耗之间进行分配——从价格下降所得到的好处大致和劳动与资本之间已经建立起来的收入分配即利润分配相一致。无论如何,如果劳动能够从价格下降中得到好处,那么上述提到的过程——由于高成本、低利润的生产者不能占有固定资本,这些生产者由于承受不了利润水平下降而离开这个领域——会实际上导致整个经济的利润水平下降。这是因为这个领域里的价格下降而导致的利润水平下降(利润损失)不能完全由这个领域之外的利润水平上升(利润增加)来弥补:所有价格下降的领域所受到的损失都由资本来承担;但是,并不是所有由于同样价格下降给这个领域之外产生的好处都由资本来享有。当然,整个经济的利润水平下降视具体情况而定。

3. 固定资本、不均衡发展和衰退

它本身提出一个问题就是刚才设想的过程——没有计划的、不可预见的创新，以及更一般意义上的降低成本，进而导致过剩产能和过剩生产——是否可能在这么大的范围和这么长的时间里严重地破坏经济。我认为，资本主义下的投资过程的某些方面像其历史演化中表现出来那样，确实会使这个结果绝不是一种可能。

固定资本的脆弱

存在着这样一种历史趋势即通过固定资本的大量投资来提高生产。成功的技术进步——最主要通过规模经济——需要初始的投资，而这些投资只有在很多年后才能实现，比如钢铁厂、汽车厂或化工厂。现在，这种趋势因为对研发（research and development）进行了大量投入而得到大大加强，而这些大量投入常常会预示着大规模的固定资本投资。所以，在许多领域，随着更低成本的发达技术出现，大量的资本容易受到新的生产的冲击。

一个国家的固定资本受到成本降低的竞争的冲击程度提高了，因为投资是波浪式的，这体现在大的、技术上相互联系的发展集团（developmental blocs）上。[5]出现这种情况，是因为每次投资都依赖于其他公司为其产出提供需求和为其生产过程提供投入。请思考一下，19世纪后半期的英国经济中铁路和造船、采煤、钢铁生产以及机床生产在相互关系中发展起来，或者第二次世界大战后的一些年里美国经济中汽车、钢、铁、煤和石油生产以及高速公路建设在相互关系中发展起来。

固定资本的脆弱性（vulnerability）是因为它体现在波浪投资或发展集团中，并且由于惯性而加剧。固定资本由于体现在内部的和生产单位之间的生产结构中的"技术上的相互联系性"，所以会倾向于在同一技术水平上使自己持续下去。[6]

由于生产单位内部在技术上有相互关系，现在的工厂发现如果没有显著改变或完全转变它们的配置，很难采用某一发明。但是，接受做出所要求的改变或转变的代价也是没有什么意义，因为剩下的生产部门——除了引入发明而得到提高的某一部分外——是完全具有效率的，改变它也是需要付出昂贵代价的。所以，现存的生产部门发现引入新的技术进步是不合理的，如果是新构建的部门，它们会发现使用这些新技术是合理的，结果是存在这样的趋势即生产部门用大致相同的新技术来替代旧的技术，所以原来的固定资本被保留下来而不是根据技术进步来改变它。在单个的生产部门中出现的问题同样在相互联系的部门中出现了。如果不改变其他部门，可能很难在某一部门实现创新。例如，英国在19世纪前25年铺设小规格的铁路轨道，但它很难采用更新的、动力更强大的内燃机，后来它被采用是因为如果不进行大量资本投入来改变原来为适应旧的铁路系统而设计的采矿探头、港口和钢铁设备，那么改良的、扩大的轨道就很难得到采用。协调（coordination）问题使这个任务更加困难，它的出现是因为铁路和相关的设备属于不同的所有者。在生产制度中单位之间的相互联系中的问题会使单位内部的相互联系问题恶化，进一步增加发展集团的惯性的特征，所以使以新技术为基础的新的、更低的生产更容易受到冲击。

新的生产者侵蚀原有的公司

如果人们将投资看作是在资本主义波浪式发展过程中发生的，在这种波浪式发展中大量的固定资本又表现在相互联系的、部分自我保护的集团中，那么随着新的更高水平的生产率或仅仅是低成本的相互联系的新生产集团出现时，人们可能预见到危险出现了。大量的资本很快就会受到冲击，因为旧集团的公司被迫面对它们高成本的产品的降价，面对着需要提前放弃和降低它们的固定资本的利润率。但是，这种大规模的技术变化和更一般意义上导致利润水平下降的成本降低不一定——并且一般也不会——以连续的、单线的方式发生。有一些力量会延缓或抵消这种趋势，即使它们并不会永久地阻止这种趋势。

第一，如果其他方面都相等，现有的公司会倾向于排斥那些新加入者渗透它们所占有的市场。它们这样做，是因为它们至少在短期比那些潜在的竞争者更具有成本优势。它们也会做得好，是因为它们通过上述源自于现存的固定资本配置的阻碍力量，能够甚至延缓那些更低成本的竞争者进入的时间可能大于它们纯成本（pure cost）发挥作用所保证的时间。[7]

第二，从上述观点可以得出，投资者如果发展新的地理上的区域，那么它们常常会取得最好的利润。由于它们所在区位使其规避了竞争，新地区的生产者可以避免必须马上面对已经存在的旧集团的主要公司，所以赢得了空间和时间来完善它们的生产，提高它们的竞争力。另外，后发展起来的国家的生产可能更经济，因为生产者有可能从旧的集团那里模仿它们的竞争对手的先进技术，同时自己又能得到比发达地区更廉价的劳动力和付出更低的租金，因为发达国家的生活水平会随着劳动生产率的增长而提高——劳动力本身的生产效率会提高得更快。技术本身的演变的标志就是去技能化（de-skilling）和标准化，它通过促使更发达的技术与更没有技能的劳动结合起来，使这种优势扩大。生产者在后发展起来的国家中有时进一步利用贸易保护以及实现更大竞争力的更发达的制度形式——从金融与工业的融合到促进为彼此提供市场的生产者之间的协调，从规制资本—劳动关系到推动国家干预。

从理论上说，这些机制的运行可能看到产生经济演化的具体的理想模式。旧的集团在很大程度上脱离与新的集团的竞争。这部分地因为它的公司通过它们现存的固定资本，或者由于从生产成本角度看具有直接的优势而能够阻止新的进入者，或者由于在必要时，它们能够仅仅从它们循环资本成本角度对其产品进行定价而阻止新的进入者。这部分地因为新集团的重新配置资本通过更低的生产成本剥削相对缺乏现存生产者竞争的新地区的新劳动力和新市场，能够获得它们最大的利润。利润率下降的趋势源于旧的集团的生产者面对新的集团的低成本生产者的竞争，很难实现固定资本的投资，因此这一趋势暂时延缓下来，同时已经建立起来的生产者不愿进入也暂时延缓了这一趋势，但是新地区的投资高于平均利润水平也弥补了利润率的下降。

从长远看，那些在新地区进行生产的资本家是以低成本生产为基础的，它们倾向于提高和扩张它们的生产能力，当扩张的生产能力达到一定程度时，它不仅打开了拥有新劳动力的新市场，而且可能有利可图地进入到已经被占领的市场。经过一段时间，这些生产者发现渗透到由旧的集团的公司所主导的市场会更容易，主要因为它们通过增加已经供给新市场的工厂的产出（而不是冒险为了侵入旧市场而建立新工厂）就能达到目的。市场趋于统一，新的资本集团与旧的集团展开直接竞争。

从过剩产能到长期衰退

起初，旧集团中的一部分企业将面对低的价格，受高成本拖累，也要承受利润率下降的现实。一些资本将被迫撤出，但是，另一些公司不是改变经营领域来追求它们的总资本的最高回报率，而是通过降低它们的价格来保持它们的市场份额，从而得到最好的回报，因为它们仍然可以至少在新的降低价格基础上实现它们对循环资本的新投资的平均利润。因为新的集团的代表性公司通过确立新的只能得到平均利润率的更低价格来扩大它们的份额，结果是受到影响的领域实现某种新的平衡（所有的生产者被假定都尽可能地使它们的利润率最大化）中降低总体利润率的形势得到巩固。经济进入衰退，因为单个经济行为者被迫采取措施来抵消他们自己的利润水平下降，而这又产生了总体利润率下降的问题。但是，这个使衰退延长的过程绝不会随着高成本的生产者借助它们的沉淀资本而结束。

从专利资产到反制。从旧集团的高成本的公司对于循环资本的额外投资看，它们仍然会至少取得像以前一样的利润率，可以假定得到"平均利润率"。另外，它们通过在其领域中长期运行，已经积累了其他公司不可能实现的关于市场的信息和与供应者和购买者形成的良好关系，以及构成它们最大资产的更重要的技术诀窍。因为专利无形固定资本（proprietary intangible fixed capital）只能在企业已经建立的生产领域中实现，如果企业改变了领域，它们就不会实现（这与企业的有形的固定资本不同），所以，企业可能在已经占据的领域比其他地方拥有更好的有利可图的投资和有竞争力的生产机会。企业已经受到没有预见到的降低成本的损失，也更有理由进行额外的固定资本投资来加速创新过程，从而捍卫它们的市场和进行抵抗。如果那些最初受到高成本冲击的公司采取这种策略，那么这将刺激最先降低成本的创新者加速技术革新，从而使已经存在的过剩产能和过剩生产更加恶化。

从需求增长下降到重新配置的困难。 尽管占有有形的和无形的固定资产使公司在面对利润水平下降时倾向于坚持留在它们原来的领域，但是需求下降不可避免地体现在由于利润率下降而导致的投资、就业和工资增长的下降上，也使它配置到新的领域变得更加困难。在高利润率和 GDP 快速增长时期，经济会几乎自动地促使资本重新配置到新的生产领域。收入（包括工资和利润）的普遍提高，是由于生产率提高而引起的商品价格下降，而生产率的提高可能被设想是由于投资的快速增长而产生的，收入的提高又释放了提高"极为昂贵的"商品的需求量的购买力。生产这种商品获得利润的可能性因此增加，公司也毫无困难地认识到这一点。但是，在过剩产能和过剩生产引起利润水平下降的时候，对极为昂贵的商品的需求一定会下降，因为可以自由支配的收入的增长在面对随着投资下降而产生的生产率下降时也会放慢步伐。找到另一个能够保持旧的利润率水平的生产领域就变得越来越困难，一个很简单的原因是这种生产领域出现和扩展得很缓慢。

更详细地说，某些生产领域的需求增长受到过剩产能和过剩生产的困扰，也会不成比例地下降，从而引起总需求模式的改变。公司发现更难找到那些能够获得足够利润的领域。为了成功实现重新配置，公司将面对比以前更大程度的困难来通过创造新的供给而创造需求，也就是说，通过制造新产品来满足以前没有认识到的需求。但是，因为可以投资的剩余价值随着利润水平下降也已经增长得更加缓慢，所以它们可能发现加快对研究和开发的支出也特别难以完成，并且这些风险也会让人退缩。

仍有低成本生产者进入。 正如某一生产领域的过度供给不可能依赖于迫使一些公司退出来恢复利润水平一样，同样的过度供给也不足以阻止那些引起利润率下降的公司进入。相反，不均衡的发展过程导致利润率下降，进而过剩产能和过剩生产可以被期望用来推动世界范围内那些将更廉价的劳动与更高水平的技术结合起来而使生产同一产品付出更低成本的公司走向不发达的地区。这种成功的推动——典型地通过后不发达的生产者的模仿先发展起来的生产者——它只能使最初的问题进一步加剧。

从增加信贷到增强惰性。那些具有相对高成本的和相对低的利润率的公司也常常可能得到信贷，这会使调整问题大大复杂化。不仅仅是总资本的利润水平降低或者不能在循环资本上取得利润，这些都被认为是导致公司认为它们的资本在其他地方重新配置或者关闭它们企业的必要的和不可避免的东西。公司回应这种不利状况就是尽可能地贷款以增加投资，希望提高竞争力，或者能够坚持下去，希望市场好转。承担这些债务明显使受到总体过剩产能和过剩生产打击的单个公司在这个生产领域能够存在更长时间。大量借款的增加有利于低利润公司生存下去，否则那些公司可能将要破产，但是，大量借款的增加也使过剩产能和过剩生产更加严重，延缓了利润水平的恢复，增加不稳定性并容易受到经济破坏的冲击。

"生产率—工资的利润挤压"。过剩产能和过剩生产导致利润水平下降，最终将进一步通过对利润产生进一步向下的压力而延缓调整的过程，因为它导致投资增长在下降，正如已经注意到的，这不仅引起有效需求的下降，而且引起生产率增长的下降。投资增长的下降又降低了劳动生产率（每单位的劳动投入的产出）的增长，因为它一般意味着降低每人所使用厂房和设备的增长。但是，如果考虑到资本和劳动投入（"总的要素生产率"），它也会降低生产率，因为资本配置通过产生规模经济、干中学（learning by doing）等而在本质上"外在地"带来优化，也因为伴随着投资下降而出现的产出和需求下降，可以被认为增加了风险，降低了预期和对产品和过程创新泼了冷水。所以更长期的"生产率"更可能被理解为长期的利润率问题的结果而不是原因。相反，由于生产率增长的下降意味着在既定的工资率增长下比以前产生更小的剩余，所以它使恢复利润率更加难以实现，从而明显使恢复对过剩产能和过剩生产的调整复杂化。

4. 战后经济从繁荣到停滞

在本书的下面内容中，我将力图表明战后经济从长期繁荣到长期衰退背后的机制。我认为，这些过程在战后时期是通过不均衡发展与国际竞争的具体历史模式来实现的。在不均衡的国际演化过程中，世界经济中先发展起来的、主导的集团，突出的是美国（还有英国），受到技术领先的不利因素的困扰，在社会经济方面进一步演化并形成在世界经济中的霸权地位。同时，世界经济中某些后发展起来的集团，主要是日本和德国——以及东亚的部分国家和地区——通过利用后发的技术上的优势而受益。它们在社会经济方面并不发达,并且国际上受到霸权的支配。正是老牌的和后起的发展集团相结合以及它们之间的相互关系,在很大程度上决定了长期繁荣的特征和它所引起的长期衰退的本质。

在战后发展的初期——恰恰是长期繁荣时间,一直持续到20世纪60年代——老牌的美国和新兴的欧洲和日本集团经历了不仅是高度不均衡的发展道路,而且在很大程度上特别在关键方面是各自独立的发展道路。贸易增长迅速,但是它在各方面都是在很低的水平开始的。特别是,甚至直到20世纪60年代末,美国经济都仍然在很大程度上保持自我封闭的状态,因为美国国内的生产者在很大程度上将自己局限于国内市场,并且大部分能够通过他们高水平的生产率和地域所提供的保护使市场不受国外竞争者占领——同时向世界其他地区快速增加国外直接投资。同时,日本和德国经济本身通过达到高的投资率和生产率增长,实现了高速度的增长,特别是制造业达到极其高的出口增长率。必须要强调的是,德国和日本经济之所以能够将它们突出的增长道路变得更加引人注目,是因为它们能够夺取并占领越来越多的国际市场份额,其中大部分为美国(和英国)的市场,国际市场份额的增长至少是快速发展的世界生产增长的一半。在这种意义上说,后继者只能通过他们发展与主导者的国际经济关系特别是在市场上的关系,才能像先在者那样发展起来。同时,尽管以美国为基础的生产者失去了巨大的出口额——并且受到进口渗透的影响——在这个时期,这些损失最初对美国经济表现的影响有限,这是因为美国生产者对世界贸易的依赖有限,他们仍然支配着他们国内的市场。[8]无论如何,对整个制度来说,从贸易中得到的巨大利益掩盖了经济主导者由于其竞争力下降所受到的增长限制。

但是,不均衡发展并不可能长期只保持它的有利影响。从20世纪60年代开始,特别是由于20世纪50年代末贸易壁垒的大大减少,贸易增长出人意料地大大增长。美国制造业生产者突然发现它们的市场包括国内市场和国外市场,受到后起的发展集团特别是日本的更低成本的、更低价格的出口商的越来越强大的压力。由于对价格产生向下的压力,他们不能以先前确立的利润率实现他们现在的投资回报,承受着产出—资本率和利润份额的下降,所以也承受着利润率下降。过度投资导致在国际范围内制造业的过剩产能和过剩生产——特别是在以美国为代表的发达资本主义经济体存在着巨大分化的情况下——后果是发达资本主义经济在1965—1973年间的总的利润率下降,首先表现在制造业上。

总的利润率下降导致经济低速持续下去,也就是引起长期衰退,因为它并没有产生调整——并且它不久会扩散到发达资本主义世界。许多美国制造业的公司承受着总资本投资的利润率下降，但是继续保持着它们的市场份额，同时至少保证它们循环资本的平均利润率。同时，在 1969—1973 年间，作为通过竞争加剧美国利润率下降的部分原因，日本和德国的经常项目（current account）盈余的爆炸式增长和美国经常项目的赤字——受到美国联邦赤字的创纪录上升的推动——加速了布雷顿森林体系（the Bretton Woods system）的崩溃，并随之出现美元大幅贬值，导致有利于美国生产者的国际相对成本的大规模重构。德国马克和日元承受着对美元的大幅升值，所以利润率下降的一些负担就从美国经济中转移出去，国际危机也扩展到德国和日本。

但是，这只是衰退持续很长时间的一个开始。摆脱危机并不容易，因为危机结束所需要的调整过程并不能充分起作用。美国制造业的公司不是离开它们的领域，而是受到美元进一步贬值的支持，试图通过在 20 世纪 70 年代发起一波有力的投资浪潮，以提高它们的利润率和竞争力，同时大幅降低直接和间接的工资成本的增长。日本和德国的生产者面对美国商品在国际市场中变得越来越便宜，并在国际需求增长放缓的情况下，它们面对着它们的对手美国在前一段时间同样经历的价格提升的压力和对利润率的向下的不断强化的压力。但是，它们二者不是重新配置资源，而是接受回报率下降，并且尽可能地试图像以前一样继续生产，而提供这种支持的则是善于适应新环境的金融机构所提供的稳定的贷款。换言之，企业并没有从源于过剩产能和过剩生产的利润率下降的生产领域中平稳退出。相反，企业力图以廉价的方式，通过它们过去的做法来保存自己。因此它们的竞争战白热化，使过剩产能和过剩生产更加恶化，造成具有高度破坏性的后果。

危机最初出现的不均衡发展过程并不会结束，而是以东亚为基础的新建立的国际制造业生产者的加入而使其在空间上扩展开来。这些后发展起来的制造商运用日本模式的制度，将越来越发达的技术与低工资结合起来，形成了令人吃惊的日本式的对世界出口市场的争夺。结果是制造业中的过剩产能和过剩生产的问题更加恶化，阻碍了利润率的恢复，也使衰退不仅持续到 20 世纪 80 年代，而且进入到 20 世纪 90 年代。总体利润率的长期下降大大增加了不稳定，但是并没有导致萧条，因为在很大程度上由政府借款扩张引起公共和私人债务的迅速上升，从而使发生在 1974—1975 年、1979—1982 年、1990—1991 年的震动世界经济的一系列主要衰退并没有失去控制。但是，正是这些世界经济避免萧条的过程使衰退期拉长了，因为它们阻碍那些高成本的、低利润的公司的退出，特别是在制造业中，而这种退出又是恢复总体利润率的必要条件。

从 20 世纪 70 年代末开始，从凯恩斯主义的债务——创造（debt-creation）到货币主义的信贷限制和强化节俭的划时代转变，确实加速了对过剩资本的淘汰，特别是在制造业中，但是，它同时使投资资金配置到新的领域变得更加困难。同时，从 20 世纪 80 年代中期开始，在新一轮的美元对日元和德国马克的大幅度贬值基础上，竞争最激烈的制造业生产的轨迹开始出现新的变化——有利于美国，而对德国和日本不利。在美国，尽管增长仍然缓慢，但是利润率开始回升，特别是到 20 世纪 90 年代中期。这部分地因为工资增长被有效遏制和美元对德国和日本货币的严重贬值，但是，它也部分地因为美国制造业部门在很大程度上通过剩余产能、无效率的资本的退出，以及通过强化劳动而实现了某种程度的合理化和恢复。

即使如此，特别是因为发达资本主义经济体继续更大规模地缩减国内需求——这是由于工资和就业进一步下降，限制性宏观政策越来越紧缩和更普遍运用，而投资增长又没有恢复——所以，并没有克服世界范围内制造业的利润率下降的根本问题。相反，过剩产能和过剩生产在发达资本主义世界里持续下去并继续恶化，因为几乎所有的重要经济体面对需求增长越来越缓慢的国内市场，都更大程度上倾向于通过制造业出口而实现增长。随着世界经济走向 20 世纪末，它本身所提出的问题是一个新的、以美国为基础的投资繁荣是否最终通过世界的劳动分工而促进世界复苏，是否世界范围内的出口爆炸式增长引起更为严重的过剩生产和更深刻的停滞。

注 释

[1] 我要感谢马克·格利克和迈克尔·霍华德在这一章表达方式上提供的宝贵帮助。

[2] 我在这里假定在与低成本的公司竞争的同时与高成本的公司竞争，将降低它们已经确立的利润率水平。

[3] 在 19 世纪末关于"破坏性竞争"讨论的文献企图为卡特尔和托拉斯辩护，那些文献也涉及这里阐述的失调机制。19 世纪末关于"破坏性竞争"的讨论也关注到固定资本作为沉淀资本对退出设置了障碍，那些相关的生产者只要能够得到他们的循环资本的正常利润水平，他们就愿意继续生产，过剩产能和过剩生产因此持续下去。例如参见 A. T. Hadley, *Economics*, New York 1901, pp. 292 - 295。对这些文献的介绍，参见 H. Hovenkamp, "The Antitrust Movement and the Rise of Industrial Organization", *Texas Law Review*, vol. lxviii, November 1989, esp. pp. 122 - 143。我要感谢马克·格利克提醒我注意这些文献。

[4] 由于降低成本的公司加入降低价格的技术变革，而受到影响的公司不能完全实现它们对固定资本的投资，于是问题就出现了，这一思想可以追溯到马克思。对这种思想及其内涵的有趣的和有益的阐述，可以参见 J. Weeks, *Capital and Exploitation*, Princeton

1981，pp. 186，211-217。关于经济危机的文献也可参见 S. 克拉克（S. Clarke）的著作，特别是其著作 *Keynesianism, Monetarism, and the Crisis of the State*，Aldershot 1988。我要感谢洛伦·戈德纳推动对这个问题的许多讨论，并使我有机会阅读他的论文"The American Working Class and the Current World Crisis"（没有公开发表）。

［5］这种思想体现在 E. Dahmen，"Technology, Innovation, and International Industrial Transformation", in L. H. Dupriez, ed., *Economic Progress*，Louvain 1955 中，达门（Dahmen）在其所称的"新的与旧的之间冲突"和后者可能引起整个经济破坏之间的联系中介绍了这种思想。

［6］关于下面两段，参见 M. Frankel，"Obsolescence and Technological Change in a Maturing Economy", *American Economic Review*，vol. xlv, June 1955，下面的文章拓展了它的分析：C. P. Kindleberger, "Obsolescence and Technical Change", *Bulletin of the Oxford University Institute of Economics and Statistics*, vol. xxiii, 1961。

［7］另外，正如熊彼特所努力强调的，在现今时代，公司通常会以体现技术进步的资本存量形式保证它们的投资收益，通过各种政治—制度手段（临时）保护它们的市场不被竞争者占领。*Capitalism, Socialism, and Democracy*，New York 1950, ch. 8.

［8］德国和日本这些竞争者从美国手里夺得市场份额可能对前者的经济产生重要的积极影响，同时只对美国经济产生很小的消极影响，美国经济也更加强大。

第二部分

长期繁荣

第三章
战后繁荣的模式

在战后新时期的第一个 25 年中，发达资本主义世界经济增长率达到创纪录的水平。然而，它突出的发展动力分配极为不均衡。当早期发展起来的美国经济试图排斥新的投资时，与日本、德国等相关的新兴经济体却联合起来尝试吸引这些投资。不管是与它主要的竞争对手比较还是和它自己早些时候的纪录来对照，战后美国经济的发展给人的印象都不是特别深刻。从 1950 年到 1973 年，尽管劳动生产率提高了不少，但美国的 GDP、资本存量和资本—劳动比率的平均年增长率，连同投资在产出中所占的比重都明显低于 1890—1913 年间的数据。与其形成鲜明对比的是，战后经济的高速增长被欧洲许多国家分享了，尤其是德国，比它们曾经的发展速度快许多。而日本在同一时期的发展成就，更是在世界历史上可比较的时期内没有任何一个经济体的发展可以与之相提并论。美国经济体相对缓慢的发展路径起初在很大程度上独立于后起发展集团，后来与后起的发展集团的发展轨迹越来越紧密地联系起来，它与最初繁荣和后来衰退的战后经济发展总体模式密切相关。

表 3—1　　　　第一次世界大战前与第二次世界大战后繁荣的比较

（年平均变化率，投资/GDP 比率除外）

	GDP		GDP/小时		资本存量		总存量/小时		资本总投资/GDP	
	1890—1913 年	1950—1973 年	1990—1913 年	1950—1973 年	1990—1913 年	1950—1973 年	1990—1913 年	1950—1973 年	1990—1913 年	1950—1973 年
美国	3.9	3.6	2.2	2.5	5.4	3.2	3.4	1.7	15.8	13.2
德国	3.2	5.9	1.9	4.9	3.1	6.6	1.5	5.5	—	17.2
日本	2.7	9.3	1.7	8.0	3.0	9.1	1.9	7.3	11.1	23.7

资料来源：A. Maddison, *Dynamic Forces in Capitalist Development*, Oxford 1991, pp. 41、50、71、140、142、210、274。

当欧洲和日本在 1950 年前后完成战后经济复苏时，美国已经经历了超过 10 年的经济快速增长，因此美国实质上强化了对其他国家经济发展的领导。

作为这段时期快速发展的结果，美国巩固了它的领导地位，同时美国也发现维持这个动力是困难的。它最初体现在现有固定资本中的先进技术、体现在高度工业化和农业产业的相应减少的发达的社会经济机构以及体现在它对金融、跨国公司和国家的全球主导地位的国际霸权，都对它的持续发展的动力形成重大障碍。相反，美国的主要对手德国和日本，这些社会经济落后并且处于"被霸权支配"的国家，存在着能够实现技术上赶上领导者的潜在优势。[1]

追赶与固定资本的权重

从 20 世纪 30 年代末开始的长达十年的资本积累激增期间，美国公司受益于战争间隙和战时的创新浪潮，从而装备了世界上最先进的工厂设备。但巨大数量的固定资本的存在是喜忧参半。在开始阶段，美国的资本存量是公司技术国际绝对领先的物质保证。但随着时间的推移，这些资本的拥有者通过他们的沉淀资本能够阻止潜在进入者打入美国市场，甚至包括那些低成本的生产者，所以延缓了美国技术革新和生产率增长的步伐。

美国生产者新出现的主要对手德国和日本则面临着几乎完全不同的情况。由于美国的科技成就，德国和日本生产者具有追赶的可能——利用大量从未使用的、先进的技术，这些技术体现在以相对较低的成本进行新的固定资本投资上。此外，他们至少一度越来越多地利用这种优势，因为技术革新是可行的，它意味通过简单化（去技能化），实现更大范围的先进技术设备和相对低技能的劳动力相结合，从而使得德国和日本的经济有了比美国生产者更低的价格。同时，德国和日本的生产者并没有像他们的对手即美国的生产者那样受到大量最近配置的固定资本的制约而不去在新的地方进行投资和购置更具有生产效率的工厂和设备。

但是，事实是追赶本身并不能说明什么，因为它本身绝不会被解释为一个自动的过程。领先者通过后来者们无法与之相比的创新技术能力加强对后来者的控制，而不是看着其领导力慢慢弱化。这就是美国经济在 1950 年前的 75 年里的情况。后来者通常缺少社会结构和（或）必需的制度结构和（或）有技术的劳动者来利用领先者的技术成就的潜力，因此他们以低成本来快速提高生产率。[2] 毫无疑问，"追赶"（catch-up）是德国和日本两国经济在 1950 年后的 25 年里的中心，但这仅仅是因为战后德国和日本国内社会经济和政治结构都在第二次世界大战后的快速变革中大大扩展了其各领域的资本快速积累和大规模技术创新的空间；因为在 1950—1960 年间，国际间货物和资本的自由流通一直存在着的障碍大幅减少；也因为作为霸主的美国愿意接受它的对手和贸易伙伴的国家统制（statism）和有组织的资本主义，而不是它们的保护主义和被低估的货币，以此来推动它们在战后的发展动力和美国出口市场和海外直接投资边界的扩张。

事实上，对于这些国家经济来说，追赶只是发展过程的一部分。德国和日本等制造业经济体在完成资本存量大幅扩张的过程中不仅得到难得的效仿机会，而且得到难得的通过干中学实现创新的机会。在快速完成大量投资后，它们不仅很快掌握了这些技术，而且将这些技术进行了转化。同时，随着它们变得更加富有，这些经济（不管在私人层面还是公共层面）不仅承担了研发支出，而且还承担着教育和培训的支出。在追赶的过程中，它们也常常超越美国这位领导者，正如它们在20世纪五六十年代在一个又一个关键产业（纺织、钢铁、移动通信、机床、家电）实际上所做到的那样。

工人运动的方向

美国工人运动重构和再次激起了20世纪30年代为工业工会而进行的历史上的斗争。然而，战时的官僚化和战后政治压迫大大削弱了工人运动。同时，美国经济实现对世界经济的统治方式给劳动者带来了意想不到的影响。长期工业化过程大幅减少了曾经在农业和小企业中存在的劳动后备军；任何一波资本积累浪潮很快会导致劳动市场的紧缩。另外，至少到20世纪50年代，美国产业才从那种激烈的海外竞争中摆脱出来，这种竞争可以迫使工会在向雇主提出要求时犹豫不决。所以，美国工人更加强大和有组织性，从而推动工资快速增长，尤其是当经济周期性上升并推动失业率下降时，如朝鲜战争期间。

与美国的制造业者所面临的情况相反，德国、日本的制造业者能够在劳动力基础上确立它们的扩张，这种劳动力相对于他们的技能来说得到的收入极低。这两个国家，很大部分的劳动者仍工作在农业或小工业和零售商店，甚至很多人都依然处于隐性失业。至少在20世纪50年代末期，德国和日本的工业后备军（就德国来说这些后备军还得到来自民主德国的大规模移民的补充）可以在一个较长的时期内，在工资问题上可以施加更大的向下的压力。这两个国家的农业和小企业部门也为整个经济的生产率增长开辟了便捷的道路，因为劳动者可以从低效率的行业非常廉价地转移到高生产率的制造业之中。

通过工人抗争在战后的彻底失败以及随之新出现的首先服从于资本积累需要的保守工会组织，资本的利益在这个转变过程中得到保护。在20世纪30年代，德国和日本的法西斯统治者和独裁政体摧毁了各自国内的工人组织。但是在这两个国家军事失败之后，工人激进分子的反抗爆发了，这起初是受到了掌握权力的支持工会政策的鼓舞。然而，随着冷战的到来，美国统治者的态度发生转变；他们加入了保守政府和奉行强硬路线的雇主的行列，在体制上镇压（像在日本）或牵制（像在德国）这些反抗。但不可否认，第二次世界大战后随着德国和日本国内形式上的民主制度的巩固，工人运动第一次在政治经济中达到了一个相对安全和被承认的地位。这在维护工人阶级生活水平方面产生了不小的影响。但事实依旧是，尤其德国和日本的工人阶级在第二次世界大战结束伊始就力图增强其力量看，这两个国家的战后的繁荣更多地预示着劳动者的失败而不是劳动者被认可，更多地预示着劳动者的明显屈从而不是任何"资本—劳动协议"（capital-labour accord）的强化。特别是，不断扩展的资本积累浪潮确立了 20 世纪 50 年代长达 10 年的长期繁荣，这也是以取得特别高的利润率为条件的，而获得高的利润率本身的前提就是压制劳动者并让他们因此接受低的、增长缓慢的（相对于生产率的增长）工资。正是长期战后扩张本身，才使劳动者可能得到大量的物质利益，并可能通过突然出现的工会官僚化使社会经济融合进一步（部分地）实现。

当然，劳动者的失败和屈从不能只被当做是这些经济后来发展的反映，而是 20 世纪 50 年代早期和中期德国和日本的雇主不断追求的结果，也是大规模阶级斗争的结果。然而，一旦被充分控制，从而发现根本的制度改变还提不上日程，德国和日本的工人们则倾向于把命运拴在"他们自己的"公司上。鉴于处于后来者的地位以及因此需要武装自己以对抗保护得很好的对手美国，这就意味着这些公司要使自己生存下来，就要参与国际竞争。它们已经实现了这一点，其方式正是运用比它们的对手美国（和英国）更高的效率（从资本的角度看），特别是通过建立和运行公司和工厂层面的制度，将工人的需求准确地调整到适应利润率需要的水平，如日本建立公司工会，德国劳动者理事会。

自由贸易和国家干预

美国经济在 20 世纪 30 年代末到 40 年代末之间的十年里快速增长筑起了进一步发展的障碍，因为这一发展留下了大量会阻碍进一步投资的固定资本，消耗了生产要素供给尤其是剩余的劳动力，还为工人抗争提供了便利。但是，它在这样做的时候也额外造就了一个主导的社会力量，这一力量或者不能从政治上干预，从而改变国内资本积累环境相对不利的条件，或者积极承诺改善世界经济扩张的条件，甚至以牺牲国内制造业为代价。美国的生产者已经通过运用特别庞大的国内市场提升了他们的主导地位。但是，尤其是在 20 世纪 40 年代投资高涨之后，他们的主要代表——大制造业公司和国际银行家已经认识到许多最好的盈利机会从那时开始将会是在国外，因为其他先进资本主义经济体在一个保护伞下进行重建和扩张。这些力量希望从美国政府那里得到的是支持货物和投资资金自由流动的政策，从而使跨国的和国际的银行家能够直接对外投资和贷款，也使进口流回到美国。他们能够得到这种支持，这是由于至少在战后的第一个十年，美国的出口商越来越需要自由贸易来使他们潜在的海外顾客能在美国充分销售商品，从而赚取可以购买美国商品的货币。

美国政府非常热衷于把重建它的主要潜在对手的工业作为对抗共产主义的核心。与其说它可能不如说它更愿意为其大资本家们的利益服务而构建一个国际化的经济蓝图。当然，事实是从中期看这种方式将其主要以国内为基础的制造业者置于与他的主要海外竞争对手相比明显不利的地位。实际上，布雷顿森林体系构建的国际经济安排在实践中得到实施，它被证明是一种非正式的博弈：一方面，美国运用美元这种主要的通货，能够为海外军事基地、对外援助以及美国公司对外直接投资所产生的巨额国际收支赤字提供资金；另一方面，美国的盟友们和潜在经济对手被允许以多种方式进入美国国内商品和资本市场。在这种条件下，美国的盟友们（经济对手）不再寻求用它们手中的美元来赚取黄金，美国政府为它们的出口开放美国市场，同时无条件地接受它们的保护主义和关于资本流入流出的种种限制，甚至容忍极为硬性地重构货币兑换体系。这无疑为美国国内制造业竞争力的长期下降提供了条件。但自由贸易和过高估值的美元不仅有助于美国企业巩固对海外对手的领导权，而且有利于美国最大的跨国公司进行海外投资，允许企业低价购买生产要素以及把它们在海外生产的部分产品作为进口货物返销国内，以半成品的方式再由国内工厂加工成商品。

那些德国、日本经济战后形成的重要社会力量汇聚起来成为美国公司的对手。德国和日本制造业者通过后发优势克服了那些随着时间推移而枯竭的要素——来自于农村的廉价劳动力，接受从美国引进的最先进的技术，受益于产品周期中的特殊条件。它们的优势便包括具有长期影响的更持久的政治—制度安排，从而为资本积累提供有利条件。因为德国和日本（特别是日本）的制造企业能够将自己置身于美国根本没有的组织内部—制造业（intra-manufacturing）、金融—制造业（finance-manufacturing）和资本—劳动关系的发达制度形式，能够得到也是在美国无法得到的国家对产业的支持，所以这些企业能够实现投资水平和质量，能够实现从纯粹市场的角度无法解释的成本控制。这些政治和经济的制度安排使得制造业者可以得到更廉价的资本、不断提高的风险社会化、对国际竞争实行更大的保护（即使是部分的和暂时的)、更长时间的投资回报、更有利的人力资本投资机会,以及对社会必需的(但对个人来说无利可图的)在基础设施、教育和研发方面的更大投资。

这些安排如何和为什么在德国和日本出现是一个历史的课题,同时,它们的出现和在长期经历的重要转变,可以追溯到19世纪下半叶,从而使这一课题更加复杂。另外,经济后起者,如德国和日本经济,通常会比经济领导者为这些安排提供更有利的条件。由于它们起初相比较于处于领导者地位的对手来说具有相对劣势,所以它们的制造业者、金融家、政府需要这种安排作为在贸易竞争中取得成功的条件。[3] 工业和金融业因此联合或"合并"(merge)起来,在发展中通过经济和政治方式获得国家扶持,能够与主导经济的生产者争夺国际市场份额。相反,处于领先地位的制造业者、金融家和政府——19世纪以英国为代表,战后以美国为代表——从它们的利益出发,极力避免这种干预的制度形式。这部分地因为它们基本不需要这些制度。但是,这也因为它们由于具有极强的竞争力而能够稳定自己,这一点远远超过它们的后起经济中的竞争者,从而可以寻求最好的机会或者通过直接海外投资或者通过国际借贷在世界范围内取得利润,同时,因为这些活动的制度和政策的前提不同于国内制造业发展所需要的前提,并且常常明显相反。

像在其他后来发展起来的经济体(later-developing economies)的生产者一样,德国和日本的制造业者倾向于服从于银行和国家的政策规定,因为他们更依赖于银行、国家来获得至关重要的投资资金和保护来抵御国际竞争。出于同样原因,德国和日本(像其他后业发展起来的经济体一样)意识到自己的竞争力与国际领导者之间的差距,也意识到自己在制造业方面的竞争劣势,发现它们的利润比先发展起来的国家的竞争者更依赖于获得国内产业在国际市场上竞争和生产率方面的成功。因此,它们试图更紧地将自己与国内制造业者绑在一起,并且给国内制造业者提供更多的物质帮助,不仅通过提供更廉价的融资,而且通过提供重要的经济信息,帮助获得各种形式的经济协调——卡特尔、合并和(或)横向的融合,如此等等。

最后,相对于它们的对手,德国、日本的政府发现它们处于这样的一致的压力中,即将制造业与金融利益结合起来,从而提供定位于国内生产而不是海外投资和借贷的政策导向。同时,它们总体上对支持成功的资本积累感兴趣,并将其看作是实现它们自身所需要的国家财政巩固、高就业率和社会稳定的基本条件,从而使它们毫不含糊地为国内资本投资的保护和改善提供条件,特别是为出口导向的制造业提供支持。这些政府不仅试图向制造业出口商提供被低估的货币、补助和针对外国进口的各种程度的保护,此外,它们还力图保证"低压力"的宏观经济环境,实施平衡的预算和相对趋紧的信贷政策以实现低通货膨胀，从而有利于海外销售。

相反，随着国际竞争的强化，美国（和英国）将纯粹的国内生产者与具有高度影响力的银行和跨国公司相分离，使它们在从国家那里寻求有利的汇率、关税和产业政策优惠方面处于相当不利的地位。战后的美国政府发现它们可以更自由地寻求适应于国际资本主义体系的大致稳定和安全的必要条件，并且为了它们自己的跨国公司和银行的利益而提供这些条件。美国政府向国内制造业提供资助的主要方式是支撑需求，这是通过建设庞大的新的国有部门（向军事严重倾斜），常常以牺牲其他更具有生产效率的公共支出为代价。这种对需求的支撑越来越涉及凯恩斯主义的预算赤字，通过提升企业信心来增加经济的稳定性。但该计划被证明会引起通货膨胀，特别是从它具有宏大的军事成分来看，可能给美国制造业竞争力带来的坏处和好处一样多。美国在历史上将目光放在美国市场表明以国内为基础的制造业具有空前的优势，而美国在第二次世界大战后的25年里越来越局限于这个被对手觊觎的市场表明美国越来越脆弱。

经济的国际化和出口导向的重商主义

领先的国际化的美国经济和后来发展的出口导向的德国、日本经济之间相互依赖的演化进程，生动地表明这是一个具有强大动力但最终极不稳定的利益共同体。尽管德国和日本可以把经济发展的动力建立在它们能够促进国内市场发展的基础上，但是它们这样令人印象深刻的发展成就只有通过使出口增长最大化才能实现，并且具有决定性的是它们挤占先前由美国（英国）生产者所占领的市场。在这两个国家经济中，投资驱动和出口驱动之间相互促进正是经济发展的核心。通过相对低的工资增长（尽管资本积累率很高）而成功地实现控制成本和生产率的相对高速增长（通过提高资本积累率而实现的），构成了出口导向型经济发展不可或缺的条件。反过来说，这些有利于形成其他方式所不能达到的生产力发展水平。它们做到这些，首先是通过在单个生产线上最大限度地开发国际市场而拓展经济规模。其次，它们做到这些是通过维持仅仅依靠国内市场并不能支撑的一定规模的制造业部门：膨胀起来的制造业部门来自总体生产率的加速增长，因为，与其他大多数领域相比，制造业能为生产率提高提供更好的机会。[4]

事实上，出口导向型经济发展的机会不仅依赖于战后时期快速发展的世界经济，而且依赖于随着收入增长而需求的大量商品，而这些商品（机械、金属、化学品、汽车等）正是德国和日本善于提供的，甚至更加依赖于巨大的、可靠的、易于开拓的美国市场和（一定程度上的）英国市场。德国和日本两国经济的繁荣在很大程度上是通过向欧洲和东亚的地区经济集团提供性能不断改善的资本商品，从而推动欧洲和东亚的地区经济集团的快速发展而达成的。[5]同时，正是德国和日本制造业者能够占领越来越大的美国（和英国）的国际市场份额，才最终成就它们战后经济"奇迹"。当然，德国和日本能够抢夺市场份额，也只是因为美国政府不仅容忍美国经济广泛向海外开放，从而使海外企业渗透进来，而且为了军事政治霸权，国际经济体系稳定，美国跨国企业、银行在海外的快速扩张而甚至容忍制造业竞争力的衰退。

正是德国和日本从供给方面享有不寻常的优势，至少包括制度上和政策上的扶持，尤其是日本采用供应经济学政策——不是像"凯恩斯主义的矛盾"中所讲的使国内需求与生产保持一致的新安排——才是它们超常快速发展的原因。与此形成鲜明对比的是，推动美国提高和保持需求的新制度安排和政策被证明无法克服它在供给方面的无能为力，也无法扭转它那种已被证明是糟糕的增长模式。事实上，与它在世界经济中的自由贸易、自由投资主张结合起来，美国政府的凯恩斯主义的补贴需求政策在进一步刺激美国制造业者的主要竞争对手的出口和因此而导致的资本积累方面起着非常重要的作用，这些对手起初在很大程度上避而远之，但是最终与美国的制造业者形成冲突。实际上，美国和英国的生产者不能阻止德国和日本（尤其是日本）的制造业者在曾经为美国和英国占领的国际市场上占有更大份额，**从需求方面看**这应该被理解为德国和日本制造业经济追求如此快速的资本积累所不可缺少的重要条件。

首先就应该清楚的是这种模式中的快速发展绝不是没有问题的，甚至对德国和日本来说。它们的国内需求增长被抑制，目的是压低成本，从而支持出口增长。但是，德国和日本经济通过出口超过进口的方式来保持大量的国际收支盈余（external surplus），或者对价格产生压力，或者引起货币升值。如火如荼的出口增长从长期看会削弱德国和日本的经济发展，从而预示它们要努力使生产率的提高快于货币上升（以及因此产生的相对成本上升），要努力与各方进行极为艰难的谈判。

从更长时期看，这种矛盾会更加深入。德国和日本制造业出口的成功的直接影响就是美国制造业竞争力存在下降趋势，美国的国际收支赤字（external deficit）存在上升的趋势，美国货币存在贬值趋势。从深层次上讲，美国市场吸收它的盟友和对手的商品的能力在不断下降，所以作为它们经济的"最后依赖的发动机"（motor of last resort）的能力在不断下降。德国和日本经济在战后得以快速增长的过程却在摧毁它们成功的基础。在 20 世纪 50 年代和 60 年代的大部分时间中，对德国、日本甚至是美国来说，这些问题在很大程度上还是未来的事情。但是，它们不会无限期地推迟。

注　释

［1］对"对领先者的惩罚"（penalty of taking the lead）的经典阐述可以参见 T. Veblen, *Imperial Germany*, New York, 1915, 但是，关于后发优势的更成熟的思想——以及关于实现这些优势的制度创新形式的阐述——与更广泛的在经济体内部与经济体之间的不平衡发展过程的联系，参见俄国马克思主义者特别是列宁、托洛茨基、杜冈-巴兰诺夫斯基（Tugan-Baranowsky）和帕武斯（Parvus）等在 19 世纪 90 年代和 20 世纪 30 年代之间进行的讨论。A·格申克龙（A. Gerschenkron）在 *Economic Backwardness in Historical Perspective*（Cambridge, Mass., 1962, chs 1 and 2）一书中发展了他的俄国先行者特别是托洛茨基的一些思想，但是并没有提到这些思想的来源。

［2］关于战后发展中追赶的作用的讨论，参见本书"结束语"中的相关内容。

［3］必须强调的是，这个观点并不是功能主义的（functionalist）看法即后发的制度要求后来发展的国家利用它们，因为要想成功地发展就需要实行这些制度，但这并不能解释这些制度为什么存在。相反，这是因为后来发展国家具有某种制度前提，后来发展可以在这种制度下成功发生，这种制度常常能够建立并起核心作用。

［4］参见 N. Kaldor, "Conflicts in National Economic Objectives", *Economic Journal*, vol. lxxxi, March 1971。

［5］关于"德国在西欧发展中的核心地位"，参见 A. Milward, *The European Rescue of the Nation-State*, Berkeley 1992, pp. 134 – 173。

第四章

美国经济：领导者的代价

20世纪30年代末，美国经济在长达十多年萧条后开始起飞，这次萧条通过摧毁大量剩余的、过时的资本，同时产生大量失业，从而为繁荣准备了条件。在欧洲扩张军备和美国对战争的准备，以及战争企图本身的刺激下，美国生产者突然将低工资（这是长期高失业的结果，同时战时政府管制也使其保持下来）和大量未被使用的先进技术（其中有些是20世纪20年代技术发展的延续，有些是在萧条时期形成但是没有使用，还有些是由飞速发展的战时工业推动的）结合起来达到了20世纪美国有记载以来的最高利润率。在1940—1945年间，美国私人经济利润率比1929年时的水平平均高出50%，比1900—1929年的平均水平高出60%~70%。[1]

战时利润率的提高事实上是时代的产物，因为战争为有力的、长期的繁荣提供了基础，这次繁荣不仅贯穿整个战争，同时几乎没有为令人吃惊的平稳而快速地向和平时期经济过渡所打断。推动繁荣的是投资的迅速增长，而投资的增长又是对高利润率的反应：在1938—1950年间，私人经济和制造业部门的总投资平均每年增长11%左右。即使在战前，美国经济在世界上都是最发达的。作为世界上唯一的避免了战时严重破坏的主要经济体，它能够大大扩展它的领导地位，因为长达10年之久的投资高峰带来了极为坚实的生产率增长以及在战后初期的令人印象深刻的生产率增长。在1938—1950年间，私人实体经济和制造业小时生产率平均每年增长2.7%——在1946—1950年的4年里，二者的小时生产率每年分别增长了3.8%和5.5%——从而使美国经济快速占领了在世界贸易中的主导地位。[2]在1945—1949年间（包含1949年），商品出口每年平均达到125亿美元，这是1929年的2.5倍和1940年的3倍，同时，商品出口超过进口的剩余共达250亿美元。到1950年，美国在发达国家制造业出口中所占的比例达到27.1%，而1929年为21.3%，1937年为20.5%。[3]新的出口强劲增长因此有助于弥补了军事支出的损耗，从而保持了需求，也推动了经济发展。总之，在1938—1950年间，美国实际国民生产总值（GNP）平均每年增长 6.5%，至少比美国历史上繁荣时期平均增长率高 50%。[4]

1. 20 世纪 50 年代趋于停滞

从朝鲜战争结束开始（也可能更早）美国经济发展明显失去动力。在美国到 20 世纪 20 年代经历先进工业化长期过程之后，也是在令人印象深刻的战时和战后不久的繁荣之后，美国经济增长速度开始放慢了许多。事实上，在 20 世纪 50 年代末，美国经济就出现了很多问题，尤其是在朝鲜战争停止提供人为的刺激之后，它在这个十年的后半期的表现明显变弱。在 1955—1961 年期间，GDP 平均每年只增长 2.5%，远低于 1938—1955 年间的 5.8% 和 1950—1955 年的 4.8%。经过 20 世纪 50 年代的十年，在成功度过先前周期性低迷阶段后，失业率要比当时高出许多。制造业部门的下降幅度更大，它在 1955—1961 年间平均每年只增长 1.4%，而在 1950—1955 年为 5.1%。在 20 世纪 50 年代，失业率在每一次连续周期性下降结束之后，仍然比前一个周期高。在 20 世纪 50 年代后半期，失业率与前半期相比（1956—1961 年为 5.5%，1950—1955 年为 4.0%）平均提高 1/3 以上，直到 1963 仍保持在 5.7%。[5] 一名 20 世纪 50 年代经济学的学生在那时是这样说的："把那十年作为一个整体来看，大部分人认为产出率增长是缓慢的，尤其是与 20 世纪 20 年代或者说在 30 年代大萧条之前的经济表现相比，如果以 50 年代后半期为参照点进行比较，产出率增长更是不令人满意。"[6]

从 20 世纪 40 年代末到 60 年代初美国经济增长加速下降使一些观察家最初用"资本主义的停滞"（capitalist stagnation）来解释战后经济发展模式，而这种停滞源于"垄断资本"（monopoly capital）的主导地位。从这一观点出发，相对较低的发展速度和相对较高的失业率可以归因为大的垄断企业控制经济，具体有两个原因：一是垄断公司试图限制它们的产量，这是它们面对产品的既定需求曲线时使利润最大化的最好方法；二是垄断公司试图限制它们的资本投资增长，因为降低投资增长率是使它们已有固定资本全部实现的最好方法。[7]

然而，"垄断资本"和"资本主义的停滞"的思想很快在 20 世纪 50 年代美国经济的非常暂时的和具体的方面体现出来。它们可以在第二次世界大战随后的日子里继续保持信心，因为美国产业在国际市场占有压倒性的优势，少数美国公司对美国市场中的重要产业实行寡头控制，同时美国主要的潜在对手在相应衰落。但是，它们在面对随后时期的急剧的和（对许多公司来说）

意想不到的发展时,并不能继续控制这种局面。从 20 世纪 40 年代末到 70 年代初,世界经济恰逢战后长期的、充满动力的扩张以及国际竞争的深刻激烈化,尤其是德国和日本的"垄断者"(monopolies)以牺牲美国"垄断者"为代价所导致的竞争,使人们认为资本主义由于大公司对市场的垄断控制而进入了一个结构性停滞阶段。而且,这些相同的发展证明并且巩固了美国经济的真正的相对停滞(不仅与欧洲和日本相比,而且与自己历史上的发展纪录相比)。

美国私人经济相对增长缓慢,尤其是在 20 世纪 50 年代,同时也包括 20 世纪 50 年代之后的整个时期。此外,投资和发展的主导模式看起来确实像垄断资本导致停滞这一理论所预测的那样。但是,这个问题的根源在很大程度上说是在于其他方面。[8]简单地说,美国本土经济不能令人满意地发展是因为它的制造业部门与美国制造业之外的部门相比有利可图的投资机会相对有限。于是,单个的公司尤其是在制造业中盈利的需求和美国整体经济增长的需求之间就产生了越来越大的裂痕。

最重要的是,支配美国市场的企业的大规模的、最新的固定资本投资压制了这些企业进一步投资,因为这些已有投资需要时间来充分实现。像我们看到的那样,这些投资构成有力地阻碍了其他公司投资的因素,甚至这些投资具有更低的成本。这是因为,像我们已经强调的那样,公司为了应对降低成本的竞争者,就会降低它们的回报率,直到它们只能得到循环资本平均回报率。[9]很多潜在的新企业,甚至是降低成本的企业,因此期盼比相关的企业得到更低的利润率——假设潜在的新企业事实上并没有加入进来。[10]换句话说,新的投资者可从新的投资项目中获得的利润率,尤其是从制造业中获得的利润率,看起来比它实际上获得的利润率要高。在这种严格的意义上,人们只能把存在"寡头竞争"(oligopolistic competition)看作是对这一时期投资的羁绊。

对美国经济来说,它所占有的这些最近配置的固定资本所带来的主要后果就是抑制投资增长。反过来,投资增长的下降很可能导致制造业生产率增长下降,同时出现工资快速上升,从而导致制造业成本(不管是绝对成本还是相对成本)上升。从 20 世纪 50 年代中期到末期,美国制造业者面临着工资挤压利润的难题,但这还不是全部。随着后来出现的欧洲和日本的生产者将相对高水平的技术与相对低的工资结合起来,美国公司在 20 世纪第一次发现它们在越来越多的制造业领域身陷生产成本相对较高和利润率相对较低的困境中。这种趋势不仅降低了它们在国内投资的热情,而且激发了跨国公司和国际借贷者更强烈的投资国外的动力。美国单个资本追求获取最高利润率,总体上导致了美国国内经济停滞的趋势，尤其是在制造业方面。

制造业和私人实体经济在1950—1951年总体投资有了大发展之后，新工厂和设备方面的投资增长特别缓慢。制造业的投资在1951—1955年的4年里实际上持平，从1956年到1960年它的平均水平只比前五年的平均水平高8.2%。制造业在随后直到1964年，每一年的投资都低于1956年和1957年（这两年的总投资几乎相同）所达到的水平。在私人实体经济中，用于新工厂和设备的投资在1951—1955年的四年里平均每年增长2.3%，并于1957年达到顶峰，此时比1951年的水平高出23%。但是，投资在这个十年的最后一次（非常脆弱的）周期性上升时期（1958年初期到1960年中期）的高点，比上一个周期性上升时期（1954年末到1957年中期）低10%以上，而在后者这个周期性上升时期的后期阶段，投资已经处于停滞状态。直到1962年，私人实体经济的投资才超过1957年的水平。[11]

在20世纪50年代末，生产者不愿扩大它们的生产基础，这表现在它们对于新工厂的投资比例不断减少，而对生产设备的投资不断增加。在1950—1958年间，制造业中对于设备的投资平均每年增长只有2.2%，但仍比对工厂的投资增长1.1%的水平高大约50%；对于整个私人实体经济来说，设备的投资平均年增长4.2%，而对工厂的投资只有1.75%。这些数字表明，尽管美国生产者愿意通过增加体现某些技术进步的新机器来保卫它们在市场上的地位，然而它们缺乏建设新工厂的热情，而建设这些新工厂又是支撑产出的真正增长和生产技术实质上的转型所必需的。[12]

投资的缓慢增长也许部分地是制造业劳动生产率增长下降的原因。在1950—1958年，制造业劳动生产率平均每年增长只有1.85%，而在1946—1950年期间则是5.5%。制造业的资本生产率（实际的制造业产出—资本率）在同一时期平均每年下降1.8%。

尽管战后初期制造业生产力快速发展的浪潮在20世纪50年代逐渐消失，但是工资增长并没有同步消失。20世纪50年代确实是美国工人的黄金时代。从1950年到1958年，制造业工人实际工资平均每年增长3.6%。同时，制造业产品工资增长得较为缓慢，平均每年增长2.7%，但仍要比制造业净劳动生产率平均每年增长1.8%的水平快，结果是制造业利润份额平均每年下降2.4%。如果说工人在战后时期的任何时候所采取的行动对利润形成挤压的话，那么它确实在20世纪50年代的制造业中发生过。

20世纪50年代美国的劳动者

20世纪50年代的美国工人运动依然是一个值得认真研究的力量。20世纪 30 年代，德国和日本的极权的、法西斯主义的政权摧毁本国工人组织，美国工人赢得了历史性的胜利，美国产业工会联合会（CIO）获得了巨大成功，为美国非熟练技术的产业工人赢得了空前的地位。到 20 世纪 40 年代末，工人运动确实已经驱散了 20 世纪 30 年代的历史性的战争和征服所形成的力量和因素。由于工会的快速官僚化（战时国家对劳动—管理关系的管制使其加速），对 1946 年大规模（但至多算是中等程度的成功）罢工的牵制、20 世纪 40 年代末红色恐怖（the Red Scare）时期政府支持的对工会左翼和一般工会运动的攻击［突出的是 1948 年《塔夫特-哈特雷法案》（the Taft-Hartley Act in 1948）］以及美国随着冷战和麦卡锡主义（McCarthyism）的开始而形成政策向反动方向转变，工人运动的衰退已经开始了。然而即使在 20 世纪 50 年代早期，工人仍然保持着令人惊奇的力量和战斗性，以良好的状态来利用这些年形成的有利斗争条件。

或许对于工会打开出路来说至关重要的是朝鲜战争期间的经济高涨造成了劳动力市场的紧缺，失业率从在 1949 年和 1950 年平均为 5.6%，下降到了 1951—1953 年间的平均只有 3% 多一点。因为美国公司在战后初期进一步加强了在国际市场已形成的主导地位，组织起来的工人几乎没有什么理由来顾及国际竞争以便提出自己的要求。美国工会因此能够显示它们的力量，恢复了一些在第二次世界大战末期表现出的战斗力。它们继续赢得了在国家劳动关系委员会（National Labor Relations Board，NLRB）选举中的高比例，继续扩大在劳动力工会化的比例，同时工会化的程度在 1953—1954 年时达到了历史的最高峰。[13] 它们也表现了比在战后时期的其他任何时间都要高的罢工倾向。不管是从 1946—1956 年这十年间的情况看还是从 1949—1954 年这五年的情况看，都有比从 1946 年到 20 世纪末的任何一个可比时期更大比例的工作日被消耗在罢工上。[14] 在传统的堡垒［如汽车制造业的车间（the shop floor）］中，工人一如既往地诉诸直接行动，特别是未经工会允许的突然的罢工，从而捍卫他们的工作条件。[15] 在持续斗争的基础上，工人运动直到 20 世纪 50 年代末期一直能够阻止工资增长根据制造业生产率增长的下滑而进行调整。经济上的后果是巨大的，无论从国内对利润的挤压看，还是从国际的角度看，美国竞争力都在下降。

随着工资上涨和投资增长放缓从而压低了工人和资本的生产率的增长，以及随着产能利用的下降，20 世纪 50 年代见证了制造业利润率出现非常大的下降。在 1950—1958 年间，制造业的利润率下降了 41%，这其中一些反映了产能利用在这个十年中期以后的大幅下降，尤其在 1957—1958 间的严重不景气时期。[16]

来自国外的日益激烈的竞争

美国经济在 20 世纪出现的前所未有的问题使绝对成本上升和因此形成的对利润挤压的趋势更加严重：来自国外竞争的加剧进一步削弱了投资的热情。美国经济享有比德国和日本高得多的绝对水平的生产率。但是，这种优势几乎被美国工人相对较高的工资所抵消，这既表明美国经济实力历史性的增强又表明美国工人运动的成功。1950 年，美国制造业单位劳动成本以美元计算，比日本和德国分别高 41% 和 37%，同时，随着这两个国家中生产率增长相对于工资增长比美国要快，这种差距在这 10 年间或更久的时间内不断扩大。[17] 尤其是在这个 10 年的后半段，美国经济经历了严重的通货膨胀期，因为美国雇主们希望把工资的增长转移到物价上涨上，美国生产者不得不在许多核心的制造业领域面临着竞争力的问题——尤其是钢铁（在这里，美国的价格比德国高很多）、汽车和电子机械。[18]

生产成本相对较高的增长率体现在出口竞争力的下降上。在 20 世纪 50 年代，美国制造业出口的单位价值（unit value）增长了 15%，而德国只增长了 5%，日本则下降了 11%。[19] 到这个十年结束时，美国商品出口实际上在下降，美国商品进口则继续长达十年的增长，美国贸易平衡最少在这几年里下降到零。从 1953 到 1959 年，制造业进口的价值平均每年增长不低于 10.4%，而实际制造业出口则处于停滞状态。[20] 在 1957—1959 年间，每年商品出口从 193 亿美元降到 162 亿美元。因而商品贸易平衡也下降了，仅仅在两年间，从 61 亿美元减少到 9.88 亿美元。这个问题在美国和它不断上升的竞争对手之间的贸易中显得特别尖锐。到 20 世纪 50 年代中期，美国还保持对德国和日本的大量贸易顺差。但是，到了 1959 年，美国同日本贸易顺差降到了 5 000 万美元，同德国则出现 4 000 万美元逆差。在 1950—1959 年间美国占发达国家制造业出口份额从 27.1% 降到了 21.0%，反映了美国制造业竞争力的降低。[21] 美国制造业者在国际市场上经受压力的不断增加只能进一步打击美国国内投资的动力。

作为美国资本积累停滞的一种有力的表现——又在某种程度上成为一种原因——从 20 世纪 50 年代后半期开始，美国私人国外直接投资平均每年增长 10.2%，几乎是国内投资增长速度的两倍以上。[22] 国外直接投资只代表美国私人实体经济的总投资的很小部分。但是，对于由美国巨大的跨国公司主导的制造业部门来说，国外直接投资非常大，并且不断增长。在 1957—1965 年间，美国公司作为国外占多数股份的公司对于新工厂和设备的制造业投资平均每年增长达到惊人的 15.7%。在短短八年时间里，以美国为基础的制造业公司进行国外投资相对于国内投资于新工厂和设备上的比例已经翻了一番，从11.8%增长到22.8%。[23]正由于美国制造业公司在美国国内经济中投资受阻，所以它们越来越被吸引到盈利机会极好的海外，尤其是在欧洲，它们在这里可以把相对低廉的劳动力与相对先进的技术结合起来，同相对较弱的对手在增长迅猛的市场上竞争。[24]

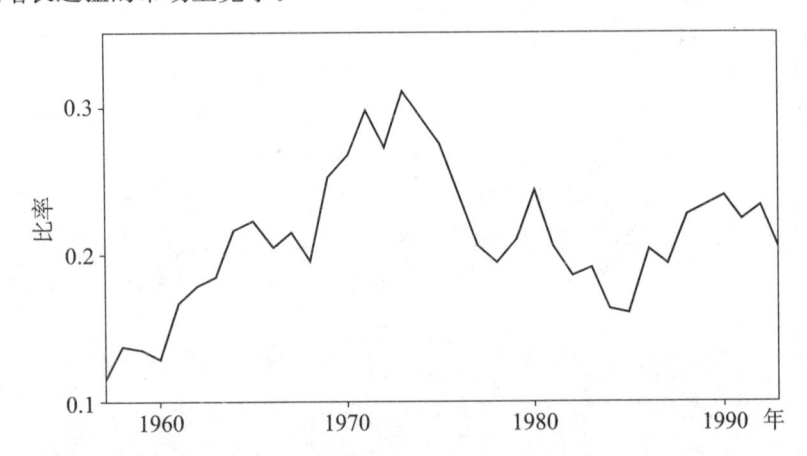

图4—1 美国公司的国外投资与国内制造业投资比率，1957—1993年

资料来源：M. Fahim-Nader, "Capital Expenditures by Majority Owned Foreign Affiliates of US Companies"。

在这十年的后半期，由于利润率下降与投资下降相互影响而导致美国经济失去动力，战后美国政府支出大大增加——尤其是军事支出——不仅对于美国来说，而且对于整个世界经济来说，对于保持经济稳定是至关重要的。在20世纪50年代，美国政府支出占国民生产总值（GNP）的比例达到25%以上，而在20世纪20年代则为8%~9%。[25]由于这种需求并不直接依赖于有利可图的投资机会，所以不仅对于以美国为基础的生产者的产出来说，而且对于美国制造业者的越来越具有竞争力的竞争对手进入到北美市场的商品数量来说，它自然而然地成为一种有力的刺激。

根据在20世纪后半期的一项关于美国产业发展的重要研究，在20世纪50年代，大约有10%的GNP用于军事支出，"军事需求一直是近些年重要的和几乎唯一的经济增长的动力要素"[26]。军事生产与现存的资本相比有一个重要优势：它的产出不会为争夺市场而展开竞争。但是，军事投资长期看来对于提高该国经济的效率几乎没有什么直接的贡献，因为它的产出既不能用来提高公司的生产方式，也不能用来提高工人的消费方式，而只是被浪费掉了。[27]军事支出给受到美国国内投资机会下降困扰的公司提供另一种在国内获取利润的途径。但是，美国公司在运用这条途径的过程中，根本无法阻止增长减速的趋势。

在20世纪50年代的最后几年，不止一位经济学家看到美国经济仍然受到"持续停滞"的困扰。[28]这些年，产出和投资增长的下降引发了1957—1958年和1960年的两次衰退，美国经济陷入了某种程度的危机，美国在国际上的地位的突然恶化使情况更加复杂，并且这种情况可能会长期存在。从20世纪40年代末期开始，大约30个国家的货币对美元贬值，美国稳步地陷入国际收支逆差（balance of payment deficit），其表现就是国际军事义务增长、国际援助加大、私人海外投资增长。但是，国际收支逆差最初并没有为担心提供理由，因为在20世纪50年代中期，美国贸易盈余证明了美国生产者的竞争力和美元的强势。然而，美国贸易顺差突然在1957年和1959年间减少——并且成为经常项目平衡在1959年出现赤字的原因——竞争力下降似乎突然间成为现实，尤其是在衰退时期（1953—1954年和1957—1959年）贸易收支已经严重恶化，进口需求相对受到抑制，出口价格相对下降。[29]在1958—1960年间，总体国际收支逆差平均每年是1951—1957年间此数的四倍。在1960年，为使经济摆脱停滞，美联储增加货币供应量，降低存款利率，这样就突然涌出了大量货币，从而消除了这一年由于贸易收支的改善而产生的国际收支差额的增加。国内需求的刺激似乎突然与外部稳定不相协调。1960年10月，由于对美国赤字的担忧、越来越表现出来的竞争力以及美元的信用的下降，一系列投机活动大幅推高了黄金价格，实际价格突然从35美元涨到40美元。此后不久——作为同一系列事件的一部分，为了应对同种类型的投机压力——德国政府被迫使德国马克升值。[30]几年之后，这一过程变得极为典型。

在这个十年的末期，周期性衰退的形势使进口增长出现大幅下降，从而很快推动局势发生变化，同时有利于劳动成本增长的因素出现明显下降。但是，随后的复苏只能是暂时的，因为根本问题并没有得到解决。长期来看，由于从国际角度看美国经济的相对生产成本较高，并且它的制造业的竞争力下降，所以投资增长依然不能令人满意。通过拉动需求来刺激经济的努力不仅引致很少的资本积累，而且导致通货膨胀、刺激进口和外国直接投资增加、降低贸易和经常项目平衡、进一步形成对美元的压力，从而使美国的国际地位进一步下降。在20世纪60年代前半期的短暂缓解之后——此时，随着成本下降和利润率上升，形势暂时向有利于凯恩斯主义的刺激需求的方向发展——美国经济开始摆脱20世纪50年代末所留下的阴影，并在20世纪60年代中期开始复苏。

2. 20世纪60年代初的短期复苏

在20世纪60年代前半期，美国经济经历了一个巨大的、尽管极为短暂的恢复时期。在1958—1965年间，美国GNP平均每年增长4.6%，比20世纪50年代后的任何一个时期都要快。制造业出口平均每年增长6.55%，几乎是1950—1958年间2.3%的三倍。在这些数字背后是利润率的快速增长。在1958—1965年间，制造业的利润率增长在80%以上，在私人实体经济方面增长不低于45%。利润率增长推动投资繁荣，从而引起经济增长。在1951—1961年几乎没有什么增长之后，制造业对新工厂和设备的支出在1961—1965年间平均每年增长15.6%。

对于美国利润率的恢复至关重要的是，绝对成本和相对于美国的主要国际竞争对手的相对成本的下降。制造业者突然成功地以他们至今认为不可能的方式控制了劳动成本。他们对工人及其组织发动了有力的、全面的进攻，实现了阶级力量平衡和管理—劳动关系（management-labour relations）的根本变化。这个过程表明工人为什么通常不能长期对资本家的利润率形成挤压，进而造成一场真正的危机。制造业利润率和竞争力的下降曾在20世纪50年代出现过，并且引发了此次调整（adjustment）过程。相应地，公司降低了它们对新资本的配置，所以从这个十年中期开始特别是在1957—1958年严重衰退过程中，投资停滞了，因此导致的失业人数上升使劳动力市场宽松下来，从而为阶级力量均衡的重新组合开辟了道路，也导致了产业关系的新变化。

从20世纪40年代末期到朝鲜战争结束期间的大多数时间，美国经济一直处于繁荣状态，雇主与劳动之间保持着一种从相对意义上说可以称为某种程度的融洽（accommodating）关系。[31]但是，在20世纪50年代的大部分时间里，工资—生产率（wages-productivity）对利润形成挤压，同时面对来自国外竞争的前所未有的严重威胁，因此雇主扭转了方向，实行了（被当时迅速看作是）新的"强硬路线"（hard line）。[32]最明显的是，制造业的大公司，并不恰巧是那些国际竞争最为激烈的领域的大公司，表明它们愿意在1958—1961年间的一连串决定性的战斗中面对并击败劳动者：1958年汽车谈判僵局给工会带来了非常小的收获（对战后时期来说），1959年持续163天之久的钢铁业大罢工最终工会实际上一无所获，汽车工人联合会（the United Autoworkers）以及反对联合航空公司（the United Aircraft Corporation）的国际机械师联合会（the International Association of Machinists）的罢工都失败了并且公司在整个斗争中继续运转，以及最后在 1960 年发生的具有划时代意义的通用电气（General Electric）罢工，国际电气工人工会（the International Union of Electrical Workers）在这次罢工中打击了大约 50 家公司，但在持续三周以后，工人不得不接受公司在罢工一开始提出的众所周知的条件。在这些罢工以及其他冲突中，汽车制造业的管理者开始增加谈判中公司之间的合作，在报纸印刷业、航空公司以及铁路等行业，公司开始实施"相互协助协议"（mutual assistance pacts），建立了罢工保险计划从而为遭受罢工损失的公司提供援助。

管理者的新面貌也体现在它越来越多地、越来越成功地抑制了工会的蔓延，尤其是在新建立的工厂中，它们中的许多工会"逃跑"并重新扎根于南部和西南部。特别是通过对具有强烈反劳工倾向的 1948 年《塔夫特-哈特雷法案》[这是一个由艾森豪威尔（Eisenhower）政府任命的国家劳动关系委员会留下来的法案]进行新的、有利于企业的解读，公司开始干预工会组织化的努力比以前更加公开和有力。从 20 世纪 50 年代的后半期开始，在工会承认运动（union recognition campaign）中，管理者采取的非法行动的数量在持续下降了几年之后重新开始急速上升，工会发现赢得胜利变得更加艰难。[33]在国家劳动关系委员会的选举中，工会胜利的比例从 1950—1953 年间的 73.5%下降到了 1955—1960 年间的 63%和 1960—1965 年间的 56%。工会在 1950 年可以组织 2%的私人工薪工人（private wage and salary workers），1955 年为 1%，到 1960 年只有 0.7%。在 1955—1961 年间，私人部门劳动力参加工会的比例从 1954 年高峰时的 34.5%下降到 1962 年的 29.8%——在制造业中，从 38%下降到 33%。[34]所有的这些趋势都延续到现在，人们只能得出结论认为从 20 世纪 50 年代中期到 60 年代中期的十年是美国工人运动的转折点，是漫长而急剧的衰落的开始。[35]

雇主在车间层面像在工会层面一样强硬。在大批新雇用的、受过高等教育的劳动关系专家的强烈要求下，雇主们试图改变车间的相对松散的监督制度，在原来的制度下，工长（foreman）被允许有更大余地来与普通工人和平相处。同时，雇主们突然对非官方允许的罢工采取异常强硬的态度。从这时候开始起，最突出的是在车间（shop-floor）组织相对强大的汽车产业，盲目的运动的数量迅速下降。[36]

结果是引人关注的。由于采取不明智的做法，美国劳动者与资本之间的关系在战后时期的任何时间里从来没有接近"和谐"过。虽然在 20 世纪 40 年代末和 50 年代初出现某种程度的暂时妥协，但是美国雇主，特别是在制造业中，现在能够通过打破这种妥协而不是使之长久维持下去来获得重要的利益。

首先，雇主们尽量大大降低工资增长速度，尤其是在制造业。在1958—1965年期间，制造业实际工资年均增长率下降了40%，仅达到2.2%，而1950—1958年期间是3.6%，同时，尽管如此，但是这一时期经济增长的加速使失业率减少了45%，从6.6%降到了3.7%。[37]此外，雇主们能够从生产效率方面得到巨大收益，因为美国这一时期制造业的劳动力生产率和资本生产率（实际产出—资本比率）平均每年分别增长4.1%和3.5%。投资的快速增长引起了技术更快的进步，这也确实成为生产率增长的部分原因。但是，考虑到在1958—1965年间每个工人每小时所拥有工厂和设备的数量增长十分缓慢——净资本—劳动比率的增长比战后任何其他一个可比时期都慢——在这个雇主反攻的新时代，大多数在生产率上的收益都可能是通过淘汰更没有生产效率的工厂和设备与迫使工人付出更大强度的劳动结合起来的。[38]

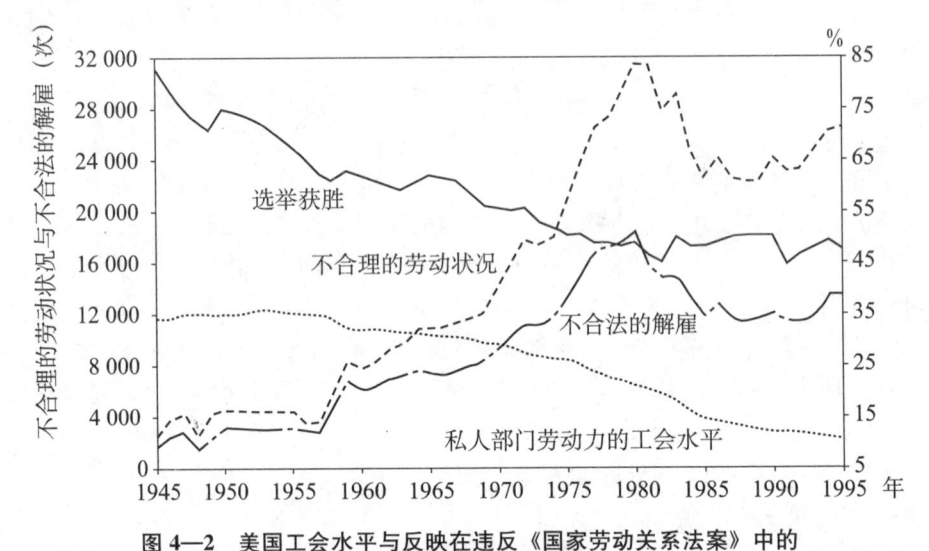

图4—2 美国工会水平与反映在违反《国家劳动关系法案》中的雇主反对工会情况，1945—1995年

资料来源：Annual Reports of the NLRB, courtesy of Mike Goldfield。

制造业单位劳动成本增长的下降为出口竞争力的显著恢复创造了条件。在20世纪50年代后半期快速恶化之后，美国的相对成本发生了重要转折。在1960—1965年间，美国制造业单位劳动成本（以美元来计算）实际下降5.2%，而德国和日本分别上升了24.7%和22.9%。在1960—1965年间，美国出口商品的价格平均每年只上升1.3%（在1960—1964年间为0.6%），低于德国同一时期的1.4%，尽管仍高于日本的0.3%（日本在1960—1964年间为0.5%）。

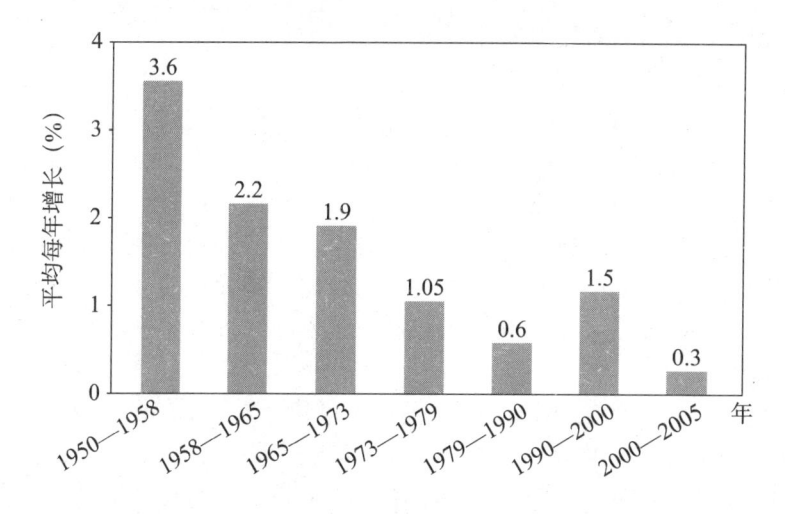

图 4—3 美国制造业的实际工资增长，1950—2005 年

资料来源：BLS Industry Analytical Ratios and Basic Industry Data for the Manufacturing Sector。

在资本恢复了控制成本的能力的基础上，美国经济实现了一个新的出口繁荣。在 1958—1965 年间，出口平均每年增长 7.1%，而在 1950—1958 年间则为 4.4%。美国商品贸易收支（merchandise trade balance）从 20 世纪 50 年代已经开始下降，到 1958—1960 年下降到平均为 30 亿美元以下。但是，1964 年增长到 70 亿美元，1965 年仍然维持在 53 亿美元，并且它与德国和日本一起得到很好的恢复。

事实上，20 世纪 60 年代前半期的繁荣并没有表明它与战后长期趋势明确分离。在 1958—1965 年间，工资增长的下降为利润率上升开辟了道路，这又引发了投资增长的提升；后者又通过拉动生产率的增长而降低了成本的增长，因此推动了出口扩大，反过来又获得了更高的利润率。但是，这样的良性循环并没有持续到 20 世纪 60 年代中期以后，尤其从后来发生的事件看，其原因是明显的：美国制造业经济不能维持在这个时候所成功实现的国际相对成本的良好趋势。制造业在 1958—1965 年间获得了让人印象深刻的发展，部分地因为产能利用迅速提高，但是，这种趋势很明显不可能持续下去。雇主们成功地迅速提高了利润，因为他们能够大幅度压低工资增长、加强生产地点的劳动强度，但是这些措施只可能临时使用。最后，美国出口商之所以能够取得很大成功，还因为在 20 世纪 60 年代前半期，他们主要的竞争者德国和日本正经历着降低生产成本的短期困难，但是，这些麻烦不可能长期困扰竞争对手。

即使在这个动力十足的时期，也就是美国竞争力比在1950—1971年间的任何一个阶段都更快进步的时期，日益激烈的国际竞争明显限制了美国经济发展。尽管美国制造业者在1958—1965年间对产品价格的提高速度比1950年后任一时期都更加缓慢，但是美国制造业出口占世界份额仍然从18.7%下降到了15.8%。此外，美国和外国公司确信无疑地认为资本投资能带来最好的回报。美国公司继续扩大它们在海外的制造业的直接投资，其速度比这期间国内投资增速快50%；同时，在美国的外国直接投资的存量价值与美国在海外直接投资的存量价值的比例从1950年的28.8%下降到了1966年的17.5%。[39]

20世纪50年代，美国国内投资的缓慢增长导致了生产率的缓慢发展，而后者再加上工资快速上涨又引起生产成本增加、美国贸易平衡面临长期困难和制造业海外直接投资的快速增加。尽管1958年后工资增长放缓，并且在1965年后工资增长进一步放慢，但是这种模型成为战后经济演化在繁荣时期里的特征。人们不久就会看到这种经济在不断激烈的国际竞争面前是多么的脆弱。

注 释

[1] G. Duménil, M. Glick and D. Lévy, "The Rise of the Rate of Profit During World War II", *Review of Economics and Statistics*, vol. lxv, May 1993; G. Duménil and D. Lévy, "The US Economy Since the Civil War：Sources and Construction of Series", *CEPREMAP*, 31 December 1991, p. 28. 阅读中请注意上述文献与G. Duménil, M. Glick and J. Rangel, "The Rate of Profit in the United States", *Cambridge Journal of Economic*, vol. xi, 1987, pp. 351 - 354 的比较。

[2] US Department of Commerce, *Historical Statistics of the United States. Colonial Times to 1970*, Washington, DC 1970, p. 162.

[3] US Department of Commerce, *Historical Statistics*, p. 884；H. G. Vatter, *The US Economy in the 1950s*, New York 1961, p. 43；A. Maizels, *Industrial Growth and World Trade*, Cambridge 1963, p. 220. 下面的"出口"这一术语如果不作特别说明，指的是商品和服务的实际出口。

[4] H. Van Der Wee, *Prosperity and Upheaval. The World Economy 1945 - 1980*, Berkeley 1986 (first edition 1983), p. 30.

[5] Vatter, *The US Economy in the 1950s*, p. 120.

[6] Ibid., p. 8. 请注意与 B. G. Hickman, *Growth and Stability of the Postwar Economy*, Washington, DC 1960 进行比较。

[7] 关于对这一观点的基本阐述，参见 P. Baran and P. Sweezy, *Monopoly Capital*,

New York 1964。我们应该注意该书的出版时期。巴兰（Baran）和斯威齐（Sweezy）的观点即垄断的出现是当代经济运行的特征，是建立在卡莱斯基和斯坦德尔（Steindl）研究以及罗宾逊（Robinson）和张伯伦（Chamberlain）的垄断—寡头垄断价格理论基础上的。具体参见斯坦德尔的 *Maturity and Stagnation*，New York，1950。巴兰和斯威齐的观点与当时关于战后经济的思想的学术主流相联系，倾向于结构停滞。这种学术主流的主要代表包括自20世纪30年代以来认同"停滞主义的"观点的主流凯恩斯主义者，他们将这种观点运用到20世纪50年代的经济分析中，最突出的有阿尔文·汉森（Alvin Hansen）。参见A. H. Hansen, *Full Recovery or Stagnation*?，New York 1938，as well as *Economic Issues of the 1960s*，Cambridge, Mass. 1960，pp. 50-51。

[8] 不可否认的是，在美国经济的战后一个短暂时期，特别当海外竞争者让人感觉到它们的存在的时候，一些在主要行业——汽车、钢铁等中——的少部分大公司有效地串通以稳定价格。

[9] 事实上，相关的公司可能过度投资——有意或无意地保持过剩产能——以进一步阻碍新的竞争者进入它们的市场。参见 R. E Hall, "Chronic Excess Capacity in US Industry", National Bureau of Economic Research, Working Paper, no. 1973, Cambridge, Mass., July 1986。

[10] 当然，那些以很低价格而获得平均利润率的加入者是不会被阻挡在这个领域之外的，它们保持这么低的价格是为了阻止一些受影响的企业在其循环资本上获得平均利润率。

[11] 参见 Vatter, *The US Economy in the 1950s*，pp. 84-86，110，147。

[12] Ibid., pp. 282-294, especially 284.

[13] 关于工会会员选举和工会化水平的数据，参见 M. Goldfield, *The Decline of Organized Labor in the United States*, Chicago 1987, pp. 10, 90-91。我要感谢迈克·戈德菲尔德进行了许多关于美国战后时期劳工运动方面的有益的探讨，并向我提供非常有用的数据。

[14] "Work Stoppages in the United States, 1927-1980", table supplied by US Department of Labor, BLS, Office of Compensation and Working Conditions, Division of Development in Labor-Management Relations.

[15] 参见下面具有启发性的研究：N. Lichtenstein, "Auto Worker Militancy and the Structure of Factory Life, 1937—1955", *The Journal of American History*, vol. lxvii, September 1980。

[16] 制造业之外的私人实体经济的利润率下降程度要比制造业部门小很多——在1950—1958年间只有21.3%——因为制造业部门既不能规避工资增长速度的提高和生产率增长的下降，也不能规避影响到制造业的产能利用的下降。

[17] D. J. Daly, *Japanese Manufacturing Competitiveness. Implications for International Trade*, University of Toronto-York University Joint Center for Asia Pacific Studies, Working Paper Series, no. 53, August 1988, p. 35.

[18] Sohmen, "The Dollar and the Mark", in S. E. Harris, ed., *The Dollar in Crisis*, New York 1961, pp. 190 – 193，在这里分析了这些行业在这个时期的相对价格的数据。

[19] Sohmen, "The Dollar and the Mark", p. 194. 美国的单位劳动成本增长21%，德国也有几乎同样的增长，而日本大约下降4%。

[20] L. B. Krause, "The US Economy and International Trade", in K. Kojima, ed., *Structural Adjustment in Asian-Pacific Trade*, Papers and Proceedings of the Fifth Pacific Trade and Development Conference, Vol. ii, The Japan Economic Research Center, Tokyo, July 1973, p. 391; W. H. Branson, "Trends in United States International Trade and Investment Since World War II", in M. Feldstein, ed., *The American Economy in Transition*, Chicago 1980, p. 198, Table 3. 14.

[21] Vatter, *The US Economy in the 1950s*, p. 262; T. Liesner, *One Hundred Years of Economic Statistics*, New York 1989, Table US15; Maizels, *Industrial Growth and World Trade*, p. 220.

[22] Branson, "Trends in United States International Trade", p. 238. 国外向美国的直接投资与美国向国外的直接投资相比在这一时期是很小的，而且在不断下降。

[23] M. Fahim-Nader, "Capital Expenditures by Majority-Owned Foreign Affiliates of US Companies", *Survey of Current Business*, vol. lxxiv, no. 9, September 1994, p. 59.

[24] 到20世纪60年代初期，欧洲抱怨美国跨国公司的外国直接投资的大幅增长，也就是所谓"美国的挑战"。参见 J. J. Servan-Schreiber, *Le Défiaméricain*, Paris 1967。

[25] R. J. Gordon, "Postwar Macroeconomics: The Evolution of Events and Ideas", in *The American Economy in Transition*, Chicago 1980, pp. 104 – 105.

[26] R. DeGrasse, *Military Expansion*, *Economic Decline*, New York 1983, pp. 20 – 21; S. H. Robock, *Changing Regional Economies*, Midwest Research Institute, MRI-252, 1957, p. 4, quoted in M. Wiedenbaum, "Some Economic Aspects of Military Procurement", *Current Economic Comment*, November 1960, p. 10.

[27] 军事生产在技术上的"副产品"确实对提高一些制造业领域的生产率具有重要的推动作用。但是对军事研发的货币支出对于引起非军事经济的技术变革和生产率提高来说，并不是一个有效率的方式。我要感谢萨姆·法伯提醒我注意这一点。

[28] Sohmen, "The Dollar and the Mark", p. 195.

[29] Ibid., p. 191. 如果美国出口商不是由于苏伊士危机（Suez crisis）来牺牲其同盟者为代价，从而人为地推动销售增长，那么这次出口下降将更为短暂，也更为剧烈。

[30] V. Argy, *The Postwar International Money Crisis*, London 1981, pp. 31 – 37; Vatter, *The US Economy in the 1950s*, pp. 115, 263.

[31] 对于这种概括，例如，参见 T. A. Kochan and M. J. Piore, "US Industrial Relations in Transition" and J. A. Klein and E. D. Wanger, "The Legal Setting for the Emergence of the Union Avoidance Strategy", both in T. A. Kochan, ed., *Challenges and Choices Facing American Labor*, Cambridge, Mass., 1985.

第四章 美国经济：领导者的代价

[32] 在 1960 年前后，突然出现了大量关于企业主的强硬路线的文献。在这一段和下面两段里，我特别依赖两个详细的讨论："The Employer Challenge and the Union Response", *Industrial Relations*, vol. i, no. 1, October 1961; "The Crisis in the American Trade-Union Movement", *The Annals of the American Academy of Political and Social Science*, vol. CCCL, November 1963——particularly H. R. Northrup, "Management's 'New Look' in Labor Relations", in the first of these, and G. Strauss, "Union Bargaining Strength: Goliath or Paper Tiger?" in the second。我还参考了 N. Lichtenstein, "UAW Bargaining Strategy and Shop-Floor Conflict: 1946—1970", *Industrial Relations*, vol. xxiv, no. 2, Spring 1985; D. J. B. Mitchell, "Recent Union Contract Concessions", *Brookings Papers on Economic Activity*, no. 1, 1982, p. 174; D. J. B. Mitchell, *Unions, Wages, and Inflation*, Washington, DC 1980, pp. 45-47。请注意与 G. Strauss, "The Shifting Power Balance in the Plant", *Industrial Relations*, vol. i, no. 3, May 1962 进行比较。

[33] Klein and Wanger, "The Legal Setting for the Emergence of the Union Avoidance Strategy", passim; R. B. Freeman, "Why Are Unions Faring Poorly in NLRB Representation Elections?", in Kochan, ed., *Challenges and Choices Facing American Labor*, pp. 46, 53.

[34] Goldfield, *Decline of Organized Labor*, pp. 10, 90; R. B. Freeman, "Contraction and Expansion: The Divergence of Private Sector and Public Sector Unionism in the United States", *Journal of Economic Perspectives*, vol. ii, Spring 1988, p. 64.

[35] 当然，在 1945—1955 年冷战的 10 年间，劳动者在组织上和政治上的失败已经奠定了这种转折的基础。参见下面详细的阐述：N. Lichtenstein, "From Corporatism to Collective Bargaining: Organized Labor and the Eclipse of Social Democracy in the Postwar Era", in S. Fraser and G. Gerstle, ed., *The Rise and Fall of the New Deal Order 1930—1980*, Princeton 1989。

[36] Lichtenstein, "UAW Bargaining Strategy and Shop-Floor Conflict", pp. 376-377.

[37] 应该注意的是，在这些年出现的私人实体经济总体上的工资增长速度的下降幅度比制造业小——只有 1.1%——因为制造业之外的工资增长实际上已经略有上升。

[38] 净资本—劳动比率平均每年的增长速度在 1958—1965 年为 0.6%，在 1950—1958 年为 3.5%，在 1950—1973 年为 2.7%。

[39] Branson, "Trends in United States International Trade", p. 196, Table 3.13; Fahim-Nader, "Capital Expenditures by Majority-Owned Foreign Affiliates of US Companies", p. 59; R. E. Lipsey, "Foreign Direct Investment in the US: Changes Over Three Decades", in *Foreign Direct Investment*, Chicago 1993, p. 117, Table 5.3. 请注意与 Maizels, *Industrial Growth and World Trade*, p. 220; A. D. Morgan, "Export Competition and Import Substitution", in *Industrialization and the Basis for Trade*, Cambridge 1980, p. 48, Table 5.3 进行比较。

第五章

德国：出口推动的繁荣

德国经济在战后经济繁荣时期所走的道路既是美国经济所设定的道路的反面和反射，又在很大程度上依赖于美国经济。这一时期德国令人印象深刻的发展的关键是它的出口依赖以及它特别强劲的出口动力。起初出口的快速增长是由于从国际角度看与技能相比非常低的工资成本，以及与快速增长的世界经济所需求的商品生产的竞争力，特别是恢复中的、重新繁荣起来的欧洲和美国。维持这样强劲的出口一方面因为德国经济能够防止生产成本快速增长，它在面对充分就业时能够调节工资上涨，另一方面因为它能够利用由异常庞大、快速发展而又严重依赖出口的制造业带来的生产率增长的机会。简单地说，德国能够在战后初期如此成功是因为它充分利用非常廉价但又非常熟练的劳动来模仿并在某些地方超越美国生产方式，并且在此基础上掌握了以前由美国制造业者所占有的市场。

1. 20 世纪 50 年代的"奇迹"

到 1951 年，德国制造业劳动生产率已经达到 1938 年水平的 95%，但是，制造业的产品工资只相当于当时的 80%。制造业的利润率因此超过了纳粹统治时期的最高水平。当德国制造业劳动生产率大约相当于美国水平的 1/3 的时候，工资水平却只有美国的 1/5。因此，德国制造业单位劳工成本只有美国的 64%。这就为长达十年的投资繁荣提供了条件。[1]

压制劳动者是纳粹时代利润率恢复的先决条件。纳粹当局当然摧毁了两次战争之间的工人运动，但是，在第二次世界大战后不久，占领当局（the Occupation authorities）主张恢复强大的工会，同时在英国控制的区域，确立了国家对经济的高度控制。在这样的环境下，即使是基督民主党（the Christian Democrats）也赞成一项社会主义的新社会秩序，主张几个大陆国家通过法律保障工会和劳动联合会在基督教民主党/基督教社会党（CDU/CSU）同意的前提下在各个层面的经济决策中享有共同决定权利。事实上,"一些社会化形式似乎不可避免地出现在这些国家的每个区域"[2]。德国工人因而可以迅速地行动起来在工厂建立工厂理事会(factory council),它经常在以前的所有者缺席的情况下维持生产。但是,当汉堡的工人建立了一个政治上激进的社会主义自由联盟(Socialist Free Union)时,当局很快在1946年初进行了镇压。在1947—1948年,在由于经济遭到破坏和食物短缺而实施极端的剥夺政策的条件下,德国工人开始大规模罢工,十分明确地在罢工中提出经济部分或全部社会化的要求。但是,这些运动在占领当局、德国政府和私人雇主的联合压力下,很快就要么失败要么被迫降低了社会化的要求。在后来的几年,在经历占领当局短暂的去纳粹化(de-Nazificatin)和拆分大公司之后,原来在魏玛(Weimar)政府和纳粹时代为工人服务的商业联合组织很快被允许重新建立起来。[3]

在1947年,美国将它新近采取的冷战政策强加到其占领地区即德国和日本。马歇尔计划援助的条件是恢复自由市场经济,表明力量均衡明显向有利于资本方向转变。德国当局立即加入了该计划,在不到两年的时间里建立了具有德国新政治经济特征的模式和结构,在这里为工业提供了低成本和潜在的高利润,该模式依赖于成功的商品出口。1948年6月,在美国人的建议下,新的双边地区(bi-zonal)当局(当时是将美国和英国管理区域合并起来)推行了强硬的货币改革,旨在为自由企业制度提供基础,超越由黑市(black market)和占领当局结合起来对生产、分配和资源配置的经济控制。当结束价格和工资管制时,货币改革想要通过保持公司财产的实际价值、免除其债务以及将税收体制的负担从财富和利润转向低收入群体,从而为企业提供良好的条件。尽管货币改革使生产发展比以前快得多,但是,由于中央银行提供的宽松信贷环境和公司能够联合起来推动物价上涨而使通货膨胀存在失去控制的危险。为了应对这种局面,德国政府和联合当局(allied authorities)在1948年11月采取了严厉的货币政策,不仅瓦解了资本家之间的共谋,降低了物价,同时相应地导致失业率从1948年下半年的4.5%上升到1950年的12%左右。[4]

20世纪40年代末失业率的螺旋式上升极大抵制了工人阶级的反抗活动,这也进一步受到了通过货币改革清除工会的资金来源的打击。极端保守的工会领导层从战争结束就开始在抑制集体战斗力上起着重要作用,现在它趋向于巩固它的权力。放弃一些激进的选择是在此基础上由多种因素造成的,它急于抓住经济增长这一不能兑现的承诺,认为劳动者只能妥协。[5]不久,一场有统一领导的高度一致的工会运动爆发了——仅仅联合起了全国16个工人组织——它们把确保把工人们的要求与利润率和竞争力的需要统一起来作为它们的中心任务之一。工人阶级反抗活动的一再忍让表明工资在国家收入中的比例在急剧下降。在1948—1951年间，劳动生产率惊人地增长了50%，但是，产品工资只上升了1/4。[6]

德国的制造业者在战后初期实现了生产力层面的高水平和快速增长，归根到底，这些是由德国高素质的劳动力造就的，是德国长期以来的工业传统的产物。德国战后经济"奇迹"可以理解为在很大程度上是对其历史上的制造业突出成就的经济复苏。在20世纪二三十年代，德国占世界制造业出口的比例与英国、美国是相同的，而且是世界上化工产品和其他制造业产品的海外销售的领先者。在战后时期，德国能够将它的复苏直接建立在其早期的成就的基础上。在1952—1953年，80%的出口品牌的产品在销售时都使用战前使用的国际性商标。[7]

自1948年以来，德国生产力得以快速平稳的发展是因为资本存量在战争期间的损失是有限的，并且可以相对容易地得到恢复。德国的战时破坏是巨大的，但是战时投资弥补了这一点。在1938—1945年间，德国的资本存量增加了14%。另外，它体现了更为先进的生产技术——包括新的、大量生产的方法——以及在很多情况下引起工人技能的提高。所以，通过重建基础设施特别是完全被破坏的交通体系这一相对廉价和简单的过程，生产率的大幅提高在战后就可以很快得到实现。[8]

尽管德国在1948年采取的通货紧缩政策的意图就是削弱工人力量、加强竞争和降低国内需求，从而迫使德国工业依赖于出口，但是它最初的效果却是使德国经济陷入衰退和明显的危机之中。但是，像同时期的日本一样，德国幸运地由于朝鲜战争的爆发而得到拯救。随着德国马克在1949年迅速贬值——使充足的出口弥补了长期的贸易赤字，也进一步克服了所谓的美元短缺困难，能够大量进口美国产品——德国的产业很好地应对了来自美国的大量订单。第一次长时期的出口导向的周期是由美国需求所带动的，这也推动了德国战后产业开始发展起来。[9]

增长过程

在1951—1961年间，由于高水平的利润率和竞争力提供了手段和动力，制造业投资平均每年增长11.1%，制造业资本存量平均每年增长8%。高速增长的投资拉动了产出和生产率的快速发展，也导致了产能利用的提高。在20世纪50年代，制造业产出平均每年增长10%，GDP每年增长8%，是欧洲增长最快的地区。在同一时期，制造业劳动生产率平均每年增长7%，私人实体经济总体上每年增长5%，这不仅得益于最为先进的生产技术的应用，也得益于德国依然庞大的农业领域的劳动力向工业领域转移。在这十年里，产能利用平均达到90%。[10]

德国经济在20世纪50年代能够保持强劲动力是因为它成功避开了常常伴随着资本积累大量增加而出现的成本上涨的趋势。这里的关键是它能够让劳动力价格保持低水平，而这为制造业出口快速增长以及因此导致的资本积累速度提高和生产率增长铺平了道路。工业的膨胀因此带来了劳动力规模的大幅增长，同时显著地降低了失业。在1950—1955年，失业率从10.4%下降到5.2%，到1960年下降到1%。但是，充分就业并没有引起供给派的理论家已经预期的对利润的挤压。在1950—1955年，尽管失业率降低了一半，制造业利润率以卡莱斯基所设想的方式——上升了13%，而非制造业利润率大幅增长48.5%。1960年，非制造业的利润率仍然保持着20世纪50年代中期的高水平，利润份额事实上高于1955年的水平。制造业的利润率在20世纪50年代后半期事实上下降了，但是，1960年的利润率仅比1950年大约低10%，而在1950年失业率却高出8倍。[11]

首先，农村和国外的大量劳动力后备军使工资增长相对缓慢，而劳动力后备军也使劳动供给超过了需求。1950年，农业部门占劳动力的比例是29%，甚至在1960年这个数字依然高达14%。规模巨大的高技能的劳动力从民主德国向联邦德国转移，这对保证宽松的劳动力市场发挥了重要作用。

人们有时认为，缓慢的工资增长（与生产率增长相比）以及因此在20世纪50年代有保障的资本积累，都最终依赖于资本与劳动之间隐藏着某种交易，在这种交易中工会主动压低工资需求以换取雇主们对投资的承诺。[12]但是，这也意味着工会希望雇主更快地提高工资，这是一令人质疑的命题。正如卡林所认为的那样，更现实的是从工会越来越软弱而雇主越来越强大和团结的角度解释工资受到抑制，而雇主的团结体现在雇主不断加强合作上。雇主有美国占领当局支持，在20世纪40年代后期通过利用高失业和工会在资金上暂时的脆弱，已经开始使阶级力量平衡向有利于它们的方面倾斜。尤其是1951—1952年，它们很大程度上通过极力推行实施的《工作宪法法案》（Works Constitution Act），进一步巩固了自己的优势。尽管是工会所预料到的，但是该法案并没有将平等共同决定（parity co-determination）机制延伸到铁、煤和钢产业以外。此外，该法案具有削弱工会影响的作用，因为法案将工会协商限制在国家最低工资上涨上，同时还委任工作理事会（work councils），而工会被正式排除在工作理事会之外，工作理事会的职责就是制订与公司利润率、支付能力以及地方劳动市场状况相适应的最低工资之上的所有重要增长。另外，在 1951—1955 年间，工会参与度（union density）从高峰时的 36% 下降到了 32%。正是资本对抗劳动者的力量的不断增强，而不是劳动者面对资本的自我克制，才使得形成 20 世纪 50 年代的高利润率、资本家的高利润率，同时使资本家不能规避激烈的竞争，也不用向劳动者承担任何义务，从而引起了这一时期的高资本积累率（rate of capital accumulation）。[13]

雇主们能够压制成本增长，再加上极为迅速的出口增长，推动了 20 世纪 50 年代强劲的资本积累浪潮。在 1950—1960 年间，德国出口平均每年令人吃惊地增长 13.5%。德国能够做到这一点的原因是，尽管快速增长，但是它成功地改善了其国际竞争的地位。在这十年间，德国制造业单位劳动的相对成本——与法国、意大利、英国、美国相比——大约下降 6%。[14]

出口的成功不仅仅表明该国经济迅速增长，而且表明它也是政策发挥作用的结果。德国采取了一种与凯恩斯主义不同的政策，政府通过保持国家预算结余、强制推行导致高利率的紧缩信贷政策，从而削减了国内需求的增长。该政策强迫企业因此寻找海外销售，同时通过限制价格上涨来为其提供有利条件。政府也推行了灵活的自由贸易政策，为进口增长和德国工业的更廉价的投入开辟道路，同时向它不断施加压力以提高其竞争力。

另外，德国的经济政策从严格的自由放任主义的角度看是不能理解的。尤其在战后发展初期，政府通过出口企业优先得到进口的投入和优惠的促进出口的贷款使其得到直接的出口补助，从而帮助德国企业应对贸易自由化。政府还慷慨地减免企业税收，从而降低其负担。此外，从德国马克在 1949 年贬值的时候开始一直延续到 20 世纪 60 年代晚期，德国出口企业能够从实际被低估的汇率中获利。[15]

如果说最初能够提高生产力和控制成本上涨，从而带动了出口快速增长，那么出口的快速增长也促进了更为快速的生产率提高。出口使制造业部门扩大了，因而扩展了规模经济和干中学的机会。20 世纪 50 年代德国出口增长的高速度使德国制造业出口占产出的比例翻一番[16]（出口依赖特别体现在极为重要的化工、汽车和机械工业等行业）[17]，反过来，制造业在整个经济中保持了异乎寻常的高比例。重要的是，制造业出口增长有了自我强化的机制。制造业产出和制造业劳动力占整个经济的比例在 20 世纪 50 年代小幅上涨之后，到 1970 年的整个时期平均都逼近了 40%，整个工业所占的比重几乎达到 50%。因为制造业是为技术变革提供最好机会的领域，所以德国经济中不断扩大的制造业部门推动了更大的生产率和竞争力增长，从而进一步提高出口增长，这一点体现在 20 世纪 50 年代的十年间德国制造业劳动生产率增长了 96.5%，而制造业之外的劳动生产率只增长 45.5%。[18]

20 世纪 50 年代出口占制造业产出的比例爆炸式增长，这是由世界经济的快速发展所推动的，发达资本主义经济中用来出口的产出增长比为了国内市场的产出增长快 50%。但是，事情的另一方面似乎更重要。德国生产者能够取得如此快速的出口增长速度仅仅是因为它们占有的不断增长的市场份额在不断提高，这不仅是以牺牲其主要竞争对手为代价的，而且也是在其主要竞争对手特别是美国的帮助下实现的。德国占发达工业国家中制造业出口的比例在 20 世纪 50 年代几乎增长到原来的 3 倍，它所占的比例从 7.3% 增加到 19.0%。[19] 在这 10 年中，德国制造业出口增长率不低于 59%，这是由德国取得的不断上升的市场份额带来的，相比之下，只有 41% 的出口增长是由该市场本身的增长贡献的。并且，几乎所有这些比例的增长是以牺牲美国和英国经济为代价的。[20]

德国出口导向的发展不仅得益于美国生产者在国际市场上竞争力的衰落，而且巨大的美国市场对德国进口的需求也使其直接稳定下来，并且不断推向前进。[21] 在 20 世纪 50 年代，德国对北美市场出口占其出口的比例几乎增长了 60%，从 5.7% 增长到 9.0%。[22] 此外，在 1950—1965 年间，德国每一次周期性的经济繁荣都是由与美国周期性景气相关的美国市场需求上涨引发的。在 20 世纪 50 年代初期，正是由于朝鲜战争和投机性购买浪潮使德国经济克服了 20 世纪 40 年代末期的通货紧缩危机并引发了德国第一次周期性繁荣。美国经济的周期性高涨也分别引发了德国在 1955 年、1960 年和 1963 年的第二次、第三次、第四次周期性繁荣。[23] 实际上，美国经济的需求增长和由大量军事支出带来的需求稳定下来，推动了德国的出口导向型经济，而德国经济本身则是建立在反凯恩斯主义的基础上。[24]

表 5—1　　　　　　　　德国：出口占产出的比例（%）

	1950 年	1958 年	1967 年	1970 年	1974 年
汽车	11.5	36.3	40.7	40.6	46.1
机械	20.3	30.2	38.0	35.5	43.5
制铁机械	16.4	17.8	30.3	24.0	35.2
化工	12.3	22.5	29.0	31.1	36.0
非金属工业	11.4	14.9	24.4	18.3	22.9
所有制造业	8.3	15.1	18.7	19.3	24.2

资料来源：W. Semmler, "Economic Aspects of 'Modell Germany'", p. 31.

2. 20 世纪 50 年代末到 60 年代中期的国际化矛盾

从 20 世纪 50 年代末到 60 年代初期，尽管美国经济短暂地打破了长期相对缓慢的发展模式，但是德国经济发展动力出现了中断。从 20 世纪 60 年代中期起，德国不再持续维持高水平发展，同时德国经济重新获得它以前的发展动力。但是，德国经济的短期徘徊背后的问题绝不是表面性的；它们表明了深层的结构问题，这些问题不仅困扰德国经济，而且也困扰整个发达资本主义经济，并最终使这些经济体从长期繁荣转向长期衰退。

发展下降开始于 1960 年前后。在 1960—1965 年间，制造业产出增长平均每年下降到 5.8%，比 1955—1960 间的平均水平低 10%，比 20 世纪 50 年代这十年大约低 12%。GDP 平均每年增长 5.1%，比前 5 年（和 10 年）的水平低近 1/3。产出增长的加速下降的重要原因是投资增长的大幅下降，制造业投资在 1960—1965 年间平均每年的增长率下降到 4.1%，在 1950 到 1955 年间平均每年增长 15%，同时，在 1955—1960 年间也达到了令人印象深刻的 8.4%。在同一时期，制造业资本存量平均每年增长速度也下降了，只不过幅度略微小一些。

最后，从 20 世纪 50 年代中期开始，制造业的利润率出现了很大的下降。制造业在 1960 年的利润率比 1950 年的水平低 10%。另外，在 1955—1960 年间出现 20% 的大幅下降终于使之成为长期趋势。在 1960—1965 年间，制造业利润率进一步下降 30%。[25] 究竟发生了什么使利润率下降，反过来又怎样使投资和产出增长率下降呢？就像美国经济在 1958—1965 年间的短暂复苏在很大程度上是因为出口繁荣引发的相对国际生产成本的重要改善一样（促进了制造业利润率和投资的提高），德国从 20 世纪 50 年代末期到 60 年代中期的萧条虽不是全部但也主要是因为其竞争力的下降，从而破坏了其出口能力并导致价格对利润率的向下挤压。竞争力的下降源于两种趋势，这两种趋势在 1973 年之前的时期里就越来越凸显出来。一个趋势是外部的，一个趋势是内部的：第一个趋势，发达资本主义世界的制造业生产者有了发展，并且为了争夺市场向德国生产者提出挑战；第二个趋势，德国经济发展模式的自我限制的特征就是它以牺牲国内市场为代价来推动制造业出口增长。

在 1955—1960 年间，尽管德国经济相对成本同美国、英国以及整个世界比较起来持续下降，但是相对于其竞争力不断上升的欧洲大陆的对手法国、意大利或者亚洲的对手日本来说，其优势已经不存在了。[26] 此外，从 1960 年起，相对生产成本的问题愈益严重。1961 年，德国马克的升值引起德国单位劳动成本上升4.8%。同时，在1961—1965年间，德国相对单位劳动生产成本与其五个主要竞争对手相比又上升了2.4%，实际上在这五年间总共大约上升了7%。[27]在20世纪50年代后半期，德国制造业生产率增长明显高于法国和意大利，但是其后出现了一种相反的情况，在1960—1973年间，法国和意大利制造业生产率增长比德国快50%以上。[28]

生产成本的上涨不仅反映出德国来自国外竞争的加剧，也可以反映出其来自国内生产成本上涨的压力，从而导致其出口能力不可避免地、持续地下降，也使其在发达国家制造业出口市场上的份额急剧下滑，同时为不断增长的进口渗透开辟道路。在1950—1955年间，德国出口平均每年增长15.2%，占发达国家制造业出口的比例从7.3%显著上升到15.3%。在1955—1960年间，德国出口仍然平均每年增长11.8%，占发达国家制造业出口的比例增长到20.3%。然而，在随后几年里，只有1/3的增加额归因于德国商品竞争力的增强，其余的部分则是源于对德国出口产品的需求的不均衡上升。在1960—1965年间，德国出口增长下降到平均每年仅为6.1%，同时，到1965年德国占发达国家制造业出口的比例已经略下降至19.2%。在1955—1965年，进口渗透（import penetration）从19%上升到了32%。[29]

制造业的竞争力衰退和利润率下降之间的紧密联系表明前者在决定后者中占有重要地位。这种关系能在何种程度上表现得更直接呢？

在20世纪50年代后半期，国际竞争的加剧体现在对制造业价格的向下的压力上，这也至少对制造业利润率下降负一半的责任。[30]在1955—1960年间，制造业单位劳动成本平均每年增长3.2%，比非制造业平均每年增长3.6%的水平低12.5%。然而，制造业的利润份额（profit share）几乎下降了8%（利润率下降了20%），而同一时期非制造业利润份额增加了8%（并且利润率保持同一水平），其中的原因很简单，就是制造业者只能把其产品价格平均每年提高1.6%，而非制造业者平均每年将它们的产品价格提高3.6%。制造业者不易在成本之上充分地提高产品价格明显是他们面临的最大问题。因为制造业产出在很大程度上是由贸易商品（tradables）构成的，而非制造业产出主要由非贸易物品（non-tradables）构成，所以我们似乎可以合理地得出结论认为，制造业者相对不易在成本之上提高产品价格，这是因为他们容易受到不断强化的国际竞争的影响。出于同样原因，正是非制造业者有效地远离国际竞争压力，才使它们可以在成本之上充分地提高产品价格，从而避免工资—生产率对利润的挤压。

在1950—1965年间，德国制造业的利润率持续下降虽然不一定完全但在很大程度上归因于竞争力下降。在1961年，德国马克对美元升值5%，引起有效汇率（effective exchange rate）上升 4.5%，从而马上影响到制造业的利润率，德国制造业利润率仅仅在这一年就下降 12%。[31] 在 1961—1965 年间，利润率平均每年进一步下降 5.3%（或者说，这一时期下降 21%）。这一次与在 1955—1960 年间不同，制造业之外的利润率确实下降了；即使这样，非制造业利润率下降仍然比制造业少了 60%，平均每年仅仅下降 2.05%。制造业者的问题依然是在 20 世纪 50 年代后半期就已经存在的问题：他们不能像非制造业者那样在成本之上提高价格，这是由于他们暴露在国外竞争者对价格无情的向下压力之中。

制造业单位劳动成本增长 2.8%，甚至比前一段时间非制造业增长 4.5% 的水平还要慢。与此相似，尽管制造业产出—资本比率在名义上平均每年下降 3.3%，但是在实际上仅仅下降 1.8%。这种差异的根源似乎与上文所述两种情况相同：制造业者出售的商品大部分是贸易商品，只能以平均每年 2.4% 的速度提高产品价格，而非制造业者和建筑业者（主要生产资本存量，尤其是建筑物）主要出售的是非贸易产品，他们因此能够分别以平均每年 4.5% 和 4.0% 的速度来提高价格。因此，在 1961—1965 年间，非制造业的利润份额平均每年下降 0.5%，而且产出—资本比率只下降 1.5%。企业的利润份额中有 3/4 以上平均每年下降 2.1%，产品与资本比率中有几乎一半平均每年下降 3.3%，这些因此成为德国竞争力下降的原因。[32]

表 5—2　　　　德国的成本、价格和利润水平，1955—1960 年

(平均每年变化的百分比)

	净利润率	净利润比例	产品工资	劳动生产率	名义工资	单位劳动成本	产品价格
制造业	−4.5	−1.6	6.3	5.7	8.0	3.2	1.6
非制造业	0.0	1.7	2.3	3.2	5.9	3.6	3.6

资料来源：参见本书附录 I 中关于利润率的部分。Key to legend on p. xiii。

20 世纪 60 年代上半期是战后德国劳动市场最紧张的时期，因为此时民主德国的移民通道已经被关闭，而且联邦德国的客籍工人（Gastarbeiter）从体制上的补充在随后一两年里也不会开始。失业率处在 1% 以下。然而，德国工人运动并没有过多的利用这些有利的条件来增加它在政治或制度上的权力和经济上的杠杆作用。相反，根据主流意见，工人运动更多的是在组织得越来越多的雇主面前处于防守的地位，在卡林看来，自于雇主的压力"推动了工人运动的重心重新走向了妥协"。[33] 尽管雇主的压力是一种因素，但是，并没有太多迹象表明工会运动试图利用劳动短缺的机会。随着经济复苏，人们似乎默默地接受了这种规则，即工资份额应该大致保持在有利于继续进

行资本积累的水平上。工会因而也只要求工资增加大致与生产率发展保持一致。到1958年,通常每年至少有一次大的罢工;从那时以后,1969—1970年,正式罢工(official strike)在很大程度上消失了。决定工资的十分关键的步骤似乎大部分出现在地方层面上,在这里工作理事会进行协商,推动根据利润率在全国范围达到增加工资的一致意见。然后,只有在20世纪50年代末到60年代末的十年间,也就是在资本在很大程度上成功地提出与自己的需要相一致的劳动关系的基本框架后,"生产率政治学"(politics of productivity)就形成了——体现了在工人运动衰弱和经济繁荣的背景下工会越来越官僚化。[34]

在1960—1965年间,制造业中名义工资平均每年增长8.6%,并不比1955—1960年间增长8.0%高出多少。同时,与1955—1960年相比,1960—1965年间实际工资平均每年增长率甚至有些下降,达到5.2%,而1955—1960年为6.1%——整个20世纪50年代的水平是6.0%。趋紧的劳动力市场无疑使德国生产商不得不消化吸收德国马克在1961年升值所产生的成本大幅增加。但是,将对利润的挤压部分地归为资本家不能迫使劳动者根据利润率下降进行工资调整(由经常项目的巨大盈余和升值而导致的竞争力下降所引起的),不同于将利润率下降直接归为来自于劳动者的压力增长——对后者来说,目前没有得到有力的证明。[35]是竞争力而不是来自工人的压力在下降,才是"变动的部分"。甚至保守的德国经济学家们也略带一些惊愕地被迫承认,直到20世纪60年代末期,德国工人运动不管是根据规划还是根据必要性,都是迁就于资本家利润率的需要的模式。"即使早期明显出现劳动短缺,即使出现了移民周期性浪潮,(工会)都没有及时要求实际工资高于生产率增长。""解释在20世纪60年代工会约束是很困难的……(但是)工会明显地暂时承担了它被赋予的积极捍卫公司稳定的角色,并且足以遏制工资增长。"[36]

像已经强调的那样,在1955—1965年的十年间,导致制造业利润率下降的主要原因应该是出口导向的经济增长在放缓,另外,德国国际对手力量的增强也应对此承担一部分责任,当然,这也有国内的根源。出口导向的增长在趋势上是自我限制的。因为它在制度上要靠旨在限制需求增长从而降低价格的宏观经济政策的支持,所以主要的经常项目盈余就是不可避免的,而且这也一定给德国马克升值造成巨大的压力。德国马克升值当然会降低竞争力,因为升值会转变为相对更高的单位劳动成本——除非雇主通过相应地降低工资增长或提高生产率来抵消其带来的影响。在20世纪50年代后半期,德国经常项目盈余上升到约占GDP的2.5%。然而,这么大数量的外部盈余保持下来也不是没有问题的,并且到20世纪50年代末,它们已经引起了货币供给增加，从而存在着推动价格上涨和削弱竞争力的危险。德国的货币管理当局最初想通过货币紧缩来抵消通货膨胀的压力，但是，这仅仅助长了旨在从利率上升中获利的投机资本的涌入。

表 5—3　　　德国的成本、价格和利润水平，1961—1965 年

（平均每年变化的百分比）

	净利润率	净利润比例	实际工资	产品工资	劳动生产率	名义工资	单位劳动成本	产品价格	产出—资本比率	实际产出—资本比率（资本生产率）	净资本存量价格
制造业	−5.3	−2.2	5.2	5.7	5.4	8.3	2.8	2.4	−3.3	−1.7	4.0
非制造业	−2.1	−0.5	5.3	3.8	3.8	8.4	4.5	4.4	−1.5	−2.9	3.0

资料来源：参见本书附录 I 中关于利润率的部分。Key to legend on p. xiii.

德国或者通过经常项目盈余和产生货币供给增加，从而导致通货膨胀，或者直接通过货币升值，引起德国相对价格上升，从而面临着自我毁灭的危险。最后，货币升值可能是不可避免的，而在 1961 年货币升值直接导致了德国制造业（以及非制造业）的利润率大幅度下降。当然，这种货币升值也有助于减少经常项目盈余，因而减轻这十年的后半期德国马克进一步升值的压力。[37]

德国在 20 世纪 50 年代末到 60 年代初的发展代表着它在长期演化过程的一个阶段，在 1969—1973 年间德国将达到它的顶峰，那时德国和其他发达资本主义经济体将要经历繁荣的结束以及长期萧条的开始。到这时，国际竞争力的进一步削弱——这既具体证明了德国利用经常项目赤字爆炸式增长导致货币重估的趋势，也证明了国际竞争加剧的趋势，从而导致制度层面的产能过剩和生产过剩——将给制造业利润率和投资形成不能承受的压力，因此德国经济和其他发达资本主义经济都不会很快复苏。在这种意义上说，20 世纪 60 年代上半期的发展减缓预示着即将到来的危机。

注　释

[1] Daly, *Japanese Manufacturing Competitiveness*, pp. 35, 37, 39; W. C. Carlin, "The Development of the Factor Distribution of Income and Profitability in West Germany, 1945—1973", D. Phil. dissertation, Oxford University, 1987, pp. 192 - 193. 我要感谢温迪·卡林（Wendy Carlin）将她的博士学位论文提供给我，并且感谢她的这项研究。也可参见 W. C. Carlin, "West German Growth and Institutions, 1945—1990", in N. Crafts and G. Toniolo, eds, *Economic Growth in Europe Since 1945*, Cambridge 1996。

[2] Carlin, "Profitability in West Germany", pp. 168 - 170 (quotation from J. Gimbel,

Origins of the Marshall Plan,Stanford 1976,p. 205）.

［3］参见 Armstrong et al.，*Capitalism Since 1945*，pp. 18，35，50－51，95－99 中的观点。

［4］W. Carlin,"Economic Reconstruction in Western Germany，1945—1955：The Displacement of 'Vegetative Control'",in I. D. Turner, ed.，*Reconstruction in Post-War Germany*,Oxford 1989；H. Giersch, K. -H. Paque, and H. Schmieding，"Openness，Wage Restraint，and Macroeconomic Stability：West Germany's Road to Prosperity 1948—1959",in R. Dornbusch, W. Nolling, and R. Layard, eds，*Postwar Economic Reconstruction and Lessons for the East Today*,Cambridge, Mass.，1993.

［5］Armstrong et al.，*Capitalism Since 1945*，pp. 50，94－95. 正如卡林所说："尽管工人委员会常常在这次衰退后的几个月里采取非常激进的措施，但是工会领导人并没有采取对立的立场，而是在共同利益基础上与军事当局达成尽可能多的妥协。"（p. 171）

［6］Carlin，"Economic Reconstruction in Western Germany"，p. 56. 也可参见 Giersch et al.，"Openness, Wage Restraint, and Macroeconomic Stability"，p. 8。

［7］Maizels，*Industrial Growth and World Trade*，pp. 192－193；H. Giersch, K. -H. Paque, and H. Schmieding，*The Fading Miracle. Four Decades of Market Economy in Germany*,Cambridge 1992,p. 164；Carlin，"West German Growth and Institutions"，p. 465.

［8］W. Abelshauser，"West German Economic Recovery，1945—1951：A Reassessment"，*The Three Banks Review*,no. 135，September 1982；Carlin，"Profitability in West Germany"，pp. 151－162；Carlin，"West German Growth and Institutions"，pp. 463－464.

［9］Carlin，"Economic Reconstruction in Western Germany"，pp. 60－62.

［10］Carlin，"Profitability in West Germany"，pp. 192－194，200－201，311－314；Van Der Wee，*Prosperity and Upheaval*，p. 168；Hennings，"West Germany"，p. 480.

［11］Carlin，"Profitability in West Germany"，pp. 146，141；Semmler，'Economic Aspects of 'Modell Germany'",in A. S. Markovits, ed.，*The Political Economy of West Germany. Modell Deutschland*,New York 1982,p. 31. 根据亨宁斯（Hennings）的看法，在 20 世纪 50 年代，"如果根据自我就业人数下降进行修正，那么工资在国民收入中的比例实际上在下降。"（"West Germany"，p. 484）"20 世纪 50 年代是劳动成本下降和利润边际扩大的时期——不管是在这个十年的前半期还是后半期"（Giersch et al.，*Fading Miracle*，pp. 71－72）。对于在 1955—1960 年间制造业利润水平下降的分析，参见本章下面的内容。

［12］关于从工会自愿进行工资约束以及管理层与劳动之间为了投资和生产率的增长而进行"合作的博弈"以控制消费的角度来解释德国在 20 世纪 50 年代的增长，参见 B. Eichengreen，"Institutions and Economic Growth：Europe after World War II",in *Economic Growth in Europe Since 1945*，pp. 44－45，47－48。

［13］Carlin，"Profitability in West Germany"，pp. 314－316；Carlin，"West German Growth and Institutions"，p. 467. "正是工会在这一时期的软弱，而不是转向'生产率的政治学'，才能解释工资节制。"对于支持这一观点的论据和判断，参见 J. Bergmann and

W. Muller-Jentsch, "The Federal Republic of Germany: Cooperative Unionism and Dual Bargaining System Challenged", in S. Barkin, ed., *Worker Militancy and Its Consequence*, 1965—1975, New York 1975, pp. 235, 241-242, 248-256。

［14］Carlin. "Profitability in West Germany", pp. 218, 220.

［15］Ibid., pp. 193-198, 316; Carlin, "Economic Reconstruction in West Germany", p. 63.

［16］Henning, "West Germany", p. 481.

［17］这三大行业约占工业就业的40％，占总体工业生产的比例也与战后繁荣时期——占总的劳动力和GNP的20％——类似。Henning, "West Germany", p. 480.

［18］Carlin, "Profitability in West Germany", p. 220.

［19］Maizels, *Industrial Growth and World Trade*, p. 220; Morgan, "Export Competition and Import Substitution", p. 48.

［20］换言之，如果德国不能提高它在国际出口市场的份额，那么在20世纪50年代的出口量会只是它实际出口量的41％。Maizels, *Industrial Growth and World Trade*, p. 201. "世界出口市场"在这里指的是12个主要国家的经济。

［21］"战后欧洲的外部推动力是作为需求的来源和国内供应商活动的领头羊的美国。" H. Giersch, "Aspects of Growth, Structural Changes, and Employment. A Schumpeterian Perspective", in H. Giersch, ed., *Macroeconomic Policies for Growth and Stability. A European Perspective*, Tubingen 1979, p. 189.

［22］Giersch et al., *Fading Miracle*, p. 91.

［23］H. Giersch, *Growth, Cycles, and Exchange Rates, The Experience of West Germany*, Stockholm 1970, p. 15.

［24］关于德国从20世纪50年代到70年代初的出口导向、以出口为基础的增长，参见Hennings, "West Germany", pp. 480-483, 486-490. "出口需求对经济上升的最初刺激，可以通过低通货膨胀率和高生产率增长以及工资增长停滞来解释。"

［25］Carlin, "Profitability in West Germany", p. 146.

［26］Ibid., pp. 320-321; Sohmen, "The Dollar and the Mark", p. 194.

［27］Carlin, "Profitability in West Germany", p. 327.

［28］Carlin, "West German Growth and Institutions", p. 457; AGH; OECD, *Historical Statistics 1960—1995*, Paris 1997, p. 52, Table 3.6.

［29］Mairels, *Industrial Growth and World Trade*, p. 220; Morgan, "Export Competition and Import Substitution", p. 48; Carlin, "Profitability in West Germany", pp. 320-321, 327-328. 当制造业的利润率在1965—1969年间再次上升时，出口增长率与1960—1965年相比增长2/3，同时德国的制造业重新夺回它在以前失去的份额。

［30］这里的分析基础是Carlin, "Profitability in West Germany", p. 320。

［31］Ibid., pp. 320-321. "尽管很小，1961年的升值似乎已经阻碍了这个国家的出口表现。" Llewellyn and Potter, "Competitiveness and the Current Account", in A. Boltho, ed. , *The European Economy*, *Growth and Crisis*, Oxford 1982, p. 142.

[32] 资本的生产率的下降占到产出—资本比率下降的一半以上。

[33] Carlin, "Profitability in West Germany", pp. 332-333; A. S. Markovitz and C. S. Allen, "Trade Unions and the Economic Crisis: The West German Case", in *Unions and Economic Crisis. Britain*, *West Germany and Sweden*, London 1984, pp. 124 – 126.

[34] J. Bergmann and W. Muller-Jentsch, "The Federal Republic of Germany: Cooperative Unionism and Dual Bargaining System Challenged", in S. Barkin, ed. , *Worker Militancy and Its Consequences 1965 – 1975*, New York 1975, pp. 248 – 253, 257; W. Muller-Jentsch and H. -J. Sperling, "Economic Development, Labour Conflicts and the Industrial Relations System in West Germany", in C. Crouch and A. Pizzorno, eds, *The Resurgence of Class Conflict in Western Europe Since 1968*, London 1978, Vol. 1, pp. 261 – 263, 281 – 282.

[35] Carlin, "Profitability in West Germany", pp. 326 – 327.

[36] Giersch et al. , *The Fading Miracle*, pp. 154 – 156. 工资增长在这些年里引起（特别是在制造业中）利润率下降方面，可能起到间接作用。它似乎引起了劳动者"过早地"替代了资本，因此至少引起资本生产率的某种程度的大幅下降（当然，制造业之外的实际的产出—资本比率的下降要大于制造业，而令人不可思议的是，制造业的产品工资增长更快）。

[37] Llewellyn and Potter, "Competitiveness and the Current Account", p. 142.

第六章

日本的高速发展

战后初期，日本经济大大落后于德国经济；其工业发展起步较晚，进步得较慢。日本生产者像德国生产者一样，最初只能用相对低得多的工资水平来弥补相对低水平的生产率。事实上，如果不提及日本独特的经济、组织、政治模式，就不能理解日本经济战后惊人的发展过程，日本作为一个后发展的国家可以用美国、英国不可能使用的方法把这些经济、组织、政治模式恰当地运行起来。只有通过其经济体制和国家干预，日本经济才能在战后抓住由国际市场尤其是美国需求带来的令人惊奇的机遇，实现战后长期繁荣。

初始条件

在1950年，也就是在战后重建过程末期，日本制造业生产力水平平均只有美国的11%，只有德国的35%。但是，制造业每小时工资也只有美国的6%～7%，德国的33%。这使日本制造业单位劳动成本尽管只比德国低一点，但比美国低了40%。[1]正是从国际角度看，日本具有相对成本优势，这构成了日本战后经济发展的起点。

技术熟练的劳动力。尽管在战后发展的初期日本的经济大大落后于主要的工业国家，但是日本并没有从头开始。在长达半个世纪的工厂工业化（factory industrialization）过程中，日本首先从纺织业开始，然后过渡到重工业和化学工业，坚实而逐步地缩小自己同西方资本主义强国在科技、技能方面的差距。日本在战前和战时的军事工业加速了这一过程：通过军事工业提供的技术训练，日本科技进步的速度加快了，工人们进一步提高了技能水平。日本在战前已普及初等教育，工人阶级的教育程度本来就比较高，因战后推行中学和高中教育义务制，工人阶级的教育程度得到进一步提高。[2]

低工资的劳动。日本雇主能够付出很低的工资得到相对熟练的劳动力。像在德国一样，20世纪30年代高度集权的政体摧毁了力量已经十分薄弱的工会运动。但是，随着日本在第二次世界大战中战败，起初美国占领当局（the US Occupation，SCAP）对劳动有利的政策为具有战斗力的、政治上激进的、大规模的工人运动开辟了道路。到1946年底，参加罢工的日本劳动者花费了600万人次的工作日，进行"生产控制"（production control）的斗争，在这些斗争中工人们占领车间，并在自己的管理下继续生产，从而捍卫工资和工作条件以及防止被解雇。战争结束后不到两年，参加工会的人数已经惊人地上升到劳动力的46%。同时，工人运动越来越具有政治特征，希望通过直接行动来催生一个更加左翼的政府，此外也会抗议食物短缺。[3]

随着在1946—1947年冷战的开始，美国占领当局像在德国一样调转矛头，转向镇压不断兴起的工人反抗潮流。在1946年5月已经驱散直接针对食物分配制度的主要运动之后，道格拉斯·麦克阿瑟将军（General Douglas MacArthur）在1947年2月1日赋予占领当局一切权力来平息有260万人参加的罢工。在随后的时间里，美国占领当局与日本政府一起颁布了关于政府雇员罢工权利的禁止令，声称政府将拒绝同意导致价格上升的工资上涨，而且沉重打击了在铁路、烟草和制盐行业等公共企业中新建立的具有战斗力的工会。

在1948年末，又像德国那样，占领当局和日本政府一起实施了严厉的通货紧缩计划即"道奇计划"（Dodge Plan），其目的之一便是弱化工人运动。日本雇主们利用随后引起的衰退解雇了75万名工人，在这次衰退中失业人员上升到400万人以上。随着工人运动被严重弱化，美国占领当局、日本政府与日本企业沆瀣一气，努力实现了像前些年一样的对工人的征服。1949年，以修订《工会法案》(the Trade Union Act) 为名，雇主强行实施新的集体协议，保证了雇主自由管理的权利，并且剥夺了工会来之不易的在人事方面的影响。他们在工厂中、工会中对共产主义劳动者领导人进行大清除，并且用新成立的"日本工会总理事会"［General Council of Trade Unions of Japan (Sohyo)］代替了共产主义者领导的"全日工业工会委员会"［All-Japan Congress of Industrial Unions (Sanbetsu Kaigi)］。不仅如此，日本企业还击退了一系列小规模的罢工，摧毁了日本工人在车间里曾经建立起来的权利。它们据此为其新采取的合理化、现代化计划奠定了基础，如在东芝公司（Toshiba，1949）、日立电子机械公司（Hitachi Electrical Machine Company，1950）、丰田公司（Toyota，1951）、日产公司（Nissan，1953）、新日铁公司（Nihon Steel Muroran Works，1954）、王子制纸株式会社（Oji Paper，1958）以及三池煤矿公司（Miike Coal Mines，1960）。[4] 只有在20世纪50年代中期到末期，日本才得以巩固其战后独特的合作劳资关系系统，充分利用日本劳动力以满足积累资本和竞争力的需要。[5]虽然这一系统被认为是"资本—劳动的阶级妥协",但是这样的劳资关系体系表明了劳动对资本的屈从,也是战后具有战斗力的工人运动受到破坏和因此发生变化的结果。[6]

高速增长的发生

在1950—1960年间,日本制造业产出平均每年增长16.7%,GNP平均每年增长10%——在发达资本主义经济中速度是最快的。这种迅速扩张的关键是具有历史意义的投资繁荣。在这十年里,在总体经济中私人对新工厂和设备的投资平均每年增长15.6%,在1955—1960年更达到了22.6%。在20世纪50年代初期的徘徊不前后,制造业投资在1954—1961年间平均每年空前地增长33%,资本存量增长9.5%。这期间对工厂与设备的投资占GNP的比例几乎翻了一番,从7.7%增长到了14%。[7]如此快速的投资增长自然拉动了经济的生产率的快速提高。在1950—1960年间,制造业劳动生产率平均每年增长10.8%,私人实体经济增长7.5%。[8]

如德国一样,支撑了如此快速增长的是日本经济能够使投资繁荣却不会引起成本的过快增长。在1950—1960年间,劳动需求的巨大增长造成了工业劳动力数量翻番。[9]然而,甚至在制造业劳动生产率增长加速的时候,工资的压力依然保持在最低限度。在1952—1961年间,实际消费工资(real consumer wage)平均每年增长4.7%,实际产品工资平均每年增长6.1%——只相当于劳动生产率增长速度的2/3。制造业利润份额在这些年里平均每年增长6.6%。随着产出与资本比率平均每年增长近5%,制造业利润率在1952—1961年间增加到原来的三倍。[10]

日本"奇迹"的制度基础

利润率上升持续到1961年,在1961—1965年间短暂的停止之后,利润率的上升进一步持续到1970年,这对于解释繁荣的程度是大有帮助的。但是,利润率本身的如此辉煌的轨迹从纯市场的角度是不能让人理解的,我们需要对此作出解释。考虑到极为快速的资本积累和劳动力增长延续这么长时间,对工资的向上的压力可以被预期即使没有挤压利润率,至少也阻碍了利润率大幅增长。但是,利润份额和产出与资本的比率依旧能够继续增长(只有短暂的中断),并持续了差不多20年时间。

根据新古典主义经济学的预期(neoclassical economic expectation),廉价劳动力的充分供给将把经济引上劳动密集型之路。但是,在培育诸如纺织、制衣等重要的劳动密集型产业的同时,日本经济从一开始就聚集在如钢铁、石油化工等资本密集型产业上，尽管最初效率低、成本高，同时，它还非常早地把目光投向机械行业。此外，日本迅速地不只是成为一个成功的技术引进者更是科技创新者，开始走上了日益强劲的资本密集型和（不久走上）技术密集型之路。如何解释这种演化呢？"日本奇迹"只能从独特的政治模式和制度模式来解释。只有根据这些模式，人们才能解释日本公司得到的廉价的资本、大大降低的投资风险水平、高水平的信息（以低成本得到的）、不断提高的应对国际对手的水平、相对刚性的工资上涨以及不断增加的人力资源投资机会。同时，只有这些独特的模式可以解释日本公司突出的高生产率，因为它们有十分严格的制度，并能充分利用它们惊人的成本优势。

在第二次世界大战后的最初几年——突出的特点就是实施了去中心化（de-concentration）的政策、通货膨胀、大量劳动对抗和由严厉的通货紧缩的道奇计划所引起的衰退——甚至一些大型制造业公司都发现自己极度缺乏资本，常常处于倒闭的边缘。更糟糕的是，随着日本经济在20世纪40年代末对国际市场开放，具有战略核心地位的重工业和化学工业大部分只有落后工厂和设备，表现出来相对较高的相对成本和绝对成本，因此既不能面对国际竞争也不能实现足以产生技术现代化所需要的资金的利润率。[11]如果所有其他的都一样，资本应该是非常昂贵的，而且大规模的、长期的固定资本投资应该是具有很大风险的。然而，因为日本的增长从一开始就是建立在相互关联的制造业网络、深深涉足于工业的大银行和高度干预的国家之间密切联系的基础上的，所以这些问题从来没有成为阻碍日本发展的绊脚石。

制造业的平面网络以及金融与产业的融合。在第二次世界大战末期，美国占领当局在形式上解散了战前曾控制日本经济的财阀（zaibatsu），摧毁了构成这些财阀的核心公司，并把它们的制造业公司化整为零地出售给公众。但是，这样做有助于为形成新形式的平等的大企业支配经济结构奠定基础，这些结合在一起为旧制度基础引入新的模式。

那些以前受到财阀资助的主要制造业企业现在作为自治实体（autonomous entities）出现，它们处于新的专业管理层指导下，这些管理者从它们的等级制度中吸收进来并且与掌握着技术和技能的工人阶级中的核心层保持密切的、至关重要的联系。然而，几乎就在同时，这些公司就开始与受曾资助过它们的财阀帮助的公司合作，旨在建立平面联系的产业网络，最初建立的非正式的基础是它们公司的总裁之间的会面。这些所谓的集团（或叫平面联合体，horizontal keiretsu）由那些曾经作为财阀拥有的企业所属的公司组成，主要包含着大量的主要企业，代表着很大范围的各类生产活动。它们的成员在很大程度上都是彼此的顾客，它们在技术变化和投资计划上保持同步，同时互相承诺彼此提供援助以使它们之间都应付自如。因而，它们大幅度提高了规划、降低风险的能力，并且通过改变产品组合、引入新产品、采取新技术，它们应对市场变化的能力也得到了提高。[12]

对这些发展形成补充的是，从占领当局那里毫无损伤地出现了旧财阀的"先导银行"（lead banks）。这些银行事实上受到战后改革的热烈欢迎，并迅速占据"平面联合体"的中心地位，以贷款形式为它们总体上急需资金的成员提供很大部分的投资资金，并掌握着大量的每个公司的股票。这些银行自己的成功依赖于它们集团的公司的成功，因此它们明显地发现具有重要意义的是帮助和管理这些公司，同时，采取向成员公司的管理机构派驻代表以监督公司的行为和提供信息、建议和资金。

因为银行深深地卷入到它们的制造业企业的债务人当中，所以这些债务人能够在债务而不是产权资产的基础上通过一种不同寻常的方式来资助自己。因为股票比贷款需要更高回报率（因为股票通常意味着更大的风险），所以日本制造业公司可以以比许多国际对手更低的利润率来运行整个资产（贷款加股票），当然同时还可以以相同的速度进行着资本积累。它们也可以把产品价格降得比其竞争对手更低，同时从产权资产获得同样的利润率。同样地，因为银行自己的命运与它们的制造业债务人紧密联系在一起，并且因为银行可以非常密切地监督企业的活动，所以，银行发现与制造业企业以一种非正式的方式彼此负责并帮助企业成功不仅是可能的而且也是银行的利益所在。当潜在的有利可图的项目出现时，银行因此会有意地为企业注入大量的资金。此外，它们能够并且愿意源源不断地提供资金以帮助它们的债务人强大起来和具有偿付能力，从而渡过并不是它们自己造成的困难时期，同时，使日本生产者保持投资水平，从而渡过衰退时期，而这一点对于它们的大部分西方对手来说是不可能的。[13]

随着债务在公司融资中扮演着重要作用，对于日本制造业者来说产权资产承担着与在西方资本主义世界中不同的作用。到20世纪60年代初期，许多主要的制造业者，特别是但不仅仅是那些集团成员的企业，开始实施它们之间互相购买股票的政策，如此一来，它们就可以长期相互拥有对方并且避免干涉彼此公司的运行。这种思想就是为了阻止"外部人"（outsiders）（也可能就是美国投资者）购买股份，并且因此确保管理者自己长期的行动自由。这样那些公司就可以避免需要支付大量的分红；从利润中对股东进行分红实际上是很少的，尤其是与美国公司比较起来。它们因此可以比其他地方的竞争对手有更多的利润用来投资。此外，日本公司还允许将自己的运行定位于长期回报上，仅仅使自己服从于能够满足它们的银行金融家（banker-financiers)的需要。在这种安排中,银行的监督和相互负责有效地替代了股票市场而发挥作用,从而使日本制造业者有更大的空间来降低产品价格,并且接受短期利润率下降以获取更多的市场份额,当然也提高了长期利润率。[14]

国家的关键作用

即使存在这些制造业内部之间、制造业与金融业之间的相互支持的有力安排,但是,银行从未预料到它们自己承担为产业转型提供融资的任务是极为必要的和危险的。国家因而一开始就在构建经济模式的过程中被迫(并且能够)占据战略性的地位。在很大程度上以牺牲工人和消费者的利益为代价,国家直接地或通过银行拼命地向日本的主要公司提供所需要的投资资金,以保证它们长期存在下去。通过为企业垫款并监督这些资金将被如何使用,国家可以进一步决定这一突飞猛进的发展的前进方向,而它的支持使之成为可能。[15]

在日本制造业发展的最初阶段,银行不仅不能独自应付所面临的巨大风险,而且发现自己将长期缺乏资金。政府正式地或非正式地插手以填补缺口,一般会附带要求资金按照政府明确主张的方式进行使用。银行知道政府会在出现紧急情况时出手帮助它们,所以它们能够扩大它们的贷款能力,直到长期处于"过度贷款"(overloan)的状态,同时,它们在"日本银行"(the Bank of Japan)将提供资金弥补漏洞的条件下,有效地给制造业企业的贷款大于它们所拥有的资金。为了弥补资金短缺,国家自行建立了一系列新的借贷机构,如日本进出口银行(the Export-Import Bank of Japan)和日本发展银行(the Japan Development Bank)。在财政投资与贷款计划(the Fiscal Investment and Loan Program,FILP)指导下,大藏省(the Ministry of Finance)和通产省(the Ministry of International Trade and Industry,MITI)紧密合作,用全国家庭支撑的邮政储蓄存款通过日本进出口银行和日本发展银行把资金注入到所主张的产业和基础设施建设项目。甚至到了20世纪70年代末期,财政投资与贷款计划提供了差不多日本所有银行贷款的1/3,同时,在战后的整个时期,财政投资与贷款计划实施的贷款构成了国家固定投资总额的15%~20%。[16]

政府对信贷市场保持严格控制,其目标就是为制造业企业保持低利率。结果在战后的大部分时间里,它防止外资渗透资本市场并直接分配信贷,防止利率达到如果让市场自身来运行所达到的水平——同时,所有的机构都要承诺提供资金支持。当局因此保证这些极少的具有特权的银行能够充分地提供低廉的贷款,并通过其著名的"窗口指导"(window guidance)来实现这一点,那些在平面联合体处于核心地位的庞大的"城市银行"(city bank)获得了大部分贷款,反过来把这些资金借贷给自己集团的公司。出于同样的原因,消费者在很大程度上被剥夺了信贷的权利,因此他们多年来在能够购买大额物品(big-ticket items),尤其是房子前,只能以低利息把多余的钱存到银行或者是邮政储蓄账户。住房价格被政府有意地抬高了(例如,通过区域规划限制住宅的楼层),目的是迫使人们储蓄,进一步抑制消费,从而为投资释放额外的资金。类似地,公共服务价格歧视消费者而厚爱工业企业。日本经济因此就在发达资本主义经济中保持了较高的居民储蓄率,而政府负责把储蓄账户上积累的很大数量的资金重新流向工业。工业信贷因此变得十分低廉,并且直到1970年的整个时期都一直保持低廉的水平。[17]

政府并没有将自己局限在保证向工业化提供充足资金资源的间接的、被动的角色上。政府利用自己的权力向银行和企业提供贷款、税收减免(tax break)和其他优惠,并以此作为影响发展方向和投资水平的调节杠杆。像在德国一样,由朝鲜战争产生的需求增加把日本经济从由于实行道奇计划而导致的严重停滞中拉了回来。随着朝鲜战争带来的繁荣的消失,日本政府参与促成了直接指向发展重工业的庞大的有计划的现代化过程。政府在基础设施方面大量投资——公路、铁路以及机场设施——这些都有意地让日本的制造者可以把它们的产品装在轮船上尽可能便宜地出口出去。此外,政府为资本投资承诺进行税收减免——在加速下滑或其他情况下——并在20世纪50年代直接承担钢、煤、电力、石油化工、水泥和造船业贷款的40%左右。政府为渴求资金的银行提供巨大的预付款(advances),条件是这些资金要被用于这些优先发展的行业上。巨大的——也是不可想象的——在进口机械上的投资因此成为现实,政府定量供应外汇为此提供了进一步的便利,但是这些在很大程度上局限于那些表现出有能力出口的公司。在这个十年间,这一计划大大降低了基础产业的产品价格,为从20世纪50年代初到60年代初开始出现的产业发展新阶段铺平了道路,这一新阶段的标志就是运用重工业尤其是处于发展阶段的交通业(汽车)和机械制造业的产出而兴起的新"加工"(processing)部门。国家对后者的有力支持就是通过1956年的《机械工业促进临时措施法》(the Machinery Industry Promotion Temporary Measures Law)和1957年的《电子工业促进临时措施法》(Electronics Industry Promotion Temporary Measures Law),根据这些法律它向那些为处在制造业经济的核心的大出口公司供给部件和服务的、还没有资本化的(under-capitalized)小工程公司提供广泛的贷款和各种资助。为了确保所有的这些部门能够成熟起来,日本政府为所有制造业提供了贸易保护伞,并挑战新古典主义的正统做法（neoclassical orthodoxy），实际上将所有部门都看作是"幼稚产业"（infant industry）以延长保护时期，同时，阻止外国跨国公司在日本的大部分直接投资。[18]

日本政府不仅试图刺激最快的潜在的投资增长，尤其是在那些注定成为最具有战略意义的部门，而且通过组织和支持投资卡特尔（investment cartels）来规制它的水平，从而调控它的效果。它这样做的目的就是避免"破坏性的"价格竞争，这种价格竞争源于价格下降，但可能会导致发展所需要的巨大固定资本投资的利润的减少。当然，投资卡特尔的问题是在降低风险、保证利润的同时，也降低了改进的竞争压力。政府通过强迫公司为投资权而竞争来间接克服这方面的缺陷。在它的"行政指导"之下，允许公司只能根据它们所占的市场份额来进行投资。为了增加它们的投资份额，公司因此就努力提高自己的市场份额，并且——至少在形式上缺乏价格竞争的情况下——公司为了实现这一点而被迫充分利用它们的生产能力、引入新的降低成本的技术、改进产品的质量，同时进行合并和收购。投资的快速上升导致了经济的迅速提高，同时通过有力的整个制造业的产业集中而进一步推动更大的规模经济的发展。[19]

甚至在投资卡特尔出现时，市场趋于饱和，并且充满降低价格的压力。但是，政府通过建立衰退卡特尔（recession cartels），通过更坚定的价格和数量控制确保这种过剩生产造成最小的损失，尽管市场出现过度库存，仍然以牺牲消费者的利益为代价来保持公司利润。日本的大公司因而可以实行它们主要的竞争对手所没有的两种方式：它们可以投入大量的固定资本以令人吃惊的速度来研制出最好的技术，因而可以快速地提高生产率；但是，它们可以在很大程度上避免由于它们在该领域的竞争对手引入更低成本的、更低价格的商品和（或）过剩生产而带来的过早的退化（obsolescence）和利润率下降。它们因此增加它们已经提高的保持其投资水平的能力来渡过难关。另外，随着国内价格人为地被抬高，它们就能够通过把出口的产品价格压低到国内产品价格之下来更容易地扩大国际市场份额。[20]

总之，在银行和它们所处的制造业企业的网络的帮助下，日本政府向日本的大公司注入了数目庞大的投资资金，人们相信这就是最好地装备经济主体以完成增长过程，同时确保资金最顺畅地流向那些被认为是具有战略意义的部门的公司里——最初是重工业，后来是加工工业——的做法。同时——也是不可缺少的——政府约束企业，迫使它们进入到激烈的市场竞争中来争夺市场份额，在国内市场是通过实施投资配额，在国外市场是通过要求出口表现作为资金支持的条件。最后，由于它间接地避免了主要公司的经营失败，因此这个国家在近 20 年里为日本资本提供了创造利润的最安全的环境,如果这一危险的投资过程全部由市场来决定,结果可能正好相反。

工资的缓慢增长

从资本积累以如此惊人的速度增长的角度来看,依然要解释为什么工资没有增长而对盈利施加了更大的压力。在 20 世纪 50 年代的大部分时间里,实际工资相对于劳动生产率来说增长缓慢,这部分地因为存在着大量半就业劳工(semi-employed labour)、农业和小企业部门的低生产率劳动力。到 1950 年末,一半的劳动人口依然在农业部门工作;在小企业的半就业劳动者,加上小农及其工人占日本劳动力的 60.6%。[21] 通过利用数量庞大的工人,产业经济可以通过把劳动者转移到制造业而立刻确保获取劳动力,并通过使劳动力供给与劳动力需求保持一致而压低工资水平。即使如此,到 20 世纪 50 年代末期,失业率下降到 1%。在劳动力市场存在很大压力的情况下,如果不对日本工人运动进行干预以满足资本积累的需要,那么工人的砝码就会大大增加。

日本工会是在公司与公司之间的基础上组织起来的。这种企业工会(enterprise union)模式并没有阻碍它们作为工人斗争的强大武器,工人们在战后初期暂时获得了一些成功,获得了控制劳动强度和受雇与解雇的一些措施的权利。但是,管理层到 20 世纪 50 年代中后期已经使工人的利益出现逆转,并且实际上获得对车间的毫无挑战的霸权。新的、更温和的工会联盟抛弃了它们更具有战斗性的前辈的做法,仅仅在几年里,日本工会从世界上最具罢工倾向的组织自我转化为最不具有罢工倾向的组织。[22]

随着进一步成功抵抗的可能性在锐减,许多工人只能把自己的命运寄托于他们的公司,希望可以通过提高公司的利润率来改善自己的境况。工会的重要性已经发生了变化。不是避免工人与同一产业中的其他公司的工人展开竞争——这是一般工会组织的基本功能——而日本工会组织却激发自己的成员投入到竞争过程。日本的企业工会因而在快速引进新技术和在根本上重新组织起来的生产过程中为促成劳动合作提供了完整的制度框架,容忍强化劳动,增加在车间配置工人的弹性。同时,这也使得雇员强烈地意识到需要将其工资与生产率增长保持一致,与他们的公司的利润率增长的需要保持一致。[23]

尽管这种合作的劳动关系的新体制(如其历史前提一样)将永远运用强大力量来对抗劳动者,但是,如果不提及它为工人提供的利益,尤其是在大的制造业公司里就业的那部分工人的利益,那么它的平稳的再生产就是不可理解的。这些工人的工资稳定增长，从绝对量上看增长幅度还是很大的，当然从相对量上并不一定如此。更重要的是，他们赢得了有保证的"终身雇佣制"（lifetime employment）——一种与他们的公司之间的稳定的工作关系，直到在大约 55 岁时被强制退休。另外，大公司从"终身雇佣制"中获得了大量利益，因此它的正面作用可以说就是一种根据资历的激励制度，这种制度通过那些离开公司的人就会失去他们的资历，从而有效地将雇员的整个职业生涯都限制在同一公司。随着它们的雇员跳槽的可能性减少，日本公司可以安全地投资，并且从雇员的技能和教育中获利，其获利的程度是那些依赖于流动工资劳动者市场的典型的资本主义企业所无法想象的。因为公司不能解雇它们的雇员，企业主被迫将他们看作是另一个非常重要的固定资本，企业主具有即使在衰退时期仍保持对雇员的投资的激励，特别是当市场不能像以前那样欢迎他们的产品的时候，公司就进入新的领域实现投资多元化而不是削减投资。

从战后的第一个 20 年中的发展动力和稳定的积累过程来看，日本的大公司通过赋予永久雇佣，基本上没有在资金上出现什么困难。另外，不管是否有意地，工人运动通过不能将超出受雇于主要的制造业公司的 30% 左右的劳动力（可能会回想起，工会覆盖面在战后工人运动高涨时期上升了 45%，但是在受到企业的打击后，它下降了 1/3）吸纳入组织来为这项特权对资本进行了弥补。那些在服务于大企业的各种小企业中就业的工人并没有建立工会。所以，公司具有特别强的动力来"转让合同"生产给这些公司，构建和扩大这些附属的、但形式上独立的供应商（平面联合体）的垂直网络，这些供应商向它们提供很大比例的作为投入的半成品。通过这种方式，主要的公司既能够提高它们自己的利润，因为它们的供货商支付的工资比它们自己做所支付的工资要少，又能够使自己避免经济周期的影响，因为它们会迫使这些供应商及其工人消化伴随着经济下降而出现的没有利用的生产能力和失业。一些大公司是经济核心，支配和剥削着它们的供应商，同时，这些大公司也保持与它们密切的、长期的关系，帮助它们提高技术和生产组织，目的在于使它们具有最强的竞争力。[24]

投资拉动的、出口导向的增长

日本在 20 世纪 50 年代及以后的快速发展不仅仅是"投资拉动的"，而且很大程度上立足于国内市场。由于投资的快速增长、工人队伍的急剧壮大而导致需求急速上升，同时，劳动生产率的大幅提高有利于实际工资的提高。但是，日本的发展从一开始也是出口导向的，从根本上依赖出口。生产力的快速发展使日本经济增加了它的竞争优势和它的制造业与主要海外竞争对手相比在不断扩大国际市场份额。但是,像德国经济一样,出口的快速发展是日本维持生产力如此快速发展的基本条件。这对于保持由于这个经济的快速增长的资本存量、对债务融资的依赖和对永久雇佣制的承诺而产生的庞大的固定成本所要求的生产能力充分利用,是不可或缺的。[25]

对日本经济来说,像德国经济一样,出口的成功不仅表明生产者能够降低成本,而且是政策复制能力的反映。财政和货币政策对于从一般角度看的控制通货膨胀和从特殊角度看的推动出口增长是至关重要的。直到 20 世纪 60 年代中期,像德国一样,日本政府仍保持预算平衡,避开凯恩斯主义的财政政策并据此实际上压制国内需求。[26]货币政策的目标定位于保持国际收支平衡。在长期繁荣期间,日本经济周期的机制因此受到政府行为驱动。直到 20 世纪 60 年代中期,每一次投资高潮都最终威胁着把收支平衡带向赤字。作为应对,日本政府则有意收紧货币供应以对衰退进行管理,同时,降低进口以及降低对出口商品价格的压力。"当衰退充分修正国际收支的不平衡……货币政策则趋向宽松,促进增长以它自己的步伐发展下去,直到再次明显需要限制时。"国内扩张特别是国内需求的增长,是服从于出口增长的需要,特别是服从于控制出口商品的价格的需要,同时,国内生产成本与国际竞争力的要求保持一致。当然,国家也通过补贴出口产业的投资,对拉动出口增长给予最大可能的强有力的资金支持,而且对日本在很大程度上以出口导向的企业给予高度保护。[27]

在 1950 年之后的 20 年的大部分时间里,日本制造业产品价格的增速在所有发达工业经济体中是最慢的。日本制造业产品的批发价格在 1955—1960 年间仅增长 1%。因而在 20 世纪 50 年代,日本的国际竞争力得到稳步的、显著的提高。在 1950—1960 年间,日本制造业单位劳动成本保持稳定,而美国增长了 40%,德国的增长不到 20%。这一期间,日本出口产品价格实际上平均每年降低 1.9%,而德国和美国则分别平均每年增长 0.5%和 2.2%。所以,日本出口在 1951—1960 年间平均每年增长 14.9%(在 1951—1965 年间是 15%),比日本产出增长快 50%。[28]

日本经济像德国一样,利用其快速增长的出口实现了其他国家不可能达到的生产率增长,这不仅是通过得到特定领域的规模经济而且是通过构建特别庞大的制造业部门来实现的,而其制造业技术变化的加速过程也是其他任何部门都不能相比的。在 1952—1960 年间,日本出口占 GDP 的比重增长 14%。但是,这个总体数字并不能表明出口增长在日本战后发展中的核心地位,反而使其越发模糊,因为它使人们的注意力离开了属于关键的、极具活力的制造业部门的出口的基础地位。到1960年，在这十年中，日本制造业出口占制造业产出的比例上升到28%，并且极大地推动了制造业产出占日本产出的比重从19.5%上升到26.4%，制造业劳动力占总劳动力的比重从15%左右上升到了22%。[29]

20世纪五六十年代国际贸易的快速增长，为日本出口膨胀创造了条件，这一点也像德国一样。仍然与德国一样，日本除了占有越来越大的世界出口份额外，不可能如此充满活力地增加它的出口。在1950—1959年间，日本占12个主要资本主义国家经济中的制造业出口的比例翻了一番，从3.3%上升到了6.6%（1963年上升到了7.6%），因此，它占这个时期（1950—1959年）日本总的出口增长的75%。如果日本仅仅维持了它的市场份额，那么它的出口在这些年间只可能比其过去实际出口增加1/4。日本是这时期除德国以外唯一大幅度地扩大了其占国际市场份额的国家。这两个国家加在一起几乎等同于美国和英国所失去的所有市场份额。[30]

最后，如果抛开了日本制造业者实际上依靠其能够占领主要竞争对手的市场的能力，那么人们高度相信日本制造业者推动日本战后引人注目的投资浪潮就是不可理解的。日本制造业因而在激烈的"过度竞争"（excessive competition）中获得了发展，导致债务融资所推动的过度投资，从而在体制上引起制造业的生产过剩。生产过剩的趋势是破坏形成的主要可能因素，因为此时经济增长极不寻常地依赖固定资本——对于进行工厂、设备投资和对不能解雇的劳动力支付固定工资所进行的贷款，必然要支持利息。建立卡特尔是为了应对生产过剩的趋势，但它们仅仅能在一定程度上发挥作用。日本的制造业者不得不开拓海外市场，只要它们能保证产品价格超出其可变资本的成本，那么它这样做就是有意义的。其不可避免的结果便是"暴风骤雨般的出口狂潮使日本经济声名鹊起——或者声名狼藉"。[31]毫不奇怪的是，在追求这个结果的过程中，是日本经济甚至不是德国遏制了它的主要竞争对手发展的可能，并且，正如我们将看到的，这从长远来看对整个国际体系的稳定构成威胁。

注　释

[1] Daly, *Japanese Manufacturing Competitiveness*, pp. 35, 37, 39.

[2] M. Itoh, *The World Economic Crisis and Japanese Capitalism*, London 1990, pp. 143, 145-147. 我非常感谢这项重要的研究。

[3] 关于这一段和下一段，我参考了下面的讨论：Armstrong et al., *Capitalism Since 1945*, pp. 17-18, 32-33, 44-46, 90-94, supplemented by Kosai, *The Era of High-*

Speed Growth, Tokyo 1986, pp. 27 – 28, 49 – 53, 64 – 65; H. Shimada, "Japan's Industrial Culture and Labor Management Relations", in S. Kumon and H. Rosovsky, eds, *The Political Economy of Japan*, Stanford 1992, Vol. 3, pp. 270 – 271; and Itoh, *Japanese Capitalism*, pp. 147 –149。对于工人运动高潮的阐述，参见 Joe Moore, *Japanese Workers and the Struggle for Power 1945 – 1947*, Madison 1983。

［4］例如，在日产公司，工人已经建立基层组织体系，在其中 10 个工人选举一个代表组成一个基层的委员会，这些委员会承担接受或拒绝加班要求的职责。"在 1953 年夏天，工会组织进行罢工和怠工以支持工资要求，但是工人被挡在工厂之外。管理层得到日本工业银行（the Industrial Bank of Japan）的金融支持，企业家联合会（the Employers Federation）保证日产公司的合同将会另行安排，它的竞争对手们也保证在该公司停止生产的情况下，它们不会窃取它的市场。"最后，在工会领导人被开除后，工人被引诱加入由希望与公司合作的白领员工发起成立的"第二个工会"（second union）。Armstrong et al., *Capitalism Since 1945*, p. 132. See also M. A. Cusumano, *The Japanese Auto Industry*, Cambridge, Mass., 1985, p. 148.

［5］Shimada, "Japan's Industrial Culture", pp. 272 – 274; S. Tokunaga, "A Marxist Interpretation of Japanese Industrial Relations, with Special Reference to Large Private Enterprises", in T. Shirai, ed., *Contemporary Industrial Relations in Japan*, Tokyo 1983, pp. 314 –317; Armstrong at al., *Capitalism Since 1945*, pp. 92 – 94, 132 – 135.

［6］例如，参见 M. Kenney and R. Florida, *Beyond Mass Production. The Japanese System and its Transfer to the US*, New York 1993, pp. 27 – 32。

［7］Kosai, *Era of High-Speed Growth*, pp. 7, 9, 112; Armstrong et al., *Capitalism Since 1945*, p. 354, Table A3.

［8］Kosai, *Era of High-Speed Growth*, pp. 7, 9.

［9］Itoh, *Japanese Capitalism*, p. 146; AGH.

［10］Armstrong et al., *Capitalism Since 1945*, p. 352, Table Al.

［11］Kosai, *Era of High-Speed Growth*, pp. 80 – 81.

［12］关于前面两段，参见 I. Nakatani, "The Economic Role of Financial Corporate-Grouping", in M. Aoki, ed., *The Economic Analysis of the Japanese Firm*, Amsterdam 1984; H. Miyajima, "The Transformation of Zaibatsu to Postwar Corporate Groups: From Hierarchically Integrated Groups to Horizontally Integrated Groups", *Journal of Japanese and International Economies*, vol. viii, 1994; T. Kikkawa, "Kigyo Shudan: The Formation and Functions of Enterprise Groups", *Business History*, vol. xxxvii, April 1995; Y. Miyazaki, "Rapid Economic Growth in Postwar Japan: With Special Reference to Excessive Competition and the Formation of Keiretsu", *The Developing Economies*, vol. v, June 1967; Y. Miyazaki, "The Japanese-Type Structure of Big Business", in K. Sato, ed., *Industry and Business in Japan*, White Plains 1980; R. P. Dore, *Flexible Rigidities*, London, 1986.

[13] J. C. Abegglen and W. V. Rapp, "Japanese Managerial Behavior and 'Excessive Competition'", *The Developing Economies*, vol. viii, December 1970, 427-430; J. C. Abegglen and G. Stalk, Kaisha, *The Japanese Corporation*, New York 1980, pp. 149 – 150; Dore, *Flexible Rigidities*, p. 68.

[14] Dore, *Flexible Rigidities*, pp. 69 – 72.

[15] C. Johnson, *MITI and the Japanese Miracle. The Growth of Industrial Policy 1925 – 1975*, Palo Alto 1982, especially ch. 6.

[16] T. Okazaki, "The Evolution of the Financial System in Post-War Japan", *Business History*, vol. xxxvii, April 1995; Y. Noguchi, "The Role of the Fiscal Investment and Loan Program in Postwar Japanese Economic Growth", in H. -K. Kim et al. , eds, *The Japanese Civil Service and Economic Development*, Oxford 1995; W. Hatch and K. Yamamura, *Asia in Japan's Embrace: Building a Regional Production Alliance*, Cambridge 1996, pp. 64 – 65; K. Nagatani, "Japanese Economics: The Theory and Practice of Investment Coordination", in J. A. Rounasset and S. Barr, eds, *The Economics of Cooperation. East Asian Development and the Case for Pro-Market Intervention*, Boulder 1992, especially pp. 192 – 195; Johnson, MITI *and the Japanese Miracle*.

[17] H. T. Patrick "Finance, Capital, and Economic Growth in Japan", in A. Sametz, ed. , *Financial Development and Economic Growth. The Economic Consequences of Underdeveloped Capital Markets*, New York 1972; E. Sakakibara. "The Japanese Financial System in Transition", in T. Agmon, R. Hawkins, and R. Levich, eds, *The Future of the International Monetary System*, Lexington, Mass. , 1984.

[18] Johnson, *MITI and the Japanese Miracle*, pp. 202 – 218; Kosai, *Era of High-Speed Growth*, pp. 80 – 90; Y. Kosai, "The Reconstruction Period", in R. Komiya, ed. , *Industrial Policy of Japan*, Tokyo 1988; K. Imai, "Japan's Changing Industrial Structure and US-Japan Industrial Relations", in K. Yamamura, ed. , *Policy and Trade Issues of the Japanese Economy*, Seattle 1982 ; K Imai, "Japan's Industrial Organization", in *Industry and Business in Japan*; M. Shinohara, *Industrial Growth*, *Trade*, *and Dynamic Patterns in the Japanese Economy*, Tokyo 1982, pp. 22, 29 – 30, 50, 113.

[19] 这一段和下两段的相关论述参考 K. Yamamura, "Success that Soured: Administrative Guidance and Cartels in Japan", in *Policy and Trade Issues of the Japanese Economy*; Imai, "Japan's Changing Industrial Structure", p. 49; Imai, "Japan's Industrial Organization", pp. 81 – 83; C. Johnson, "Japan: Who Governs? An Essay on Official Bureaucracy". *Journal of Japanese Studies*, vol. ii, Autumn 1975。

[20] Yamamura, "Success that Soured", p. 101.

[21] Itoh, *Japanese Capitalism*, p. 145.

[22] Armstrong et al. , *Capitalism Since 1945*, p. 263, Table 15. 1.

[23] Tokunaga, "A Marxist Interpretation of Japanese Industrial Relations", pp. 315 –

317。由于屈服于基层垄断组织的管理，工会只有一个角色即组织每年度的关于工资的"春季防卫"(Spring Offensive)。

［24］关于联结核心企业和它们垂直的供应网络的"理性的契约"（既不是垂直的融合，也不是联系密切的合同关系），参见 Dore, *Flexible Rigidities*, pp. 77-78。

［25］参见 Shinohara, *Industrial Growth*, p. 23。

［26］关于财政政策，参见 G. Ackley and H. Ishi, "Fiscal, Monetary, and Related Policies", in H. Patrick and H. Rosovsky, eds, *Asia's New Giant*, Washington, DC 1976。

［27］Ibid., pp. 178-179, 181ff, 219 (quotation); Kosai, *Era of High-Speed Growth*, pp. 100-101, 104-105, 106.

［28］Daly, "Japanese Manufacturing Competitiveness", p. 39; L. Krause and S. Sekiguchi, "Japan and the World Economy", in *Asia's New Giant*, p. 401; Ackley and Ishi, "Fiscal, Monetary, and Related Policies", p. 175.

［29］Itoh, *Japanese Capitalism*, p. 146.

［30］Maizels, *Industrial Growth and World Trade*, pp. 189, 200-201; A. D. Morgan, "Export Competition and Import Substitution: The Industrial Countries 1963-1971", in R. A, Batchelor et al., eds, *Industrialization and the Basis for Trade*, Cambridge 1980, p. 48.

［31］Yamamura, "Success that Soured", pp. 99-100; Shinohara, *Industrial Growth*, pp. 110-114。

第七章

解读长期繁荣

从20世纪40年代末期到60年代中期，发达资本主义经济经历了历史性的发展繁荣时期。但是，这一期间美国、日本以及德国的经济发展轨迹并没有为这样的结论提供基础，即特别快的增长归因为出现新的制度，从而通过福利国家、"资本—劳动协议"和凯恩斯主义的需求管理来推动有效需求的稳定增长。需求增长越来越具有稳定性的必然趋势是由大多数发达资本主义经济的国家部门规模持续增长带来的，这必然赋予这些经济比过去更大的稳定性；同时也增强了资本家们的信心，激励他们投资和创新。但是，在经济发展最快的德国和日本，供给方面的条件明显承担着经济发展动力。相反，尽管公共赤字和工资份额的增长刺激了需求，但是美国经济20世纪50年代发展缓慢；同时，遏制工资增长和通过强化劳动而增加了的生产率也很大程度上使得20世纪60年代上半期出现短暂的起飞。

需求增长确实有力地推动了投资增长、经济发展，并促进了经济稳定，但是，令人不可思议的是，它在国内所起的效果小于国家之间的效果。德国和日本的制造业者的发展动力在很大程度上是通过从美国和英国那里夺得不断增长的国际市场，同时开始进入美国国内市场。市场份额的重新划分——德国和日本的制造业者满足了以前是美国生产者所供给的（需求）订单——极大地推动了它们投资和产出的提高，同时在一定程度上改变了美国和英国的发展前景。因此而产生的发展模式是极其不均衡的，但这确实形成了历史性的繁荣。

甚至在20世纪60年代初期到中期，国际竞争导致出口份额的重新分配不仅是不可避免的，也是受到欢迎的。这场博弈的大赢家是德国和日本；而美国和英国在经济上伤痕累累，昔日富裕的霸主成为今日的失败者。当然只是从相对的角度来讲。另外，从全球的观点出发，国际竞争的影响从世界出口比例的重新分配来看受到国际劳动分工产生的影响。德国和其他一些地方制造业生产的相对成本地位的提高，对于美国制造业部门确实是不利的，其程度取决于它吸引海外投资和脱离国内经济的状况。然而，德国、日本制造业产品出口竞争力的增强似乎没有对美国生产或者利润造成直接的负面影响，简单的原因就是国外生产的产品在美国市场上只在有限的范围内具有竞争力，也因为美国只在很小的程度上依赖海外市场。因为德国、日本经济相对于美国经济来说太小了，所以占有美国相对很小的市场份额就会对德国和日本出口产生很大的积极影响，但对美国生产者负面影响不大。不均衡的发展甚至在20世纪60年代初期依然是令人吃惊的分离的发展，世界贸易和世界劳动分工都没有起到媒介作用。

表7—1　　　　　　　　制造业出口占制造业产出的百分比（%）

	1913年	1950年
德国	31	13
日本	40	29
法国	33	23
美国	45	23
发达工业国家经济总体（包括美国）	18	10

资料来源：Maizels, *Industrial Growth and World Trade*, p.223。

在20世纪50年代初期，作为战争时期世界贸易崩溃的表现，发达资本主义国家的制造业产品出口只占制造业总产出的10%（以固定价格计算），大约相当于1913年的比例的一半。[1]在后来的十年中，贸易增长非常迅速。另外，甚至到20世纪60年代初期，出口占总产出非常有限的比例，尤其是在美国。[2]直到1965年，进口仅仅占美国市场的3.1%，制造业进口只占5.4%。美国出口此时只占GDP的5.1%，制造业出口只占制造业总产出的8.8%。从这点意义上讲，由于受到生产成本限制，德国和日本的出口不能由于其成本的关系而使商品价格下降，但是这并不会对美国制造业利润率产生很大影响。在1950—1958年间，制造业部门的价格也和非制造业产品价格一样快速上涨，而制造业利润率在这时大大降低。这是因为前一部门生产的大部分商品是贸易性商品，因而屈从于国际竞争的压力，而后者的产品大部分是非贸易性商品，因而大部分受不到它的影响。正是因为以美国为基地的制造业者发现它们在很大程度上将它们的增长建立在美国国内市场基础上，也正是因为它们的国外竞争者只是刚刚在美国市场开始激烈的竞争，所以美国制造业者失去的国际出口份额对它们的利润率影响甚微。

事实上，国内市场竞争加剧依旧是更直接降低利润率的潜在威胁。同一过程的技术创新导致成本和价格下降，而成本和价格下降会使一些国家提高世界贸易份额，但同时也将损害其他国家增加世界贸易份额的能力；同时，技术创新国家不仅会吸引更多投资资金，也会使它们的投资达到它们以前的回报率，从而不仅威胁到特定国家经济而且威胁到发达资本主义世界的利润率。事实上，这一过程不久便表现出它不仅对世界领先的经济即美国经济而且对整个国际体系可能产生的破坏。

注　释

[1] Glyn et al., "Rise and Fall of the Golden Age", p. 43; Maizels, *Industrial Growth and World Trade*, p. 223.

[2] 由于国内市场中产品产量快速增长，在1950—1960年间出口占GNP的比例（以当前价格计算）在欧洲和日本实际上是下降的——前者从22.3%下降到21.0%，后者从12.7%下降到10.5%，尽管它以固定价格计算有了大幅提高。Glyn et al., "The Rise and Fall of the Golden Age", pp. 43, 50 - 52, 87.

全球动荡的经济学

第三部分

从繁荣到衰退

第八章

陷于危机

在1965—1973年期间,世界发达资本主义国家突然从繁荣陷入危机。全球7大工业国家(G-7)经济的利润率不管是从个体上看还是总体上看都急剧下滑,尤其是在制造业中,从而开始进入了长时期资本存量的利润率下降阶段。随后,投资增长迅速下降,导致长期产出、生产率和实际工资增长的严重下滑,同时导致失业率大幅提高和更严重的衰退。

正如我将力图表明的那样,发达资本主义世界出现长期衰退从以前提到的导致利润率下降的机制的角度,是可以理解的。[1] 在1965—1973年间,德国,尤其是日本的制造业者将相对先进的生产技术与相对较低的工资水平结合起来,从而与其竞争对手相比大幅度地降低了相对生产成本。它们迅速占领的国际市场份额在不断增加,并将它们相对低的价格强加于国际市场。它们的竞争对手发现自己的产出消耗着和以前一样的生产成本却要面对着更低的价格。一些国家不得不放弃国际市场;另一些国家为了保持它们的市场,别无选择地接受大幅下降的利润份额、产出—投入比率和利润率,因为它们不能像以前一样把价格提升到生产成本之上。由于没有预料到德国和日本价格低廉的商品涌入国际市场,结果尤其是美国制造业生产者形成过度投资,在这一意义上说它们不能得到配置资本和劳动力的已经确定的回报率。结果就是过度投资和生产过剩使G-7制造业利润率总体下滑。在1965—1973年间,美国制造业者的资本存量的回报率下降40%以上。因为美国制造业资本存量占G-7总体很大的份额,所以G-7在同一时期的利润率总体下降25%左右。[2] 在石油危机之前,发达资本主义经济总体上已经面临着严重的利润率问题。

另外,利润率的下降即使是急速下降,也不会必然造成长期的经济困难。这些问题在这种情况下出现是因为面对它们的利润率下降,高成本的——主要是美国的——制造业者并没有将它们的投资重新转移到其他领域;相反,它们试图保持它们的产出,通过降低产品价格和接受利润率下降来保持其市场份额，并且在体制范围的过剩产能和过剩生产的过程中进行再生产。因为它们拥有大量沉淀的固定资本，这些公司有充分的理由保持它们在市场上的地位，只要它们新投入的循环资本至少能够得到平均利润率。如果考虑到它们进行了大量无形资产的积累——最主要是技术知识，也包括与供应商、客户及其他方面的联系——以及它们承担债务以使投资现代化和它们渡过难关的能力，那么情况就更是如此。一个长期的经济衰退开始了，因为陈旧的调整过程——公司在这里受到利润率下降的影响而削减生产，并进入到新的生产领域，将供给和需求重新引入到生产领域并恢复平均利润水平——并没有发生。

利润率下降不仅局限于美国，而且迅速席卷所有主要的资本主义经济，包括德国和日本。为了保持其在市场上的地位，美国被迫接受既定的固定资本成本。但是，它们也有其他的应对措施。它们可以力图通过引入新技术来提高效率。它们可以力图降低工资增长，增大劳动强度。它们可以向政府寻求货币和贸易政策支持来相对地提高海外竞争者的生产成本，从而增强国内公司的竞争力。事实上，美国制造业者在这些方面都获得了一些成功。它们压制劳动和工资成本增长达到它们的竞争者不可能达到的程度。它们也启动了一波重要的旨在提升工厂和设备水平的投资浪潮。但是，最终具有决定意义的是通过引发一场影响深远的国际货币体系危机，美国政府迫使美元大幅贬值，这也就是以牺牲其在德国和日本的海外竞争对手为代价来迅速降低美国制造业的生产成本。

最初导致美国利润率下降的国际竞争的加剧和不均衡发展导致了同样过程的过度投资，并最终引发国际金融危机。日本和德国的制造业者在很大程度上将它们战后最后阶段的繁荣建立在由美国联邦赤字迅速上升而引起的美国市场急剧扩张的基础上。但是，加快刺激美国国内需求和德国与日本继续压制国内需求的不可避免的结果就是美国破纪录的经常项目赤字和德国与日本两国破纪录的经常项目盈余。如此赤字和盈余的出现只能加速从根本上对国际汇率进行修正，有利于美国，但是以牺牲德国和日本的竞争力为代价。在1970—1973年间，美国生产者能够显著地提高其国际竞争地位，在某种程度上说是将国际制造业利润率总体下降的负担转嫁到它们主要的竞争对手身上，将利润率危机扩展到德国和日本而不是在国内解决它。

我在下面将努力为上述解释提供论据和论证。在此过程中，我要试图证明在这三个国家经济中工人阶级在这个时期的反抗的增多是利润率问题的结果而不是其起因，是对雇主为了恢复其回报率而进行攻击行为的回应。我以从实践上批判现在处于主导地位的供应派理论家的思想作为我的出发点。

1. 美国：利润率下降

发达资本主义世界长期衰退的起源可以追溯到 1965 年后的美国经济。在 1965—1973 年间，制造业和私人实体经济部门的利润率分别下降了 40.9％和 29.3％。换言之，标志着战后长期繁荣进入高潮的经济周期就是从 1960 年第二季度到 1969 年第三季度，长期萧条的第一个经济周期是从 1969 年的第四季度到 1973 年第三个季度，制造业和私人实体经济部门的平均利润率从长期繁荣进入高潮的经济周期到长期萧条的第一个经济周期分别下降了 31％和 18.5％。美国经济的利润率因此开始了下降之旅，直到 20 世纪 80 年代初期才降到了最低点。事实上，1973 年之前的利润率下降在幅度上也是很大的，因为它意味着引发长期萧条的利润率下降在石油危机爆发之前就到来了，而不可能是由石油危机引起的。那么，利润率下降的背后又是什么呢？

根据供给派的一致看法，利润率的下降是由于工资增长超过了生产率增长，而这本身表明劳动者在市场中地位的提高和社会机构的权力与压力。我不同意这种说法，我认为工人履行增加的权力会增加成本向上的压力，从而对利润形成挤压，同时，国际竞争的加剧导致制造业者在市场中过度投资和过剩生产，国际竞争加强就反映了价格的向下的压力在增加，从而对利润形成挤压，但是前者对利润的挤压并没有后者对利润的挤压那么大。

我反对这种观点即工人通过推高成本形成对利润的挤压，我从三个主要方面来为我自己的分析奠定基础。第一，实际工资的增长（是工人影响力简单的指标）不仅在短期也在长期处于了下降状态——首先在 1958—1965 年间利润率上升时期，然后在 1965—1973 年间利润率下降时期。实际工资增长的长达 15 年之久的下降恰恰预示了工人权力上升在走向其反面。第二，生产率增长在 1973 年之前根本不存在下降的趋势，因为这一时期制造业的生产率实际上在增长，同时私人实体经济的劳动生产率整体上也没有下降。这就很难说工人的反抗和工作的懈怠对降低生产率从而降低利润率有多大的影响。第三，在非制造业的私人实体经济中——除制造业企业之外的整个私人实体经济——工人对生产成本上升的压力损害了利润率的提高，但是这只是在与利润份额联系起来时才表现出来，因为无论什么资本的生产率都没有下降。此外，利润份额的下降是有限的，并且来自工人不断增长的压力所引起的利润份额下降的比例更是有限的。

利润率的下降在制造业部门是特别巨大的。但是，制造业利润率份额的大幅下降和制造业产出—资本比率都决定着制造业利润率的下降，而它们都不可能表现出是来自工人关于工资或生产率方面的压力。相反，制造业利润率下降是因为雇主不能在成本之上把产品价格充分提高来保持它们已确立的回报率。正是价格不断下降的压力在美国1965—1973年间利润率下降中起核心作用，才构成对长期衰退作出解释的出发点，也构成从低成本的日本和德国产品出人意料地大量涌入国际市场，并且引起制造业出现过剩产能和过剩生产的角度进行解释的出发点。

工资、劳动生产率和劳动者的权力

人们在某种程度上普遍认为"工资爆炸"（wage explosion）是以失业率迅速下降为条件，受到工人力量和战斗性的增长的推动，同时也是20世纪60年代后半期美国经济中利润率受到最初挤压的重要原因。这种观点的初步的基础有两个方面。第一，那时期，罢工运动大幅增加。第二，在1965—1973年这段时期里，利润率开始下降时，私人实体经济的名义工资平均每年增长6.8%，比1950—1965年间的水平高出40%以上。然而，如果把1965—1973年工人战斗性和名义工资明显增长放在历史背景中——参照利润率和失业率的长期演变以及工人购买力的增强——它们可能就表明不是由于劳动力市场紧张和工人力量增强而形成的工资自动上涨，而是由于工人对于在1958—1965年间利润率迅速上涨、在1958—1973年间实际工资增长进一步下降以及从1965年开始通货膨胀恶化的滞后反应。

到20世纪60年代中期名义工资开始加速增长时，美国处于历史上持续时间最长的没有间断的扩张时期（1961—1969年）的中间阶段。在这一时期里，失业率从受到萧条困扰的1958—1961年间的平均为5.8%下降到了1966—1973年平均为4.4%，从1961年时最高的6.7%下降到了1969年时最低的3.5%。是失业率的下降导致了利润率受到挤压和工资增长的提高吗？数据将证明这一观点是错误。

20世纪60年代的繁荣时期里几乎所有的失业率下降都发生在1961—1966年间，那时失业率从6.7%下降到了3.8%；然而，在这些年里，制造业和私人实体经济领域中的利润率分别上升了46.6%和46.3%。在1966—1969年间，失业率确实进一步稍微下降，从3.8%下降到了3.5%。但很难理解如此微小的下降幅度在决定这些年开始出现的利润率大幅下降中发挥了主要作用，尤其是出现这样的事实即当失业率上升时，利润率在1969年后进一步大幅下降。20世纪60年代劳动市场的状况和利润率之间的关系更符合卡莱斯基的理论——他认为失业率下降会维持或者促进利润率上升，因为失业率下降与生产率增长相比会提高生产能力的利用率和产品的销量，从而弥补任何相伴出现的工资增长的提高——而这与卡莱斯基的后继者和修正者（followers-cum-revisers）的理论相去甚远。

从实际工资的角度看工人在失业率下降时期并没有受益，而根据供给派的观点工人在这个过程中是受益的。在1966年，当名义工资增长开始加速时，制造业和非制造业的工人的实际工资增长在稳步减慢。在1950—1958年间，制造业和整个私人实体经济的实际工资支出平均每年的增速总体上比1945年后任何时期都高，分别为3.6%和3.1%，这也导致了工资—生产率（wages-productivity）对利润的重要挤压，特别是在制造业中。在1958—1965年间，美国经济具有了战后时期发展的最大动力，但是，平均每年的实际工资增长在显著下降——制造业方面下降了40%，私人实体经济总体上下降了12%。在这一时期，利润率迅速上升，工资增长尤其是制造业的工资增长在降低，当然失业率也在下降，这些构成20世纪60年代中期以后名义工资增长加速的长期背景。

那时期之后，实际工资增长的趋势并没有向上发展。从1965年末开始，在不断上升的越南战争开支的刺激下，通货膨胀突然加速。在1965—1973年间，消费品价格指数平均每年上升4.8%，而在1958—1965年间年均增长1.4%（在1950—1965年的整个时期年均增长1.6%）。价格增长的加速超过了名义工资在这一时期的增长。在1965—1973年间，在私人实体经济的利润率总体上下降了29.3%的同时，实际工资增长平均每年下降2.3%，而实际工资增长在1950—1965年平均每年下降2.8%（在1958—1965年间下降2.6%，在1950—1958年间下降3.1%），下降幅度为19%。同一时期，在制造业部门利润率总体上下降40.9%的同时，制造业平均每年实际工资增长幅度总体上下降34%，平均下降幅度为1.9%，而1950—1965年间为2.9%（1958—1965年为2.2%，1950—1958年为3.6%）。从表面上看，这些长期发展似乎表明在利润率下降期间工人力量绝不是增强，而是减弱。这些数据带来的问题似乎是，为什么在实际工资增长受到极大限制的情况下利润率没有更好地得以保持。

实际上，在美国的供给派观点的支持者对于长期衰退的看法倾向于将对利润率的挤压更多地归因于劳动生产率的下降——"生产率危机"爆发了——而不是归为实际工资增长的下降。根据杰弗里·萨克斯的说法："因为生产率下降了而工人实际工资没有相应降低，所以劳动者份额上升了。"[3]《资本主义的黄金时代》（*The Golden Age of Capitalism*）的作者们以及美国的社会积累结构学派（the US Social Structure of Accumulation School）和法国的规制学派（the French Regulation School）观点一致，认为从20世纪60

年代末期开始，工人们能够利用高就业和失业保险使失业成本降低，从而降低提高单位工资的努力，然而工人在车间的反抗却增加了。那么，利润率下降的背后就是工人方面的压力增加导致劳动生产率的降低，这种看法有什么根据呢？

制造业部门经历的过程提供了至关重要的证明。这不仅仅因为这个部门是经济的中心。而且因为这个领域被人们认为是工人在车间的反抗活动最明显，既最突出也最容易被看到的领域。然而，制造业劳动生产率增长在利润率下降时期实际上平均每年都在提高，在1965—1973年平均每年增长3.3%，而在1950—1965年间为2.9%。[4]

私人实体经济的劳动生产率增长在利润率下降时期总体上并没有显著下降。在1965—1973年间，它平均每年增长2.7%，而在1950—1965年间为2.8%。[5]事实上，如果它们根据经济周期做了相应调整——会出现这种情况，即当经济下降时，生产率就会下降，这仅仅是因为企业没有及时根据需求下降所引起的产出下降来相应比例地解雇劳动力——那么在1965—1973年间私人企业劳动生产率无疑将会上升。[6]

然而，上述的数据似乎并不能说服那些对长期衰退问题上坚持供给学派观点的人。这一观点的捍卫者们针对实际工资增长的数据，指出在解释利润水平的趋势中，重要的不是实际工资（它指的是以可以购买的消费产品数量表示的货币工资——就是根据消费品价格指数进行调整的名义工资），而是产品工资（product wage）（它指的是以产出数量表示的货币工资——在它自己的产业或部门中——也就是根据产品或产出价格偏离而进行调整的工资）。毕竟，它是用雇主们所卖产品的价格、雇主所关心的价格来表现的名义工资，而不是用雇主雇用的工人购买产品的价格来表现的名义工资。那些主张供给派观点的人可能会进一步指出，不管生产率的趋势是否可以认为是表明劳动者的力量的增强，它只有当这种趋势直接与产品工资的趋势联系起来时才能决定利润份额的演化过程。最后，他们会说，工人能影响利润率不仅仅通过影响与产品工资增长相对的劳动生产率增长，而且通过影响资本的生产率的增长。为了理解在1965—1973年间出现的利润率下降，我们必须不仅分析利润份额的变化过程，而且分析产出—资本比率的变化过程。

利润份额

非制造业私人实体部门。在1965—1973年间，制造业之外的私人实体经济的产品工资平均每年增长2.75%，与在1965—1973年间平均每年增长2.65%大致相同。但是，非制造业劳动生产率在这些年里平均每年的增长速度从2.7%下降到2.4%（从净值角度看，它从2.7%下降到2.3%），同时利润份额平均每年下降2%，或者说与利润率下降的最初时期相比下降15.6%。

事实仍然是，劳动者方面的不断增长的压力几乎没有导致非制造业利润份额的下降。这背后主要的是间接营业税（主要是州和地方层面）不断增长。如果不根据间接营业税的增长进行调整，利润份额在1965—1973年间会下降到平均每年仅仅增长0.7%。换言之，即使假定劳动者承担下降的全部责任，那么不断上升的劳动者对抗在1965—1973年间只能导致利润份额占整体的比例下降5.9%。因为正如将要看到的，非制造业私人经济的资本生产率事实上在这些年里没有下降，所以后者表明劳动者对这一部门的利润率所能产生最大的负面影响。[7]

制造业。在1965—1973年间，制造业的利润份额以每年平均2.7%的速度急剧下降，或者总体下降22.9%。但是，这种下降不可能支持供给派关于在这些年里出现的利润率下降的解读，因为它不可能归因为来自劳动者的不断增长的压力。

尽管制造业的利润份额在1965—1973年间比在非制造业中下降幅度更大，但是制造业单位劳动成本比在非制造业中增长更慢，给制造业利润份额和利润率产生的压力更小。[8]制造业中名义工资平均每年的增长速度比非制造业中要慢10%（一方为6.4%，另一方为7.1%），劳动生产率增长平均每年要快50%（一方为3.3%，另一方为2.3%），结果是非制造业中单位劳动成本的平均每年增长速度比在制造业要快57%——一方为4.7%，另一方为3.0%。既然制造业中劳动成本的增长比在非制造业要更慢，那么制造业的利润份额如何最终比在非制造业下降更快呢？

制造业部门的利润份额比在制造业中下降更快的原因——事实上，制造业部门的利润份额整体下降的原因——是制造业者更不能使它们提高价格的速度与它们成本的增长速度保持一致。在1950—1965年间，任何一个部门的单位劳动成本和价格平均每年增长速度与另一个部门相当接近——制造业分别为1.91%和1.86%，非制造业分别为1.92%和1.73%。因为制造业和非制造业中单位劳动成本和价格的各自增长速度太接近，所以每个部门的利润份额在这个时期不会有太大的变化。但是，在1965—1973年间，非制造业的单位劳动成本的增长突然加速，正如刚才所注意到的，平均每年增长4.8%，比它在1950—1965年间快150%。但是，非制造业利润份额的下降在这一时期不超过16%，因为价格加速提高到几乎与单位劳动成本相同的程度，平均每年增长4.25%，比它在1950—1965年间快146%。形成强烈反差的是，制造业单位劳动成本在1965—1973年间平均每年增长3.0%，只比它在1950—

1965年间快57%。但是，对制造业者来说，问题是它们的价格增长的提高速度并不能与它们的成本增长的提高速度（相对较慢）保持一致。制造业价格平均每年的增长速度只有2.3%，比非制造业慢53%，只比它在1950—1965年间快24%。如果制造业者能够将它们价格的增长速度提高到非制造业者已经提至的水平，那么它们明显能够阻止它们的利润份额的任何下降，甚至能够提高它。[9]关于制造业者为什么不能这样做的原因成为解释制造业利润率下降的核心，我将立即转向这个问题。

产出—资本比率

那些坚持供给派观点的人过去认为由于工人怠工和抵制而产生的生产率增长下降是在1965—1973年间出现的利润率下降背后的一个因素，现在，他们强调不仅需要指出劳动生产率的增长，而且需要指出资本的生产率的路径。正如他们所指出的，产出—资本比率在这个时期确实大幅下降。那么，这种发展状况支持他们的观点吗？[10]

非制造业。 在1965—1973年间，非制造业的产出—资本比率平均每年下降1.1%，或者说整体下降8.8%，它对于非制造业利润率总体下降的贡献要比利润份额下降的贡献要小。但是，非制造业产出—资本比率的下降不可能支持供给派的解释，因为它不能解读为表明生产率增长的下降，更不用说由于劳动者的抵制或怠工而产生的下降。如果产出—资本比率表明资本生产率，那么它必须用实际产出相对于实际资本投资来解释，也就是用产出和资本存量的固定价格来解释，旨在考虑到相对价格的变化。以固定价格来表示，非制造业产出—资本比率在1965—1973年间平均每年的下降速度为零。非制造业产出—资本比率的下降不可能理解为是由于工人抵制和怠工增多而产生的资本生产率下降的结果，一个简单的原因是非制造业资本生产率并没有下降。

制造业。 在1965—1973年间，制造业名义上的产出—资本比率——平均每年下降3.2%，或者总体上下降23.4%——这个数量与制造业利润份额下降对于制造业利润率的下降的贡献几乎是一样的。但是，制造业产出—资本比率的下降像制造业之外的出现该比率的下降一样，不能支持供给派的观点。这是因为像非制造业中产出—资本比率下降一样，它并不代表资本生产率的下降。如果产出—资本比率根据价格进行调整以表示资本生产率，那么它在1965—1973年间根本没有下降。[11]

制造业中产出—资本比率的大幅下降的背后是什么呢？如果将它的轨迹与非制造业的轨迹进行对比，那么答案就再一次变得清晰。制造业中资本存量的价格比在非制造业中增长更慢，当然两者差距并不明显，它平均每年增长5.2%，而在非制造业中为5.6%。非制造业中产出—资本比率下降不及非制造业的1/3，其原因是（从单位劳动成本和利润份额方面看）非制造业者提高产出的价格的速度要快85%。如果制造业者能够提高它们的价格达到同样的程度——平均每年达到4.25%，而不是2.3%——那么它们的产出—资本比率下降不会超过它实际下降的幅度的20%。换言之，正是制造业者不能提高它们的价格占到它们的产出—资本比率下降的80%以上。对于制造业利润份额，为了理解制造业中产出—资本比率下降成为制造业在1965—1973年间利润率下降的（大部分）贡献度，有必要理解制造业者为什么比制造业之外的生产者更不能在成本之上提高价格。

表8—1　　　　　　美国的成本、价格和利润水平，1965—1973年

（变化速度的百分比）

	净利润率	净利润比例	实际工资	产品工资	劳动生产率	名义工资	单位劳动成本	产品价格	产出—资本比率	实际产出—资本比率（资本生产率）	净资本存量价格
制造业	−5.2	−2.7	1.9	4.0	3.3	6.4	3.1	2.3	−3.2	−0.4	5.2
非制造业	−3.0	−2.0	2.7	2.8	2.4	7.2	4.7	4.3	−1.1	0.0	5.6
上述根据间接营业税进行调整后
制造业	−6.0	−2.8	1.9	4.2	3.3	6.4	3.1	2.1	−3.4	−0.4	5.2
非制造业	−1.7	−0.7	2.7	2.7	2.4	7.2	4.7	4.4	−1.0	0.0	5.6
上述没有根据间接营业税进行调整

资料来源：参见本书附录Ⅰ中关于利润率的部分。Key to legend on page xiii。

什么导致利润率下降？

上述的分析回击了供给派的观点，并指出了我的另一种看法，即利润率下降源于美国制造业者不能完全实现它们的投资，因为低成本的、特别是国外的生产者出人意料地进入市场而引起的价格向下的压力越来越大。为了开始分析这个问题，必须强调上述分析的两个结论：第一，在1965—1973年间制造业的利润率下降远远大于在非制造业中的下降程度；第二，制造业中利润率下降在很大程度上并不是由于成本上升的压力的增长，而是由于价格下降的压力的增长。只有在制造业部门的利润率下降到引发危机的程度，在1965—1973年间制造业利润率总共下降40.9%。非制造业私人部门的利润率下降达到23.1%，几乎只有制造业利润率下降的一半。事实上，如果不根据间接营业税做出调整，那么非制造业利润率下降只有13.1%，而制造业则为41.9%。利润份额和产出—资本比率的下降从数理上决定了制造业利润率的

下降，但是，这并不是像供给派理论家所认为的那样由于来自工人的压力的增长；相反，它们几乎完全是由于制造业产出价格的增长速度缓慢的结果。不是它本身的成本增长，而是美国制造业者不能充分在成本之上提高价格，几乎成为制造业利润率下降的全部原因（见图 8—1）。

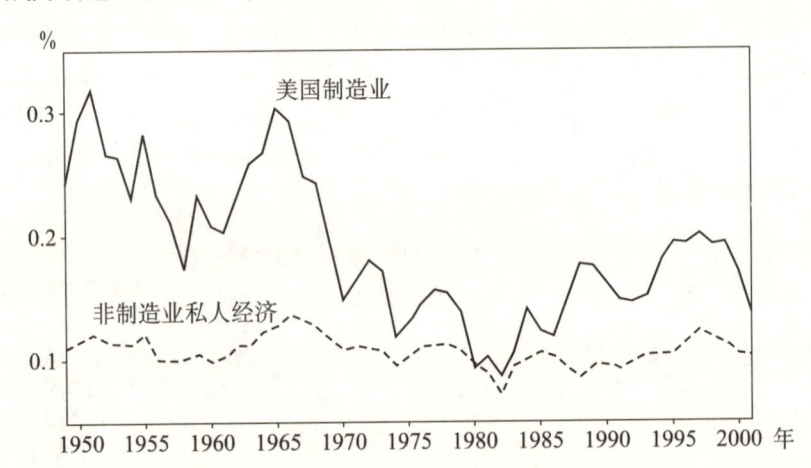

图 8—1　美国制造业和非制造业的私人部门的净利润率，1949—2001 年
资料来源：参见本书附录Ⅰ中关于利润率的部分。

在 1965—1973 年间，当利润率第一次下降时，美国的制造业者从它们自己的成本效益（cost effectiveness）看，实际上表现得像它们在 1950—1965 年间的繁荣时期一样好：劳动生产率增长达到 10％左右，资本生产率保持稳定，实际工资增长继续下降。所以美国制造业者的利润率问题的原因不应该在它们的绝对成本增长率中寻找，而应该在这种提高速度相对于它们的主要竞争对手强加给国际市场的价格中寻找。发生了什么导致这种困难的情况呢？随着发达资本主义国家在 20 世纪 50 年代末形成了货币可兑换，世界贸易增长在加速，对世界经济形成深远的但是矛盾的影响。在 1963—1973 年间，随着世界出口和世界制造业出口的数量增长比在 1953—1963 年间快了 42％，出口增长开始快速地超越了国内生产的增长。1953—1963 年，世界制造业产量增长了 50％，而世界制造业出口量则增长了近 100％。在 1960—1974 年间，发达资本主义经济中制造业出口平均每年增长比制造业产出增长快 2/3——前者为 9.9％，后者为 5.9％。[12]

从 20 世纪 60 年代初期到中期，作为同一发展的重要组成部分，经济合作与发展组织整体以及它的成员国的出口占产出的比例（出口比例），突然以此前两倍的速度上升。经济合作与发展组织整体以及它的欧洲和美洲成员国，

1965—1973年的8年里的出口份额增长量与1950—1965年的15年相同。日本的出口比例的增长速度提高得更早一些，也更迅速一些（见表8—2和8—3）。

从20世纪60年代早期开始，贸易增长在加速，这对发达资本主义的经济演化产生了双重影响。一方面，它为经济快速增长提供了额外的推动力。在1965—1970年间，随着世界贸易更快地增长，G-7的发达资本主义经济除了美国和加拿大——也就是，德国、日本、法国、意大利和英国——达到它们战后繁荣的顶点，制造业产出和制造业劳动生产率在这五国经济整体上分别增长8.0%和6.3%，而在1955—1965年间分别增长7.0%和4.4%。在同样的五年里，这五国的制造业投资增长大大加速，平均每年增长13.2%，而在1955—1965年间增长7.9%。这种增长的背后是利润率的提高，德国、日本、法国、意大利和英国总体的制造业利润率在1965—1969年间增长21.4%。[13]从这一点看，国际贸易的增长率的突然提高明显具有人们所想象得到的结果：根据古典经济学的看法，它通过提高国际劳动分工，推动了发达资本主义国家经济加速经济扩张。

表8—2　　　　　　　　　　世界出口与世界产出

	年度增长率		年度增长率的比率
	1953—1963年	1963—1973年	1963—1973年/1953—1963年
世界出口	9.2%	13.1%	1.42
世界产出	6.7%	8.0%	1.19
出口/产出	1.37	1.63	—
世界制造业出口	12.7%	18.0%	1.42
世界制造业产出	8.5%	9.7%	1.14
制造业出口/制造业产出	1.49	1.86	

资料来源：Van Der Wee, *Prosperity and Upheaval*, p.260。

表8—3　　　　　出口增长占GDP的百分比（固定价格）

	1950年	1965年	增长	1965年	1973年	增长
OECD总体	9.0	12.4	37.8	12.4	16.8	35.4
OECD中的欧洲国家	12.7	18.1	42.1	18.1	25.6	42.9
美国	4.3	5.1	35.0	5.1	6.9	36.0
	1950年	1960年	增长	1960年	1973年	增长
日本	4.7	5.6	19.0	5.6	7.9	38.0

资料来源：Glyn et al., "The Rise and Fall of the Golden Age", p.43。

另一方面，由于世界贸易的迅速增长，新的生产者开始向国际市场供应越来越多的商品，取代了长期固定的相关生产者。这种不协调的、无计划的转变是不能预期的,实际上不会没有破坏地运行起来。相对集中在国内市场上和相对孤立地发展起来是战后繁荣进入到20世纪60年代初的一个特征,这同时伴随着地区和国家中的相对高程度的分化。技术上追随的、后发展的、受霸权支配的——并且也是发展很快的——国家经济,因此生产了大量与技术领先的、发展得更早的、处于霸权地位的国家经济所生产的商品极为相似的商品。所以,它们不可避免地通过增加这些商品的产出来发展它们的出口潜力。正如经济合作与发展组织所注意到的:"工业国家的贸易与产出模式趋同,大多数国家越来越多地生产和交易类似的商品。"[14] 确实,后起国家经济的制造业者有充分理由增加它们已经为国内市场生产的商品的出口,因为它们常常以比较早发展起来的国家更低的成本生产这些商品。以后起地区为基础的新的、低成本的生产者——突出的是德国,以及最重要的日本——通过侵占由领导地位的地区特别是美国和英国所支配的市场,扩大了它们的出口。当然,这种趋势在20世纪50年代已经显现,但是现在大大加速。

在20世纪60年代后半期,德国和日本经济在经历了20世纪60年代前半期的衰退之后,重新恢复了活力。在这些年里,日本经济达到了它在战后发展的顶点,在投资和生产率提高上达到了前所未有的速度,并且在此基础上对美国制造业的霸主地位提出挑战。在1960—1965年间,日本制造业劳动生产率平均每年的增长速度与美国之比已经是2∶1左右(8.7%相对于4.4%);在1965—1973年间,这一比率上升到4∶1左右,也就是13.1%相对于3.3%。

美国制造业的生产率增长相对而言越来越缓慢的问题因1965年后通货膨胀的再次爆发而更加恶化,政府赤字的快速上升激化了这一问题,同时,雪上加霜的就是宽松的货币政策。当然,名义工资的增长率的迅速提高并不会推高价格;事实上,它不足以阻止实际工资增长的下降。但是,工人在试图(不成功地)与由于政府财政和货币政策所引起的消费价格增长率的提高保持一致的过程中,提高了名义工资从而形成价格不断抬升的基础,所以进一步推动了通货膨胀。在1965—1970年间,美国制造业中以美元计算的单位劳动成本的增长是德国和日本的两倍。

美国制造业的成本状况与德国和日本相比表明,美国的生产者正面临着某种竞争的压力。根据美国劳动统计局(the US Bureau of Labor Statistics)提供的数据,到1970年,德国和日本制造业的平均劳动生产率分别只有美国水平的75%和50%。但是,因为德国和日本制造业的工资分别只相当于美国的60%和25%,所以德国和日本制造业的单位劳动成本分别只相当于美国的80%[15]和50%以下[16]。它代表这个行业的平均水平,甚至这种劳动的单位劳动成本数据并不能充分说明日本发起挑战的威力，因为那些承担大部分日本出口的大公司远远高于这个生产率的平均水平。在大的、现代的——雇员超过500人的工厂——它们生产这个国家的很大部分的出口商品，其劳动生产率大约高于平均水平50%左右；在小规模的、一般而言也是老的工厂中，它大约比这个平均水平低50%左右。[17]乔根森（Jorgenson）和库罗达（Kuroda）在对美国和日本的成本变化的比较研究中得出结论："在1970年，也就是在史密森协定（the Smithsonian Agreements）前夕……几乎所有的日本产业都比美国的产业更具有国际竞争力。根据这一点，我们认为它们可能向国际市场提供的商品的价格低于它们的美国竞争者所能提供的商品价格。"[18]

美国生产成本的相对大幅增长刺激了美国跨国公司在制造业方面的海外投资，从而加重了这一已经确立的趋势。到1965年，美国在外国进行制造业方面的占多数股份的关联公司的投资与在美国的制造业投资的比率已经上升到21.4%，而1957年为11.4%。到1973年，这个数据增长到31.3%。[19]在1973年，美国公司每投资3美元，就会有大约1美元投资到国外。这几乎没有什么比它更清楚地表明美国经济中的制造业在这个时候所面临的相对成本问题（参见图4—1）。

由于美国制造业者越来越不能与它们的海外竞争者的成本相匹配，所以美国在20世纪60年代末和70年代初经历了贸易危机。美国在20世纪60年代前半期实现的出口商品价格的竞争力的恢复因此被证明只是暂时的。在1965—1973年间，美国的出口商品价格平均每年增长4.5%，而德国为3.2%（在1965—1969年间为1.4%），日本为2.1%，这些对于美国生产者的竞争地位来说是具有消极影响的。美国的制造业出口在主要工业国家中的比例在1958—1965年稳定保持在24%左右，但是在1965—1973年这一很短时期里就下降了1/3，大约为18%。[20]同时，大量的制造业进口商品进入到美国，因为外国制造的钢铁、汽车、机床、机械设备、消费电子产品以及其他诸如此类的商品占据美国市场的大量份额。在此之前，20世纪的美国经济非常自我封闭，这也反映了它的竞争优势以及跨洋运输的成本。但是，从20世纪60年代中期开始，变化突然而猛烈地来临了。在1965—1970年间，制造业进口平均每年增长19.1%，是20世纪50年代竞争力也在下降的可比时期的两倍。制造业进口渗透率（penetration ratio）在1959—1966年平均只有6.9%，在1966—1969年增长到平均为11.9%，到1969—1973年平均为15.8%。[21]

美国制造业者在国内和海外失去的市场只是冰山一角，只部分地表明美国制造业竞争力在这一时期的下降，部分地表明竞争力下降破坏了美国制造业者经济的健康运行。美国制造业者为了在某种程度上避免损失市场份额，就必须避免像它们已经习以为常地将价格提高到与成本相对应的程度的做法，这对利润率不可避免地造成影响。这使低成本的、低价格的制造业者加速进入到国际市场——体现在国际范围内过剩产能和过剩生产的增长——这也因此构成制造业价格在这个时期相对缓慢增长之谜的关键，结果导致制造业利润率下降。由于制造业部门主要生产贸易商品，因此要面对很大的国际竞争。相反，尽管那些处于制造业部门之外的私人经济总体上的单位劳动力成本和资金成本较之生产部门高出很多，但是，制造业部门之外的私人经济在很大程度上不受国际竞争的影响，这些公司几乎能够像以前一样容易地提高价格，从而使价格与更快上升的成本保持一致，所以，它们的利润率下降更加有限。

劳动者抵制和衰退开始

在这种背景下，我们就可以详细说明在1965—1973年间利润率下降时工人运动的重大经济意义了。一场重要的劳动者抵制运动确实爆发了。但是，这次爆发应该理解为利润率下降的间接结果，而不是起因。它代表了一次有组织的工人运动本已退缩，但又试图扭转衰退局面迎击雇主的不断进攻。这种雇主的进攻早在20世纪50年代后期就已开始，从20世纪60年代中期开始加剧，目的是为了弥补利润率的下降。

雇主发起攻击是为了降低工人工资和加强有利于合理化（rationalization）的工厂纪律，从而扭转在1957—1958年进入衰退时期制造业部门中出现的工资—生产率对利润的挤压，也是为了应对同时不断加剧的国际竞争。即使在后来竞争日渐激烈的日子里，美国制造业者仍然面临来自国外的无情的价格压力。到20世纪60年代中期，它们因此进一步降低工人的工资增长，事实上在1958—1965年间工人工资增长已经降低了40%（与1950—1958年相比较），同时，通过加大劳动强度的方法进一步提高每小时的产出。工业事故比率（the industrial accident rate）明显反映了劳动强度的提高，它在1965—1970年几乎平均比1960—1965年增长20%。[22]

为了防止工人干扰其降低成本的运动，雇主加强了对工人参加工会的抵制。从20世纪50年代初期到1965年，雇主们一如既往地和自愿地接受所有进行工会代表选举的申请的42%；但是从那以后，它们接受这种申请的意愿骤减。被自愿接受的申请的比例到1970年下降到26.5%，到1973年只有16.3%。同时，雇主非法干预工会组织的努力有了显著增长。在1965—1973年间，反对雇主非法开除工会活动参与者的指控增加了50%，重新获得工资的工人以及遭非法开除后重新回到岗位的工人数量几乎是原来的三倍，所有反对雇主的不公平劳动待遇的指控是原来的两倍（见图4—2）。[23]

在很长时期内,高度官僚主义化的正式工会领导组织并没有对雇主们日益增长的压力作出反应。在20世纪60年代的前半期利润率快速增长的同时,它们几乎毫无怨言地接受了制造业的工资增长的大幅下降和雇主提出的生产合理化的动议,正如正式的罢工降到了战后的低水平。由罢工引起的总工时损失在1950—1958年平均达到了0.23%,在1958—1965年平均为0.16%。参与罢工的劳动力的比例在1950—1958年平均达到4.44%,而在1958—1965年平均为2.63%。因此普通的工会会员在很大程度独自面对雇主。诚如一位博学的观察家总结的一个当时被普遍认同的观点:"现在的趋势已相当明显。工会已经失去了活力和前进的动力;它们在工厂社会里扮演着本质上保守的角色,企图保持它们已有的利益而不是争取利益。另一方面,管理阶层处于进攻状态,同时在处理工业关系时拥有了志在必得的新意识。"[24]

由于没有来自上级的反应,普通工会会员在20世纪50年代末期似乎开始对抗雇主的"强硬路线"。在1960—1966年间,工人越来越经常进行盲目的罢工,在协议期中的罢工比例从1960年(有报道的第一年)的22%增长到1966年的36.5%。工人们还越来越多地投票否决与其上司商定的协议,被否定比例稳步增长,在1964—1967年间增长60%以上,在那些重要的工会组织如机器工人、汽车工人和海港工人的组织,其影响更为强烈。[25]同时,为了拥有一个更加具有战斗性的和有效率的领导机构,普通会员们还支持了一系列成功的运动以取代战斗力并不强的地方领导人和那些长期居工会高位的官僚们,突出的有钢铁业中的戴维·麦克唐纳(David MacDonald)、电力业中的詹姆斯·凯里(James Carey)以及后来在煤炭业中的托尼·博伊尔(Tony Boyle)。[26]

为了保持控制,官方的工会领导层必须积极行动起来,并且他们从1966—1967年开始组织了一波重要的罢工。在1966—1973年,由于罢工引起的总工时损失的比例增长到0.23%,而在1958—1966年是0.18%。同时,每年参与罢工的劳动力比例平均增长到3.6%,几乎比1958—1966年平均2.6%的水平高出了1/3。这些数字确实说明了工人反抗程度的提高,但其重大意义也不宜过分夸大。虽然从绝对数来看工人每年在这个时期比战后任何时期参与罢工的工人都要多,但是,从罢工导致的工作时间损失的比例和参与罢工的人数的比例看——更不用说经济上的收获——这个时期的反抗都远远低于20世纪40年代后期至50年代中期的水平(见图8—2)。

从结果来看,私人经济中工会反抗的高涨不是越来越强大的工人运动的初试身手,而是工人在一个组织有序、颇具攻击性的资本主义制造业雇主的压榨下为维持生存而进行的防卫性的抗争。尽管实际工资增长在

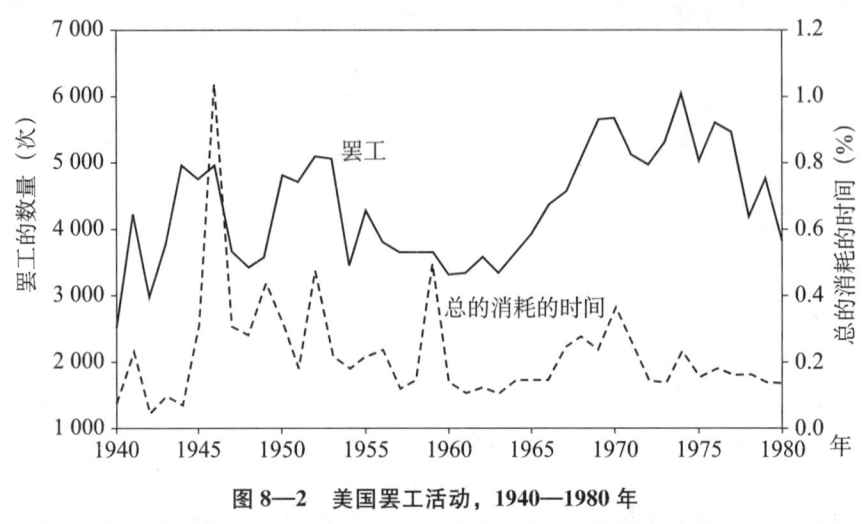

图 8—2　美国罢工活动，1940—1980 年

资料来源："Work Stoppages in the US, 1927—1980", BLS, Office of Compensation and Working Conditions, available on request。

1965—1973 年间的整个私人实体经济中稍微下降，但是制造业的实际工资增长在 1965—1973 年间大约比 1950—1965 年间的水平低了 1/3。甚至更具有说服力的是，尽管工人罢工次数有所增加，但工会在劳动力中所占有的地位在下降。在 1965—1973 年间，工会在国家劳动关系委员会选举中获胜的比例降至 56.4%，而在 20 世纪 60 年代早期曾达到 60.4%，并且私人部门参加工会的劳动力的比例下跌了 15%，即从 1966 年的 32% 降到 1973 的 27%。[27]

工会反抗雇主的影响力在下降，特别当它们采取斗争行动的时候，这体现在：参加工会工人（union worker）在 1964—1971 年间得到的工资增长至多等同于，最有可能还稍微低于那些未参加工会工人的工资增长。工会的斗争在 1971 年左右再一次开始明显变得重要起来，在那时之后未参加工会工人的工资增长几乎骤降到零。尽管参加工会工人与未参加工会工人相比处境相对好一些，但是，他们也只能是将他们的实际工资增长维持在 20 世纪 60 年代末期的水平，而这一时期的水平比 20 世纪 50 年代和 60 年代初期相比已经大幅下降。[28]如果没有来自劳动力的压力，那么实际工资增长可能比实际情况要下降得更大一些，同时利润率下降速度也相应地减缓。但是，如果认为劳动力反抗的日益增强已经阻止了资本面对利润率下降而进行更好的调整，那么这种观点与将它视为这种下降的根源的看法之间存在很大的差别。

2. 日本繁荣的最后阶段

由于日本和德国方面相对成本和价格的下降，以及可能还有其他海外的生产者，美国制造业在1965—1973年间利润率持续下降，这也决定了G-7经济体中制造业的总体回报率下降25%。更不具有成本优势的美国生产者首先经历利润率下降，这因此表明发达资本主义经济总体上产能过剩和生产过剩在上升。即便如此，德国和日本制造业同样重新恢复了动力，给美国和整个G-7的制造业利润率形成了向下的压力，但是给德国和日本的制造业带来了利润率增长（见图9—1）。

到1965年末，几乎在美国爆发利润率危机并开始引起世界范围内长期衰退的同时，日本经济渡过1961—1965年的短暂下滑特别是1964—1965年的最严重的战后经济衰退之后，开始起飞了。从1965年秋季到1970年夏季的57个月的繁荣代表了战后日本经济迅速发展的最高点。在这些年里，日本的国民生产总值平均每年增长14%，制造业产出平均每年增长15.8%。日本经济在1950—1961年间确定的特别高的标准使这些数字格外引人瞩目。[29]

史无前例的高投资率像从前一样推动着经济向前发展。在1965—1970年间，私人实体经济进行新工厂和设备的投资平均每年增长21.1%，仅仅与在1955—1961年间达到的水平不相上下。[30]这种特别高的投资增长率是在高的、不断增长的利润率的刺激下产生的，而高利润率本身就表明一国经济能够实现随着投资增长而形成的生产率快速增长与工资的相对低增长的结合。在1965—1970年间，日本经济增长模式是在最具有效率的条件下运行。

如果像供给派理论家所设想的那样工资挤压利润的条件已经成熟，那么日本在20世纪60年代后期似乎如此。日本经济到20世纪50年代末达到充分就业。失业率在1960—1965年下降到平均仅为1.3%，在1965—1970年间进一步下降。岗位机会与申请者的比率在1965年达到0.64：1，1967年达到1：1，1970年上升到1.41：1，确实趋向于超充分就业（hyper-full employment）。[31]工人的工资收入自然有很大的增长，制造业和私人实体经济的实际工资在1965—1970年间平均每年增长速度分别达到8.6%和6.2%的高度，产品工资平均每年分别增长11.1%和7.6%。但是，工资增长速度最终表明日本工人仍然屈服于资本积累的需要。

日本经济毫无困难地适应了这么高速度的工资增长，因为劳动生产率增长更快。在1965—1970年间，制造业和私人实体经济的劳动生产率平均每年分别增长12.5%和10.75%。制造业的利润份额在这个时期上升9.6%，私人经济的利润份额上升31.3%。同时，产出—资本比率也有一些上升，在制造业和私人实体经济中平均每年分别增长0.5%和1.9%。制造业和私人实体经济中的利润率在超充分就业的时代不是下降，而是分别上升了20%和66.5%（见图0—3、图0—4）。

日本的产业结构重要转型发生在1973年之前的十年左右，为这个时期取得的生产率方面的巨大成就奠定了基础。在前十年里集中在原材料加工工业（首先包括钢铁、石油化工、水泥和发电），现在日本制造业集中在"机械工业"（广义上包括交通、发电设备和各种其他类型的机械设备），这些工业利用原材料加工工业生产的产品。[32]在此过程中，它通过更充分地运用在前十年里首先实现的技术进步，取得了很大的生产率增长。20世纪50年代末和60年代初已经显现重要的技术革命——最先引入新的耐用消费品如电视和电冰箱，新的生产耐用品如硅、钢板和聚乙烯，以及新的生产方法如热电工厂、露天加工厂和传送机械。在20世纪60年代后半期，通过增加经济中技术发达部门的比例、使已经实现的技术进步合理化以及加强工厂的规划和质量控制，特别是通过规模经济，生产率实现了创纪录的增长速度。[33]

投资的快速增长能够引起劳动生产率的特别快的增长，因为它体现着极为迅速的技术进步。它之所以能够体现这种迅速的技术进步，是因为它发生在国际化加速的背景下。在1965—1970年间，日本出口量平均每年增长17.2%。这种快速的出口增长明显是由生产率增长的高速度所推动的，但是，它也是生产率增长的至关重要的条件。出口增长的加速不仅推动了这个时期主要经济体形成规模经济，而且推动了那些取得最快生产率增长的制造业行业的极为快速的扩张。

日本出口的快速增长部分地也是由世界贸易的非常迅速的增长所推动的。但是，如果日本生产者仅仅依赖于市场的增长，那么它们也不会以像现在这样的速度增加出口。像以前一样，对于它们海外销售的大部分增长来说，它们继续依赖于掌握越来越大的国际市场份额。在1963—1967年间，日本使它的出口翻一番，在1967—1971年间又翻一番。之所以做到这些，是因为它们显著扩大了其在12个主要资本主义国家制造业出口的比例，从7.6%提高到13.0%（以当前价格计算）。在1963—1971年，日本出口增长中至少有54%来自于它占国际市场的份额的增长，相反，只有46%来自于市场本身的扩大。因为在同一时期，美国占发达国家制造业出口的比例从20.8%下降到17.0%，而英国所占的比例从15.4%下降到10.9%，也因为除了日本之外的其他国家经济的相关比例没有大的上升或下降，所以可以得出结论认为日本的比例增长的取得直接是以美国和英国所占比例的下降为代价的。[34]

日本的出口特别沉重地压在美国国内市场上。在1964—1971年间，以价值来计算日本向美国的出口增加到原来的四倍，向美国的出口占日本总体出口的比例从27.6%提高到31.2%。因此，日本制造业出口占美国制造业进口的比例从17%快速提高到25%。日本对美国市场的压力的加大在很大程度上来自于交通设备和机械工业，而这些行业在美国国内也是发展最快的，同时中间金属和中间化工也表现突出。

日本经济通过它能够降低成本并以美国为代价，在这一时期成功地提高了它的市场份额。在这方面，它扩大了它在20世纪60年代后半期的领先优势，将单位劳动成本和出口价格的增长控制在分别为美国经济的1/2和1/4的水平。美国联邦预算赤字的增长在这个时期导致了通货膨胀，也使得日本的这种发展更加突出。美国经济在1965—1970年间的需求增长与竞争力下降二者结合起来，因此成为日本繁荣的一个基本条件。同样，日本生产者对美国制造业产品的价格形成向下的压力成为美国制造业利润水平受到挤压的关键性因素，也因此引发了国际危机。

3. 德国繁荣的终结阶段

在20世纪60年代后半期，德国制造业经济走过与日本相当类似的道路，只不过表现没有那么突出。在1960—1965年间这五年的活力下降之后，德国经济当局与雇主和劳动者合作，实施了一系列旨在控制生产成本（特别是从国际角度看）的政策，并取得理想的效果。

在1966—1967年，德意志联邦银行（the Bundesbank）有意识地干预经济下降，明确的目的就是降低由于扩张性财政政策时期所引起的通货膨胀的趋势。当然，制造业公司已经经历了较长时期的利润率下降，但是，这次是从很高的水平往下降。结果是在战后时期第一次出现严重的衰退——第一年出现负增长——并且它在某种程度上成为一个转折点。[35]

在努力扭转利润率的消极趋势中，公司坚定地降低生产能力旨在与需求变化保持一致，并快速引入新的技术，同时极力降低工资成本。作为这种广泛的合理化过程的一部分，公司比衰退以前更多地解雇工人。它们在强化劳动的同时，也引入岗位评估和绩效评价的新制度。另外，在一些工厂，它们还阻止工人得到所预期的非合同的红利和公司津贴。同时，从1966—1967年开始，它们开始大规模地招收外国工人，到这个十年结束时劳动短缺问题已经大大缓解了。[36]

尽管雇主不断削弱工会的影响，但是工会运动确实尽其所能地为恢复经济活力作贡献。在1966年成立大联合政府（the Grand Coalition）和社会民主党（the Social Democrats）进入政府之后，工会明确同意不再运用已经增加的谈判能力（这些能力当经济再一次复苏时就会得到提高）；同时，工会保证降低工资增长以恢复利润率。[37]

总起来看，这些行动被证明是相当成功的。在1965—1969年间，制造业劳动生产率平均每年增长5.7%（净增长5.6%），比这个十年的前半期稍快，同时名义工资增长相当缓慢，从而导致产品工资增长从在1960—1965年间平均每年5.7%降低到5.4%。在单位劳动成本增长的速度因此下降的基础上，德国制造业的出口商能够部分地扭转以前国际竞争力不断下降的趋势，开启了新一轮出口繁荣。美国的成本和价格不断上升的新趋势也极大地有利于德国的出口繁荣。在1965—1969年间，出口平均每年增长10%，比在1960—1965年间快2/3。德国制造业者重新夺回它在发达国家制造业中在1961—1965年间已经失去的比例。[38]到1969年，制造业的利润率已经得到了部分恢复，比它在1965年的水平上升7.5%。

对德国来说，像日本和其他欧洲的G-7经济体一样，与战后繁荣的最后阶段同时出现的是美国利润率危机的爆发。所以，人们可能认为世界经济已经开始转向衰退，恰恰是大多数发达资本主义世界处于充分就业、处于战后发展动力的最高点的时候，这似乎有点自相矛盾。

注 释

[1] 参见本书第二章。

[2] Armstrong et al., *Capitalism Since 1945*, p. 351, Table A1.

[3] Sachs, "Wages, Profits, and Macroeconomic Adjustment", pp. 275, 280.

[4] 制造业劳动生产率增长在20世纪60年代最后几年里确实有过短暂而迅速的下降，在这一时期经济经历过热和衰退，这两者几乎都具有（周期性）过分人为操纵的特点。但是，最初的下降为劳动生产率从1970年开始的迅速提高所大大抵消，这与1950—1965年相比推动了生产率增长的总体提升。

[5] 在1965—1973年间，制造业总的要素生产率平均每年为1.36%，几乎与在1950—1965年间平均每年为1.36%的水平相同。相似地，私人实体经济在同一时期的比率分别是1.6%和1.8%。"Multifactor Productivity Trends, 1995 and 1996", in US Department of Labor, BLS, *News*, 6 May 1998, Tables 5, 6.

[6] 正如R. J. 戈登（R. J. Gordon）得出结论认为："正是在1967—1973年这一时期，对美国生产率增长的表现的关注才首次表现出来……但是，现在似乎是这种生产率的下降主要反映了周期性现象……一种公司在每一个经济周期的最后阶段中表现出来的人浮于事的趋势。"（pp. 144, 161）。

〔7〕作为总产出的一部分，间接营业税在 1965—1973 年平均比 1965 年高 4％。州和地方的间接营业税大约占 1965 年所征收的间接营业税的 75％，在 1973 年大约达到 83％。州和地方的间接营业税在 1965 到 1973 年间翻一番，占到这一时期美国间接营业税总额的 90％以上，而州和地方的财产税和销售税大约占其上升数量的一半。US Department of Commerce，Bureau of Economic Analysis，National Income and Product Accounts（henceforth NIPA），Tables 3.2 and 3.3.

〔8〕为了保持一致性，如果不作说明，一般是指根据间接营业税而进行了调整。间接营业税占制造业净产出的比例在 1965—1973 年间实际上稍微在下降，所以在这一部门的利润份额和利润率在调整之前比根据税收进行调整之后下降幅度更大一些。

〔9〕另一种情况也表明了同一观点，制造业实际工资在 1965—1973 年间平均每年只增长 1.9％，并没有与制造业劳动生产率增长 3.3％的水平保持一致，因为消费价格平均每年增长 4.4％，与非制造业产品价格增长幅度保持同一水平。但是，因为制造业产品价格增长太缓慢，所以制造业产品工资平均每年增长 4.2％，比实际工资增长幅度多出一倍以上，从而形成对制造业利润份额的强烈挤压。

〔10〕参见 Glyn et al.，"Rise and Fall of the Golden Age"，p. 114；Lipietz，"Behind the Crisis"，pp. 22ff。

〔11〕平均每年的下降速度为 0.4％，或者整体为 4％，这是一个可以忽略不计的量，如果根据生产能力利用再进行调整，它几乎就消失了。

〔12〕Glyn et al.，"Rise and Fall of the Golden Age"，p. 111.

〔13〕AGH.

〔14〕OECD，*Structural Adjustment and Economic Performance*，Paris 1987，p. 269.

〔15〕德国的竞争地位由于 1969 年德国马克的大幅升值而被严重削弱。

〔16〕Daly，"Japanese Manufacturing Competitiveness"，pp. 35，37，39. 这些数据可能使美国和日本之间的制造业生产率平均差距更加扩大。根据"the Japan Productivity Center Report on International Comparison of Labor Productivity"（Tokyo 1981）的计算，在 1974 年美国劳动生产率只比日本高 38％。(M. Bronfenbrenner，"Japanese Productivity Experience"，in W. J. Baumol and K. McLennan，eds，*Productivity Growth and US Competitiveness*，Oxford 1985，p. 71.）另外，根据丹尼森（Denison）和查奇（Chung）的看法，日本实现它的人均资本投入（存量、设备和盘存量）的劳动生产率水平比美国低 40％或更多。这意味着如果考虑所有的投入，那么日本的生产率水平比劳动生产率的相对数在很大程度上更接近美国的水平。(E. F. Denison and W. K. Chung，*How Japan's Economy Grew So Fast：The Sources of Postwar Expansion*，Washington，DC 1976，pp. 104 - 107，250，255 - 257.）

〔17〕Daly，"Japanese Manufacturing Competitiveness"，p. 11.

〔18〕D. W. Jorgenson and M. Kuroda，"Productivity and International Competitiveness in Japan and the United States，1960 - 1985"，*The Economic Studies Quarterly*，vol. xliii，December 1992，p. 314.

[19] Fahim-Nader, "Capital Expenditures by Majority-Owned Foreign Affiliates of US Companies", p. 59.

[20] B. R. Scott, "US Competitiveness: Concepts, Performance, and Implications", in B. R. Scott and G. C. Lodge, ed., *US Competitiveness in the World Economy*, Cambridge, Mass., 1985, p. 27. 关于日本在这一时期发达工业国家贸易所占的比例的显著提高，参见 A. D. Morgan, "Export Competition and Import Substitution: The Industrial Countries 1963 to 1971", in R. A. Batchelor et al., eds, *Industrialization and the Basis for Trade*, Oxford 1980, pp. 48ff. 摩根（Morgan）认为美国占 12 个主要工业国总的出口比例从 1967 年的 20.1% 下降到 1971 年的 16.4%，日本在这个时期所占的比例从 10.6% 上升到 14.7%。美国占世界出口的比例从 1963 年的 17.24% 下降到 1973 年的 12.58%，同时日本所占的比例从 5.98% 上升到 9.92%。Van Der Wee, *Prosperity and Upheaval*, p. 265。

[21] Scott, "US Competitiveness", p. 22; Krause, "US Economy and International Trade", p. 395; T. Weisskopf, "Sources of Profit Rate Decline in the Advanced Capitalist Economies: An Empirical Test of the High-Employment Profit Squeeze Theory", unpublished manuscript, University of Michigan, December 1985, Table 10.

[22] US Department of Commerce, *Historical Statistics of the United States*, p. 182.

[23] R. L. Seeber and W. N. Cooke, "The Decline in Union Success in NLRB Representation Elections", *Industrial Relations*, vol. xxii, Winter 1983, pp. 42–43; Freeman, "Why Are Unions Faring Poorly in NLRB Representation Elections?" p. 53.

[24] G. Strauss, "The Shifting Power Balance in the Plant", *Industrial Relations*, vol. i, May 1962, pp. 94–95.

[25] J. Barbash, "The Causes of Rank-and-File Unrest", in J. Seidman, ed., *Trade Union Government and Collective Bargaining*, New York 1970, pp. 41, 45, 51–53; W. E. Simkin, "Refusals to Ratify Contracts", *Industrial and Labor Relations Review*, vol. xxi, July 1968, p. 520. 由于还没有关于非正式罢工方面的统计，所以合同期内的罢工的数据——并不是同一回事，但是也是一个很好的替代——被用来进行说明。

[26] S. Weir, "USA: The Labor Revolt", *International Socialist Journal*, vol. iv, nos. 20–21, April-June 1967. 仅仅在 1963 年这一年里，汽车工人联合工会（United Auto Worker Union, UAW）高层领导人就有 1/3 以上的人因票数不够而被迫下台。N. Lichtenstein, "The Treaty of Detroit: Old Before its Time", unpublished paper presented at the American Historical Association Annual Convention, January 1995. 我要感谢内尔森·利希滕斯坦（Nelson Lichtenstein）允许我在其发表之前参考这篇论文。

[27] Goldfield, *The Decline of Organized Labor*, pp. 90–91; Freeman, "The Divergence of Private Sector and Public Sector Unionism", p. 64.

[28] D. J. B. Mitchell, *Unions, Wages, and Inflation*, Washington, DC 1980, p. 40, Table 2-4, as well as pp. 48–53.

[29] Kosai, *Era of High-Speed Growth*, pp. 159, 161.

[30] Ibid., p. 144.

[31] Ibid., p. 158.

[32] Imai, "Japan's Changing Industrial Structure", pp. 47 – 53.

[33] "[在1965—1970年经济增长中] 主导因素是 [投资大幅增长] 与规模扩张交织在一起。" Kosai, *Era of* High-Speed *Growth*, pp. 161 – 164 (quote p. 163).

[34] Morgan, "Export Competition and Import Substitution", pp. 48, 50, 54, Tables 4.1, 4.2, 4.3。在这些年里，意大利（1.3%）和加拿大（1.5%）是12个主要工业国家其他国家中中唯一将比例提高到1%的国家。"从1967年到1971年，日本至少得到73亿美元市场份额变化量中的90%。" Morgan, p. 53.

[35] Giersch et al., *The Fading Miracle*, pp. 143 – 146.

[36] Hennings, "West Germany", pp. 490 – 492; Carlin, "Profitability in West Germany", pp. 330, 337 – 342; Carlin, "West Germany Growth and Institutions", p. 471; Muller-Jentsch and Sperling, "Economic Development", p. 471.

[37] Hennings, "West Germany", pp. 491 – 492; Carlin, "Profitability in West Germany", pp. 337 – 338, 342.

[38] Carlin, "Profitability in West Germany", pp. 336 – 338.

第九章
危机蔓延

德国和日本的制造业经济只有通过破坏它繁荣持续的根本条件,才能进入最后阶段的经济繁荣。在 20 世纪 60 年代的后半期,德国和日本的制造业经济仍然依靠出口的快速发展,主要占领或者最少是威胁美国制造业者的市场而迅速扩张。美国出现了经常项目赤字,同时德国和日本经常项目出现盈余则是不可避免的结果。美国依赖不断增长的联邦赤字和宽松的货币政策,目的是在利润率下降的情况下扭转经济形势,德国和日本为了保证出口增长而施行控制国内需求增长的政策,而这些又进一步推高上述国家的外贸赤字或盈余。

实际上,美国的主要对手愿意看到这种形势发展下去,因为美国的购买者能够继续购买美国的产品并促进出口推动型的制造业不断发展,同时,美国政府通过财政赤字和宽松的货币政策进一步刺激需求,从而加快购买美国产品的进程。但是,由于对美国全面支付其债务的预期下降——原因在于竞争力在下降,表现为制造业出口能力下降与进口和国外投资倾向增强——这些信贷最终必须打折扣。由于美国依赖其货币不断贬值来维持其经济发展动力,所以德国和日本愿意无限度地接受美元快速升值。一场由一次次对美元的投机性操控而导致的世界性货币危机就不可避免地爆发了,美元在 1971—1973 年间相对于日元和马克来说也不可避免地大幅贬值。美国制造业者的主要海外竞争对手因此看到了相对于美国生产者来说自己的有效生产成本大幅上升,不可能再以原来的利润率进行销售。结果不仅是发达资本主义国家在国际贸易中的利益的重新分配,而且是将由美国承担的主要发达资本主义经济总体利润率下降的很大一部分负担转嫁给德国和日本。即使如此,当德国和日本的利润率和积累率(the rate of accumulation)下降的时候,美国的经济也没有恢复多少。

1. 美国的反击和世界货币危机

在 20 世纪 60 年代上半期的繁荣时代，美国经济通过扩大出口增长和降低进口增长部分地重新恢复了国际地位。经过 20 世纪 50 年代末的急剧下降之后，美国经常项目由于商品贸易盈余的快速上升而膨胀起来，并且在随后的五年里扭转了过去的状况，在 1964 年盈余达到了最高的 58 亿美元。另外，事实仍然是美国在 20 世纪 50 年代丧失的国际市场份额并没有得到恢复，同时美国制造业公司继续将其总投资中越来越高的比例放在海外，这些现象都表明美国经济没有实现真正决定性的自我转型。甚至到这个十年的中期，美国经济开始更加受到曾在 50 年代末期困扰它的同样的一系列国内和国际问题的折磨。

从 20 世纪 60 年代初期开始，美国的政策制定者采取了一系列旨在降低资本加速流出的越来越全面的政策，从而为在 20 世纪 50 年代经济停滞之后恢复经济动力而推行凯恩斯主义的刺激计划作准备。[1]毫无疑问，美国政策制定者们比之前更加强烈地希望限制美国的国际银行家和跨国企业的行为，这是因为不受规制的欧洲美元（Eurodollar）市场的兴起，该市场在 20 世纪 50 年代末期开始形成，美国原来并不打算控制它。在这一时期的欧洲美元市场，尽管面临着不断加强的国内资本管制，但美国银行依然可以在很大限度上继续其从海外基地进行外国借款；同时，美国的跨国公司在整个时期也可以满足它们的借贷和投资的需要。[2]事实上，在 1960—1964 年间，即使面临着来自美国不断加强的资本流出管制，美国长期资本的净流出超出了经常项目盈余的增长，其结果是基本的国际收支表仍为负。从 1965 年开始，它的下降在加速，因为贸易平衡再一次开始下降，而海外净投资仍然在不断上升。[3]早在 1965 年初期，也就是在政府支出大大增加之前，美元在贸易盈余下降的消息的刺激下出现新的走势，这些表明美国国内制造业并没有克服其在竞争和吸引投资资金方面存在的问题，也预示着美国经济进入了经济不稳定的新时期。

20 世纪 60 年代后半期，美国制造业者像已经看到的那样经历了竞争力和利润率的大幅下降，这将不可避免地严重损害美国经济的发展动力。在这种背景下，当时的政府为了促进经济向前发展而加快推进已经实施的巨大刺激计划，这也必然引起物价加速上涨和国际收支失衡进一步恶化。当它们面对利润率下降、盈余降低和经营环境恶化的时候，美国制造业者们自然会对任何需求的增长（而产出和投资增长比以前相对下降）做出反应，比如在

1961—1965年间的利润率增长时期。由政府赤字上升带来的需求增长自然不能刺激国内供给的相应增加,而且必然会更进一步带动价格和进口的上升。结果对于美国国际处境和美元来说是灾难性的,不可避免地导致挽救性的通货紧缩政策,而这种政策只能引起衰退。这是一个走走停停的过程,它本身在随后的15年里反复出现。[4]

在1964年和1965年,约翰逊政府在国会的支持下实施大幅减税政策——最初是由肯尼迪政府计划实施——尽管在1962年和1963年经济已经开始快速增长。因为约翰逊担心国会会利用这个机会削减他的"大社会"(Great Society)计划,他拒绝增加税收来应对因越南战争导致的开支的快速增长,所以经济过热开始出现了。在1965年末,美联储干预了这次冲击(breach),提高了贴现率,缩紧了信贷供给。到1966年中期,信用紧缩开始使原来周期性衰退的可能变为现实。但是,美联储再一次放松对经济衰退的遏制,并且随着美国军事支出的快速上升,到1967年最后一个季度之前,美联储一直采取适应当时形势的高度扩张的金融政策。在1967年的1月和8月,约翰逊最终还是提出6%的增税,后来增税幅度达到10%,旨在使经济降下来,但是,尽管强大的刺激计划已经发挥作用,通货膨胀压力也在不断增加,国会最后还是未能批准这项法案。到这一年末,美联储再次担心引发通货膨胀,但是,它并没有紧缩信贷,因为害怕这样会使已经非常不稳定的英国英镑贬值——事实证明,这是一个无用的考虑。在1968年春天,政府最终通过了增税法案(这是一个力度太小、也太迟的法案,因为它似乎对于降低消费需求没有什么效果),同时,美联储提高了利息率。但是,到这时,一场严重的危机正在走向成熟。[5]

几乎就在美国经济避免了周期性的经济衰退,但是,也通过增加联邦赤字和宽松货币政策而导致了通货膨胀的同时,德国和日本经济也在经历严重的经济萧条——德国在1966—1967年,日本在1965年。这些周期性经济衰退大大减缓了这两个国家的成本和价格的增长。由于竞争力因此得到提高,德国和日本很快进入到充满动力的、出口导向的繁荣,这也带来创纪录的经常项目的盈余(特别是以美国经济越来越注定走向通货膨胀为代价)和极大提高了输入型通货膨胀的压力(特别是来自美国)。

在20世纪60年代上半期,美国任何一年的消费价格(consumer prices)上涨都没有超过1.7%。但是,随着越南战争支出从1965年后期开始突然提高,美国消费价格在1966年也突然翻了一番,达到3.4%。随着在1967年和1968年出现了自朝鲜战争以来最大的联邦赤字,通货膨胀进一步加速,在1968年和1969年分别达到了4.2%和5.4%。与此同时,从1965年开始,美国同日本和德国的贸易平衡——在1960—1964年是十分健康和积极的——也迅速下降。到1966年,美国同德国、日本的贸易赤字总额接近于10亿美元;到1968年和1969年超过20亿美元;到1971年和1972年,随着贸易危机达到其最低谷,分别增长到41亿美元和53亿美元(见表9—1)。

表9—1　　　　美国与德国、日本和世界的贸易收支平衡表

	1963年	1964年	1965年	1966年	1967年	1968年	1969年	1970年	1971年	1972年	1973年
日本	0.3	0.2	−0.5	−0.8	−0.3	−1.2	−1.6	−1.4	−3.3	−3.9	−1.3
德国	0.6	0.4	0.3	−0.1	−0.3	−1.0	−0.5	−0.4	−0.8	−1.4	−1.6
日本和德国	0.9	0.6	−0.2①	−0.9	−0.6	−2.2	−2.1	−1.8	−4.1	−5.3	−2.9
世界	5.2	6.8	4.9	3.8	3.8	0.6	0.6	2.6	−2.3	−6.4	0.9
经常项目	4.4	6.8	5.4	3.0	2.6	0.6	0.4	2.3	−1.4	−5.8	2.3

资料来源: Kosai, *The Era of High-Speed Growth*, p.177; Liesner, *One Hundred Years of Economic Statistics*, p.104, Table US.15; ERP 1983, p.76, Table B-101。

美国同德国和日本贸易平衡的下降是决定美国总体贸易平衡崩溃的重要因素。在1960—1964年间,商品进口增长了27%,出口增长了29.7%;在1964—1971年间,商品进口增长了144%,出口增长了66.5%。到1966年,贸易差额与1964年最高时期相比几乎下降了50%;到1968年和1969年,受到不断加速的通货膨胀的影响,贸易差额下降到战后的新低,分别下降到6.35亿和6.07亿美元,并且差额正在走向消失。在1971年,美国经历了20世纪的首次贸易赤字。商品贸易在1971年赤字达到27.2亿美元,1972年为69.9亿美元——从1964年开始的8年中,贸易差额减少了137亿美元。同时,制造业商品贸易差额在1971年下降到零,1972年赤字达到20亿美元。这些商品贸易赤字太大了,服务业贸易盈余和海外投资的利润都不能抵消它,同时,在1971年和1972年,经常项目差额也出现赤字,分别达到14亿美元和58亿美元。

因为美国对外贸易状况下降,德国和日本的相应数据则在上升,所以金融市场不可避免地重新给美元带来了贬值的压力,为马克和日元带来了升值压力。在1968年早期,在英镑受到打击之后——尽管美国力挺它——投机者又对美元发起了攻击,以美元为基础的整个国际货币体系有崩溃的危险。美国只有通过部分地分拆它,才能避免布雷顿森林体系的瓦解。美国不再重视承诺将黄金以每盎司35美元出售给私人部门,由此结束了美元的可兑换性并

---

① 原文是0.2,根据−0.5+0.3=−0.2计算似应为−0.2,故作了改动。——译者注

将该体系完全建立在美元的基础上。[6]

但是，事情并没有到此为止。随着德国国际竞争力的提高，它的经常项目收支再次起飞，德国马克从 1966 年的 17 亿增加到了 1968 年的 132 亿。随着德国马克不断增强，在很大程度上来自欧洲美元市场的投机资金的涌入达到了创纪录的比例，从而导致与 20 世纪 50 年代末期相类似的马克升值的压力。美元为寻求马克而大量涌入德国，极大地扩大了货币供应。好不容易从不景气中摆脱出来的德国经济，又一点点地陷入输入性通货膨胀（imported inflation）。到 1968 年秋季，德意志联邦银行决定赞成马克升值。德国政府把这一步推迟到了下一年，但是，最终无法逃避。在 1969 年 9 月出现新的一波投机浪潮后，德国政府决定在 1969 年 10 月底将马克升值 9.3%，这对德国出口的继续增长带来了问题，从而给德国经济繁荣的延续也带来了问题。[7]

在日本也是一样，从 1968 年和 1969 年开始的经常项目盈余的快速膨胀吸引了美元大量涌入，使日本面临输入性通货膨胀的压力和重新对日元估值的需要。但是，与德国不同，日本试图不惜一切代价地避免对日元进行重新估值，从而引起了一波通货膨胀。

美国政府为了扭转局势而尽最后的努力。在 1968 年后期，约翰逊政府实行紧缩的财政政策和紧缩的货币政策，目的就是阻止价格继续上涨并遏制国际金融体系重新出现的不稳定。从 1969 年初开始，新当选的尼克松政府把 1968 年中期实施的附加税（tax surcharge）提升到 10%，降低了投资赋税优惠（investment tax credit），并减少政府开支，同时，美联储也对信贷进行严格控制。随着美元利率持续走高，国际货币混乱状况暂时平息下来，因为短期资金重新回流到美元。同时，信贷危机形成了，导致了 1970 年的衰败和自 1958 年以来首次全年的负增长。[8]

然而，维持严厉的反膨胀政策的经济上和政治上的代价很快被证明是尼克松政府所不能接受的，尤其是在股票市场大幅下降和宾州中央铁路公司（the Penn Central Railroad）倒闭引起一连串的企业破产之后。在 1970 年 11 月国会选举中打败共和党之前，同时随着高利率存在使经济复苏面临夭折的危险，尼克松政府再一次转向财政刺激政策；同时，美联储也相应地实施宽松的货币政策。正如尼克松在几个月之后所说："我们现在都是凯恩斯主义者。"尽管面临着竞争力下降、物价上涨以及美国贸易和收支差额恶化的压力，尼克松政府表现出不愿意采取修正措施。通过拒绝采取行动，美国政府向它的贸易伙伴表明它不会对通货膨胀的流出承担任何责任，那些期望避免美元涌入和国内价格因此上涨的国家应该让自己的货币升值。尼克松当然明白，美国的贸易对手的货币升值将增强美国竞争力，提高美国出口的利润率，并且减少进口对美国经济的压力。

一旦美国当局在1970年中期转向宏观经济扩张,国际金融市场秩序实际上相当于面临着死亡。在德国,经济减缓是由于马克在1969年秋季的重新估值——以及美国暂时的高利息率和经济衰退——被证明是非常短暂的。为应对通货膨胀的不断增大的压力,德意志联邦银行从1969年3月开始逐步紧缩信贷,在1970年3月将贴现率提高到了创纪录的7.5%。它同时也开始了为期两年的财政紧缩政策。在货币没有升值的日本,尽管经常项目盈余迅速增加,但是当局紧缩货币供应量和提高利息率以控制物价。但是,当美国利率下降的时候,德国、欧洲大部分国家以及日本的利率仍然保持高位或者仍在上升,短期投机性资金逃离美元,美国总体支付赤字(包括短期和长期)在1970年达到100亿,1971年为300亿。世界储备在这两年间分别增长不低于18%和32%,为不可控制的世界性通货膨胀打下了基础。到1971年,美国黄金储备不及官方负债(liability)的1/4。在1971年,随着美国联邦赤字达到了战后最高水平,美国贸易赤字也创造了20世纪新纪录。[9]

重新构建国际汇率秩序的压力现在让人不能再忍受了。德意志联邦银行为使经济降温而提高贴现率,但是美国从这时起开始放松货币政策,资金大量涌入德国寻求马克以赚取利息差额,因此通货膨胀压力继续增大。这正是1960年发生的情况,但是,它现在在更大的范围内发生了。美国报复性地出口膨胀——德国的通货膨胀从1970年的3.8%上升到1971年的5.2%——同时,到1971年5月,德国政府同荷兰一起只能让货币大幅升值。瑞士和澳大利亚也对各自货币进行了升值。美国政府似乎达到了自己的意愿。但是,投机性的美元流入法国和比利时,在这些国家美元被换成了黄金,美国的黄金储备也减少到了在象征意义十分关键的100亿马克①。日本面对贸易和经常项目顺差在1970—1971年间打破以前的所有纪录,从而面临着美国对日元的强大压力,但是,它仍然坚持在20世纪40年代末期确定的水平,宣布它将维持汇率在360日元比1美元。但是,在1971年8月尼克松开始推行他的"新经济政策"(New Economic Policy),借此政策他停止美元对黄金的兑换,对进口货物强征10%的附加税,同时,绝非偶然地将新的财政刺激引入到经济中,如增加投资赋税优惠、取消对小汽车和卡车的消费税(excise taxes)以及降低个人所得税。这是向美国经济主要对手的公开宣战,也是含蓄地要求竞争对手对自己货币进行升值。在1971年12月,史密森协议(the Smithso-

---

① 这里所指的马克(mark)是金银的重量单位,约等于8盎司。——译者注

nian Agreement)的签订使美元对黄金贬值了7.89%，同时，其他货币对美元升值，马克总共升值了13.5%，日元总共升值了16.88%。[10]

新的国际货币分配体系继续保持固定汇率的特点，但是它没有使自己稳定下来，仅仅维持了一年的时间。众所周知，史密森协议是艰难的讨价还价的产物，同时美国坚持认为需要汇率的更大变化以恢复平衡，美国的主要官员则认为这种新的平价体系只是暂时的。在1972年2月和3月，美元又一次遇到麻烦，美国政府和它的同伴必须通过购进美元使之脱离困境。但是，随着美国总统秋季选举的到来，尼克松政府开始实施新一轮的刺激，从而对美元重新形成压力。与宽松的货币政策相适应的预算赤字推动了在1972年产生了相当于以前纪录的三倍的贸易赤字，并由此开始了新一轮的资本脱离美元。到1972年底，主要由于美国的收支赤字的快速上升，世界储备比1969年的水平翻了一番，在进行干预的这三年里的增长与其有历史记录以来所有时期一样多。[11]随着德国和日本储备美元，以此汇率不可能控制偿还能力和通货膨胀，史密森平价（Smithsonian parities）在世界上不会存在太久。[12]

价格已经在高位运行。尼克松的工资—价格控制（wage-price controls）明显抑制了通货膨胀。但是，在1973年1月，这些措施出人意料地被撤销了，消费物价每年上涨的速度也从1972年第四季度的3.9%上升到了1973年第一季度的6.2%。到1973年2月，美国通货膨胀的加速引发了新的外汇危机，美国及其盟友迅速同意将美元进一步贬值10%。即使这样，美国当局称它无法支持新的平价，或者暗示了它甚至不能保持固定汇率的制度，这几乎是接受进一步的不稳定。在1973年1月到3月间，278亿马克流入德国，同时，在暂时力图捍卫这种新的平价后，发达资本主义国家最后放弃了固定汇率，转而诉诸自由浮动。[13]在1973年，德国马克对美元升值了20.4%，这推动了在1969—1973年间马克对美元汇率总共升值一半还多。日元在1973年也升值了12%，也推动了自1971年12月以来总共升值28.2%。

在短短的几年中，美元的贬值使美国制造业在相对成本上出现某种程度的转折，这种转折是通过提高劳动生产率和控制工资水平所不能实现的，甚至在20世纪60年代上半期制造业发展的顶峰时期。当然，这种成就也不是没有代价的：美元贬值意味着进口商品价格上升，生活水平降低，但是，它的明显目的就是降低相对工资来换取竞争力的提高。在1970—1973年间，美国制造业单位劳动成本（以美元计算）平均每年增长0.6%，而德国是17.6%，日本是19%。在同一时期，美国制造业单位劳动的相对成本平均每年下降9.9%。[14]美国出口商品价格在1971—1973年间平均每年增长9.5%，因此与日本增长9%，德国增长8.7%的水平基本相同——而美国出口商品价格增长在1965—1970年间是德国的两倍，是日本的近5倍。

美元贬值使美国相对成本降低成为可能，同时随着从衰退中恢复过来，生产能力利用也增加了，这些都对美国经济恢复具有重要影响。制造业的投资增长在1966—1971年间平均每年为-2.8%，后来在1972年和1973年突然分别达到9.7%和14.7%。在1970—1973年间，美国制造业劳动生产率的增长也令人印象深刻，平均每年增长5.2%（净增5.3%），超过了产品工资在这些年里平均每年增长4.5%的水平。在同一时期，资本生产率也略微上升。制造业利润率在1965—1970年间大幅下降了50%，后来停止了下降，并且有了某种程度的增长，在此后的三年中增长20%，从而使在1965—1973年间总体下降40.9%。同时，美国贸易差额从20世纪60年代中期到1972年一直呈下降态势，但是，到1973年突然恢复到盈余，因为商品出口达到了空前的高度。

国际竞争加剧引发了美国的利润率下降、对外贸易赤字增加，导致国际货币危机的结果，而这种结果因此又是美国竞争力的部分恢复，导致利润率某种程度的提高和国际收支平衡。但是，马克和日元的升值标志着布雷顿森林体系瓦解，这对于德国和日本经济的影响则正好相反——它们现在也开始承担着世界利润率危机的重担。

2. 德国经济的危机，1969—1973年

从1969年开始，德国经济尤其是其制造业部门的利润率急剧下降，德国制造业利润率的态势折射着美国的利润率状况，其方向正好相反——德国制造业利润率在20世纪50年代大部分时间里上升，而美国在下降；它从50年代后半期到60年代中期在下降，而美国正在复苏；此后它在1965—1969年间再一次上升，而美国的利润率又下降。德国制造业利润率在石油禁运（oil embargo）爆发之前的一些时间里，在一些重要方面代表着20世纪50年代末期和60年代初期德国制造业利润率下降的继续和严重恶化。像以前的经济下降一样，这次衰退在很大程度上仍然是德国出口导向型经济的特定模式和国际竞争激化的不可避免的副产品。德国在20世纪60年代末期开始进入危机既是马克急剧升值的结果，也是国际制造业过剩产能和过剩生产进一步恶化的结果。在1969—1973年间，德国经济因此加入了陷入长期衰退的整个发达资本主义国家的行列中，而这次长期衰退又是由国际制造业利润率危机引发的。

制造业利润率在1961年下降12%，在1961—1965年间平均每年下降5.3%，在1965—1969年间开始有所恢复，平均每年下降2.6%。在1969—1973年间，它又平均每年下降8.35%，总共下降了30%。同时，私人实体经济总体利润率平均每年下降5.1%。

劳动需求的上升无疑成为对利润率挤压的条件，但不能说是导致利润率下降的原因，因为劳动力市场事实上比20世纪60年代早期更宽松。随着在1966—1967年间大规模地引入移民工人，并且政策上决定将他们与他们的依附者进行长期融合，劳动力的就业状况在20世纪60年代初期达到了非常理想的水平。[15]但是，劳动者不断增强的战斗力在这些年里确实表现出了德国工人组织能力在不断提高，而且确实对利润率形成了严重的向下的压力。在1969—1973年间，制造业实际工资平均每年增长6.6%，而在1965—1969年间只增长4.9%，在1960—1965年间增长5.7%。制造业劳动生产率平均每年的增长率下降3.9%，而在1960—1969年间大约下降5.2%。

在20世纪60年代中期，随着社会民主党加入大联合政府，政府实行自愿收入政策（voluntary incomes policy）和物价—工资指导政策，工会继续满足资本积累的需要，有意地接受约束的政策以期能帮助经济在1966—1967年严重萧条之后能重新进入稳定发展的轨道。但是，工资增长放缓，利润率增长甚至高于半官方的出口理事会（Council of Export）预测的水平。[16]在1969年秋季，一连串不是从官方的工会组织内而是从普通工人中间开始蔓延出的突然罢工震动了德国工业——雇主以及工会官僚等。工会组织因而被迫试图补偿在前一时期它的会员由于它们向雇主做出妥协而造成的损失，同时也试图抗议在1966—1967年周期性下降后带来的劳动强度增加。这次抗议取得圆满成功。然而，从1969年1月到8月，工资增长已经下降到6.0%～7.1%这个区间，触及指导线所确定的5.5%～6.5%的范围，而从9月到12月达到8.5%～12.1%。为了重新取得主动，工会官员此后采取了更具有进攻性的谈判立场，在1970年使实际工资有了很大增长。[17]

工人战斗性的增强和所谓的"工资爆炸"（wage explosion）也只是对此前"利润爆炸"（profit explosion）的补偿性的反应。正如亨宁斯（Hennings）所说："利润爆炸必然导致更高的工资要求。"[18]最后，制造业实际工资增长在这两个时期平均每年增长——在1965—1973年间——5.7%，几乎与在1960—1965年间增长5.6%的水平相同，同时，制造业劳动生产率平均每年增长4.7%，仅仅略低于1960—1965年间增长4.9%的水平。

如果仅仅存在国内因素，那么利润率下降将会是很小的。事实可以证明，尽管制造业以外的私人部门在1969—1973年间单位劳动成本增长平均每年增长 9.4%，明显高于制造业增长 8.0% 的水平。但是非制造业部门能够避免利润率的严重下降，这是因为它能够平均每年将价格提高 8.5%，而制造业只能提高 5.8%。因此，在 1969—1973 年间，非制造业利润份额平均每年仅仅下降 2.05%，利润率下降 2.3%，整个四年利润率下降 9.1%。相反，这一时期制造业利润率下降了 30%。这仅仅是因为制造业利润率下降幅度是非制造业领域的三倍，在这些年里整个私人实体经济的利润率大约下降 20%。

正是从国际角度看相对成本的提高才决定了德国制造业利润率到 1973 年不仅明显低于 1969 年的水平，而且低于 1965 年的水平。在整个繁荣时期，德国经济当然将它的经济增长建立在出口的快速增长上。德国能够做到这些是通过政治的手段和社会经济的手段限制国内成本的增长，同时通过运用在资本品（capital goods）、化工品等生产的历史性的比较优势，而恰恰在这时国际市场对资本品、化工品等需求急速增长。在 1960—1973 年间，出口平均每年增长 7.5%，而国内的消化吸收能力（domestic absorption）平均每年增长 3.6%，只相当于它的一半。[19] 但是，正如反复强调的那样，德国经济能够出口过分依赖于遏制国内需求，从而降低国内成本，以至于贸易和经常项目的盈余从中期来看是出口动力的必然结果——并且，这迟早会成为它的阻碍。德国出口导向型的经济发展模式在结构上的缺陷，再加上德国海外竞争者带来的威胁不断增长，已经证明成为 20 世纪 50 年代末和 60 年代初德国发展的障碍，同时，德国竞争力的下降也是德国制造业利润率下降的重要原因。同样的综合征在 20 世纪 60 年代末和 70 年代初喧嚣的经济环境中再一次表现出来。

像我们已经看到的那样，在政府通货紧缩措施和 1966—1967 年间的萧条之后，成本增长的降低造成了新一轮的出口繁荣，与之相联系出现了外部盈余的增长、货币潜在的走强、投机对马克产生向上的压力以及马克最终升值 9.3%。但是，1969 年秋季的升值并不能使国际金融秩序稳定下来，因为这并不能阻止已经引起它形成的相同趋势的强化。在 1969 年 3 月到 1971 年 12 月间，尽管德国经常项目下降，但是美国放松政策以促进经济发展和德国紧缩政策以控制通货膨胀的举动，对货币形成难以承担的压力，首先迫使马克自由浮动，最后随着史密森协议在 1971 年 12 月签署，马克又进一步升值 16%。当然，史密森协议本身很快就土崩瓦解，导致布雷顿森林体系最终崩溃和货币在 1973 年 3、4 月间新一轮升值。总之，在 1969—1973 年间，马克的有效的或贸易加权的汇率平均每年增长 6.1%。

面对马克的价值的如此巨大的提高，严重依赖出口的德国制造业只能从以下两条道路中择其一：如果它们通过接受更高的相对价格来维持它们的利润率，那么它们只能承受出口下降和国际市场份额减少；如果它们通过降低价格来维持它们的出口增长，那么它们只能承担利润率下降。

事实上，像卡林已经表明的那样，德国制造业者选择了第二条路。在1969—1973年间，德国的相对单位劳动成本以非常快的速度增长，达到6.1%，这完全归因于马克的升值（有效汇率的提高）。然而，从马克平均每年升值3.7%来看，德国出口商降低了出口价格的增长。尽管马克升值导致它们的销售价格平均每年实际增长6.1%，但是，它们能够使它们商品的销售价格保持竞争力，因为世界出口商品价格在这些年里平均每年增长9.1%。所以，在1969—1973年间德国制造业者实际上能够稍稍增加它们的国际市场份额和世界制造业出口量，当然应该注意到由于世界贸易增长已经放缓，德国出口平均每年增长7.2%，大大低于在1965—1969年间繁荣时达到10%的水平。[20]

表9—2　　　　　德国的成本、价格和利润水平，1969—1973年

（变化速度的百分比）

	净利润率	净利润比例	产品工资	劳动生产率	名义工资	单位劳动成本	产品价格	产出—资本比率	实际产出—资本比率（资本生产率）	净资本存量价格
制造业	-8.4	-7.7	5.9	3.5	12.0	8.0	5.8	-0.8	-0.8	5.7
非制造业	-2.3	-2.1	3.7	2.9	12.5	9.4	8.5	-0.3	-2.6	6.6

资料来源：参见本书附录 I 中关于利润率的部分。

德国制造业者为了保住它们的市场，被迫不根据不断上升的成本来提高它们在市场中的价格，尽管如此它们也不能不接受出口减少的事实。但是，面对上涨的成本而压低产品价格，它们不可避免地面临的后果是：当短期保护出口能力，从而保护主要增长动力时，德国制造业者也将不得不承受资本存量的利润率下降，因此承受对经济发展的长期前景的沉重打击。[21]在非制造业部门，因为利润率（相对意义上）下降仅仅表现为产品工资上涨在短期内超过了劳动生产率，因此没有理由去担心会导致长期问题无法解决。根据利润份额下降而进行调整可以——并且确实——通过随后限制工资的增长而进行。但是，在制造业，因为利润率下降不仅仅表现为同生产率有关的工资上涨等的地区层面的问题，而表现为由于国际竞争加剧而导致的产能过剩和生产过剩等整个制度层面的问题，其恢复的道路绝不会是直接的，将会是一个更为艰难的博弈过程。

3. 日本的经济危机，1970—1973 年

在 1970 年以后，日本制造业的——以及整个经济的——利润率突然急剧下降。在此过程中，它继续着德国制造业利润率的演变路径；同时从反面反映美国的演变路径，正如它在整个战后时期所表现出来的那样。日本经济利润率在 20 世纪 50 年代（到 1961 年）增长到原来的 3 倍，于 60 年代初期暂时回落，然后在 1965—1970 年间继续上涨。日本利润率上升在 20 世纪 60 年代后半期达到顶峰，也远远比德国更为猛烈，使日本的利润率达到了战后的最高点，并且日本更为强劲的出口爆炸式增长使其成为可能。日本的出口繁荣像德国一样也是受惠于美国的财政政策和货币政策扩张——以及日本紧缩的财政政策和金融政策——并且带来了数额巨大的经常项目盈余。所以，日本也像德国的膨胀一样，最终被证明是自我破坏的，因为它给日本带来了不可抵挡的日元升值压力。随着在 1971—1973 年间美元贬值和日元升值，日本制造业经济失去了它在国际市场上的成本优势，遭受了利润率的急剧下降，而且其发展的潜力经受明显的下降。

利润率下降和日本经济陷入危机，这个过程经历了两个阶段。利润率下降的第一个阶段发生在 1970—1971 年间，其原因是 20 世纪 60 年代后半期日本产业投资的巨大浪潮逐渐消退，日本政府于 1969—1970 年突然实行通货紧缩的政策，以及尼克松政府对进口产品征收的 10% 的特别关税和 1971 年 8 月美元实际上贬值。利润率下降的第二个阶段发生在随后的两年，即 1972 年和 1973 年。从 1971 年开始，日本政府运用巨大的金融与财政刺激，目的在于抵消日元升值后对工商业信心的冲击，在于提高国内需求来弥补出口的突然下降，最重要的在于迫使日元价值回落以恢复出口动力。但是，这些政策以失败告终。面对着由美国政策制定者顽固地追求扩张、通货膨胀和国际贸易赤字，刺激需求不能使日元贬值。另外，对需求的资金推动也不可推动极为困难的（如果不是不可能）国内结构调整，而国内结构调整又是维持经济发展动力所必需的。具体地说，通过创立国内销售的利润机会来弥补失去国际销售的利润机会，也只有限制出口的推动才能使国内市场快速成长起来。其结果是失控的通货膨胀以及最终对利润的进一步挤压。

第一步：通货紧缩和收缩

在 20 世纪 60 年代早期短暂的下降之后，日本实际出口从 1964 年前后开始平均每年增长 20% 左右。即使这样，直到 1967 年，日本贸易盈余也只有 8

亿美元，并不对国际稳定构成威胁。但是，随着美国联邦赤字突然加速上升，美国对外贸易平衡急剧恶化，而日本对外贸易盈余大幅上升。对于日本和德国来说，美国在1968—1969年承受加速通货膨胀、对外贸易盈余持续下降似乎可以被看作是转折点。在1968年，日本贸易盈余增长了2倍，达到25亿美元，1969—1970年平均为37.5亿美元。日本外汇储备1961—1968年变化不大，大约为20亿美元，到1970年底增加到44亿美元，1971年6月则为76亿美元。[22]

贸易和经常项目的急剧增加像在德国出现的情况一样，给日本国内经济带来输入型通货膨胀的压力。从1968年起，消费价格和批发价格自繁荣开始以来第一次迅速上升。从日本国际竞争对手，最主要的是美国政府的角度看，日本应该和德国一样遏制通货膨胀，通过日元升值来减少国际贸易盈余。但是，日本政府采取了相反的政策。它通过一系列伪装贸易自由化措施来平息国际批评。同时，为了遏制通货膨胀并使出口导向型经济继续发展下去，它实施了紧缩信贷的政策。

表9—3　　　　　　　　　　日本的贸易盈余　　　　　　　单位：十亿美元

1961年	1962年	1963年	1964年	1965年	1966年	1967年
−0.1	0.5	0.0	1.0	1.9	2.2	0.8
1968年	1969年	1970年	1971年	1972年	1973年	
2.5	3.6	3.9	7.7	8.9	3.7	

资料来源：Kosai, *The Era of High-Speed Growth*, p. 177; Uchino, *Japan's Postwar Economy*, p. 174。

1969—1970年间转向通货紧缩的政策从它自己的角度看是极为成功的，因为日本经济迅速降温，制造业和出口产品价格增长到1970年底开始停止。[23]然而，政策对经济的影响最终与当局的期望是相反的。在1971年，日本的贸易盈余突破历史纪录：它的全球贸易总额翻了一番，达到了77亿美元，占OECD所有国家贸易盈余的75%还要多；制造业部门达到了171亿美元；和美国进行贸易几乎增长2.5倍。[24]在美国经济高涨的时刻，日本当局通过给日本经济降温，使正在恶化的国际金融危机开始爆发，从而给日元升值/美元贬值带来了不可遏制的压力。紧跟其后的是理查德·尼克松的"新经济政策"，随之"高速发展的时代"（era of high-speed growth）实际上结束了。

"尼克松冲击"（Nixon Shock）发生在1971年8月15日。在这个月底之前，它推动日元的浮动和日本历史上最严重的证券市场崩溃，使开始于1970年中期并持续到1971年底的衰退进一步加深和扩大化。在1971年，制造业产出和GDP的增长急剧下降，分别从1965—1970年的15.8%和12.3%下降到6.2%和4.7%。经济萧条的背后是投资的惊人萎缩，制造业和私人实体经济在1965—1970年间平均每年增长20%以上，到1971年制造业投资下降10%，私人实体经济投资下降3.1%。制造业的生产能力利用大约下降了6%，在私人实体经济领域的生产能力利用下降了3%。在这一年中，制造业的利润率下降了16%，私人实体经济的利润率下降了22%。

1971年利润率下降的原因并不像供给派的观点所认为的那样是由于工资自动上涨或生产率下降，而是需求明显不足。需求不足可能的起源是在20世纪60年代后半期的周期性投资繁荣走到尽头。在那些年新工厂和新设备的不同寻常的扩张没有维持下去，并且似乎在1970年就开始停止了，这与20世纪50年代后半期出现的形式同样令人印象深刻，也与1961年所采取的方式类似。不管怎样，政府在1969—1970年间的信贷紧缩有意地降低了需求增长，同时，"尼克松冲击"对美国进口的商品征收附加税以及日元升值都使需求增长进一步放慢。需求下降导致制造业和整个私人实体经济的利润份额和产出—资本比率大幅下降，也导致生产力利用的大幅下降。

可测度的生产率增长的急剧下降是导致利润份额下降的主要原因。但是，生产率增长在形式上的下降并不代表生产效率下降。这也是需求增长的下降的产物。日本企业承诺——除非绝对必须——避免解雇工人。尽管经济增长的急剧下降，并且随之在1971年出现生产能力利用的下降，但是，失业率却没有上升。劳动生产率下降是因为没有根据产出减少而对劳动投入进行向下的调整。劳动生产率增长没有自动向下的趋势的背后是日本经济陷入危机，下面的事实证明了这一点：制造业和私人实体经济的劳动生产率在1965—1970年分别平均每年增长13.4%和10.7%（这两个部门1970年分别增长11%和12%），在1971年经济衰退中急剧下降到5.3%和3.9%，但到1972年制造业迅速恢复到11%，私人实体经济恢复到9.4%。

制造业和私人实体经济的名义工资和实际工资在1971年比前几年稍微下降。然而，在这两个部门中，产品工资上涨并足以挤压利润，因为在1971年制造业和私人实体经济的企业能够分别将它们的产品价格平均每年提高0%和2.6%，而在1965—1970年间它们可以分别平均每年提高3.55%和4.7%。工资增长导致利润率下降，这是因为需求下降，制造业者不能像以前那样在成本之上提高价格。

导致1971年利润率下降的最后一个因素是产出—资本比率的下降，制造业和私人实体经济分别下降5.7%和11.6%——在这两个部门在1965—1970年间表现相当出色之后。需求下降再一次成为主要因素。如果制造业的产出—

资本比率根据生产能力利用状况进行调整，那么这种下降就会消失。

第二步：通货膨胀和复苏失败

日本经济分别在1957—1958年、1961—1962年和1965年由于政府的宏观经济紧缩政策而经历了下降，但是在每一种情况下都迅速恢复了发展动力。1971年的周期性衰退在下面两个主要方面是突出的。第一，它比之前的任何一次持续的时间都长。第二，也是最重要的，即使在其结束之后，经济都没有重新恢复到它之前的动力水平。问题是为什么会如此。

阻碍日本经济恢复的原因主要是日本出口前景的限制，出口下降又是源于日元升值以及世界需求和世界贸易增长的急剧下降，而世界需求和世界贸易增长的下降又是世界发达资本主义经济增长普遍下降的结果。在1972—1973年，出口（以日元计算）平均每年增长4.6%，与1965—1970年间平均每年增长17.2%相比几乎减少了3/4，这就明显地表明日本制造业者面临的条件发生了突然转变。当日本政府这些创纪录的刺激计划没有通过将它的基础转向国内市场来恢复经济发展动力时，已经没有多少人怀疑日本经济已到了历史转折点。

早在1970年秋季，日本政府就开始逐步放弃紧缩的货币政策，因为制造业和出口价格膨胀已经基本得到控制。在1971年，日本政府进一步采取措施来扭转经济出人意料的严重低迷状况，急剧增加信贷供应，同时将财政政策引入到刺激经济发展的方向。同时，在"尼克松冲击"之后，日本通过以在日元浮动之前的旧的汇率在8月的数周里买进数额巨大的美元，试图阻止经济遭受由于美元贬值而带来的损失。最后，随着出口受到日元在1971年12月升值的影响而急剧下降，日本政府推行了具有历史意义的、（有些人会说）鲁莽的金融刺激政策和财政刺激政策。1972年预算需要支出增长22%（并且补充预算同意在这一年之后进一步增长支出，追加GNP的1.4%）。货币供给在1971年已经令人惊讶地上升了24.3%，1972年又上升了24.7%。[25]

在防止通货膨胀的过程中，日本政府在思想上有一些结果。因为日本生产者在20世纪60年代后半期在固定资本上进行了大量投资，其中一些投资是债务融资的，所以，真正严重的衰退威胁到巨大的实现问题和形成无法挽回的损失。政府希望用它自己的支出来替代出口需求的损失，从消除这些不良后果。因为日元最初的升值并没有消耗掉日本大量的经常项目盈余，所以国际压力迫使日元进一步升值。日本政府并没有屈服于这种压力，而是试图刺激需求来吸引更多的进口，纠正经常项目平衡状况，同时迫使日元回到下降通道。

到1972年末，史无前例的政府刺激措施并没有重新恢复经济发展动力。制造业产出在1972年增长10.6%，仍然只有1965—1970年平均水平的60%；同时，整个经济的产出（实际GDP）增长8.2%，也没有多少好转。投资增长又下降7.2%，在两年间总共下降18%，生产能力利用也没有恢复，并且在一些程度上还进一步下降。在1972年12月，OECD的《经济展望》(Economic Outlook)认为企业投资是脆弱的，指出该国巨大的生产能力过剩，并将1972年GNP增长看作是"不足以减弱经济低迷的影响"。[26]制造业利润率在1971年下降16%的基础上，在1972年又下降了4%。

经济至多部分地得到恢复，因为政府刺激需求并不能抵消出口的下降。在1972年，出口增长从名义上看下降到4.1%，而在1971年增长16%，这相当接近了前五年的平均水平。利润受到产品工资上升、生产率增长在某种程度上的下降以及产出—资本比率的进一步下降等挤压——这时期的发展状况因此反映了价格面临的竞争压力在不断增加、投资增长进一步下降以及生产能力利用的水平也在下降。

制造业的货币工资增长在1972年恢复到了在1965—1970年间平均每年所达到的水平——就是15%——也是迫使利润下降的主要因素。但是，如果1972年名义工资上升不代表产品工资增长14%，比产品工资在1965—1970年间每年增长10.1%的水平高出40%，而在1965—1970年间的名义工资增长却是一样的，那么1972年名义工资上升15%就意味着对利润率并没有增加什么压力。正是制造业产品价格增长速度的下降导致了产品工资增长的上升。在1972年，制造业产品价格略微上升0.9%，不到1965—1970年平均增长速度的1/4，所以原因就不难找到了。

随着日元升值，日本制造业者突然面临来自海外的不断加剧的竞争。在1972年，制造业单位劳动成本以本国货币衡量仅仅上升了1.1%，但是以贸易加权汇率来衡量却不止11.8%[27]，并且以美元计算更是令人吃惊地上涨了20.3%。像同时期的德国一样，日本制造业者对于它们的竞争力下降有两种可能的反应：通过使价格上升和接受出口销售减少来维持它们的出口利润率；或者通过使价格增长速度下降和接受利润率降低来维持它们出口增长的水平和它们在国际出口市场的份额。像德国的出口商一样，日本的出口商选择了第二条道路。为了在货币升值的压力下维持出口，日本制造业者限制产品价格上涨，用美元计算只上涨了8%，以日元计算则下降3%，而在前五年里几乎平均每年增长2%。考虑到日本制造业出口大约占制造业产出的30%，那么日本生产成本的急剧增长从国际角度看背后明显是对价格、毛利（markups）和利润的挤压。[28]即使这样，正如已经注意到的，日本仍然承受着出口增长75%的下降。

劳动生产率在1972年增长10.8%,但这并不足以抵消产品工资的巨大增长,同时也大大低于在1965—1970年间劳动生产率平均每年增长13.4%的水平。[29]然而,如果从它所表示的实际生产效率来看,1972年的劳动生产率的表现最少同20世纪60年代后半期持平。尽管如此,但生产能力利用保持在1971年的低水平,就业机会同求职者的比例实际上升到1.4∶1,而失业率只是稍有增长(从1.2%上升到1.4%),因为雇主们在很大程度上继续限制临时解雇。换言之,雇主重视他们留住劳动力的承诺,尽管他们不能充分地利用劳动力。[30]

在1973年早期,随着最终导致布雷顿森林体系瓦解的美国物价的新一轮爆炸式上涨,日元也被允许自由浮动,它对美元到3月份又进一步升值8%。到1973年7月,日元对美元汇率为280∶1,自"尼克松冲击"以来的两年间总共升值22%。

在1973年伊始,由于经济复苏依然需要维持,日元的价值需要稳定,所以日本政府扩大了它的经济刺激计划,提出了比1972年更为巨大的年度支出。但是,后果却是它们始料未及的。自从20世纪60年代以来,外币的增长是经常项目盈余急剧上升的不可避免的产物,从而给物价上涨增添了持续上升的压力。在日元升值期间,外汇大量涌入增加了流动性。受到低利率刺激的庞大的私人信贷也进一步增加了流动性。一场巨大的通货膨胀浪潮就不可避免了,它首先在1972年秋季始于制造业产品价格上涨,到这一年底扩展到消费品和出口产品价格。在1973年,消费价格指数和批发价格指数分别上升了11.8%和22.6%,而在1972年分别为4.6%和3.2%。[31]

失控的通货膨胀(the runaway inflation)最先表现为土地价格猛涨,不断上升的投机性投资使这种情况更加恶化严重,同时因为借贷者能够通过利用不断增值的土地作为担保(collateral)而进行借贷,从而进一步推动了这种投机性投资行为。证券市场繁荣具有相似的动力。这两者都是由实际利率下降而形成的,因为名义利率被政府强行下调而无法与通货膨胀保持一致。随着利率下调和物价不可控制地上涨,一些公司就处在极为有利的形势下。它们通过购买和推迟出售,而且通过进行一定数量的生产性投资,就可以获得成本与价格之间暂时存在的巨大差额。[32]

然而,即使以通货膨胀为基础的资本收益也不能恢复日本生产者的健康发展。制造业投资确实在1973年急剧上升了19.4%,同时伴随着制造业产出增长每年进一步增加到13.8%(几乎可以与在1965—1970年繁荣时期平均每年的增长速度相媲美),尽管同时期GDP增长回落到7.5%。同时,制造业投资增长仍低于1970年的水平。因此，这并不足以引起与产品工资增长相比的生产率的提高，或者不足以促进生产能力利用的增加，从而可以提高利润率。

在巨大刺激的影响下，日本在1973年11月出现经济过热，求职者同职位数的比例为1.9∶1。随着通货膨胀失去控制，制造业工人的名义工资在1973年增长21.3%。但是，制造业价格上升也抵消了工资上涨对利润率的大部分不利影响。产品工资在1973年增长10.3%，比1972年的水平大约低了25%。但是，这并不足以对利润率增长形成下降的压力，因为劳动生产率增长9.1%。因为生产能力利用尽管没有完全恢复，但也上升了4%，又因为产出—资本比率只是小幅上升，所以制造业利润率也没有进一步大幅下降，但另一方面它也没有实现小幅上升。[33]

总之，在1970—1973年，紧张的劳动市场和工人的力量引起工资—生产率对利润形成挤压的情况在某种程度上显露出来，但是很少成为现实。实现充分就业或超充分就业并没有造成日本经济问题。在1965—1970年间，职位数同求职人数的比例已经大大高于理想状态，但利润率份额和利润率在制造业中有了明显提升，在整个私人实体经济中实际大幅上升。在1970—1973年间，名义工资加速上升和生产率增长的问题都没有对制造业利润形成挤压。制造业承受着利润率下降，因为它们不能像以前那样在成本之上提高价格。毛利在1971年下降是由于政府矛盾的宏观经济政策，这些政策已经造成了经济萧条和国外需求减弱；毛利在1972年、1973年也没有得到充分的恢复，因为日元急剧升值从国际角度看已经导致日本制造业相对成本上升。

事实上，在1971年经济萧条之后，整个实体经济的名义工资不像在制造业那样，它的名义工资增长足以引起对利润的挤压，尽管生产者相对不受国际竞争的影响。但是，如果脱离空前需求刺激对劳动市场造成的压力，那么人们就不能理解货币工资如此快速增长。同时，需求刺激本身只可以看作是对已经存在的经济危机的反应，而这场危机并不是源于劳动的压力，而是源于日元升值。正是日本政府试图改变日元升值以及其对日本国际竞争力所造成的灾难性的影响，试图用国内市场来弥补失去海外市场造成的对日本商品需求的下降，才能够解释它的空前的经济刺激计划，而正是经济刺激计划才能解释后来经济过热和制造业之外的工资增长（非常短暂地）超过生产率增长。[34]

如果经济刺激成功地提高生产能力利用或引起投资增长，那么这些名义工资最可能大幅增长，正如在1965年类似的（当然不是那么极端的）反衰退措施之后出现的工资爆炸式增长。刺激政策的失败不能归咎于提高生产率或遏制工资要求所面临的困难，而是随着国际形势恶化而出现的投资前景的普遍黯淡。如果日本经济不必面对日元升值和国际市场增长放缓——当然这并不是违反现实的——那么它会使工资增长,保持它们的增长轨迹。

4. 危机深化:一个总结

总结一下我对经济长期萧条的观点,包括消极的以及积极的方面:在1965—1973年间,G-7经济体的整体制造业的利润率大约下降25.5%。至于美国、日本和德国,几乎没有证据证明供给派的观点即工人的持续增强的力量和压力导致工资增长超过生产率增长,从而成为利润率下降的原因。这样的结论适用于G-7所有国家的经济。从20世纪60年代中期到70年代初期,整个G-7经济体的产品工资平均每年大约增长5.45%,几乎没有比劳动生产率增长5.15%的水平高出多少,而资本的生产率(实际产出—资本比率)平均每年大约增长-0.2%。由于劳动者不能从任何程度上降低利润份额或者产出—资本比率,因此他们根本不可能降低利润率。

相反,除了原材料成本增长得到提高以外,整个G-7经济体的制造业利润率下降完全是由名义产出—资本比率下降造成的。因为产出—资本比率下降的背后是产品价格跟不上资本存量价格上涨,这似乎合理地提出这样的假说即引起这种下降的很大部分原因再一次是——美国、日本、德国都有自己的独特性——制造业者不能在成本之上充分地提高价格,因为存在国际制造业产能过剩和生产过剩。这种观点在下面的事实中得到进一步证明:在1965—1973年间,G-7经济体在制造业之外的总体利润率只下降19%——而G-7经济体的制造业利润率下降25.5%——虽然制造业之外的单位生产成本上升远远快于制造业的单位生产成本上升。[35]

到1973年,发达资本主义世界在某种意义上说,已经走完了完整的周期。日本和德国的低成本制造业产品在20世纪60年代后半期大量涌入国际市场,使世界范围的产能过剩和生产过剩更加严重,迫使发达资本主义经济总体制造业利润率下降,而美国生产者首先承受这种下降的冲击。然而,这种危机形成的方式——特征是日本、德国的扩张直接以牺牲美国制造业为代价,从而导致日本和德国的国际贸易盈余和美国国际贸易赤字——迫使日元和马克对美元急剧升值,并且很快导致各国相对成本的重新排列。由于很少有制造业转移到其他行业,所以整个制度层面的问题仍然是同样的——制造业生产能力和产出过度供给对产品价格产生向下的压力,从而降低资本存量的回报率。但是,随着货币价值变动带来相对成本的重新排列,正是日本生产者和德国一样必须牺牲它们的回报率,如果它们想要维持它们的销售。在

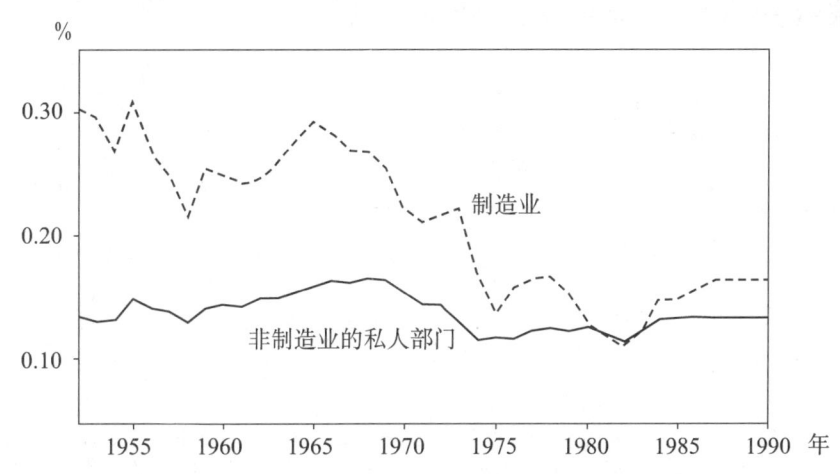

图 9—1　G-7 制造业和非制造业的私人部门的净利润率，1952—1990 年

资料来源：AGH。

1969—1973 年间，世界经济因此没有复苏，但是它的下滑影响从国际角度看会越来越均衡。

注　释

[1] 政府限制海外投资的措施包括"扭曲操作"（operation twist），它涉及将短期利率保持在较高的水平以吸引海外的短期资本，同时压低长期利率以促进投资和消除失业；"利息均衡税"（the Interest Equalization Tax），旨在通过对美国居民购买外国证券进行征税，从而阻碍外国证券投资；以及"自动限制对外信用计划"（the Voluntary Foreign Credit Restraint Program）和"外国直接投资计划"（the Foreign Direct Investment Program），它们分别是美国金融机构对外国人贷款进行最高额限制和限制美国非金融公司特别是跨国公司向它们的海外分支机构提供资金。Argy, *Postwar International Money Crisis*, pp. 39 - 40.

[2] E. Helleiner, *States and the Reemergence of Global Finance. From Bretton Woods to the 1990s*, Ithaca 1994, pp. 84 - 91.

[3] Argy, *Postwar International Money Crisis*, pp. 39 - 40.

[4] 关于刺激需求、利润率下降与通货膨胀上升之间的关系的进一步讨论，参见本书第 11 章中的"产业的重构"部分。

[5] Calleo, *Imperious Economy*, pp. 12 - 14, 25 - 28; Gordon, "Postwar Macroeconomics", pp. 136 - 140; Eckstein, *Great Recession*, pp. 25 - 27.

[6] Calleo, *Imperious Economy*, pp. 56 - 57. 美国保持对以官方价格支付黄金给中央银行的形式上的、假定上的承诺，所以构成所谓的双重制度。但是，这种诉求已经被美国的强权和经济上的脆弱架空了。美国对它的同盟者的霸权不再为私人市场所嘲弄。黄金作

为通货被有效地废止了。世界实际上将美元作为标准。

[7] Giersch et al., *The Fading Miracle*, pp. 148 - 151; O. Emminger, "The D-Mark in the Conflict Between Internal and External Equilibrium, 1948 - 1975", *Princeton Essays in International Finance*, no. 122, June 1977, pp. 24 - 26.

[8] 关于这一段以及下一段，参见 Eckstein, *Great Recession*, pp. 40 - 41; Calleo, *Imperious Economy*, pp. 58 - 59。

[9] Argy, *Postwar International Money Crisis*, p. 62; Giersch et al., *Fading Miracle*, pp. 149 - 154, 178 - 179.

[10] Giersch et al., *Fading Miracle*, pp. 178 - 179; Eckstein, *Great Recession*, p. 41; Calleo, *Imperious Economy*, pp. 60 - 62; T. Uchino, *Japan's Postwar Economy*, Tokyo 1983, pp. 179 - 186.

[11] R. Triffin, "The International Role and Fate of the Dollar", *Foreign Affairs*, vol. lvii, Winter 1978/1979, pp. 270 - 271.

[12] B. Tew, *The Evolution of the International Monetary System, 1945 - 1981*, London 1982, pp. 161 - 162.

[13] Argy, *Postwar International Money Crisis*, pp. 65 - 66; Eckstein, *Great Recession*, p. 43; Uchino, *Japan's Postwar Economy*, pp. 192 - 196; Giersch, *The Fading Miracle*, pp. 179 -180.

[14] 这里是通过参考17个主要国际竞争者贸易加权平均而得出共同货币来表示。"Unit Labour Costs in Manufacturing Industry and in the Whole Economy", *European Economy*, no. 11, March 1982, Table 11.

[15] Carlin, "Profitability in West Germany", pp. 340 - 341.

[16] "［与协调行动相伴随的收入政策和物价—工资指导政策］可能具有主要影响就是1967年之后的长期工资滞后……工资与1968—1969年经济上升时的利润不断提高相脱节……令人吃惊的是，1968年实现的实际工资增长甚至不及协会提出在1968年要实现的指导线。" G. Fels, "Inflation in Germany", in L. B. Krause and W. A. Salant, eds, *Worldwide Inflation. Theory and Recent Experience*, Washington, DC 1977, p. 620.

[17] Muller-Jentsch and Sperling, "Economic Development", pp. 265 - 267, 269 - 272, 285 - 288.

[18] Hennings, "West Germany", p. 491.

[19] Giersch et al., *Fading Miracle*, p. 132.

[20] Branson, "Trends in US International Trade", p. 196, Table 3. 13.

[21] Carlin, "Profitability in West Germany", pp. 346 - 349.

[22] 关于这一段和下一段，参见 Uchino, *Japan's Postwar Economy*, pp. 171 - 179。在这些年里，日本和德国是发达工业国家经济中唯一保持大幅贸易盈余的国家。

[23] Krause and Sekiguchi, "Japan and the World Economy", p. 401.

[24] Uchino, *Japan's Postwar Economy*, pp. 173 - 174; Kosai, *Era of High-Speed*

Growth, p. 177.

[25] Ackley and Ishi, "Fiscal, Monetary, and Related Policies", p. 230. 日本1972年预算要求支出增长达到1971年最初预算的20%~30%，也达到国民生产总值（GNP）的18%。

[26] Ackley and Ishi, "Fiscal, Monetary, and Related Policies", p. 209, n. 43 (quotation).

[27] "Unit Labour Costs in Manufacturing Industry and in the Whole Economy", *European Economy*, no. 11, March 1982, p. 106.

[28] Krause and Sekiguchi, "Japan and the World Economy", pp. 401, 420.

[29] 产出—资本比率在1972年下降3.51%，但是当根据价格进行了调整时，这种下降就不存在了。

[30] Uchino, *Japan's Postwar Economy*, pp. 192-196.

[31] Ibid., pp. 196-200, 222; Kosai, *The Era of High-Speed Growth*, pp. 184-187.

[32] Ackley and Ishi, "Fiscal, Monetary, and Related Policies"; Uchino, *Japan's Postwar Economy*, pp. 190-192.

[33] 制造业利润率在1973年实际上又下降1.3%（在1971年和1972年分别下降7.75%和19.2%）。

[34] "……日元升值以及'尼克松冲击'导致日本遭受重大损失，这不仅从对私人产业产生的直接影响可以看出，而且从它们在扭曲财政和货币政策的有效管理中的影响可以看出。" Uchino, *Japan's Postwar Economy*, p. 188.

[35] 关于前面两段，参见Glyn et al., "The Rise and Fall of the Golden Age", p. 80, Tables 2.7 and 2.12。G-7国家非制造业的利润率就是运用G-7中每个部门的（固定的）总的资本存量作为权重（Weight）从G-7制造业和G-7私人经济的利润率推论得出的。Armstrong et al., *Capitalism Since 1945*, data appendix, Tables A1, A2, A5, A6.

第四部分

长期衰退

第十章

为什么长期衰退？一个概括

早在1973年年底之前，发达资本主义世界就已经遭遇经济危机，以制造业为代表的盈利开始下降，通货膨胀率也日益上涨。因此，1974—1975年的石油危机已经不是经济困难的原始根源。然而，确实是石油危机使经济困难更加恶化了。石油价格的增长波及整个发达国家，尽管这种影响是不均衡的——在石油依赖国日本表现得较为强烈，而在石油储藏较为丰富的美国和受到财政约束的德国则表现得相对温和。由于工资和技术没能随着能源成本的提高而及时调整，利润率进一步下降，通货膨胀进一步恶化。在这种情况下，各国政府的唯一选择只能是经济急刹车，提升利率，限制信贷供给。然而，严重的通货紧缩在通货膨胀危机之后立即到来，导致利润率的进一步下降和自20世纪20年代以来的最大经济倒退。

但这仅仅是开始而已。在下一个20年里，美国、德国、日本或者整个G-7的制造业和私人实体的利润率甚至连1973年经济下滑时期的水平都没有达到，更不用说恢复其繁荣时期达到的巅峰水平了；投资随着利润率的下降而减少，尤其凸显在制造业上；整个资本主义世界开始进入长期经济衰退时期，这种状况一直延续到现在。[1]与1950—1973年期间相比，G-7从1973—1990年制造业总体资本存量的年均增长率下降了35个百分点，并且在1980—1990年间，年均增长率则下降50个百分点。[2]由于资本存量增长速度下降，劳动生产率的增长速度也随之下降：在1973—1990年间，G-7整体制造业的劳动生产率平均每年增长速度比1950—1973年间低30%——对整个经济来说则下降50%左右。[3]随着生产率增长的减少和利润率的下降，实际工资增长必然受到限制，与单位人均产出相比则下降得很多。随着投资需求的增长，尤其是制造业方面，以及消费者需求下降这么多——表明资本存量增长和工资增长的下降——产出增长也必然下降；因此，制造业部门大量裁员，失业迅速增长。在1973—1995年间，G-7经济体的失业率平均为6.5%，是1960—1973年每年平均失业率3.1%的两倍多。[4]随着产量与需求受到抑制，国际贸易增长也随之下降：在 1973—1990 年间，世界贸易平均每年增长 3.9%，而在 1950—1973 年间增长 7.1%。[5]同时，发达资本主义世界陷入了比自 1930 年以来任何衰退都更加持久而深入的一系列周期性衰退。

1. 雇主攻势的成功与失败

从开始就有一种力量或趋势能够引起利润率恢复和因此产生的复苏。正如完全可以预料到的，发达资本主义世界的雇主们受到它们的政府的支持，企业以牺牲工人的利益来抵消利润率的下降。几乎在所有地方，雇主都攻击工会，在一些情况下——最突出的是美国——甚至使工会瘫痪。几乎在所有地方，雇主们都公开攻击工人在车间的组织力量的堡垒，试图修改传统的工作条例来加速生产。为了降低间接的劳动成本和软化劳动力的反抗，整个发达资本主义世界的政府发起并推行了严格的紧缩措施（austerity drive）——严格控制贷款来迫使失业率提高，减少社会服务来削弱工人的安全网（safety net）。而且，至少在表面上，雇主们在很大程度上实现了它们的目标，实现了在阶级力量平衡中向有利于它们方向的更大的转变。

雇主们表面的反击胜利，必然构成了任何尝试解释长期衰退的出发点。如果在失业率很高和不断增长的背景下，对工人阶级进行的政治经济组织进行不断强化的攻击，确实在很大程度上削弱了劳动力的反抗，并且导致工人个人和整个社会工资增长的决定性下降，那么为什么利润率难以恢复和长期的衰退得以进行呢？上述问题对于赞成供给派方法的人来说是特别尖锐的。如果雇主们确实成功实现了对工人的重新控制，那么根据供给派的观点雇主们就应该恢复进行成功资本积累的条件。它们并没有做到这一点是否与这个理论相矛盾呢？

对于这个问题，坚持供给派方法的人会做出这样的回答，即有利于资本的阶级力量平衡的转变仅仅是表面现象而已。长期衰退得以持续的原因是，劳动力迫使资本付出高的价格而获得惨胜。在政府的从紧货币和紧缩政策的帮助下，雇主们确实达到了降低工资增长和社会服务的目的；但是，他们没有在真正意义上完全削弱工人阶级的力量，因为随着他们在工资增长降低和社会福利成本减少的情况下有所收获的同时，在雇用劳动力数量减少和生产能力降低时自身也损失了很多，同时销售收入也下降了。如果政府刺激经济是为了降低失业的话，那么雇主们将会发现他们不得不多支付直接或间接的工资，这些工资增长首先已经使雇主们感觉到难以应付。在社会积累结构学派看来，由于在一方面提高生产能力的利用和销售，与另一方面提高劳动成本之间存在此消彼长的关系并没有改善；无论刺激需求提高了多少利润率，都无法抵消由于工资增长超过生产率增长所带来的损失。在主流的宏观经济学看来，因为非加速通货膨胀失业率（the non-accelerating inflation rate of unemployment，NAIRU）没下降，无论刺激需求在产出增长和就业方面产生了多大的作用，都抵消不了工资驱动型通货膨胀回到不可接受的水平。[6]

从左派到右派的经济学家们都一致同意这样的观点，正如它导致长期衰退一样，劳动者基于制度上的权力通过阻碍劳动力市场正常运作的方式使其永久化。工会或者成功地直接阻止不断增长的非工会组织或失业的"外部人员"影响工资谈判；或者福利国家的支持水平使得失业者能够在工资没有什么降低的条件下拒绝进入劳动力市场；或者这两种方式结合起来。他们因此使工资增长不再下降到其"均衡"的水平上，正如发达资本主义世界20世纪70年代到80年代期间"工资差距"（wage gaps）明显增大所表现出来的那样——也就是工资份额的增长根据充分就业的水平而进行调整。

正如现在普遍承认的，工资差距的衡量十分困难，关于它的计算一直存在极大的争议。[7]但是，即使可以成功地表明工人对于产品的贡献在这个时期都在增加，不管如何测度，那么将其归为工人的权力永久化是极其困难的。

一种认为在20世纪70年代到80年代资本无法重新树立其霸权的看法成为一种共识，尤其是在美国，但是，美国工人的力量从任何一个标准来衡量在这些年里都在灾难性地下降，或者在日本，工人们传奇式地努力通过限制实际工资的增长和提高劳动生产率来帮助资本家应对利润率下降的挑战。在这些情况下，声称工人在过去的20年期间的力量和压力阻碍了利润率的恢复是武断的。然而，在这两个国家里，利润率下降的危机仍在继续，至少延续到了20世纪90年代。

同时，真正根本的关键问题是利润率在1965—1973年期间普遍下降之后，工人们不得不而且确实下调了他们的劳动报酬，不是缓慢地和持续性地而是急剧地、实质上瞬间地，并且不断加速地，正如已经预料到的一样。在1968—1973年几乎每年平均增长4.4%之后，G-7经济中的制造业的每小时实际工资在1973—1979年总体上增长1.4%，在1979—1989年每年增长0.5%。[8]制造业产品工资增长在1960—1973年平均大约为5.5%，这个数字与在1965—1973年间大致持平，而在1973—1979年间G-7经济体制造业的产品工资平均每年仅仅为2.7%。[9]G-7的实际社会支出在1960—1975年平均每年增长7.6%，在1975—1981年平均每年只增长4.2%，到了20世纪80年代平均每年增长大约仅为2.6%。政府实际最终消费支出在1960—1973年间平均每年增长3.2%，而在1973—1979年间平均每年只增长2.4%，在

1979—1989年间平均每年增长2.2%。

表10—1 实际社会支出的增长

（平均每年变化的百分比）

	1960—1975年	1975—1980年	1980—1985年
美国	6.5	2.0	2.7
德国	4.8	2.0	0.7
日本	8.5	8.2	3.2
G-7	7.6	4.2	2.6

资料来源：OECD, *Social Expenditure 1960—1989*, Paris 1985, p.28; OECD, *The Future of Social Protection*, Paris 1988, p.11。

表10—2 政府实际最终消费支出的增长

（平均每年变化的百分比）

	1960—1973年	1973—1979年	1979—1989年	1989—1995年
美国	2.3	1.7	2.5	0.1
德国	5.9	4.9	2.7	2.0
日本	4.5	3.0	1.3	1.8
G-7	3.2	2.4	2.2	0.9

资料来源：OECD, *Historical Statistics 1960—1995*, p.61。G-7和美国在20世纪80年代的数据由于美国在这十年里军事支出的大幅增加而膨胀起来。

根据私人的和社会的工资增长最近的从1973年开始的大幅下降看，这次持续到20世纪80年代——甚至持续到20世纪90年代的大幅下降似乎不能作为将长期衰退的永久化的根源定位于劳动对利润进行挤压的做法的有力论据。相反，为了解释为什么衰退已经蔓延开来，我们就必须解释为什么发达的资本主义经济突然就不能适应实际工资增长、产品工资增长、社会支出增长以及国家的支出增长，而它们分别比繁荣时期要少1/4、1/2、1/2和大约2/3。

供给派理论家确实已经对20世纪70年代到80年代期间，发达的资本主义经济应对劳动回报增长的能力的急剧下降做出了解释。他们用解释长期经济衰退的相同术语，认为它就是——劳动生产率增长的速度下降到已经下降的产品工资增长速度之下的结果。这种观点认为，正是这种劳动生产率危机的激化，最终导致了20世纪七八十年代和以后延续的经济衰退。

毫无疑问，生产率增长在1973年之后的急速下降，使得利润率恢复更加困难，但是，问题是这些支持供给学派方法的人如何对此做出解释。很难明白如何用他们的"劳动刚性"（labour inflexibility）的基本原理，或者是劳动的力量不能充分下降等来对它进行解释。这首先是因为没有迹象表明，工人的压力导致生产率增长的下降，从而足以形成对利润率的挤压，即使是在

1965—1973年间利润率首先下降的时候,也就是当工人的斗争性和果断性从工人方面看处于高涨的时候。它在高度繁荣和工人斗争达到顶峰时期还没有足以做到这些,难道这种来自工人的压力能够充分增长,从而足以在后来工人力量明显加速退化时期能够做到吗?

工人的抵制和怠工应该不能导致劳动生产率增长在利润率首先下降(在1973年之前)的时候存在过多的下降,一个简单的原因就是在这个时期——尽管不可否认工人的斗争性和果断性有所增强——但是劳动生产率增长还是没有下降,至少制造业上是这样的。在美国,制造业劳动生产率增长在利润率下降初期(1965—1973年)保持持平,同时,它在日本也没有下降(在劳动生产率增长出现下降的情况下,生产能力利用和雇用劳动的数量也会下降)。[10]在这两个国家中任何一个的情况都没有表明,如果在其他条件都相同的情况下,劳动生产率增长并不足以赶上工人提高工资的压力。在G-7的整体经济中,每小时的制造业劳动生产率增长为在高度繁荣和进入利润率下降的时期都保持自身稳定,在20世纪60年代初期平均每年提高5.4%,在60年代后期提高4.7%,在70年代早期(到1973年)是5.6%。[11]另外,正如已经强调的,劳动生产率增长得很快,足以与G-7经济总体的产品工资增长相匹配,并且因此阻止了G-7在1973年前工资—生产率对利润份额的挤压。但是,到制造业劳动生产率增长确实下降的时候——它几乎下降了一半,在1973—1979年间平均每年下降3.0%——工人反抗的程度正好过了高峰期。[12]制造业的劳动生产率在1973年后的下降是不连续的和急速的,但是,难道确实存在着工人反抗的相应增长——或者甚至保持着现存的压力——来解释它吗?

供给派的解释从工人的力量和反抗的角度,不能阐明生产率增长在1973年以后急速的、非连续性的下降,其中的一个非常重要的问题是劳动生产率增长在下降的时候正是个人和社会工资大幅下降的时候。因为在1973年后的时期,对雇主来说的直接工资(和间接工资)成本大幅下降,所以利润份额会明显地高于它的实际量,如果劳动生产率增长仍然保持在1960—1973年的水平。实际上,如果工人的力量推动了工资—生产率对利润的挤压是1965—1973年期间利润率问题的根源,那么工资增长在1973年后的大幅下降以及工人的反抗和力量并没有增长,就为解决问题提供了基础。随着工资增长在1973年后急剧下降,这就为雇主通过保持与1973年之前相接近的生产率增长的水平,就能快速提高它们利润份额和利润率开辟了道路。因为它们已经成功阻止了1973年以前的13年里生产率增长的下降趋势,所以很难理解如果它们愿意保持以前的投资增长的水平,那么它们为什么突然在接下来的时期内不能实现呢？它们没有保持先前的投资增长水平，这显示了最初的生产率下降和利润率不能恢复的背后除了工人力量和压力之外，还有其他一些东西存在，因此这对供给派的解释形成了极为沉重的打击。

因为事实上证实了在 1973 年后出现的劳动生产率的迅速的、非连续性的下降与迅速的、非持续的相应投资增长之间存在紧密的暂时性的相互关系，所以很难相信后者在很大程度上并不是前者的原因。[13] 正由于在 G-7 经济总体的制造业生产率的每年平均增长率下降 42%，在 1960—1973 年和 1973—1979 年之间从约 5.2%下降到 3.0%，所以在同一时期，这些国家的总资本存量平均每年增长速度下降 35%，从平均每年增长 5.5%下降到平均每年增长 3.6%。这些国家的平均每年劳动生产率增长在 1979—1989 年没有恢复，但也没有进一步下降；同时，这些国家经济的总的资本存量平均每年增长速度也没有恢复，甚至在某种程度上继续下降。[14] 在德国和日本，发生了同样的情形，制造业的每年平均劳动生产率增长速度下降，这可以追溯到资本增长对于劳动投入来说（就是资本—劳动比率）在下降，正如表 10—3 所示。[15]

表 10—3　　　　　　　劳动生产率与制造业资本/劳动比率

（平均每年变化的百分比）

	德国		日本	
	资本—劳动比率	劳动生产率	资本—劳动比率	劳动生产率
1960—1973 年	6.2	4.8	10.9	10.0
1973—1979 年	3.7	3.5	7.5	4.3
1979—1990 年	1.5	1.8	4.2	3.2

资料来源：OECD, *Historical Statistics 1960—1995*, 1995, p.54. Table 3.10; AGH。

因为资本存量增长的下降在很大程度上是由利润率下降决定的，而它本身又不能从由于工人的力量和压力而导致的工资增长超过生产率增长来解释，所以生产率增长的下降必须被看作是经济衰退的结果而不是其原因。尽管生产率的迅速下降无疑助长了这持续恶化的利润率下降，但这也是这种下降本身带来的结果。

最后，也可能根据本文的观点最具有说服力地得出，发达的资本主义经济确实在很重要的方面做出了一些有些是及时的——当然是部分的——根据利润率下降所展开的调整，尽管生产率增长在急速下降。G-7 整体经济和单个国家经济的制造业部门，在 1965—1973 年间受到利润率大幅度下降的冲击；尽管制造业的实际工资和产品工资增长在这些年里出现直接的、大幅度的下降，但是它们无法阻止利润率在 20 世纪 70 年代进一步大幅下降。但是，似乎是一种征兆，制造业之外的私人实体经济能够在 1973 年之前十分成功地应对它们所遭受的利润率下降问题，并且它们正是通过抑制实际工资和产品工资的增长，避开了利润率在20世纪70年代的进一步下降。它们因此成功地使自己稳定下来，而这是制造业部门所办不到的。同样重要的是，制造业部门的产出、劳动力和资本存量的增长在1973年后出现急剧和不断的下降，清楚表明过剩产能和过剩生产已经困扰着这一部门和导致利润率下降。但是，在非制造业部门，产出、劳动力和资本存量的增长在长期衰退时期在很大程度上保持1973年以前的水平，或者高于这一水平，因为这一部门避免了制造业部门存在的过剩产能和过剩生产，并提高了利润率。

制造业与非制造业的利润率轨迹出现分化，以及反过来出现制造业与非制造业的产出、劳动力和资本存量在1973年以前和之后的轨迹也出现分化，这些就反映了我所认为的利润率长期制度性的危机的根本原因就是——主要由制造业的过剩产能和过剩生产导致的价格向下的压力，而过剩产能和过剩生产本身又是国际竞争激化的结果。因为非制造业的私人经济在很大程度上不受这种国际间竞争激烈化的影响，所以它具有清晰的复苏路径。这个部门受阻于制造业部门缓慢增长所导致的对其产品需求增长的下降。但是，随着时间的推移，它仅仅通过压低工资增长来保持自己的复苏，至少还是一个很好的路径。因为制造业的利润率下降的根源相反在很大程度上是制度性的过剩产能和过剩生产，所以削减工资增长也是部分解决的最好办法。如果制造业的产出、劳动力和资本存量的增长在一个较长时期放缓，从而对整个经济的需求增长产生抑制作用，那么制造业的利润率就会完全恢复。另外，制造业部门存在大量过剩的、高成本的、低利润的资本存量、产出和劳动力就表明该部门存在过剩产能和过剩生产，从而为不稳定的大大增加开辟了道路，所以这些资本存量、产出和劳动力在某种程度上是必须要清除的。

在G-7总体经济中，生产率的迅速下降在1973年后冲击了制造业和非制造业部门。尽管G-7总体经济中制造业的利润份额在1973—1978年间又下降了14.5%，这构成到20世纪80年代末受到损失的一半以上，但是G-7经济中非制造业的利润份额在1973—1979年间并没有下降，到20世纪80年代末比1973年的水平还提高了8%。G-7制造业的利润率在1974—1975年世界经济的衰退中受到了重创，在1973—1978年总共下降了25%，在20世纪80年代并没有明显改善——尽管大幅度地降低了雇主的直接的和间接的工资成本。但是，非制造业的利润率则相反，在石油危机期间只有略微下降，在1973—1978年间总共下降了4%，而到了20世纪80年代以后基本恢复到略微高于1973年的水平，而这正是通过大幅削减雇主的直接和间接的工资成本实现的（见图9—1）。

制造业与非制造业的在利润率和利润份额的轨迹分化，反映在这些部门产出和投入的增长速度的分化上。在 1960—1973 年间，G-7 总体经济的制造业产出平均每年增长 6.4％，实际上高于服务业增长 5.2％的水平。但是，随着制造业在 20 世纪 60 年代末期和 70 年代初期出现过剩产能和过剩生产，这些趋势出现突然的、明显的逆转，制造业的产出增长迅速下降到在 1973—1979 年间平均每年增长 2.5％，在 1979—1989 年间年均增长 2.1％，而此时服务业部门的产出增长在 1979—1989 年下降到 3.0％，而在此之前，1973—1979 年实际上增加到了 6.5％。[16] 与此类似，在 1960—1973 年间，G-7 总体经济的制造业的资本存量平均每年的增长速度大约比非制造业高出 20％，达到平均每年增长 5.5％，而非制造业平均每年增长 4.5％。但是，制造业的资本存量在 1973—1979 年和 1979—1990 年平均每年的增长速度分别下降到 3.8％和 3.25％，而在此期间非制造业部门的资本存量增长分别上升到 4.5％和 4.3％。实际上，G-7 总体经济中的资本存量增长速度在 1973 年后出现的所有下降都是制造业中出现下降的结果。[17]

正如我们将看到的，G-7 经济总体形成的相同模式，在美国、德国和日本等单个经济中也在很大程度上起作用。如果制造业部门在 1973 年后的表现与其在此之前的表现相比，从相对的角度看与非制造业部门大致一样，那么长期的衰退将会非常缓和。因为制造业部门在 1973 年后的表现不可能使自身稳定下来，所以在它的生产力进行深刻的重新配置之前，这次衰退就是长期的并且十分难以解决的。

最简单的结论就是，雇主的进攻是由从 1965 年到 1973 年的利润率下降挑起的，并且从它自身的角度看是非常有力的和成功的。尽管由于制造业部门的停滞不前引发了对非制造业部门的产品的需求下降，但是它确实自 1973 年以来对发达资本主义国家的非制造业部门带来了意想不到的稳定性。然而，雇主进攻限制了长期衰退得以终结的能力，因为利润率问题的根源不是权力和收入向劳动者倾斜的分配不当，而是同样无法对制造业部门中过剩产能和过剩生产进行调整。

2. 过剩产能和过剩生产为什么持续？

然而，我主张用表面上持续进行的、但长期不能对制造业上的过剩产能和过剩生产进行调整来解释衰退长期存在，这似乎面对问题和矛盾像供给派的观点所面临的一样艰难。当然，我已经解释了最初由利润率下降导致陷入了危机，而这又是由过剩产能和过剩生产引发的，过剩产能和过剩生产则源于从1965年左右起的国际竞争的激化,从而触发了标准的调整过程。受到影响的高成本的制造业者,首先是美国的制造业,然后是日本和德国的制造业者尽管其总的(沉淀的)资本存量的收益率在下降,但是在它们的领域里继续保持生产,因为它们仍然可以在循环资本上实现满意的回报率。即使这种计算是正确的,并且这种失调(maladjustment)机制事实上确实解释了发达资本主义国家最初阶段的长期衰退,但是仍然存在这样直接的问题:如何用同样的机制来解释这种衰退的长期存在?这种机制表面上在利润率开始下降的20世纪60年代中后期到70年代中期开始发挥作用;但是,这种衰退在此之后仍然持续。公司以比它们资本存量的平均利润率更低的利润率继续生产,同时它们在有限的时期内从循环资本中获利。但是,最终大多数公司或者可能看到它们的固定资本消耗,或者寻求其他的更好的投资机会,或者是退出经营活动。在这些情况下,最初的过剩产能和过剩生产应该得到解决了。换言之,一方面需要从上述提到的失调机制的角度解释"中期"利润率下降,另一方面需要解释衰退持续了20年以上。

那么为什么危机的持续发展超出用最初的失调来解释的范围呢?我认为之所以如此,是因为单个的资本家像最初的资本家一样发现最好采取恢复他们自己的利润的策略,从而使制造业过剩产能和生产过剩问题进一步恶化。

退出不充分

标准的观念认为那些在其资本存量上承受低利润率和相对高成本的相关公司一旦对循环资本的投资不再有利可图,就希望离开它们的领域,但是,这种看法是过于简单了。发达的资本主义世界中那些在制造业上处于支配地位的公司通过多年的努力在各自的领域都已经建立起了无法估价的无形专利资产(proprietary intangible assets)——关于市场的信息、与供货商和顾客的关系以及最重要的技术知识。这些资产为它们在自身的领域继续生产提供有利条件,而这些条件又是它们在其他任何行业里都是不可能得到的。因此,根本不可能仅仅因为它们现存的固定的有形资产存量的回报率下降,就期望它们会倒闭。

事实上,在20世纪70年代,美国的制造业者面对着利润率下降,发起了一场全方位的反击运动,旨在通过以拒绝降低投资增长并在此基础上提高出口增长来加速技术变革,从而保持其在市场上的地位。但是,它们的主要竞争者,尤其是来自德国和日本的竞争者,根本就没有退却,反而给予某种程度的回应。为了弥补全球需求增长放缓,它们试图提高国际出口市场的份额。为达到此目的,它们表示不仅愿意消化吸收美国制造商最初已经承受的同样的利润率下降,而且通过它们能够获取银行和股东的必要的金融支持来成功地做到这一点。在过剩的制造业领域企图保持产出增长的不可避免的结果就是引发衰退的产能过剩和生产过剩的趋势在恶化。

公司坚持留在它们的生产领域,不仅因为无形专利资产引发的动机,而且因为抵制它们进入新的生产领域的障碍。随着利润增长——以及投资和工资的增长——受到抑制,总需求的增长也更加缓慢。自由支配的收入(discretionary income)的快速增长有利于生产方式重新配置到新的生产领域,但是到战后的大多数时期却终止了,并且,能够产生足够的回报率的另外一些生产领域也相应变得稀少。因为它具有结构性的特征,所以这个难题变得更加艰难。需求下降的非均衡特征源于制造业部门增长的大幅下降的非均衡性。因为被迫面对新的经济需求模式,公司面临的更大的困难在于发现哪里领域需求增长在下降或确实确立了,同时,它们资助研究和开发的能力的下降会使问题更加严重。[18]

对于德国、日本和其他许多国家的经济来说,从过剩的制造业领域里削减多余的生产能力的问题比甚至将这些生产方式转移到服务业部门更加困难。制造业领域的生产率增长平均水平与速度远比服务业高。所以,如果将投资从制造业重新配置到服务业,就不会对利润率产生损失,那么工资水平和工资增长都需要降低。但是,德国和日本及其他地方的雇主发现进一步削减服务业的工资或者扩大制造业与服务业工人所得到的工资的差距都不是轻而易举的事,同时,劳动者所得到的回报已经大幅下降了。事实上,德国的工资差距(工资不平等)在20世纪70和80年代实际在下降。因此,人们会看到这两个国家经济(像在美国一样)突出地转移到金融、保险和不动产等领域,在这些领域里生产率和利润率都在明显上升,但是有利可图地进入到一些生产率低的服务业部门如零售贸易、旅馆和饭店等就困难了。相反,在美国,工资差距迅速上升,雇主能够利用实际工资增长和实际工资水平的史无前例的向下弹性,并且在这个重要的方面,最终找到了调整的路径——恢复利润率和降低失业——这要比他们的发达资本主义世界的大多数同行更容易。

新加入者:东亚的崛起

主要资本主义经济中的制造业者努力在过剩的世界制造业市场中保持它们的地位,再加上它们很难找到适当的替换领域,这些从退出方面使过剩产能和过剩生产的问题持久化;同时,新的生产者特别是那些来自东亚的企业从进入方面使这个问题更加恶化。与它们的日本先行者一样,韩国、台湾地区、新加坡和香港地区的制造业者——以及后来的东南亚的企业——将廉价的而相对高技能的劳动力与相对先进的技术结合起来,通常在日本式的国家干预和银行——制造业、公司之间以及资本—劳动的日本式结构的支持下,能够得到比日本企业更快的制造业出口增长速度,同时在类似时间跨度里获取相应的国际市场份额。

像战后的日本一样,这些国家经济的发展是以它们的地主所有制(landlordism)的破坏(或者是缺乏)以及防止独立的金融家阶层出现为前提的。东亚国家因此像它们的先行者日本一样,自由地支持出口导向的制造业资本主义的发展,并且像日本一样,这种发展是以金融家和制造商之间、制造商之间的最密切联系的制度安排为基础的。通过政府所有或政府主导的银行,以及在政府所有的大型公司和/或在联合起来的私人大企业的基础上进行运作,东亚国家像日本一样依赖于提供廉价的投资资金,或者通过监督高度规制的西方和日本的银行的借款,或者通过鼓励高利率的国内储蓄,或者将两者结合起来。与此同时,它们努力使巨额的固定资本投资的风险社会化,通过配额、关税、补贴以及对外国直接投资的限制对新生的制造业商提供高度保护,对那些生产率增长速度很高和产品需求的收入弹性很高的行业给予特殊的支持。另一方面,还是像日本一样,它们努力根据公司的表现提供给它们多种多样的帮助,要求公司通过出口使自身适应国际市场的价格—成本原则。东亚的高度集中的"有组织的资本主义"的出口依赖达到很高的比例,并且是它们快速提高生产率的核心基础之一,因为这使它们可以培育大的制造业部门,而在这些部门里可以找到提高生产率的最好机会。最后,东亚国家不仅保证提供高水平的公共物品——基础设施、工人与技师的培训以及研发——而且通过把压制和物质利益结合起来从而形成相对"合作的"劳动力。前所未闻的资本积聚率、产出增长(尤其在制造业中)和技术进步,这些使得它们占据了在世界出口市场中很大的份额。[19]

即使到1965—1973年,东亚的经济也一直对发达资本主义世界产生明显的影响,而且可能对国际制造业的过剩产能和过剩生产的最初增长产生巨大的推动。在1963—1973年间,"亚洲四小龙"的出口占美国的进口的比例增加了3倍,从占1.6%提高到6.7%;占德国的进口的比例增长一倍,从占0.9%提高到2.2%。[20]在长期衰退的过程中,这些国家比处于长期繁荣时期的日本在更大程度上扩大了世界的出口份额,因此大大加剧了已经由日本推动产生的国际制造业的过剩产能和过剩生产的问题。

3. 债务的增长

然而，一方面，公司不退出过剩的制造业领域，同时公司自己表现出愿意承受总体大大降低的利润率，即使其他公司正在进入到这个领域；另一方面，它们能够长时间里遵循着这一路线，并且仍然坚持下去。换言之，这个制度不能通过平稳的对资源在不同行业之间进行重新配置而进行调整，但是，在某种程度上由于它不能进行这种调整，所以它引起企业破产的不断上升和严重的危机。在 1965—1973 年间，G-7 经济的平均利润率急剧下降，特别是在制造业，在 1973—1979 年间进一步下降，同时，更大比例的公司发现自身处于破产的边缘，也易于受到各种震荡的冲击，而这些震荡一般会导致周期性衰退甚至萧条。经济不稳定越来越普遍化，一场全面的崩溃可能成为现实，因为该经济更加受到由多重破产（multiple bankruptcies）引起的大规模债务无法偿还的多米诺骨牌效应的影响。在 1974—1975 年、1979—1982 年和 20 世纪 90 年代早期，发达资本主义世界确实承受着一系列比自 20 世纪 30 年代以来的任何危机都更严重的衰退，每一次衰退之后，失业水平大体上都提高了，产出的增长速度都比前一次衰退更低了。如果不是公共和私人的债务空前提高来应付经济的倒退，那么世界经济就不可能这样轻易地避免一次萧条。但是，信用的同样扩张多少保证了些许稳定性，但也抑制了经济的恢复。因为通过缩短衰退——以及更一般地使那些高成本、低利润公司继续存在，从而使过剩产能和过剩生产长期化，并阻碍平均利润的恢复——以凯恩斯主义债务创造的方式刺激需求，只能使衰退延长。凯恩斯主义使衰退变得更加温和长久。

规避萧条

在 20 世纪 60 年代末和 70 年代初，凯恩斯主义的赤字性支出是与宽松的货币政策相适应的，这些都是对危机爆发的最初应对。同时，凯恩斯主义的刺激需求的政策在很大程度成为保证世界经济走出 1974—1975 年严重倒退的重要因素，并使它在这十年的剩余时间里逐步好转。在 20 世纪 70 年代末转向货币主义——就是要应对伴随实行凯恩斯主义而出现的不断恶化的滞胀（stagflation）问题——确实是打算结束刺激需求的政策，同时，德国和日本的当局以及其他先进资本主义国家当局确实或多或少地长期承诺实施货币紧缩和财政从紧的政策。事实仍然是美国的保罗·沃尔克（Paul Volcker）和英国的玛格丽特·撒切尔（Margaret Thatcher）推行前所未有的限制信贷的政策在1979年引发了债务紧缩和行业衰退的双重过程，但是这些双重过程在影响上是存在差异的，并且其不可控制的结果就是大规模的刺激需求最终变得不可持续。在1981—1982年，因为企业破产和失业是自大危机以来最严重的，美联储放松了其严格的货币体系，而且里根政府采取了最大的整个世界都看到的凯恩斯主义政府注资（pump priming）计划。通过创纪录的财政赤字，美国联邦政府大大地提高了需求，旨在再一次不仅使美国经济，而且包括日本、德国经济从1979—1982年间的经济衰退中走出来，并且使整个制度在20世纪80年代出现好转。另外，需要说明的是，它进行了决定性的干预措施，从而应对可能导致衰退的任何流动性危机（liquidity crisis），如1987年的股票市场崩溃的危机，它有助于降低风险，从而为私人借贷的扩张提供有利条件。公司由于利润降低而渴求资金，同时消费者为了应对工资增长的急剧下降也需要货币，这些可能并且确实增长了他们对贷款的需求。正是各种类型的债务的史无前例的增长——政府的、公司的和消费者的——才保持了就业水平和生产能力的相对稳定，才最终在衰退的大部分时间里保证了经济的稳定。

防止衰退和复苏放缓

尽管公共债务和个人债务增长有助于规避萧条，但是它延缓了作为经济复苏的基本条件的利润率的恢复。发达资本主义经济要取得新的繁荣所需要的就是削减制造业过剩的产能和产量，而这些过剩的产能和产量源于国际竞争的激化，债务创造使过剩的产能和产量更加严重——具体地说，就是清除阻碍制造业总体利润率恢复的大量高成本、低利润的生产方式。从20世纪60年代末到90年代初期发生的一系列的严重的经济衰退成为世界经济完成这一任务的主要工具，并且它们为清除多余的生产能力确实做了许多工作。但是，由于债务上升所创造的需求增加趋向于缓解因为经济倒退引起的破坏进程，为更大程度的进入，特别是东亚国家的企业的进入铺平了道路，也缓和了竞争的影响。高成本/低利润的公司因此能够长期占据从抽象意义上说最终本来由更具有生产性的高利润的和更具有活力的公司承担的经济地位。但是，让经济周期发挥其自然作用就会使低生产率、低利润的公司退出经营，但是这样非常可能会使长期下降转变为直接的萧条。简言之，使制度恢复健康的前提是债务紧缩，由此引发马克思所讲的"资本价值的残杀"。但是，因为这个体制实现它的唯一方法就是更深层的、更长期的衰退，或者可能引起萧条，所以唯一现实的解决办法就是继续保持债务的膨胀，从而推动停滞和金融不稳定。

刺激通货膨胀

当连续的凯恩斯主义的刺激政策和由此引发的债务增长又反过来引发萧条的时候，它们也使通货膨胀更加恶化，这种情况至少延续到了20世纪70年代末期。因为资本存量的利润率下降，尤其是在过剩的制造业中，所以这些公司总体上降低了用来投资的剩余（surplus）。换言之，假设利润率的离差（dispersion）保持不变，那么随着利润水平的降低，更多的公司发现自身陷入困境，或者是位于生死的边缘，公司很少或根本没有资金来进行资本积累。在这种情况下，公司通常就不会像原先利润率比较高的时候那样能够满足凯恩斯主义财政赤字和私人贷款所创造的需求；它们进行更少的投资，生产率也就提高得更少，因此产出增长也更少。同样地，这些公司比以前更加被迫仅仅通过购买劳动力和更大程度利用现有的生产能力来应对日益增加的需求。的确，对于那些被凯恩斯主义赤字挽救的将要走向破产的公司来说，需求的增长就是使它们生存下来，它们可能很少增加或根本不会增加产出。结果是如果在其他都相同的情况下，任何既定的对需求的刺激都会带来比现在更少的供给增长，并带来更大的价格增长。换句话说，公司比以前利润率高的时候提高了价格而不是产出。凯恩斯主义扩大需求不可能恢复经济的活力，因为关键性的问题不在于通过扩大投资和使用闲置的生产力及失业的工人来实现高的潜在的利润；恰恰相反，而是制造业的过剩产能和过剩生产推动与成本相联系的价格下降，从而导致这一部门的利润率下降。总需求的增长并没有像供给派所认为的那样引起劳动力市场的紧张，引起工资成本的提高和更高的价格，从而引发通货膨胀。之所以如此，是因为它们并没有通过刺激更大的投资和生产率、产出的增长而导致供给提高和价格下降，反而，它们可能使价格提高。

4. 日益加深的衰退

到20世纪70年代末，宽松的信贷政策，尤其是凯恩斯主义，引起了相反的结果。在整个发达的资本主义世界，推行货币主义被提上议事日程，尽管它的影响在某种程度上被美国大规模的赤字支出稀释了。在整个20世纪80年代直到90年代，政府稳步地削减它们支出的增长，越来越力图使它们的预算平衡，并且更愿意求助于紧缩的信贷政策。

更具限制性的宏观经济政策被认为可以清除过剩的、高成本的生产方式，并且通过高的失业来降低直接和间接的工资成本，从而抵消凯恩斯主义债务创造的惯性作用,恢复利润率和经济的活力。然而,像凯恩斯主义一样,货币主义尽管在开始时取得了部分的成功,但是最终被证明是不适当的,这在很大程度上是因为它仅仅是通过改变总需求水平来运行,而根本问题是由于经济领域之间的生产方式的错误配置而导致的制造业的过剩产能和过剩生产。在一定程度上讲对借贷进行重要限制被证明是阻碍生产力的,因为总需求的突然的、急剧的下降对供给过剩的领域和供给不足的领域造成了同样的打击,对运行良好的公司和运行不良的公司也造成了同样的打击。总需求的降低会导致重新配置到新的生产领域变得更加困难,由此引发了许多问题。从某种意义上说,货币主义作为解决国际制造业的过剩产能和过剩生产的手段所面临的问题是与凯恩斯主义面临的问题相反的。凯恩斯主义通过刺激总需求,延缓了从过度供给的领域退出,但是它确实为进入到必然具有风险的、成本高的新领域提供更加有利的环境;货币主义通过降低总需求,确实迫使更多的企业从过度供给的领域中退出,但是,它也为进入到新的领域创造更为不利的环境。

在贷款需求增长和储蓄率下降的背景下,货币主义者的政策在准永久性的基础上形成了极高的利率,从而降低了增长前景。从 20 世纪 80 年代初期开始,要求贷款的呼声就间歇地、快速地高涨起来,主要是由于里根政府创纪录的赤字性支出,也因为欧洲国家政府债务的稳步提高(在 1980—1986 年间占 GDP 的比例增长了 25%),欧洲的这种做法也是为了应对失业以及与之相关的消费支出的剧增。[21]困顿中的工人在工资停滞的情况下为了保持消费水平而进行私人借款,资本家为了兼并与重组而寻求资金支撑,以及渴求利润的公司为了投资而寻求资金,这些都推高了对贷款业务的需求。与此同时,由于公司保留的收入的急剧减少、美国和大多数发达资本主义世界的个人储蓄率大幅下降[22],以及美联储拒绝通过放松货币供给来增加赤字性支出,所以信贷的供给也受到限制。应该说,美联储很可能在它的能力范围内放松银行贷款,因为它必须保持高的利率和使美元不再贬值,从而可能从国际借款来弥补财政赤字。在 20 世纪 80 年代,实际利率从 70 年代水平迅速上升到可比时期的历史高点——特别是在美国从前 10 年发展到现在,实际上利率变化是最大的。[23]

因为在总体水平上或多或少地转向宏观经济长期限制性政策,但这在消除主要集中在国际制造业部门的过剩产能和过剩生产的能力有限,所以它不可能显著提高利润率。因此,本应该随着成本增长的下降而出现的投资浪潮并没有出现。相反,在利润率仍在下降和实际利率极高的环境下,过度供给的制造业中的投资增长在下降,同时,制造业之外的部门的投资增长并没有弥补制造业中的下降。投资增长需求的下降使随着工资增长的下降而出现的消费者需求的增长受到抑制，也使随着国家支出的削减而出现的政府需求的更缓慢增长受到抑制，从而推动总需求和产出的增长的下降。20世纪80年代和90年代的发达资本主义经济受到利润率下降所导致的整个经济购买力加速下降的拖累，因此它更加缺乏活力——增长更加缓慢——与20世纪70年代相比。

随着发达的资本主义经济在20世纪80年代失去了动力，不均衡发展在某些方面被证明是自我限制的。但是，实现更加均衡的发展不但没有解决制造业领域内的生产过剩和产能过剩的基本问题，反而使它更加恶化。这是因为美国经济的相对复苏具有平衡发展的作用——虽然只是在世界经济的传统核心部分——但是，这在很大程度上是通过限制美国市场和最终的国际市场的增长而实现的。

战后日本和德国经济都采用的发展模式具有限制国内需求增长而重视出口增长的特点。这两个国家的经济发展最终依赖于国际市场的增长，并且正如已经强调和断言的，特别依赖于它们的使其国际市场的份额不断上升的能力。美国经济采取不同的发展模式因此证明是对日本和德国模式的完美的和不可缺少的补充，因为它不仅展示了相对缓慢的生产力增长，也展示了为了国内的（以及国际的）稳定而在更大程度上依赖通过联邦赤字所进行的凯恩斯主义刺激需求的政策。美国向德国特别是向日本提供巨大的、容易渗透的市场。

但是，正如已经强调的，这种相互依存关系的运行倾向于削弱它自己持续下去的条件。第一，德国和日本经济的出口导向的增长与国内导向的生产和美国经济的国外直接投资结合起来——突出体现在刺激需求和生产率的缓慢增长——导致美国的外贸赤字以及日本和德国的外贸盈余在不断扩大。这些赤字和盈余导致了美元的贬值，进而导致美国购买力下降。另外，尽管德国和日本的生活标准随着它们的货币的升值而上升，但是德国与日本的生产成本也在提高，从而导致竞争力下降。第二，特别是在海外竞争日益加剧的压力之下，美国的公司必须比以往更加疯狂地降低工资的增长。正因为这样，美国市场的发展进一步放缓。第三，最终美国的财政赤字必须削减，因为在美国制造业的利润率下降的情况下，它们就只能对投资和增长提供有限的刺激，同时趋向于提高实际利率。美国的需求增长由此进一步下降。但是，随着美国市场由于美元贬值、工资增长的降低和联邦赤字的下降而对国际市场的需求刺激也在下降，日本与德国经济的增长前景受到双重的削弱：尽管日本与德国在制造业市场急剧扩大的背景下，从不断提高的竞争力和快速增长的生产力中获得了发展动力，但是它们不仅必须面对制造业的相对成本不断提高和更加缓慢增长的市场，而且必须面对非制造业部门的潜在生产率增长所受到的限制。

在整个20世纪70年代，尽管美元不断贬值，但是美国财政赤字刺激了德国与日本的制造业发展。德国与日本越来越感觉到有利可图的出口更加困难，制造业利润率承受着向下的压力，并且越来越多地进行国外直接投资。同时，美国生产者稍微改善了它们的绩效，极大地提高了出口增长，迅速降低了它们的国外直接投资的增长。但是，特别是在面临国内通货膨胀和它们的主要海外竞争者即使利润率下降也拒绝让出出口份额的情况下，它们无法为恢复制造业利润率与活力创造条件。

在20世纪80年代的前半期，在里根政府创纪录的联邦赤字以及美元由于高利率而大幅增值的基础上，德国与日本经济进一步拓展了它们在20世纪70年代所采取的出口导向的同一发展模式。在同一时期，美国的经济在一些方面与之相反，陷入了由沃尔克极端的金融紧缩政策和美元升值所引起的危机之中，开始了一个自我转型的重要过程。在很大程度上通过清除那些高成本、低利润的工厂和设备以及劳动力（缩小规模），规模缩减的制造业部门开始迅速提高生产率，从长远角度来讲也就是开始进行复苏。通过这些年对工资增长的前所未有的压制，美国资本也能够有利可图地大规模转向低生产率的服务业，而这是那些在德国与日本的竞争者无法步其后尘的。也许最突出的是：美国财政部门进行了加速扩张——不管是国内还是国际——大大受益于旨在刺激和支持它的国家政策。

从20世纪80年代中期开始，随着《广场协议》（the Plaza Accord）的签署之后出现的日元与马克的大规模的和长期的升值，美国生产者的竞争力有了大大提升，特别是到了20世纪90年代，它们的利润率有了很大的提高。不过，因为美国的竞争力提升是通过美元贬值方式（特别是与日元、马克的比价）、降低相对（和绝对）的工资增长和政府宏观经济紧缩来实现的，这对于发达资本主义经济演化的影响不仅仅是削弱德国、日本的增长前景，而且体现在进一步抑制本来已经放缓的世界范围内的需求增长。如果没有美国（或者任何地方）的投资繁荣，美国生产者的相对成本的改善使其保持或增加它们的出口份额，而这些正是它们的海外竞争对手所损失的市场。这显然是零和博弈（zero-sum game）。

但是，使整个制度变得更加糟糕的是，随着克林顿上台，美国在1993年明确转向财政紧缩，而不仅仅是货币紧缩。这改变了转向货币主义时采取的针对紧缩趋势的最重要的反趋势——里根政府和布什政府不断推行的为了富人利益的军事凯恩斯主义。世界上的很多国家都在20世纪80年代，为了降低成本和提高利润率,通过压制工资增长和越来越推行紧缩的财政政策和货币政策来限制了国内需求的增长。但是,当美国也转向了预算平衡时,国际反通货膨胀(disinflation)趋势就大大加剧了。为了应对这种情况,大多数国家经济只能急剧提高它们对制造业出口的依赖,但是这只会使本来就激烈的国际竞争压力更加恶化。

到20世纪90年代中期,美国经济在某种程度上得到恢复,但这是以世界经济停滞的恶化为代价的。欧洲和日本都没有明显地超越20世纪90年代早期的衰退。市场增长的收缩和贸易商品价格缓慢增长或者甚至下降对利润的向下压力在强化,使得国际上的过剩产能和过剩生产变得更具威胁性了。投资繁荣确实最终在美国变为现实,这也是对利润率蠕动式增长的反应。但是,它是否足够强大和足够持久,从而能够推动世界经济走出阴影,这仍然是一个悬而未决的问题。

注　释

[1] 关于长期衰退在数量层面的广泛分析,参见 Armstrong et al.,"The Great Slowdown", in *Capitalism Since 1945*, pp. 233-261。也可参见本书表13—1。

[2] Armstrong et al., *Capitalism Since 1945*, p. 356, Table A5.

[3] OECD, *Historical Statistics 1960-1995*, Paris 1997, pp. 53-54, Tables 3.7, 3.10; AGH for 1950s. 制造业生产率增长速度在1973年后与1960—1973年相比,下降超过40%。

[4] OECD, *Historical Statistics 1960-1995*, p. 45, Table 2.15.

[5] A. Maddison, *Monitoring the World Economy 1820-1892*, OECD, Paris, 1995, p. 239, Table 1-4.

[6] Bowles, Cordon, and Weisskopf, "Business Ascendancy and Economic Impasse", *Journal of Economic Perspectives*, vol. iii, Winter 1989, p. 111, 118, and passim; P. Krugman, "Slow Growth in Europe: Conceptual Issues", In R. Z. Lawrence and C. L. Schultze, eds, *Barriers to European Growth. A Transatlantic View*, Washington, DC 1987, pp. 57-64.

[7] 例如,参见 Krugman, "Slow Growth In Europe", p. 62-63。

[8] OECD, *Historical Statistics 1960-1984*, Paris 1986, p. 91; OECD, *Historical Statistics 1960-1995*, p. 100.

[9] Glyn et al., "The Rise and Fall of the Golden Age", p. 80. Table 2.12.

[10] 德国制造业每小时劳动生产率平均每年增长速度从在1960—1969年间大约为6.5%,下降到在1969—1973年间大约为5.0%。

[11] Glyn et al., "The Rise and Fall of the Golden Age", p. 80, Table 2.12.

[12] Ibid.

第十章 为什么长期衰退？一个概括

[13] 供给派的解释最近表现突出，它放弃最初从劳动者的力量不断增强的角度解释生产率增长的做法，并力图从假定技术潜能枯竭的角度进行解释，同时与已经耗尽的追赶机会联系起来。但是，这种观点也存在一些问题。关于这些的讨论，参见本书第十三章的相关内容。

[14] Armstrong et al., *Capitalism Since 1945*, pp. 239, 241; Glyn et al., "The Rise and Fall of the Golden Age", p. 80, Table 2.12; Glyn, "The Costs of Stability", p. 86。确实，这些总体上的数据掩盖了国家经济中间存在的各种复杂性和差异性。

[15] 美国在1973—1979年的生产率增长模式由于各种原因是很不清晰的，也很难解释。

[16] OECD, *Historical Statistics 1960—1995*, p.52, Tables 3.5 and 3.6。劳动力增长也遵循同一模式。G-7经济中制造业的就业增长平均每年从在1960—1973年间的1.3%，迅速下降到在1973—1979年间的0.3%；同时，它在1979—1989年间为1.2%，这是因为服务业的增长速度保持稳定，在1960—1973年间为2.4%，在1973—1979年间为2.6%，在1979—1989年间为2.2%。OECD, *Historical Statistics 1960—1995*, pp.32-33, Tables 1.10 and 1.11。

[17] Armstrong et al., *Capitalism Since 1945*, pp.355, 356, Tables A5, A6。

[18] 也要注意："一方面，传统增长的行业自1973/1974年以来就明显表现出停滞和收缩，并且已经摧毁了许多工作岗位。另一方面，没有足够多的新活动来满足所有劳动力参与者的岗位需求……关于产出和投入结构变化的转型困难（因此）催生了当前的就业难题……只有新的、此时不可能为人们所了解的生产和技术模式建立起来，才能重新实现充分就业。" G. Fels and F. Weiss, "Structural Change and Employment: The Lesson of West Germany", in H. Giersch, ed., *Capital Shortage and Unemployment in the World Economy*, Tubingen 1979, p.31。

[19] 参见 A. Amsden, *Asia's Next Giant*, Oxford 1989; R. Wade, *Governing the Market. Economic Theory and the Role of Government in East Asian Industrialization*, Princeton 1990。

[20] Giersch et al., *Fading Miracle*, p.224。

[21] T. Helbling and R. Wescott, "The Global Real Interest Rate", IMF Staff Studies, September 1995; G. Davies, "A Mountain of Reasons to Reduce Public Debt", *The Independent* (London), 9 October 1995。我感谢罗宾·布莱克本（Robin Blackburn）提醒我注意后一篇文章。

[22] B. M. Friedman, *Day of Reckoning. The Consequences of American Economic Policy under Reagan and After*, New York 1988, pp.156-158; Armstrong et al., *Capitalism Since 1945*, p.235。德国和日本是这种趋势的例外。

[23] A. Knoester and W. Mak, "Real Interest Rates in Eight OECD Countries", *Revista Internazionale di Scienze Economiche e Commerciali*, vol. xli, no.4, 1994, especially pp.325-330。

第十一章
凯恩斯主义的失败，1973—1979 年

　　为了渡过 1974—1975 年由失控的通货膨胀和随后诉诸货币紧缩所引发的深度衰退，也为了使世界经济在 20 世纪 70 年代剩下的几年里好转，以美国为首的发达资本主义国家稳步推行更大的预算赤字和宽松的货币政策。但是，到这个十年末期，发达资本主义经济在很大程度上回到了它们出发的同一起点上，当然它们到达这里走的是与过去不同的路线。

　　在 20 世纪 60 年代后半期，低成本的德国和日本生产者加入进来，而更高成本的美国生产者并没有离开它们的生产领域，这些就导致了过剩产能和过剩生产，以及世界范围内的利润率下降，特别是制造业部门。同样，在 20 世纪 70 年代，过剩产能和过剩生产得到持续并进一步恶化，而这时以美国为基础的资本发起的反击旨在降低生产成本和重新建立美国生产的利润水平、竞争力和霸权地位，现在遇到成本提高的德国和日本的制造业者——以及成本提高的美国制造业者——拒绝从这些领域退出，尽管它们自己的利润率下降。这样大量的公司没有退出是因为上述分析的凯恩斯主义的赤字使私人负债同步增长，以及特别是德国和日本的制造业愿意和能够接受不断下降的利润率。

　　因为利润水平没有复苏，使这个制度得以好转的刺激需求只能导致像 20 世纪 60 年代末和 70 年代初那样一系列的发展状况：高成本的、低利润的公司在数量上不断增长，而这些公司如果没有需求刺激就可能面临破产；由于公司所得到的剩余在下降以及相应的投资能力下降，任何既定的需求增长都会引起产出增长的下降；通货膨胀相应在加速，因为任何既定的需求增长都会引起供给的反应比以前利润率高的时候要更小；为了应对通货膨胀而采取提高利率和紧缩的货币政策；最终形成新一轮的周期性衰退。另一轮同样的启动—停止的周期（go-and-stop cycle）引发了 1970—1971 年和 1974—1975 年的衰退，顶点出现在 1979—1982 年的衰退中，同时表明了经济的根本问题仍然存在。

1. 20 世纪 70 年代的美国经济

保证需求

为了应对 20 世纪 30 年代大萧条的爆发以及相应的联邦预算赤字，共和党的胡佛政府（the Republican Hoover administration）企图降低支出以平衡预算。但是，为了应对 1974—1975 年石油危机的衰退，共和党的福特政府（the Republican Ford administration）继续沿着共和党尼克松政府所确定的先例，实施了美国历史上的最大规模的减税行动，第一次推行一系列的刺激经济的一揽子计划，美国联邦政府在这十年的余下的几年里每年都采取这些计划。[1] 在 20 世纪 70 年代的后半期，福特政府和卡特政府推行赤字政策，赤字占 GDP 的比例增至 20 世纪 60 年代末的水平的三倍。所以，它们向私人经济表明，它们会做那些对于阻止经济滑入衰退所必需的任何事情，并且推动为私人部门借贷的相应增长创造条件。在 1975—1979 年间，公共和私人部门加在一起的每年借贷水平达到历史新高，平均达到 GDP 的 19.2%，几乎是 1965—1970 年间越南战争时期的两倍，为短暂的稳定和增长奠定基础。[2]

美国制造业的反攻

大约从 1971 年开始，美国制造业者面对激烈的国际竞争不是放弃这一领域，而是在国家的强烈支持下发起了持续性的反攻（counter-attack）。到 1973 年底，它们通过美元的大幅贬值，通过使实际工资增长不像德国和日本那样快，也通过至少在几年里提高制造业的劳动生产率，从而显著地提高了竞争力。在 1974—1975 年的石油危机中，美国生产者能够进一步提高它们的地位，因为它们对石油进口的依赖比它们主要的竞争者更小。在随后的几年里，它们通过在国内对劳动力发起新的进攻和在国际上对它们的主要制造业的竞争对手发起新的进攻，能够获得更大的收益。

降低劳动成本

工会运动从 20 世纪 50 年代末起在资本的加速进攻下和在其普通成员的压力下而不断下降，但在 20 世纪 60 年代末和 70 年代初有了一些复苏。但是，随着石油禁运所引起的衰退，失业在 1975 年达到 8.5%，所以公司能够使工会运动的高潮终结，从而为直接和间接的劳动成本增长的进一步大幅下降开辟道路。

在20世纪70年代后期,雇主实际上在没有抵抗的情况下不再接受它们的劳动力根据《国家劳动关系法案》(the National Labor Relations Act)中工会代表选举的申请。早在1965年,它们才接受这样42%的申请,但是到1973年这个数据下降到16%,到1978年它进一步下降到8%。管理者指控工人在推动组织工会过程中为非法活动的数量也在上升:在1973—1979年间,工人指控雇主劳动不公正的情况上升60%,由于雇主的非法活动而使工人受到报复或被命令回到工作岗位上的工人的数量增长了2/3左右,因为工会活动而非法解雇的数量上升50%左右。尽管工会已经在1960—1965年和1965—1973年工会代表选举中分别赢得了60.4%和56.4%,但是它们在1973—1979年间的工会代表选举中只赢得了48.3%。在同一时期,私人部门的工会覆盖面(union density)迅速下降,从27%下降到22%,在制造业中从38.8%下降到32.1%(1980年)。罢工活动也在这些年里显著下降,在罢工上损失的劳动时间的比例与1966—1973年相比几乎下降了1/4[3](参见图4—2和图8—2)。

随着工人抵制的减弱和工人运动的政治影响的下降,雇主得以大幅降低它们的劳动成本。在1973—1979年间,实际工资增长迅速下降,制造业中平均每年增长1%,非制造业的私人经济部门平均每年增长0.4%,而在1965—1973年分别平均每年增长1.9%和2.6%,在1950—1965年分别平均每年为2.9%和2.8%。实际社会支出增长同时下降,在1975—1980年间平均每年只增长2%,而在1960—1975年间平均每年增长6.2%。[4]

进一步趋弱的美元和借贷成本不断下降

美国制造业者增加的收益也是以直接牺牲它们的国际竞争对手为代价的。随着在1973年2—3月短命的史密森体制(Smithsonian regime)的瓦解,美国清楚地表明它偏爱于浮动汇率,反对任何回归到固定汇率的制度上去,不管这种制度多么富有弹性。在新体制下,随着美元继续成为主要货币,美国政府能够自由地根据政府偏好选择通过提高联邦赤字来推动经济,并且仅仅通过增加货币供给来为不可避免产生的不断增长的贸易和经常项目赤字提供资金。实际上,正如尼克松一样,福特和卡特已经实际上采取由其创纪录的联邦预算赤字所导致的创纪录的经常项目赤字政策,因为这样不可避免地降低美元的价值和提高美国出口竞争力。在石油危机引起的衰退期间,美国已经出现经常项目盈余,在1975年其盈余达到GDP的1.1%。但是,随着进一步转向凯恩斯主义,外债迅速上升,经常项目赤字在1977年和1978年分别达145亿美元和154亿美元,大约达到GDP的0.7%,是1972年的水平的三倍左右。

外债的上升以及随之而产生的日本和德国盈余的相应增长，给美元产生巨大的向下的压力。在1975—1979年间，美元对日本和德国马克分别下降26％和27％，结果是日本和德国的制造业工资增长以美元来计算在这个时期几乎是美国的两倍，它们分别每年增长16.4％和17.1％，而美国为9.3％。类似地，美国制造业的单位劳动成本以美元计算平均每年增长只是日本和德国的一半——美国为5.9％，而日本为11.2％和德国为11.4％。

除了从国际角度看降低了实际工资增长和提高相对成本以外，美国生产者还能够从实际借贷成本的大幅下降中受益。借贷成本的下降是政府的宽松货币政策的初衷。由于中东的石油出口国的石油美元（petrodollar）的重新回流和发达资本主义国家的低增长而产生的对信贷需求的下降，国际上可供贷款的资金突然增长，从而也使信贷成本进一步下降。在1973—1979年，实际利率下降到零以下，平均为−0.1％，而1960—1973年为2.5％，从而使制造业者大大增加了以最少的成本并在债务基础上进行投资融资的力度。在战后的大部分时间里，制造业者几乎不依赖于借债进行生产融资：在1950—1965年间，利息支付仅仅占利润的1％，当然，随着利润水平大幅下降，净利息占利润的比例在1965—1973年间上升到11％。在1973—1979年间，随着利润下降和借贷成本降低，这个数据再次增长了1/3，达到15％。

投资、产出和生产率的增长

受到其成本条件改善的推动，美国制造业者一致努力保持或者甚至增加投资，从而有助于提高产出和生产率的增长，甚至在面对利润水平下降的时候。在1973—1979年间，为了提高利润中投资的比例，制造业公司的管理者将每年支付的红利占利润的比例降低到16％，而1950—1973年为26％。他们在这样做的过程中，有力地推动了制造业部门在这些年里增加其投资，平均每年增长5.6％，与在1950—1973年间的增长速度（平均每年为5.8％）几乎一样，同时制造业部门增加了其资本存量，平均每年增长3.8％，也与在1950—1973年间的增长速度（平均每年增长3.9％）几乎一样。[5]所以，结果给人们留下深刻印象。在1975—1979年间，制造业产出平均每年增长7.2％，与1958—1965年高度繁荣时期的增长速度几乎一样。在同一时期，制造业劳动生产率在石油危机衰退中出现灾难性下降之后，平均每年增长2.6％，根本不比1950—1973年平均每年增长3.0％的水平低太多（特别是在1979年由于新一轮衰退的爆发而使得这一年的数据为负数的情况下）。

美国相对成本状况的改善使得其在世界贸易增长下滑的形势下保持非常

令人钦佩的出口增长。在 1973—1979 年，美国出口平均每年增长 5.8%。这个数据只比在 1965—1971 年间所达到 5.3% 的水平略高，但是因为世界贸易增长在这个时期只是 20 世纪 60 年代末和 70 年代初的速度的一半，所以它应该看作是一个巨大提高。它是通过美国增加对世界贸易的依赖才实现的，同时出口占 GDP 的比例增长 35%，制造业出口占制造业产出的比例几乎增长 50%。

由于美国竞争力提升推动了美国出口能力的极大改善，所以它大大降低了投资海外的动力。到 1970—1973 年，作为美国竞争力长期下降的表现，美国制造业公司投资海外几乎只相当于它们国内投资的 30%，而 1957 年只为 11%。但是到 20 世纪 70 年代后半期（1975—1979 年），这个数据已经回落到只有 21%。[6]

但是，到 1979 年第二次石油危机前夕，尽管投入的成本并没有显著下降，投资、生产率、出口和增长的表现很好，但是也没有迹象表明美国经济趋于复苏，主要是因为制造业部门的利润水平已经进一步下降。在制造业之外的行业中，资本能够遏制工资增长，从而使利润率保持稳定。所以，在 1973—1979 年间，产品补偿平均每年的增长速度下降 75%，只为 0.7%——而在 1965—1973 年间为 2.8%——结果是在 1975—1979 年间利润率的平均水平比 1973 年高出 15%。所以，在这 4 年里，制造业以外的行业的利润率平均比 1973 年的水平高 8%，结果是私人实体经济整体上的利润水平能够维持比其在 1973 年的水平略高，当然在制造业中出现了利润水平进一步下降。在制造业中，利润水平在 1974—1975 年的石油危机中比 1973 年进一步下降 25% 左右，而 1973 年的水平已经比 1965 年其高峰时低 40% 以上。在 1975—1979 年间，制造业的利润水平平均比石油危机谷底时的水平可能高 15%，但是到 1978 年仍然比其在 1973 年的水平大约低 12%。在 1979 年，因为经济重新陷于衰退，所以制造业利润水平回落到第一次石油危机的水平，并且走向更加疲弱的低点（参见图 0—3）。

为什么成本改善和刺激需求二者之间积极配合并没有引起制造业利润水平有更好的表现呢？答案似乎在很大程度上（如果不是全部的话）就在于制造业部门在利润水平下降的情况下仍然维持着过剩产能和过剩生产，而凯恩斯主义的需求刺激有力地促成了这一现象。20 世纪 70 年代的制造业扩张不仅包括那些为了提高利润而提升生产率的公司的产出，而且包括那些没有降低成本的那部分公司的产出。尽管它们的利润率在下降，但是那些高成本和（或）低生产率的公司因为赤字支出达到史无前例的水平以及超低的利率而仍然生存和运行，虽然它们的利润率极低。另外，大量低利润的公司没有退出并不局限于美国；它是一个国际性的现象。美国扩张性的政策不仅使美国经济在20世纪70年代出现好转起着至关重要的作用，而且为德国和日本那些依赖出口的公司提供不可或缺的需求方面起着至关重要的作用。同时，德国和日本的制造业者在吸引金融家的支持和保持企业运行上具有超凡的能力，当然这会大大降低利润水平，只会使制造业过剩产能和过剩生产的制度性问题更加恶化。

退出受挫

尽管利润水平下降，但是制造业公司几乎没有降低它们的生产方式或将它们从过度供给的制造业领域转移出来或者退出运行。在1973—1979年，制造业产出占私人经济总的产出的比例保持稳定，制造业投资占总的私人投资的比例实际上大约增长10%。但是，可能最有说服力的是——特别是从利润水平下降方面看，这一定大大提高了处在破产边缘的公司的比例——存在这样一个事实，即每年企业破产的比率不是像想象的那样在增长，而是大幅下降，在1973—1979年间企业破产率比在1960—1973年间平均低20%。[7] 如果离开对需求进行前所未有的刺激，就无法解释那些生存下来的企业的比例实际增加的原因。凯恩斯主义由于使大量低利润的企业生存下来，所以它在20世纪70年代是有益于经济稳定的，但是，它通过阻碍提升生产率和价格以及利润水平的增长而使经济从根本上缺乏动力的状况长期化。

当美国联邦政府从1975年起开始推行更大的赤字政策的时候，它有助于使美国和整个世界经济复苏。石油危机对日本和德国的打击比对美国的打击要严重。日本和德国经济由于政府为了出口增长而将控制通货膨胀看作是重中之重，也由于它们不愿意通过预算赤字和依赖于货币紧缩来刺激需求，所以受到很大抑制。正是赤字推动的美国需求的扩张使这些经济体从衰退中走出来。日本和德国将它们的复苏完全建立在出口增长的基础上，所以美国贸易和经常项目赤字的上升成为它们复苏的主要原因。

由美国预算赤字所决定的对外贸易赤字似乎比其"应该"达到的水平要大，就是说，比从国际角度看其相对成本的演化所形成的水平要大。在1975—1979年间，美国制造业单位劳动成本的增长以美元计算只相当于日本和德国的一半。人们会有理由质疑日本和德国的生产者在这一时期如何能够如此快速地提高它们进入美国的进口比例，同时它们运用什么方式能够保持或者甚至略微增加它们占国际市场的份额，而美国所占的份额在下降。[8]

正如我们将详细分析到的，德国和日本制造业经济能够仅仅通过接受大大降低的利润率就会实现出口导向的扩张。人们在这里只需要注意的是，尽管日本和德国制造业者在1975—1979年间使它们的单位劳动成本平均每年增长速度比美国平均每年增长速度快5%，但是它们实现的出口商品价格平均每年增长速度分别比美国出口商品价格平均每年增长速度低7%和4.5%。在它们改善相对成本（这在很大程度上得益于美元贬值）的基础上，美国制造业者能够在成本之上将价格提高到过去所不可能达到的程度。但是，如果日本和德国的生产者不愿意和不能通过增加它们占国际市场的份额来增加它们的出口依赖，从而保持回报率下降，那么美国生产者会在成本之上进一步提高它们的价格。

随着利润水平不能复苏，卡特政府和福特政府的创纪录的联邦赤字不可能带来与需求增长相适应的供给增长，所以通货膨胀的加速就是不可避免的结果了。在1977—1978年，国内生产总值价格缩减指数（GDP price deflator）的增长速度分别为6.3%和7.7%，这比1973年后石油危机的顶点时的5.7%还要高。在这两年里，美元的汇率从贸易加权（trade-weighted）角度看下降11%，美元对德国马克和日元分别大约下降25%和35%。它是1965—1968年和1971—1973年的情况的重演。利率必须上升，或者美国政府进行干预来提高它。结果是这两种情况都发生了，从而引发了划时代意义美国主导的国家政策在国际上的重新定位，摒弃凯恩斯主义，趋向于或多或少具有持久性的反通货膨胀的方法。

2. 20世纪70年代的日本

在日元升值和石油危机的双重灾难面前，日本经济的前景明显下降。很难看到其后来的调整过程如何得到改善。但是，尽管它对于国际成本的新的、不利的框架进行了应对，但是日本经济并没有使利润水平恢复，也没有重新启动持续性的投资繁荣，因为它继续沿着同样的以制造业为中心的、出口导向的轨迹前行。由于价格增长特别缓慢，也部分地由于它实施严格的、反通货膨胀的宏观政策，以及在很大程度上由于将其公司与相互之间的准永久性客户联系起来的多种网络而导致进入到它的制造业的市场是特别困难的，所以日本倾向于赢得更大的贸易和经常项目盈余，而这些又迟早会推动日元升值和从国际角度看提高日本的生产成本。另外，由于现存的国际制造业存在过剩产能和过剩生产，美国竞争力改善，东亚新对手崛起，所以日本生产者发现在国际市场中受到其竞争对手的不断增长的压力。所以，日本经济只有通过接受大大下降的利润水平，才能保持其制造业出口导向的发展道路，如果日本工资增长不如此巨大地下降，那么其利润水平可能会更低。在石油危机中，日本制造业受到国际市场的暂时崩溃而受到沉重打击。后来，它的扩张不仅受到世界对制造业需求下降的困扰，而且特别受到它不能像以前那样通过从竞争力更差的对手（首先是美国）那里抢夺巨大的市场份额从而实现增长的困扰。

在很大程度上作为对国际和国内通货膨胀繁荣的反应，发达资本主义政府以及特别是日本政府企图在1971—1973年间借此保持战后长期繁荣，但是日本在第一次石油动荡中成为发达资本主义国家中经历最大衰退的国家。在1973年初，为了抑制通货膨胀，日本政府转向不断紧缩的货币政策，当石油禁运在这一年末出现时，日本经济陷于危机。到1975年初，工业产出和生产能力利用已经比1973年初的水平下降20%以上。到1975年末，制造业就业（以小时来计算）已经比1973年的水平下降12%以上。[9]

只有制造业出口的加速增长才能使日本经济在衰退中趋于好转。[10] 从随着国际危机而出现的世界需求增长迅速下降来看，出口的加速增长似乎是矛盾的。但是，在其不同寻常的高度固定的成本条件下，人们也是这样期望日本制造业部门的。因为它们趋向于快速增加固定资本，并且是在借债的基础上这样做，也因为它们解雇劳动力很困难，所以日本的公司必须在几乎任何价格上都要保持产出和生产能力利用。在1974—1975年这两年里，出口增长平均为11%，出口占日本GNP的比例上升28%。日本贸易盈余为需求增长提供主要来源，从而使经济得以运行和防止更严重的萧条。

出口的增长只能是以制造业利润水平大幅下降为代价的。在1974年，由于工资需求仍然是处在消失过程中的超级通货膨胀（hyperinflation）的主要因素，所以制造业和整个私人经济中名义工资大约增长25%；在1975年，随着通货紧缩成为现实生活中的一个事实，名义工资进一步增长13.5%。在制造业之外的私人经济中，这些增长并不是一个严重的问题。公司可以像提高工资那样提高价格；当然在生产率增长为零的时候，它们能够使名义工资保持一致，同时在这两年将利润水平的下降幅度限制在总体上"只有"25%左右。但是，尽管制造业中的成本增长几乎与非制造业一样，但是公司不能阻止利润水平下降60%。由于面对突然停滞的国际市场和已经激化的国际竞争，但是又需要以某一价格水平来出售商品以利用在最近大大扩张的资本存量和不能轻易解雇的劳动力，所以日本制造商别无选择地限制它们大多数对外贸易的商品的价格以保持产出和销售。在非制造业私人经济部门，公司平均每年提高价格18.3%，而在制造业中公司只能平均每年提高价格7.5%。即使如此，制造业部门的公司并不阻止生产能力的利用在这两年里下降了22%，而非制造业私人经济部门只下降了4.6%。随着生产能力利用和价格增长下降，利润必然也下降。

但是，日本经济困难并不会以渡过石油危机而结束。甚至到1979年，制造业的利润水平并没有多大程度的复苏，仍然大大低于它在1974年的水平，只比1975年石油危机中的低点大约高12%，比它在1973年的水平低40%，而1973年的水平已经比它在1969—1970年顶峰时的水平低22%。在政府干预时期，制造业利润份额只提高了10%，产出—资本比率并没有表现得更好，增长不到15%。作为制造业利润率在这些年里大幅下降的直接表现，新工厂和设备平均每年增长的支出下降到零，而1965—1970年超过20%，总的资本存量平均每年增长下降到5.6%，而1965—1970年大约为17%。随着投资增长下降，可以预料到的是产出增长也会剧烈下降，在1975—1979年间制造业实际产出平均每年增长大约下降到6.6%，而1965—1970年大约为20%。制造业的劳动力（以小时计算）在这四年里也没有任何增长，它在1979年的水平仍然比它在1973年的水平大约低12%。所以，人们会提出这样的问题：什么东西会阻止制造业的利润率和投资在石油危机之后取得更好的复苏？

劳动力成本和质量

早在1974年和1975年石油危机的时候，实际工资增长下降，制造业中实际工资平均仅仅增长2.8%（私人经济为3.4%）。在那时，随着制造业中名义工资增长平均每年下降到7.7%，而1970—1975年大约为19%，制造业实际工资在1973—1979年平均每年仅仅增长3.0%（私人经济中实际工资增长为2.65%）。[11] 日本制造业和私人经济中的实际工资在1970—1973年平均每年大约增长8.5%，这与在1965—1970年间所达到的速度不相上下。日本工人接受他们的实际工资增长下降大约2/3，但是他们对自己的报酬很不满意。

从劳动生产率角度看，其表现也是类似的。在1975—1979年间，制造业劳动生产率平均每年增长6.4%（在1973—1979年间为5.1%），这还不及在1965—1970年间高度繁荣时期增长速度的一半。但是，这一数据极具误导性。它并没有由于1973—1979年生产能力利用的下降而得到调整，1973—1979年生产能力利用平均比20世纪60年代末和70年代初的水平大约低15%，同时，它也没有根据雇主面对大量没有利用的生产能力仍然保留它们全部过去的劳动力而进行调整——日本到1979年的失业水平仍仅仅为2.1%。它也没有考虑资本—劳动比率的增长速度在1973—1979年和1975—1979年大幅下降，它在这两个时期分别是1965—1973年增长速度的1/2和1/4。在生产能力利用下降的背景下，在这个时期增加劳动力储备、降低与新工厂和设备相配套的工人以及提高日本劳动生产率增长实际上被证明是相当好的。

日本劳动生产率的相对令人刮目相看的表现是通过对劳动力的更有效的、更精心的运用。在一度被称为"缩减运行规模"（operation scale-down）的计划中，公司停止替代退休人员，减少加班，将剩余工人分配到相关单位（常常在同一"集团"中），以及用更低报酬的女性劳动替代男性工人。这也是对"品质圈"（quality circles）的强化使用，从而产生更具有责任心的和更细心的劳动力，或者导致明显而简单的速度提高。[12]如果根据生产能力利用情况进行了调整，当然这里还没有根据劳动力储备或资本—劳动比率增长下降进行调整，那么在这些年里制造业劳动生产率平均每年增长率达到7.05%，并不比1955—1973年整个时期为9.3%的数据低太多（当然比20世纪60年代后期平均每年增长达到12.5%的高速度低了不少）。[13]

日本这些年的经济表现提出的问题不是为什么劳动生产率增长大幅下降，而是为什么没有更多资金投资到利用工资增长速度的下降和日本劳动力的加倍努力及效率中，从而提高生产率和利润份额及利润率。在日本产业结构在此时出现极大转型的条件下，这个问题变得更加尖锐。

产业的重构

日本生产率增长的引人注目的表现是日本产业重构的重要组成部分，而其产业重构是为了应对从国际上看日本生产成本在20世纪70年代出现的上升。竞争力下降是日元不断上升所引起的相对工资成本急剧增加的结果，是两次主要的石油提价造成能源成本飙升的结果也是来自于东亚的低价格的制造业进入到国际市场的结果。作为回应，在不到10年的时间里，日本经济发展水平大大降低并从根本上改造在高增长年代起核心作用的"重的"、能源密集的和劳动密集的行业。同时，它集中发展高附加值的产业（特别是汽车业）和"电子机械"（mechatronics）行业——就是将电子与机械结合起来的高技术产业（如数控机床或包含集成电路的电子机械）。[14]

日本完成经济重构过程的速度在发达资本主义世界中是无可匹敌的，也只有通过日本经济组织的特定制度框架才能实现的。确实在这些年里，因为公司增加它们自我融资的能力和更多地接受其他资金来源，所以国家对投资过程的干预更少，也比以前更少地直接管理经济。另外，它在推动公司之间的协调和影响经济的方向上仍然起着重要作用。在20世纪70年代初，政府制定了将经济引向高附加值、高技术领域，脱离劳动密集和重工业领域的"规划"。它通过低利率和减税，通过组织私人经济合作完成研究和开发，以及通过为新兴产业提供很大程度上的保护，从而为引导投资方向提供动力。

从1978年开始，政府也组织一系列的劳动密集型和能源密集型产业如铝冶炼、造船和石油化工等的"萧条卡特尔"，旨在使这些领域的公司能够通过人为维持价格来保持它们的利润，同时降低它们的生产能力。应该指出的是，政府在这个时期比其他任何发达资本主义国家都继续将更大比例的国家支出用于投资。

当然，正是私人产业直接完成了这种转型。在这里，日本的劳动力又一次屈服，降低了工资增长速度，推动了技术和组织变革。同时，由于承诺避免解雇工人，日本公司不仅非常愿意在现代化中进行大的投资——正如它们在钢铁行业中那样，它们在1973年后的十年时间里将持续连铸方法（continuous casting methods）的生产比例从20.7%提高到86.3%——而且非常愿意将生产配置到新的领域中去，因为它们在新的领域中能够利用多余的工人。这些自然加快了调整的过程。

将大部分经济组成平行的和垂直的网络，从而将银行与公司以及公司之间联结起来，这也在这次转型中起着重要作用。因为这些集团中的公司在很大程度上构成相互之间的共同市场，也因为它们相互告知它们的投资计划，所以它们能够以很高的安全程度和速度将投资重新配置到新的领域。在集团内部公司之间和集团与其分支的供应商之间保持这种密切联系，也达到同样的效果。[15]

可能最关键的是，日本公司通过它们与其银行之间的密切关系，在融资渠道方面比它们的主要海外竞争对手占有很大优势。尽管它们的利润水平大大降低，它们仍然能够保证从其银行贷款者那里得到大量资金以完成新的项目，并且当它们降低红利时能够得到那些持有其股份的银行和公司的理解。所以，它们在公司利润水平下降的情况下能够维持投资计划，而在其他发达资本主义世界中特别是美国，利润水平下降将会引起来自外部投资者的融资下降。另外，它们会预期并能够根据国际标准以非常低的利率来进行贷款，因为家庭的储蓄倾向非常明显，从而不断引起廉价资金的稳定供应。

尽管日本每年在新工厂和设备的总投资在石油危机爆发后的五六年里没有增长，但是它占GDP的比例仍然在发达资本主义经济中是最高的。甚至在1973—1979年衰退期间，日本的制造业总的资本存量平均每年的增长速度比它的美国对手在同一时期的增长速度高34%（前者为5.6%，后者为4.2%）。

通过它们的大转型，日本制造业公司到20世纪80年代初能够向它们的国际竞争者展现新的面貌。在1975—1981年之间的短短6年里，制造业总投资中配置到技术密集产业的比例增长42%（从38%增长到54.1%），而向其他制造业分配的投资比例相应下降。在1973—1980年里，发达的电子机械和精密设备业的产出和其他"加工"（processing）行业（包括其他机械、交通设备和金属制品）平均每年分别增长15%和6.2%，而"重"化工、石油和冶金业增长4.6%，劳动密集的纺织和食品工业增长3.6%。到1984年，单位制造业产出的原材料消耗大幅下降到其在1973年的水平的60%。在1971—1981年间，一般机械、电子机械和交通设备占总出口的比例分别增长50%、25%、20%，而纺织、化工和一般冶金所占的比例分别下降60%、30%、25%。[16]

尽管出现这样巨大的变化，日本经济在石油危机之后的几年里只实现有限的复苏。这是因为它的扩张比以前更加依赖于制造业出口的增长，而在这时期国际过剩产能和过剩生产由于世界贸易的大幅减速而恶化，日本自身的海外销售也因不可避免地受到日本外部盈余增长的困扰而越来越自我削弱。在这一时期中通过压低工资、保持生产率增长和重新配置生产方式而实现的竞争力的增长在很大程度上被世界贸易增长下降一半和日元升值超过1/3所抵消。尽管日本公司在20世纪70年代后半期通过增加出口而实现增长，但是它们并不能使出口成为恢复它们以前的动力的基础，因为它们不可能使出口成为恢复其利润水平的基础。

从1975年起，由预算赤字推动的美国周期性复苏引发了日本周期性上升。在1973—1979年间，日本出口平均每年增长达到9%。这个增长率不及繁荣时期的一半，这表明出口导向的日本生产者所面对的困难。但是，它本身也是令人关注的，因为它包含着在仅仅5年的时间里，日本占世界出口份额的增长幅度超过10%，从占9.9%的份额上升到11.1%（并且在1980年达到13.7%）。在1973—1979年间，出口占日本GDP的比例从10.0%上升到11.6%（在1980年为13.7%），同时制造业出口占制造业产出的比例从1973年的27.1%上升到1979年的38.6%（1980年为45.7%）。但是，这种更加依赖出口的状况是建立在美国预算和外贸赤字不断上升和日本盈余不断创新高的基础上的，并且这种赤字和盈余的不可避免的结果就是日元的大幅升值。

在1975—1978年间，日元的有效汇率平均每年增长12.4%（在1975—1979年间为7.6%）。现在，从国际货币来看，参照19个主要竞争的国家的贸易加权平均数，日本制造业在1975—1978年间相对单位劳动成本大幅下降6.7%。但是，根据日元升值进行调整，参照同一些国家的贸易加权平均数，这一数据上升了4.9%![17]同样地，从日元看日本制造业单位劳动成本在1975—1978年间平均每年下降2.3%（1979年下降1.9%），从美元看它们平均每年上升16.9%以上（1979年上升11%），而美国制造业单位劳动成本平均每年仅仅上升3.8%（1979年上升5.4%）。所以，为了实现它们的出口增长率，日本制造商被迫将以日元计算的出口价格在 1975—1978 年间平均每年下降 2.6%（在 1975—1979 年间每年为零）! 只有这样做，它们在 1975—1978 年间才能将它们出口价格从国际来看压低到平均每年增长 10%（—2.6%加上日元升值所导致的 12.4%），在 1975—1978 年间大约增长 7.6%（零加上日元升值所导致的 7.6%）。这对于销售商品来说无疑是必要的，因为欧洲共同市场的 12 个成员国和美国的平均出口价格分别在 1975—1978 年间平均每年增长 9.2%和 5.6%（并且在 1975—1979 年间分别增长 9.4%和 7.5%）。[18]

日本制造业部门在石油危机之后的几年里不能实现利润水平的更大复苏，这在很大程度上是因为它不能提高价格，这反过来又是它在国际制造业过剩产能和过剩生产的时代不断依赖出口，从而导致竞争力下降的结果。换言之，为了防止它们的产出和出口的增长的更大下降，日本制造业者必须接受大大下降的制造业利润水平。如果没有日元上升——这是不现实的假设——日本制造业者在 1975—1978 年间就能够将出口产量以日元计算的价格提高 35%～40%而不是 10%，同时能够保持同样的出口量，而不是必须平均每年将价格降低 2.6%。事实上，为了跨越在国内盈利的障碍即它们必须越来越多地面对日元在 1971 年开始升值，日本公司加紧它们的海外投资，日元升值压制了它们出口和国内回报率，也推动了它们进行海外投资。日本的国外直接投资在 1951—1967 年间的整个时期总共仅有 14.5 亿美元，而到 1971 年上升到 8.5 亿美元，到 1979 年又上升到 50 亿美元左右。[19]

日本制造业必须更加努力，才能保持其出口增长的状况。整个 20 世纪 70 年代，当制造业部门的轨迹与制造业之外的经济的轨迹形成反差时，国际对日本制造业部门的压力有了很大的缓解。到 1978—1979 年，制造业的利润率比它在 1973 年的水平低 35%～40%。相反，制造业之外的利润水平比它在 1973 年的水平大约高 13%。[20]非制造业的单位劳动成本比制造业在这一时期的成本大约高 25%。但是，由于制造业之外的公司在很大程度上规避了困扰制造业的价格向下的压力，所以它们能够将工资增长的大幅下降转化为利润，因为它们能够将价格提高到制造业所无法企及的高度。随着它的利润水平复苏，非制造业部门能够吸引投资，从而它的资本存量增长平均每年比制造业几乎高 25%，当然，非制造业中任何资本存量的增长在提高劳动生产率的效率方面都比制造业中要低。在制造业的劳动力（以所雇用的数量计算）在 1973—1979 年间下降 7.8%的同时，非制造业的劳动力总体上略有上升，服务部门就业显著上升 15%。

但是，制造业之外的复苏从弥补制造业动力下降来看，仍然是一个非常漫长的过程。到 1979 年，私人实体经济部门的利润率总体上比 1973 年已经下降的水平还要低 22%，结果是投资在干预时期仍然与之前持平，而实体部门总的资本存量增长和产出增长平均每年分别下降到 7.3% 和 3.2%，而在 1960—1973 年间分别为 12.5% 和 10.5%。

因为日本制造业出口增长是在这种价格—成本不利的条件下发生的，所以它本身不足以推动经济走出衰退，必须要由政府刺激需求来弥补。如果不是在这个十年之初就受到失控的通货膨胀的煎熬，那么政府就会长期拖延任何启动经济的努力。但是，从 1977—1978 年开始，在美国的强大压力下，日本当局最终实施了重要的刺激计划——像它的德国同伴一样——特点就是高水平的公共投资和大幅增加预算赤字。面对这种财政变动，日本经济特别是它的制造业部门受到刺激，同时投资在 1979—1980 年大幅增长。[21]

但是，这次繁荣的短暂和不稳定的本质揭示了日本经济所面临的深刻的结构性问题。这个十年的末期重新陷入衰退所遵循的就是在 1971—1973 年间最初进入危机所奠定的模式。像先前一样，当日元在美国的国际赤字（以及日本的盈余）不断扩大的情况下迅速升值的时候，日本像它以前在类似情况下的表现一样，其出口增长在 1978—1979 年间平均每年下降 2%。当美国当局从 1979 年起实施通货紧缩的政策以应对同样的赤字，以及随后不久出现新一轮的石油价格上升的时候，日本政府只能跟着美国做。它们已经开始在 1979 年控制它们自己的节奏，与之相应的是它们认为快速上升的政府赤字正在产生通货膨胀的压力，从而威胁到出口增长。在 1980 年，国内需求大幅下降，同时出口增长不久也因为美国市场随着严重的衰退在发达资本主义经济中的爆发而大幅下降。日本经济进入一个更加长期的周期性衰退中，当然它没有 1974—1975 年的衰退那么严重。[22]

3. 20 世纪 70 年代的德国

德国经济像日本经济一样，在艰难的条件下从货币升值和石油危机开始。与日本不同的是，它在国际竞争日趋激烈和失控的德国马克的压力下，从 20 世纪 50 年代末和 60 年代初开始就逐渐经历长期的下降（不管从绝对角度还是相对角度看），当然这种下降是从特别高的水平开始的。德国经济可能比日本更加依赖于制造业出口。出于这种原因，1969—1973 年德国马克的巨幅升值及其导致的利润率下降削弱了德国增长的基础。到 1975 年，德国制造业每小时工资以美元计算已经达美国制造业的水平，而在不久前的 1970 年只相当于美国水平的一半，结果是德国制造业特别是标准化的和劳动密集型的行业不再发展。[23] 为了渡过它们的困难期——这种困难从更广泛角度看是由于国际制造业的过剩产能——德国生产者被迫实施下面三种情况中的一种或将三种情况结合起来：迅速加快"产品的周期"，旨在生产出新的、高技术的制造业产品，从而面临的国际竞争比它们至今仍然专注于的标准化的和劳动密集型的产品要更少；从根本上改变标准化的和劳动密集型的行业；或者向服务业转变。所有这些都不是简单的任务。利润水平的大幅下跌使资金配置到产品研发上更加困难。投资和消费需求增长的下降在制造业部门特别突出，从而使引入新产品更加成为难题。如果工资增长能够进一步降低或技能和技术能够进一步提升，那么服务业的生产率增长的潜能与制造业相比受到限制，这也意味着服务业的利润水平在下降。事实上，20 世纪 70 年代德国经济复苏的希望渺茫。[24]

因为德国政府已经在 1973 年初就已经进行了防范，所以石油危机对德国经济的冲击比其他地方要小。在 1974—1975 年这两年时间里，制造业之外的利润水平根本没有下降，所以整个私人实体经济的利润水平"仅仅"下降 15%。另外，在很大程度上由于德国出口随着世界增长和需求的崩溃而下降，所以制造业的利润水平下降 23%。确实到 1978—1979 年，制造业部门已经占到这种损失的 2/3，所以整个利润水平只比 1973 年水平低 9%。但是到 1973 年，制造业利润率已经比 1969 年的水平低 30%，比 1960 年的水平低 47%，比 1955 年的水平低 54%。德国制造业部门自身不能进行改变，在面对国内成本不断上升和来自国外的对价格产生向下的压力不断强化的情况下，它们只可能增长得更加缓慢，或者在某些方面会萎缩。

在 1973—1979 年间，制造业总的资本存量增长不到 20 世纪 60 年代和 70 年代初的 1/3，它下降到平均每年仅仅增长 2%（在 1975—1979 年间为 1.85%），而在 1960—1973 年间为 6.4%，同时制造业投资停滞，延续在 1969—1973 年间开始形成的趋势。[25]资本存量和投资的增长的大幅下降使经济活力衰竭。它阻碍了制造业劳动生产率的复苏，劳动生产率在 1973—1979 年间的增长率与在 1960—1973 年间相同；它引发了制造业产出平均每年增长率下降到 1.8%，而在 1960—1973 年间则为 5.0%；并且还引起了制造业劳动力数量的大幅下降。仅仅在 1970—1975 年间的 5 年时间里，制造业劳动力（以小时计算）显著下降 18%，它到 1979 年比它在 1970 年的水平低 20%（也以小时计算）和 10%（以所雇用的人数计算）。同时，在 1974—1975 年深度危机之后，更多地由于制造业就业的大幅萎缩，失业自 20 世纪 50 年代以来第一次在德国成为生活中的突出问题，失业率在 1974—1979 年间平均达到 4.4%。

从制造业利润率长期下降来看，制造业投资增长的相应下降也就太可以理解了。另外，关于投资下降的问题需要进一步阐明。在 1973—1979 年间，制造业者成功地使实际工资增长下降一半左右，达到平均每年增长 3.7%，而在 1969—1973 年间为 6.6%。尽管根本没有进行投资，但是它们在这些年里力图引发劳动力的足够的努力和工作质量，旨在使劳动生产率的增长速度与在 1969—1973 年间的平均每年增长速度几乎相同（分别为 3.45% 与 3.8%）。因为制造业者在 20 世纪 60 年代使生产率增长平均每年保持在 5.5% 左右，所以很难相信如果它们愿意保持正常的投资水平，它们就不会将其提高到 20 世纪 70 年代的水平之上。为什么它们缺乏这样做的动力呢？

阻碍利润水平得以改善的是国际竞争的激化，这反映出世界范围内制造业的过剩产能和过剩生产，而这又体现在对产品价格向下的压力上。在 1973—1979 年间，制造业和非制造业中单位劳动成本平均每年几乎以同一速度上升——分别为 4.8% 和 4.4%——前者的劳动生产率大大高于后者，但是前者的名义工资增长比后者上升得更快。但是，德国制造业之外的生产者能够提高它们的价格，其价格增速比制造业要快 23%。所以，它们能够将利润水平提高到 1973—1979 年间的水平之上，而这一时期是利润水平复苏的长期趋势的开始。相反，制造业不能阻止它们的利润水平在同一时期平均每年下降 1.4%——尽管这与石油危机第一年后的水平不相上下。制造业者不可能像非制造业者那样提高价格，这似乎再一次归因于国际市场，制造业之外的行业似乎在很大程度上不受国际市场的影响。如果不能提高价格，那么制造业产品工资增长将超过劳动生产率增长，从而使利润份额和利润率不能上升。[26]

制造业的价格从单位劳动成本方面看与非制造业相比增长相对缓慢，这表明德国制造业者必须面对国际竞争的巨大压力。德国经济像日本一样，最初能够渡过石油危机在很大程度上是通过出口增长，并且在这个十年里的剩余时间里越来越依赖于出口增长。另外，美国经济背负着巨额的预算和贸易赤字，同时实施宽松的货币政策，因此美国成为主要的发动机，当然其他发达资本主义经济也通过扩张性的政策帮助美国摆脱困境。但是，在这些年里，对德国来说，通过贸易实现增长会像日本一样困难。

在 1975—1979 年间，德国制造业部门证明能够使成本下降，因为以本国货币计算的相对单位劳动成本从 19 个竞争国家来看，实际上平均每年下降 3.1%。但是，它不是通过显著提高生产率来实现的——它的劳动生产率增长速度处在欧洲共同体（the European Community）平均水平上——而是通过政府干预和鼓励出口的宽松的宏观经济政策以保证名义工资极其缓慢的增长来实现的。所以，结果不仅是相对低的通货膨胀，而且也是新一轮的经常项目盈余增长，这两者结合起来导致德国马克的有效汇率在 1975—1979 年间平均每年上升6.2%。以贸易加权的共同货币计算的单位劳动成本从同样的19个竞争国家来看，平均每年上升3.2%。[27]

在1975—1979年，德国出口价格以马克计算平均每年仅仅增长2.95%。但是从马克的贸易加权的价值来看则这些年里平均每年增长6.2%，这几乎不能使它们保持竞争力，因为欧洲共同市场的15个成员国的出口商品价格平均每年增长9.1%。尽管它们对价格和利润进行自我约束，但是德国生产者出口平均每年仅仅增加5%，这低于世界出口平均每年增长6.4%的水平。相反，美国生产者成功地在这些年里扩大它们的出口，平均每年达到5.8%，当然美国以它们自己的国家货币来计算将出口商品价格平均每年提高7.5%，这比其对手德国快2.5个百分点。[28]尽管德国生产者继续牺牲价格和利润水平以保证出口增长和市场，但是它们在战后的第一个25年里并不能开始恢复推动德国经济向前发展的出口增长，哪怕是实现减缓降速都很困难。一个主要的后果就是，同样受到德国马克升值的推动，国外直接投资迅速加快——正如日本一样。德国的净国外直接投资在1970—1975年间平均每年达到46亿美元，到1979—1980年，它平均达到83亿美元。[29]

表11—1　　　　　　德国的成本、价格和利润水平，1973—1979年

（平均每年变化的百分比）

	净利润率	净利润比例	产品工资	劳动生产率	名义工资	单位劳动成本	产品价格
制造业	-1.4	-2.7	4.0	3.5	8.4	4.8	4.2
非制造业	0.4	1.5	1.6	2.3	6.8	4.4	5.2

资料来源：参见本书附录Ⅰ中关于利润率的部分。

制造业之外的行业利润水平和前景的下降并没有制造业内部那么严重，同时非制造业部门比制造业表现出更大的活力。在1973—1979年间，非制造业总资本存量平均每年增长4.6%，是制造业的速度的2倍以上，同时非制造业产出平均每年增长2.85%，比制造业快55%。在1970—1980年间，在服务业就业的人数增长22.8%，而制造业中就业人数反而下降10%。明显地，德国经济通过将生产方式重新配置到服务业，从而部分地与制造业领域的利润危机相对应。但是，非制造业的相对成功并不足以弥补制造业中的问题，也不能恢复整个经济的活力。在私人实体经济部门，利润水平在1973—1979年间与20世纪60年代末和70年代初相比进一步下降4%，资本存量和产出增长分别下降40%和50%。另外，因为GDP增长在1973—1979年间下降到平均每年只有2.4%，而在1960—1973年间则为4.2%，总的国内劳动力从绝对量上看在这些年时大约下降3%。随着源于制造业领域的需求增长的大幅下降，这个经济明显不可能引发制造业之外的行业提高生产率和利润率所必

需的大规模的投资和技术创新，以抵消制造业中出现的收缩。[30]

到 1977 年，至少根据德国的标准，产出增长已经开始停滞，失业继续保持高位。德国政府企图通过宽松的信贷政策使德国马克贬值以推动出口的方法来改善增长的条件。但是，随着美国贸易赤字不断上升甚至发展到失控的程度，美国当局采取另一种方式，要求德国以及日本通过扩张性的财政政策来刺激需求，从而担当起使世界经济好转的一些责任。到 1978 年，德国像日本一样，已经同意实施重要的刺激计划，设想使预算赤字达到 GNP 的 1％。但是，德国实施凯恩斯主义的结果是增长和投资在短时间即这个十年的最后几年里上升。但是通货膨胀率翻一番，出口增长继续下滑。最能表明这些不良现象的可能就是，制造业之外的利润水平回到 1973 年（已经下降）的水平上，而制造业的利润水平处于停滞状态。[31] 德国经济由于没有通畅的退出机制而陷入困境。国际制造业中过剩产能和德国制造业成本从国际上看处于上升状态使得德国经济继续通过制造业出口增长从而将它的增长建立在制造业基础上会变得更加困难。正如已经看到的，对这个问题的每个解决办法都须付出很高的成本。通过赤字性支出以增加总需求会有助于资本家在新的领域进行生产。但是，它也有缺陷，不仅使高成本的、低利润的公司仍然在制造业中存在下来，而且使工资成本的控制更加困难。限制需求增长会迫使一些公司从制造业中更快地退出，但是这也使得进入到一个新领域风险更大，所以也更加困难。它会降低工资增长和提高制造业的竞争力，也会通过弥补制造业之外的投资一般比在制造业更有限地产生生产率增长来舒缓投资向服务业的转移。如果它们坚持传统的反通货膨胀和"稳健财政"（sound finance），那么德国当局毫不奇怪像日本一样，不久就会放弃它的凯恩斯主义的短暂实验——基本上由美国强加给它的——坚持长期固守的紧缩的信贷政策。[32] 随着美国从 1979 年起转向货币主义以及第二次石油危机几乎在同一时间爆发，德国也收紧政策，立即限制信贷供给，与世界其他国家经济一样进入衰退。

4. 再一次陷入衰退

1979—1982 年国际衰退的过程证明了长期下降背后的制造业过剩产能和过剩生产仍然存在，表明了世界经济走向复苏基本上没有进展。在 20 世纪 70 年代，美国联邦赤字的增长与宽松的货币政策相结合，并以日本和德国在这个十年末期的政府赤字为补充，这些使得私人债务爆发式增长，也使得不可持续的以制造业为中心的增长在 20 世纪 60 年代末确定的领域中进入了新的阶段。在美国和国际上保留下来越来越多过剩的高成本、低利润的公司的同时，这也使信贷进一步扩张，从而使经济在短期内好转，但是这也阻碍了总的生产成本的下降和在成本之上的价格提高，而这些从长期看又是恢复利润水平所必需的。

三个主要的资本主义经济体中的制造业者利用新阶段以债务为基础的需求刺激，以实现提高和增长。在实际工资增长下降、美元贬值、实际利率降低以及红利下降的推动下，美国生产者启动了长达十年的加强制造业的竞争力和恢复制造业利润水平的努力。同时，德国和日本的生产者在传统的以出口为基础的路线上取得新的突破，当然，它们为了实现这一点，甚至在市场上人为的通货膨胀面前，被迫接受制造业利润水平下降，从而直接使制度层面的过剩产能和过剩生产更加恶化。从表面上看，尽管 G-7 经济体总体的制造业部门的利润水平在 1973—1979 年间再次下降 3/4，但是在它的非制造业部门下降不到 8%；在同一时期，G-7 总的制造业的资本存量平均每年增长与在 1965—1973 年间相比下降 1/3（从 5.8% 下降到 3.8%），但是在非制造业部门几乎没有下降（从 4.95% 下降到 4.5%）。[33] 制造业之外的经济的复苏明显受到由于制造业部门的增长和投资的下降而产生的对其商品需求下降的制约。非制造业者仅仅通过降低工资增长，就能在很大程度上克服它们利润水平的早期的（相对有限的）下降。但是，对于那些在制造业中的公司来说，决定它们的利润水平的条件从根本上说是不受它们控制的：它们不管利润水平如何大幅下降，一般都拒绝大幅降低它们生产，这些在它们各自追求更好的回报中起决定作用。

因为它的宏观经济政策比它的主要竞争对手的刺激力度更大、它的劳动生产率增长下降以及国外竞争的资本家承受的利润水平下降程度明显更大，所以美国经济在 1975—1979 年被迫招致创纪录的贸易和经常项目赤字。结果产生的债务像先前一样，不可能偿还。正如它们在 20 世纪 60 年代末和 70 年代早期一样，德国和日本制造业经济在 20 世纪 70 年代中期到晚期接受以美元来支付它们的出口，这既不利于美国购买的进口商品，也不会补偿以该汇率购买它们的商品的汇率损失。美元的进一步贬值因此就不可避免了。

事实仍然是美国之外的主要经济体很少能够坦然地看待美元新一轮的贬值。德国和日本通过这些年的经常项目盈余和为了提高它们自己的制造业部门的竞争力而进行干预以支撑美元，从而成为巨额的美元储备的持有者，但是德国和日本政府现在像其私人民众一样面临着巨大损失。更为糟糕的是，随着美元的每一轮新的贬值，德国和日本经济中出口依赖的制造业部门看淡它们的经济前景。在布雷顿森林体系瓦解的时候，这些产生盈余的经济体都没有抱怨美元贬值的理由，因为它们都从这些年来对货币的低估中受益，只

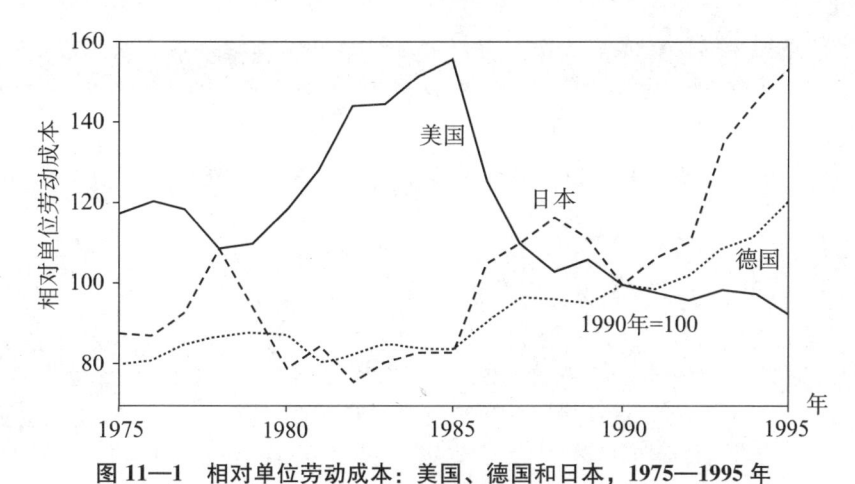

第十一章 凯恩斯主义的失败，1973—1979年

图 11—1 相对单位劳动成本：美国、德国和日本，1975—1995 年

资料来源：OECD，*Economic Outlook*；IMF，*International Financial Statistics*。

能接受制度上的一些调整。但是，不管日本和德国还是德国的欧洲贸易伙伴——以及以美元进行交易的石油出口国家——都不能承担和接受美元贬值，并且到 20 世纪 70 年代最后几年，在美元直线下跌之后它们就寻求能够替代美元来作为国际交易媒介的主要货币。[34]

国际上越来越反对美国运用通货膨胀和美元贬值而忽视其他国家的政策，这与美国的国际银行家的反对相吻合，这些银行家不仅不喜欢——像美国的跨国公司一样——货币市场的越来越不稳定，而且将任何对美元作为主要货币的地位的威胁看作是对它们经营的威胁。美国国内的金融业者受到 20 世纪 70 年代价格不断上升的沉重打击，也自然加入到反对美国"财政不负责任"（fiscal irresponsibility）的行列。美国政府在战后时期将捍卫它的国际银行家的利益放在极为重要的位置上。它在 20 世纪 60 年代已经限制资本出口以捍卫美元的同时，也力图通过不去管制欧洲美元市场来弥补这些，并且随着商情（business conditions）在 20 世纪 70 年代变得更加困难，它转向清除所有资本控制。

另外，如果美国政府的扩张性宏观经济政策产生了积极的效果，那么可以想象的是国际和国内利益集团的有力结合起来反对它也会遭到失败。但是，随着利润水平不能恢复和工资在通货膨胀不断上升面前处于停滞状态，人们对传统的需求管理政策的热情在消退，同时它的最热情的支持者即工人运动的政治影响也很快烟消云散。这些为未来发生重要变化打开了道路。几乎令人不可相信的是，正是美国被迫接受"稳定"计划，结果在某种程度上类似于一场革命。在美联储主席保罗·沃尔克倡导下，发达资本主义国家政府放弃了凯恩斯主义，转向了货币主义的紧缩信贷和旨在降低成本的所谓供给方面的措施。在某种意义上说，新的宏观经济紧缩政策取消了以债务为基础的需求刺激，而刺激需求是在制造业过剩产能和过剩生产的情况下推动了世界经济好转的重要因素，所以新一轮的深度衰退就不可避免了。[35]

注　释

[1] Calleo, *Imperious Economy*, pp. 139-145.

[2] 这些关于借贷的数据来自于 the US Federal Reserve, Flow of Funds Accounts。如果根据 J. 格利（J. Gurley）和 F. 肖（F. Shaw）的看法，将在1897—1970年间分为四个17～18年的时间段，人们就会发现在20世纪70年代之前，借贷占GDP的比例一直特别稳定，在每一个长的时间段只有9%左右。"Financial Intermediaries and the Saving-Investment Process", *Journal of Finance*, March 1956, pp. 257-276, as reported and extended by R. Pollin in "Financial Intermediation and the Variability of the Saving Constraint", unpublished manuscript, July 1995, p. 6 n. 5. 我要感谢鲍勃·波林（Bob Pollin）向我提供这些资料。

[3] Seeber and Cooke, "The Decline in Union Success in Representation Elections", pp. 42-43; Freeman, "Why Are Unions Paring Poorly in NLRB Elections?" p. 53; Goldfield, *Decline of Organized Labor*, pp. 90-91; Freeman, "Contraction and Expansion", p. 64; H. Farber, "The Extent of Unionization in the United States", in Kochan, ed., *Challenges and Choices Facing American Labor*, p. 16; H. Farber, "The Recent Decline of Unionization in the United States", *Science*, vol. ccxxxviii, 13 November 1987, p. 916; L. Troy and N. Sheflin, *US Union Sourcebook*, West Orange 1985, pp. 3-15; "Work Stoppages in the United States, 1927-1980", table supplied by US Department of Labor, BLS, Office of Compensation and Working Conditions, Division of Development in Labor-Management Relations.

[4] OECD, *The Future of Social Protection*, Paris 1988, pp. 11-12.

[5] 劳动统计局测算制造业在1973—1979年间资本投入平均每年为4.7%，而在1950—1973年间为4.15%。"Multifactor Productivity Trends, 1995 and 1996", Table 6。

[6] Fahim-Nader, "Capital Expenditures by Majority-Owned Foreign Affiliates of US Companies", p. 63. 类似地，尽管作为美国的相对利润水平下降的表现，美国的国外直接投资的存量价值占美国直接投资的存量价值的比例从1950年的28.8%下降到1966年的17.5%，但是，在1977年它又上升到23.5%。R. E Lipsey, "Foreign Direct Investment in the US: Changes over Three Decades", in K. A. Froot, ed., *Foreign Direct Investment*, Chicago 1993, p. 117, Table 5.3.

[7] 我要感谢鲍勃·波林（Bob Pollin）向我提供关于企业破产方面的时间系列的资料，这些资料来源于"美国当前经济概况和统计摘要"（the Survey of Current Business and

the Statistical Abstract of the United States）。5月份的几期中。也可参见 A. B. Frankel and J. D. Montgomery, "Financial Structure: An International Perspective", *Brookings Papers on Economic Activity*, no.1, 1991, p. 264。

［8］美国出口占主要11个资本主义国家经济出口的比例从1973年的17.7%下降1979年的15.9%，而日本和德国所占的比例保持稳定。*National Institute Economic Review*, no. 96, May 1981, p. 75, Table 23。关于同样的结论，参见 B. R. Scott and G. C. Lodge, *US Competitiveness in the World Economy*, Boston 1985, p. 27。

［9］T. Nakamura, "An Economy in Search of Stable Growth: Japan Since the Oil Crisis", *Journal of Japanese Studies*, vol. vi, no. 1, Winter 1980, pp. 156–158。

［10］"不可否认的是，出口是使日本走出衰退的主要推动力。"Ibid., p. 163。

［11］这里所说的下降如果以小时为基础来测度会更加明显，因为制造业的每小时工资在1975—1979年间每年仅仅增长1.31%。

［12］Itoh, *Japanese Capitalism*, p. 171; Nakamura, "Japan Since the Oil Crisis", pp. 159–160; H. Shimada, "The Japanese Labor Market After the Oil Crisis: A Factual Report I", *Keio Economic Studies*, vol. xiv, no.1, 1977, pp. 60–64。

［13］Baily, "What Has Happened to Productivity Growth?" *Science*, vol. ccxxxiv, 24 October 1986, p. 444。

［14］这一段和下面段依赖于下面内容：Imai, "Japan's Changing Industrial Structure", pp. 58–59, 以及经济合作与发展组织对于日本面对日元升值、能源成本提高以及来自新兴工业化国家（NICS）的竞争而进行的"结构调整"的三方面分析，具体在下面文献中：*Economic Survey of Japan 1980-1981*, Paris, July 1981, pp. 37–61; *Economic Survey of Japan 1984-1985*, Paris, August 1985, pp. 54–77; *Economic Survey of Japan 1988-1989*, Paris, December 1989, pp. 67–82; as well as Yamamura, "Success that Soured", pp. 91–94 and Dore, *Flexible Rigidities*, pp. 73–76 关于"萧条的卡特尔"的内容。注意与 Hatch and Yamamura, *Asia in Japan's Embrace*, especially ch. 4 进行比较。

［15］关于这一段和下一段，参见 Nakatani, "Economic Role of Financial Corporate Grouping"; Dore, *Flexible Rigidities*, pp. 66–68。

［16］OECD, *Economic Survey of Japan 1984-1985*, Paris, August 1985, pp. 55–57, 69, 74; OECD, *Economic Surrey of Japan 1981-1982*, Paris, July 1982, p. 50。

［17］"Unit Labour Costs in Manufacturing Industry and in the Whole Economy", *European Economy*, no. 19, 1984, p. 124, Table 15。

［18］"Statistical Annex", *European Economy*, no. 58, 1994, Table 28。

［19］OECD, *International Investment and Multinational Enterprises. Recent International Direct Investment Trends*, Paris 1981, p. 81, Tables 30, 31。从外部流入的外国直接投资在这个时期是很少的，1979年达到顶点时为5.2亿美元（Table 31, 32）。

［20］非制造业部门的利润率是从制造业和私人经济部门的利润率中推断出来的，并根据其净资本存量对每个变量进行加权平均。所以，非制造业利润率应该被看作是粗略

的,但是它们的变化速度不应该是不准确的。

[21] Itoh, *Japanese Capitalism*, p. 170; Nakamura, "Japan Since the Oil Crisis", pp. 163 - 165。另外,在这十年里投资水平从来没有达到1970年的水平,GDP每年增长也没有超过5.3%。

[22] OECD, *Economic Survey of Japan 1980-1981*, Paris, July 1981, pp. 29, 33; OECD, *Economic Survey of Japan 1981-1982*, Paris, July 1982, p. 32; OECD, *Economic Survey of Japan 1982-1983*, Paris, July 1983, pp. 7 - 10。

[23] BLS, *International Comparisons Among the G - 7 Countries: A Chartbook*, May 1995, Table 11。

[24] Fels and Weiss, "Structural Change and Employment", pp. 32 - 36。

[25] 制造业总投资在1973—1979年间平均每年增长0.7%。

[26] 关于类似的分析,参见 Giersch et al., *The Fading Miracle*, pp. 197 - 198。

[27] "Unit Labour Costs in Manufacturing Industry and in the Whole Economy", *European Economy*, no. 19, March 1984, p. 115。

[28] "Statistical Annex", *European Economy*, no. 58, 1994, Table 28。

[29] OECD, *Economic Survey of Germany 1981*, Paris, June 1981, p. 68。

[30] 应该强调的是,服务业通过创造低工资、低生产率的岗位以实现其就业增长,这受到德国工人运动的抵制,德国工人运动企图将其影响范围扩展到服务部门,并且在更普遍的程度上抵制这种趋势。实际上,服务部门就业的增长在1973—1979年间出现在金融、保险和不动产(finance, insurance and real estate, FIRE)领域,而在低生产率的零售贸易中实际上并没有增长,并且这种模式一起持续到20世纪80年代。Giersch et al., *The Fading Miracle*, pp. 199, 201 - 202; M. C. Burda and J. D. Sachs, "Assessing High Unemployment in West Germany", *The World Economy*, vol. xi, no. 4, 1988。

[31] Giersch et al., *Fading Miracle*, 189 - 192。

[32] 参见 Giersch, "Aspects of Growth, Structural Change, and Employment", pp. 197 - 199。关于对德国紧缩政策的批判,参见 W. Carlin and R·Jacob, "Austerity Policy in West Germany: Origins and Consequences", *Economie Appliquée*, vol xlii, 1989, 203 - 238。

[33] AGH。

[34] Tew, *The International Monetary System*, pp. 195 - 214。

[35] Helleiner, *States and the Reemergence of Global Finance*, pp. 119 - 122, 131 -135。

第十二章
美国发起的反攻

在20世纪80年代初,世界经济由于受到集中在制造业部门的过剩产能和过剩生产而导致利润率进一步下降的阻碍,并没有开始跨越长期衰退。里根-撒切尔革命(the Reagan-Thatcher revolution)在这种背景下正如像其自身所宣扬的,就是要应对凯恩斯主义隐藏着的和长期存在的基本经济问题。通过限制信贷和政府借款的政策,它不仅提出降低工资增长,而且提出打破在20世纪70年代以凯恩斯主义为基础的信贷扩张所支撑的高成本的、低利润公司的保护网,这层保护网妨碍了总的平均利润率的恢复。通过清除由过分强大的工会组织、过高的工资、繁重的税收和太多的政府规制所形成的对资本供给方面的负担,它企图使那些保留下来的公司进一步提高利润率。里根主义-撒切尔主义(Reaganism-Thatcherism)的优点在于它至少隐隐约约地解决世界经济中导致利润率下降的过剩产能的非常实际的问题。但是它的弱点是完成这一点的方法的内在粗糙性,特别是它只能在总水平上影响经济。所以,结果与它的支持者原来所设想的内容之间存在相当大的差异。

从1979—1980年起,发达资本主义国家实行了信贷增长的前所未有的削减,同时为了降低国家赤字而承诺长期降低国家支出的计划。这个计划确实大大强化了竞争,并且因此将那些在20世纪70年代坚持下来的高成本的、低利润的公司退出经营。但是,在剧烈地和不加区别地降低总需求增长的过程中,货币主义的措施只能产生那些与凯恩斯主义的问题相反的一些问题。因为它们降低了总需求,所以它们不加区分地消除了所有公司(不管是否有成本效益)生存所需要的购买力,引发了很难控制的通货紧缩的螺旋式向下的趋势。由于同样的原因,它们也没有充分地解决困扰制造业的过剩产能和过剩生产的问题;与凯恩斯主义相反,它们通过限制需求和信贷,降低了高成本的、低利润的公司生存下去的能力,但是也使生产者更难在新的领域建立起来。

货币主义最终只能通过摧毁经济,才能挽救经济。到1982年夏季,18个月超级紧缩政府信贷已经大规模启动并且不断推动产业的退出过程，结果退出过程及其结果确实使美国制造业部门合理化。但是，由于它大大降低了利润率，从而使世界经济极度脆弱，所以这一次同样的通货紧缩也促成了自20世纪30年代以来最严重的衰退，特别是将美国经济推向了崩溃的边缘，迫使当局从严峻的政策后退。从它们以前（在它们看来是受到误导的）试图增加国内需求中醒悟过来，德国和日本政府（存在着大量重要失误）在20世纪80年代及以后坚持紧缩的货币和财政政策。它们的目标像过去一样是降低国内成本，旨在通过出口来恢复经济。其他大多数发达资本主义政府步其后尘。但是美联储却反其道而行之：为了拯救经济，它通过至少部分地放松信贷供给来补偿力图走向海外的企业，终结纯粹形式的货币主义的实验。反差最大的是，里根政府在上台时推行平衡预算的计划，但是，现在启动了世界历史上最大的凯恩斯主义赤字支出的实验。

美国将供给学派的计划与货币主义结合起来，强调大幅减税，确实成功地将其他人手里的大量金钱几乎都转移到资本家和富人手里。但是，它并没有形成它的主张者所期望的投资和企业家精神的高涨，一个简单的原因是在投资气氛低落的情况下，降低税收不可能产生预期的动力。但是，正是因为减税并没有完全实现它们的主张者的预期即它们希望通过产生更高的增长和更高的税收收入来应付自己的支出，所以它们产生了所有时代中最大的联邦赤字。这在某种程度上是幸运的，因为主要的赤字对于恢复美国经济，从而带动世界经济的其他地方的复苏来说是必需的。正如自20世纪60年代开始的长期衰退以来的任何一次复苏的情况一样，20世纪80年代的经济复苏最终也是通过比以前更大的赤字支出来实现的。事实证明，货币主义如果没有凯恩斯主义来补充是不可得到实施的；但是凯恩斯主义只能再一次削弱货币主义的冲击力，货币主义增加稳定性但使衰退延长和使增长降低。

里根政府高额的凯恩斯主义赤字与美联储部分地放松其从紧的货币政策一起，像在此之前的刺激计划一样，确实引起了一轮新的、长期性的周期上升。但是，它们无法重新启动具有活力的资本积累，因为它们不能应对世界经济中的基本问题。发达资本主义经济仍然遭受制造业过剩产能和过剩生产的重压，陷入对过度供给的市场的零和争夺之中。这个问题体现在美国、德国、日本和G-7经济整体上没有得到复苏上，也体现在德国、日本制造业部门除了以牺牲美国为代价之外，就不能提高它们的利润率，反之亦然。它也体现在三个资本主义经济体以及G-7的非制造业部门比它们的制造业部门的利润率和投资的更大复苏上（见图9—1）。正如20世纪70年代的情况一样，美国凯恩斯主义的借贷创造继续下降——尽管它并没有阻止——清除过剩的高成本的、低利润的制造业生产者是恢复利润率所必需的。另外，它使投资收益下降的问题更为严重，因为政府的大量债务积累支撑着它大量赤字，同时与通过发达资本主义国家的公共借贷的增加结合起来，从而导致实际利率的大幅提高。这是因为来自政府的借贷需求增长被来自企业和工人的需求放大了，同时伴随着货币主义的限制而出现信贷供给的下降，并且储蓄率下降成为低利润率和低工资增长的不可避免的结果。

在20世纪80年代前期，实际利率上升，加上这些利率导致的美元大幅上升，造成美国制造业中许多部门出现严重困难。出口下降，进口飙升，经常项目赤字屡创新高，制造业利润率暂时崩溃。另外，美国制造业部门确实使其自身合理化，许多没有什么效率的企业倒闭，大规模地裁减劳动力，它的劳动生产率增长速度开始回升。作为同一过程的重要组成部分，服务部门得益于美国劳动市场越来越脱离工会影响而具有充分的"弹性"，通过低生产率、低工资岗位的大量扩张而呈现爆发式增长。同时，随着资本存量的回报下降使大量资金长期不再投入到新工厂和设备，货币越来越多地用于融资、投机和奢侈性消费，国家政策公开的倾向就是总体上有利于富人，特别是金融家。

通过服务于提高国际需求和降低美国的竞争力，美国预算赤字大幅上升和美元汇率的稳定再一次将德国和日本从它们的衰退中拉了出来，并为新一轮出口导向的周期性上升打下基础。但是美国和世界范围的实际高利率与政府借贷的大量增长结合起来，导致世界经济复苏缺乏动力。特别是大量资金从日本流出，从而为美国预算赤字提供资金。人们看到日本金融家为美国政府提供大量所需求的信贷，以支撑日本出口的不断增长。美国凯恩斯主义推动了日本的繁荣，但是它本身只能通过日本贷款才成为可能；没有从日本的贷款，利率可能会上升得更高。很难确定谁更依赖谁——美国财政部依赖于日本借款者，还是日本制造业者依赖于美国贷款者和它们的需求。但是，很清楚的是两大主要的资本主义经济体——以及整个世界经济——都依赖于美国的债务的前所未有的增长和日本愿意为它提供资金。可能同样明显的是，这个过程是自我约束的过程。日本贷款对美国需求的刺激注定是刺激了日本的出口，削弱了美国的生产，进一步推动了美国外贸赤字的增长，同时迫使美元贬值。这将降低日本向美国的贷款的价值，削弱了日本商品在美国和国际市场的竞争能力，降低了美国购买者购买日本产品的能力。[1]

到这个十年的中期，上升的美元开始再一次呈现自我削弱，从而具有严重的后果。它最终下跌，引发了三个主要资本主义国家经济的增长方式的重要转折。随着美国经常项目的赤字和日本与德国的剩余到20世纪80年代中期创下新的纪录，美国货币的汇率呈现下降，下降的幅度与在 1971 年末到 1973 年间差不多，也与从 1973 年到 1978 年差不多。在 1985 年 9 月的《广场协议》中，主要资本主义国家同意一致行动来迫使美元下降。当美国利率水平与国外相比开始下降不久，美元——在这一年的早些时候达到最高点，后来掉头向下——直线贬值，日元和德国马克大幅升值，引起竞争优势发生重要逆转，同时伴随着出口增长的区域的重新排列即从日本和德国退出，转向美国。美国实际工资增长受到遏制也进一步推动了这种发展。

美国制造业者尽管拥有价格大大下降的劳动力，但是现在更加能够捍卫和甚至提高它们在世界出口市场中的地位。即使这样，在 20 世纪 80 年代这十年里它们面对国际过剩产能和过剩生产不断持续所呈现的无情国际竞争，只能部分地恢复利润率。相反，面对大幅增长的相对成本和美元贬值形成的美国市场增长大大放缓，德国和日本经济在更大程度上被剥夺了它们的出口发动机的地位，只能重新转向国内市场和服务业。应该强调的是，美国确实没有在《广场协议》后的十年左右从根本上提高了它在国际上的相对表现——而是恰恰相反。但是，美国竞争力提高和与此相关的利润率上升，伴随着的是——正如它们在 20 世纪 60 年代早期和 70 年代早期的类似时期一样——德国和日本经济的困难加剧。

东亚的闯入

发达资本主义经济中制造业的过剩产能和过剩生产的持续所产生的问题，在 20 世纪 80 年代这十年里由于四个亚洲新兴工业化国家或地区即"亚洲四小龙"和更多的东亚国家闯入国际市场而变得更加严重。东亚出口在这个时候明显具有杀伤力，因为它们在世界经济总体特别是世界贸易增长出现下降的时候，在主要资本主义经济已经为过度供给的制造业市场正在展开斗争的时候，继续保持很快的增长。日本在 1950—1975 年间将自己在世界出口中所占的份额从 0.9％提升到 6.0％，而"亚洲四小龙"在 1965—1990 年将它们总共在世界出口中所占有的份额从 1.2％提升到 6.4％。到 1990 年，所有非石油输出国组织（non-OPEC）、日本之外的亚洲所占世界商品的出口份额已经上升到 13.1％，比美国（11.7％）、德国（12.7％）或日本（8.5％）都高。在此前的几年，"亚洲四小龙"不仅加快了它们的重工业、资本密集产品的出口，而且开始尝试进入技术密集的领域。它们因此到 1986 年左右的这一段时期给美国制造业带来沉重的负担，而这时美国制造业也受到美元重新升值的困扰；当 1985 年以后美元贬值，日元上升时，又轮到日本感受这种压力了。[2]

因为它们的货币一般是与美元捆绑在一起的,所以"亚洲四小龙"以及新出现的东南亚新兴经济体受益于日元对美元在1985年《广场协议》后长达十年的升值。事实上,它们通过进入到原来由日本占据的北美和亚洲本身的市场,能够在从1985年到1995年长达十年的时间里实现制造业产出的无法想象的出口收益,吸引了无法想象的国外贷款和外国直接投资。但是,东亚许多出口的增长来自于日本的跨国公司,这些跨国公司受到日元升值的推动,将它们大量的设备重新转移到东南亚,并建成了供应商网络。日本经济通过继续加快它们的产品周期,通过提高原来被认为标准化的制造业领域的技术,能够利用东亚的发展动力来推动它自身对更高价格的劳动力的调整。日本制造业者凭着它们的技术密集的资本和中间产品获得了东亚的市场,远远弥补了被以亚洲为基地的生产者占领的它们以前的劳动密集型(以及一定程度上的资本密集型)商品的贸易份额。同时,它们通过提高它们以马来西亚、泰国、菲律宾和印度尼西亚为基础的跨国公司对北美市场的出口,非常优雅地得到大量利润。

到世界经济在1990—1991年出现新一轮的周期性衰退时,不管是美国还是德国、日本和作为整体的G-7都没有接近渡过长期衰退,因为制造业的过剩产能和过剩生产的问题并没有解决。美国、德国、日本和作为整体的G-7制造业的利润率并没有高于20世纪70年代末的水平(此时,它已经低于已经大大下降的1973年水平)。所以,这些经济体中的私人实体经济部门的利润率也没有得到恢复。与制造业利润率不能反弹相伴随的是,G-7总体经济中制造业产出和资本存量在1979—1990年间与1973—1979年相比,分别下降大约33%和25%(见图9—1)。[3]

美国复苏?

美国经济轨迹在20世纪80年代后半期与德国和日本的的经济轨迹开始分化,在20世纪90年代前半期的周期性复苏中分化加剧,这不仅对它们后来的发展模式具有深远的意义,而且对整个世界经济也具有深远的意义。但是,这三个主要的资本主义国家以及更广泛意义上的发达资本主义世界在这些年里的经济表现甚至比20世纪80年代的上升时期更糟糕,而20世纪80年代本身也比20世纪70年代的经济表现更为逊色。[4]

在美国,20世纪90年代早期的剧烈的周期性下降与缓慢复苏加快了新一轮的产业退出,这一轮产业退出也是20世纪80年代早期深度的衰退和美元过度升值所引起的结果的继续。通过不断地压缩规模、业务外包(outsourcing)、劳动过程的重新组织和加快速度——并且只在很小部分通过投资增长——美国制造业部门不仅能够保持,而且实际上能够提高它已经有所提高的生产率增长的程度。同时,在工资长达十年的停滞和美元对德国马克和日元的大幅下跌的基础上,它也实现了竞争力的长期的重要提升,从而使出口增长也有了很大的提升。结果是具有重要意义的:在 20 世纪 90 年代的前半期,美国制造业在其利润水平上有了决定性的提高,它的资本存量的利润率自长期衰退开始以来首次上升到 1973 年的水平之上,尽管没有达到 20 世纪 50 年代和 60 年代的最高点。所以,这确实为整个经济,也为制造业之外的行业提高利润率开辟了道路,也确实在 20 世纪 70 年代末和 80 年代前半期有了某种程度的增加,如果在工资保持不变的情况下通过提高生产率实现了通往复苏的道路,那么利润率就不会在最初下降如此之多。对于 1990—1995 年来说,主要的宏观经济指标——产出、投资、生产率以及工资增长——都比 1979—1990 年更糟糕。但是,因为利润率复苏已经启动,这也存在着投资增长可以持续和经济表现水平至少是美国的经济表现有了很大提高的可能性(见图 8—1)。

形成强烈反差的是,日本和德国经济中仍然非常大量的、核心的制造业部门原来通过美元迅速升值在 20 世纪 80 年代前半期企图部分地避免直接面对强加到美国制造业头上的国际过剩生产,但是现在面临着不断深化的危机。当德国马克和日元在《广场协议》之后开始它们漫长的、快速的升值——同时工资缓慢上升——它们被迫面对比在 1969—1973 年、1975 年和 1978 年美元贬值期间更为严峻的对它们根本性的、出口驱动的增长机制的威胁。在日本,人们设想从 1986 年起进入到超级宽松的信贷的新阶段会弥补国际需求的下降,将整个经济转向国内市场。但是,它实际所导致的是 20 世纪 70 年代初期所发生的投机繁荣到破灭的一个以更加严重的形式出现的轮回——到 1990—1991 年的 5 年"泡沫经济",它引起日本从 1991 年到 1995 年(及后来)时间最长、程度最深的衰退。在德国,石油价格的大幅下跌,1987 年 10 月崩溃之后的对短期贷款和对财政紧缩的放松,以及为了使民主德国一体化而使国家支出的大量增长,这些引起了与日本类似的但是没有那么引人关注的一连串事件——特别是最终从 20 世纪 80 年代末到 1991 年出现的通货膨胀,随后就是德国战后最糟糕的周期性下降。

在这种背景下,克林顿时期的美国政府拒绝在 20 世纪 90 年代早期的衰退之后借助于赤字支出来重新使美国和世界经济高涨起来和回到 20 世纪 60 年代的范式,这构成一个转折点。它不仅使德国和日本面临的经济问题大大恶化,而且通过大大强化需求增长下降条件下已经存在的、长期而有力的、制度上的趋势,它只能在缺乏对投资增长进行充分抵消的情况下使制造业在制度层面的过剩产能和过剩生产的问题更加恶化。

从长期衰退开始,发达资本主义世界的实际工资增长已经在减速,并且随着20世纪90年代的发展,它进一步下降直至消失。当然,人们认为抑制工资是为了提高利润率,为新一轮投资繁荣准备基础。但是,投资繁荣从来没有出现,部分原因是国际制造业中过剩产能和过剩生产的问题一直存在,部分原因是利润率增长为实际利率上升所抵消。所以,发达资本主义世界通过货币主义实施宏观经济紧缩肯定使源于投资下降和增长放慢的需求问题更加强化。在20世纪80年代和90年代前半期,随着工资增长和后来的失业增长下降,公共信用(public credit)越来越受到限制,政府支出和政府赤字的规模增长在下降,这些严重束缚着世界经济。

在20世纪80年代,由于里根政府创纪录的预算赤字,美国实际上单方面地使更猛烈的货币主义方案不再发挥全部作用。在衰退过程中,政府信用的扩张稳步下降。美国、德国、日本、英国和加拿大整体上的货币供给在1973—1979年间每年增长12%~18%,在1982—1990年间每年增长7%~12%,在1992—1997年间只增长2%~6%。[5]但是,形成鲜明对比的是,G-7整体经济实际政府最终消费支出每年平均增长在相当大程度上保持稳定,从在1973—1979年间每年增长2.4%下降到在1979—1989年间每年增长2.2%。这种有限的下降幅度完全是由美国在里根时期的军事支出和减税,以及新一轮的凯恩斯主义政策降低货币主义的紧缩阵痛造成的。美国的实际政府最终消费支出(real government final consumption expenditure)每年平均增长在1979—1989年间与在1973—1979年相比几乎上升50%,弥补了其他六个G-7经济体(不包括意大利)的大幅下降,这些经济体中从加拿大和法国政府最终消费支出增长大约下降33%到日本和德国分别下降47%和57%不等。但是,当美国在克林顿时期加入财政与货币紧缩的国际一致行动时——正在这时,欧洲在货币联盟的准备阶段进一步收缩信贷供给和国家支出的增长——来自发达资本主义世界的政府的需求大幅下降。在1989—1995年间,货币紧缩最终全面发挥作用,美国的政府最终消费实际支出每年平均增长几乎消失,只有平均每年0.1%,结果是G-7总体上的政府最终消费实际支出年平均增长与1979—1989年相比下降60%,只有0.9%。[6]

宏观经济挤压与利润率下降的长期趋势和投资增长下降结合起来,产生了可以预见的后果。在1990—1996年,美国和G-7总体经济的GDP平均每年增长与1979—1990年相比分别下降25%和45%。在很大程度上因为总需求下降,所有世界上的主要制造业经济被迫大幅加速它们的制造业出口,企图在衰退中找到出路。在20世纪80年代初衰退随后的8年经济上升时期

（1982—1990），经济合作与发展组织整体上的 GDP 平均每年增长 3.7%，同时出口平均每年增长 5.0%。但是，在 20 世纪 90 年代初衰退随后的 5 年经济上升时期（1992—1997），经济合作与发展组织经济总体上的 GDP 平均每年增长下降到只有 2.4%，但是商品出口平均每年增长上升到 7.1%，无疑使已经存在的制造业的过剩产能和过剩生产趋势更加恶化。从这个十年的前半期美国公司的利润率有了较大的反弹，不排除出现以美国为主导的国际复苏。但是，如果美国在 20 世纪 90 年代后半期不能实现和保持投资繁荣，那么世界经济就有进一步陷入停滞和恶化的危险。

1. 从里根到克林顿：跨越长期衰退？

从 20 世纪 70 年代末到现在，美国经济走出一条错综复杂的、极度矛盾的道路。尽管人们大肆宣扬里根和克林顿"繁荣"，但是实际经济表现是不好的：首先是 20 世纪 80 年代然后是 20 世纪 90 年代（到 1997 年）的每一次长的周期性上升，都是一次比一次更没有活力。但是，美国经济经历了对资本来说具有深远的积极意义的重要转型。劳动者长期受到削弱和 20 年来实际工资增长接近于零，美元对美国生产者的主要竞争对手的国家货币长期进一步贬值，以及一系列管理手段的每一个方面比 20 世纪 20 年代以来任何时期都更具有资本主义特征，这些都极大地改善了企业的环境。另外，在两次严重的衰退和紧缩货币的时期之后，大量的过剩的生产方式特别是在制造业中的过剩生产方式，最终通过以更为人们所知的削减规模的"创造性破坏"风暴被迫退出。随着 20 世纪 90 年代过了一半，利润率最终超过了长期衰退中最高水平，超过了它在 1973 年下降到的水平，并且存在向上的趋势。

里根经济学

美国经济自 1979 年以来受到货币主义政策的支配，到 1982 年夏季从衰退中蹒跚着走出来。受到不断提高的实际利率的拖累，资本利用率下降，制造业利润率比 1978 年的水平下降 50%，比 1973 年水平低 54%，比 1965 年水平低 70% 以上。失业（达到 11%）、破产和银行经营失败达到了战后时期以来的最高水平。随着拉丁美洲债务危机威胁到美国最大银行的命运和存在大幅下降进入萧条的现实可能性，保罗·沃尔克轻而易举地结束了被称为纯粹的货币主义的实验，让信贷加速增长。[7]一年前，里根宣称自己是历史上最伟大的凯恩斯主义者。在民主党的热情支持下，他发动了为了富人利益的减税，并将其与增加军事支出结合起来，引发了联邦借贷的大幅增长。同时，随着挫败航空管理人员的罢工（有效地摧毁他们的工会组织 PATCO），政府进一步发动对工人的进攻，实际工资到 20 世纪 90 年代后半期之前停止增长。随着需求和生产能力利用的快速增长，劳动成本下降，支付的税收也下降，经济进入一个新的长期的周期性上升时期。

在 20 世纪 80 年代及以后的时期，随着起源于 20 世纪 50 年代末的雇主反对劳动者达到某种高潮，美国经济不断表现出它在控制工资增长方面比其他资本主义国家更胜一筹。雇主从 1974—1975 年石油危机时期起就加快了对工人和工会的很长时间的进攻，这在很大程度上得益于政府对一些原来价格受到管制从而引起高工资的行业如卡车运输、航空、铁路和电信放松管制。但是，挫败航空管理人员工会（PATCO）正是美国自 20 世纪 30 年代以来经济衰退最严重的时候，代表着一个转折点，这一点在当时很快就得到承认。[8]在 1975—1981 年，工人运动组织的工会认同选举（union recognition elections）数量大约平均每年达到 7 100 次（1980 年为 6 858 次），但是在 1982 年这个数字下降到 3 561 次，在这十年的后来几年里一直没有恢复，在 1982—1987 年间平均为 3 463 次。另外，到 1982 年，那些大多数工人投票组织工会的公司中有 1/3 拒绝签署集体协议，有效地抵消了原来被认为合法的选举。工会成员的绝对数量进入到 20 世纪 70 年代中期基本维持稳定，当然参加工会的百分比有不同程度的下降，但是，它在 1979—1983 年间以平均每年817 000人的速度下降，在 1983—1987 年间以 361 000 人的速度下降。在 1982 年，尽管——或者可能是主要原因——工会选举的次数大幅下降，但是在组织管理中不公平地对待工人的情况在不断大幅增加，达到每次选举平均 7.45 次，1977 年以前的 5 年只有 4.0 次，1960 年为 1.8 次。几乎使人难以置信的是，在这十年的后半期，在为了赢得工会认同的运动中被解雇的人数与这些运动结束时投票的人数的比例达到 14％（或者说占到大约 1/7）。在 1982—1990 年，涉及 1 000 人或更多的工人的罢工数量平均大约下降到 60 次，而 1979—1983 年为 142 次，1973—1979 年为 280 次，1950—1973 年为 325 次。这些罢工所涉及的工人平均只代表总体工作时间的劳动力的 0.04％，1973—1979 年为 0.11％，1950—1973 年为 0.16％。参加工会组织的工人占私人部门和制造业劳动力的比例在 1973 年分别为 28.5％和 38.8％，到 1990 年分别下降到 12.1％和 20.6％[9]（见图 4—2）。

工资增长从 20 世纪 50 年代末开始就或多或少持续性地下降，到 80 年代下降到一个新的低点。在 1979—1990 年间，在私人经济中每小时实际工资平均每年增长 0.1％。生产和非管理人员的工人在这些年的每小时实际工资和报酬（不包括津贴）更为糟糕，平均每年的增长速度下降 1％。实际工资增长在

20世纪的任何地方都不会那么低，并且其持续的时间都不会那么长。

在工资对利润的向上的压力在下降的同时，税收对利润的向下的压力也得到缓解。当然，减税是供给学派革命的核心。高的税率表面上降低了投资和工作的动机；人们认为降低税率是打开积累和创新的新时代。1981年《经济复苏法案》（The Economic Recovery Act）降低了公司的税率，也使折旧补贴（depreciation benefit）大大自由化。利润所占的比例在肯尼迪-约翰逊政府时期从47.5%下降到35%，非金融公司的税收比率在1967—1980年间平均大约为40%。但是在1980—1990年间，由于新的税收立法使税收加速下跌以及利息支出在总利润中的比例迅速上升，税收占利润的比例降得更低，平均只有26%。[10]

由于减税和同时增加军事支出，联邦预算赤字占GDP的比例又创下了新纪录，在20世纪80年代平均达到4%（在1982—1987年超过5%），而20世纪70年代为2.3%，20世纪60年代为1.1%。联邦赤字的爆发式增长为各种形式的私人借贷历史性增长提供基础——这种增长在很大程度上受到早在20世纪70年代开始发生的为应对通货膨胀而大大放松对金融市场管制的推动。在1982—1990年，每年的总借贷（公共借贷加上私人借贷）占GDP的比例上升到22.1%，达到和平时期前所未有的水平，而1973—1980年为17.4%，1960—1973年为11.8%，1952—1960年为8.5%。[11]

在向联邦赤字的重要转变及其与之相伴的私人负债扩张的基础上，美国经济和更一般的世界经济在20世纪80年代成功地达到历史上最长的和平扩张时期。但是，在初期存在大量没有利用的生产能力和高失业的情况下，它就是一种利用创造联邦债务来得到产出的少许增长的办法；实现长期繁荣就是另一回事了。将大量货币转变到最富有的生产方式占有者手里本来就是很容易的；但是引导这些资本家进行积累和创新被证明是非常困难的。

尽管在扩张过程中，私人实体经济的利润率与1982年深受压制的水平相比大大提升，但是它甚至在1989年的高点也没有达到第二次石油危机之前的水平即1975—1979年周期性上升的水平，或者高于1973年的水平。但是，这只是整个问题的一部分。联邦赤字太大了，甚至美国借款者都不可能从资金上弥补它们。正是日本人偶然地、出人预料地进入到货币市场，才帮助美国政府摆脱困境，从而防止债券市场的崩溃。日本借款者在20世纪80年代支撑着1/3联邦债务。[12]即使这样，实际利率达到它在至少一个世纪的可比时期里的最高水平，在1982—1990年中平均上升到5.8%，而1974—1979年为0.1%，1960—1973年大约为2.5%。[13]实际投资的动机远远低于利润率本身所显示的水平。

随着利润率下降和利率提高,投资增长速度必然要放缓。在 1982—1990 年间,私人实体经济的净资本存量平均年增长下降到 2.9%,而在 1973—1979 年间为 3.4%,在 1965—1973 年间为 4.3%。净投资占 GDP 的比例下降到 2.3%,而在 1950 年到 20 世纪 70 年代末之间平均为 3.3%。[14]

私人实体经济的生产率增长在充斥着危机的 20 世纪 70 年代里大幅下降。随着投资增长速度放缓,私人实体经济并没有在 20 世纪 80 年代复苏,80 年代的投资增长平均为 1.5%,而在 1973—1979 年间为 1.2%。在过去的一个世纪里,生产率增长从来没有像在 1973—1990 年间及以后那样低并且其持续时间如此之长。产出本身的增长也没有什么提高。在 1979—1990 年间,私人经济增加的价值平均每年增长 3.1%,这也比在 1973—1979 年间达到的 3.2%的增长率要低,尽管这期间有两次石油危机。

在 20 世纪 80 年代,人们更多地谈论"里根繁荣"和经济好转。实际上,经济比颇受人们诟病的 20 世纪 70 年代更没有什么活力,特别是当人们考虑到两波重要的石油价格猛升削弱了 20 世纪 70 年代的发展时,而石油价格下降促进了 20 世纪 80 年代末的发展。

克林顿的通货紧缩

当全面看问题时,克林顿的第一个任期和进入他的第二个任期的周期性上升时期的经济表现也不比里根-布什时代更好。事实是在 20 世纪 90 年代中期,利润率确实开始超过长期衰退时期的前期高点,从有限的主要指数特别是投资增长来看,经济确实开始加速。它能将这一动力保持多长时间仍然是一个问题。

当克林顿在 1993 年初上任成为总统的时候,惨烈的短期的衰退笼罩着 1990 年中期的经济,持续时间超过 18 个月。但是,美国经济仍然没有活力,此时的产出的增长速度不到前五个经济周期平均速度的一半,与早在 1959 年的水平类似。[15]然而,由于里根和布什政府长期遗留下的赤字,国家债务处在历史上的高点。政府净债务(net government debt)占 GDP 的比例到 1993 年已经上升到 46.4%,而 1980 年则为 21.8%,同时其他大多数主要的资本主义经济也形成类似的堆积如山的政府债务,二者结合起来对利率形成强烈的向上的压力。[16]一个不仅仅具有讽刺意味的事实是,尽管从尼克松到布什这些主要的共和党总统推行凯恩斯主义的预算赤字政策,使美国和世界经济在长期的衰退中起伏,但是正是这个民主党的主要领导人自 20 世纪 50 年代以来第一次努力平衡联邦预算,而不顾通货紧缩的后果。同时,克林顿政府面临着潜在的两难困境。如果他不继续维持联邦赤字来刺激需求,那么周期性上升可以想象会飘摇不定。但是，如果他继续通过增加预算赤字来扩大政府债务，那么利率可能会再创新高。特别是因为，在克林顿开始执政的时候，日本投资者随着日本经济进入深度的衰退而面临的国内难题在不断增加，不断地从美国国债市场中撤回它们的资金，暂时中断为美国长期政府债务提供资金。[17]

克林顿最初提出一个非常温和的 160 亿美元刺激经济的一揽子计划，但是这种在很大程度上具有象征意义的凯恩斯主义需求管理并没有在国会通过。克林顿将平衡预算作为其政府的中心目标，因为 1993 年夏季通过的法案保证如果其他地方不进行相同的减少，任何计划都不会增加支出。在 1992—1996 年间，联邦预算赤字占 GDP 的比例在 1992—1993 年期间从 4.7% 下降到 1.4%，到 1997 年下降到零。[18]在同一时期，格林斯潘和美联储与财政紧缩相呼应，保持对信贷供给的严格控制。美联储为了应对 1990—1991 年衰退，对利率进行了削减，这将短期借贷的实际成本降到零，并避免了这次下滑。但是，美国经济不可能开始上升，当时，美联储会再一次转向紧缩，在 1994 年 2 月到 1995 年 2 月间四次提高利率——提高不低于 3%——因为人们认为经济增长正在得到"过多的动力"，尽管失业率仍然高于 6%。[19]一个转折点明显已经来到。联邦政府自德怀特·艾森豪威尔（Dwight Eisenhower）时期以来第一次没有完全运用凯恩斯主义的宏观经济政策来克服衰退，并且实现更快的增长。特别是因为长期利率没有下降太多，所以毫不奇怪的是随后出现的美国周期性上升——以及世界范围的上升——根据任何标准，到 1996 年或 1997 年都是相当脆弱的。

劳动者继续败退，因为工会覆盖面到 1996 年分别在私人经济和制造业中下降到 10.2% 和 17.2%，罢工行动进一步下降，在 1990—1995 年间涉及 1 000 人或更多的工人的罢工数量平均只有 37 次。[20]在 1990—1996 年间，私人实体经济的实际工资每年平均增长率为负。

甚至在工资十年没有增长的情况下，投资在总体上继续保持停滞状态。在 1990—1996 年间，净投资平均占 GDP 的比例略高于 2.0%。[21]在同一时期，私人实体经济净资本存量平均每年增长率降到仅为 2.2%，而在 1982—1990 年间为 2.8%。到 1993 年，投资额才超过 1989 年的水平，当然，从这一时间起私人实体经济净资本存量迅速增长，为这个十年后半期的更大的经济动力开辟了道路。

由于在 1990—1996 年间资本—劳动的比率以平均每年 0.9% 的速度增长，而在 1979—1990 年平均每年增长 1.4%，这已经是很低的水平了，所以不可能期望单位劳动投入的产出有什么增长。在 1990—1996 年间私人实体经济部

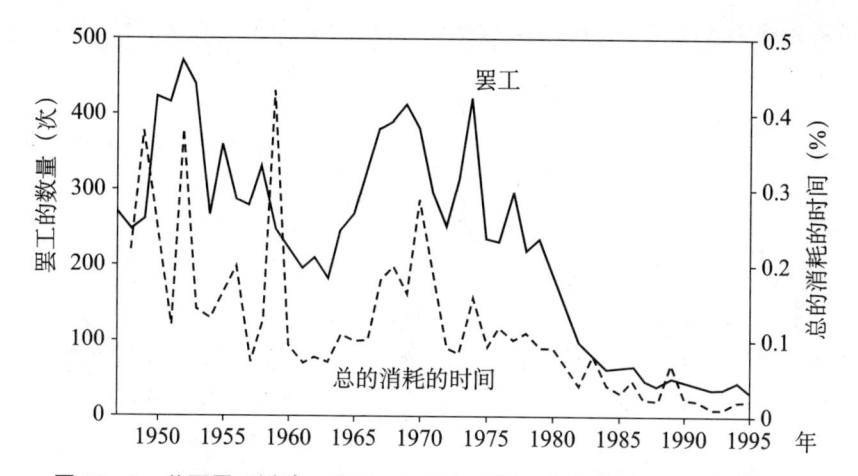

图 12—1 美国罢工活动，1947—1995 年（罢工人数达到 1 000 人或以上）

资料来源：BLS, *Handbook of Labor Statistics*, August 1989; *Handbook of Labor Statistics*, ed. E. E. Jacobs, 1997。

门的劳动生产率平均每年只增长 1.8%，这与在 1979—1990 年间平均增长 1.5% 的水平不相上下，当然比在 1950—1973 年间平均为 2.8% 的水平要低一些。

但是，温和的经济扩张正是政治与经济机构所需要的。克林顿政府的预算平衡措施和美联储的货币紧缩政策构成了一套推动缓慢增长的政策，有意识地用来满足在 20 世纪 80 年代和 90 年代早期已经出现很大转变的美国经济的特殊要求。在这个时期，美国资本已经深深地依赖于几乎为零的实际工资增长和低的通货膨胀。雇主需要压制制造业中的工资增长，旨在帮助应对来自它们的主要竞争对手的激烈竞争；制造业之外也需要如此，以便它们能够增加利润额和利润率，当然非制造业的生产率增长的步伐像蜗牛一样缓慢。美国资本家需要低价格的增长以及低工资的增长，因为他们越来越卷入到金融和证券市场的投机当中，所以对削减它们的借款收益的价格上升或者为了金融管理而进一步推高借贷成本非常敏感。不仅价格上升的程度直线下降，而且正如所强调的，实际工资增长继续保持平均为零左右。不是任何其他单一的因素，正是工资长达十年的停滞为私人实体经济整体利润率自石油危机引起衰退以来第一次超过 1978 年和 1989 年的水平，到 20 世纪 90 年代后半期上升到 1973 年水平之上开辟了道路。

为了理解体现在利润率复苏中的美国经济前景明显改善背后的深刻变化，也为了掌握美国国家政策新出现的框架的内涵，将经济作为一个整体可能只会脱离美国实际。一个总体的前景掩盖了这一时期制造业和非制造业部门的完全不同的轨迹,这种分化是由 20 世纪 70 年代末开始改变经济特征的重要转折引起的。另外,它不可能表示这些年里发生的趋向金融化的主要困境。20 世纪 90 年代中期出现的经济结构正是制造业部门的深刻合理化和制造业之外出现劳动者粗放的低工资经济和经济金融化。

衰退中的转型

人们可能会回想起在 20 世纪 70 年代,美国制造业公司受到美元贬值、工资增长大幅下降以及实际利率下降的刺激,已经启动了一波旨在恢复竞争力和利润率的投资浪潮。它们到 20 世纪 70 年代末并没有引起利润率的显著上升,肯定也在很大程度上阻碍了这一战略的持续性。无论如何,在 1979—1982 年深度衰退、持续十年并进入到下一个十年的实际高利率以及美元的重新升值的综合影响下,美国制造业公司如果要生存下去,就基本上必须削减和改变它们的运作方式。

沃尔克衰退(Volcker's recession)标志着一个转折点。在 1979—1982 年间,实际利率从不到 1% 上升到 6.5%,结果形成了需求的崩溃,从而对制造业部门产生了致命打击,也将它送入了新的轨道。在这三年时间里,制造业产出下降 10%,生产能力利用也从 85% 下降到 72.8%,成为战后的低点;同时,制造业的就业过去缓慢上升,在 20 世纪 70 年代达到战后的高点 2 120 万人,但是现在下降 10.5%,达到 1 895 万人。经济现在为它在 20 世纪 70 年代推行凯恩斯主义,并且成功地抵御了破产而付出代价。到 1982 年,每年的破产率(bankruptcy rate)几乎是 1979 年的两倍,在这个十年的中期之后继续增加。[22]

同时,在 1978—1985 年间,由于受到利率上升的影响,美元对日元以每年平均 1.75% 的速度上升,美元对德国马克以 5.0% 的速度上升,这引起单位劳动成本(以美元计算)每年平均上升 4.6%,而对德国和日本来说单位劳动成本增长则为 −1.4%。受到借贷成本创新高的困扰,美国公司面临着难以承受的竞争压力,正在此时创纪录的联邦赤字和高起的美元为美国从全世界进口的爆发式增长开辟了道路。

出口在 1973—1979 年间平均每年增长 5.8%,在 1978—1985 年间只增长 2%,实际上在 1982—1983 年就总共下降 13%。在同一时期,制造业进口渗透(import penetration)达到 33.75%,上升了 70% 以上,而在 1973—1978 年间从大约 15% 增长到 19.2%,但是,制造业出口占制造业产出的比例从 18.1% 上升到 21%,只增长 16%。到 1985 年,美国经常项目赤字达到 1 240

亿美元，创纪录地达到了 GDP 的 3%，而 1981 年还盈余 50 亿美元，也就是 GDP 的 0.2%。[23]

由于日元贬值和联邦赤字导致进口需求膨胀，日本向美国的出口再一次大幅上升：在 1979—1986 年间，每年增长 18.2%，将其占美国进口的比例从 12.5%提升到 22.2%。但是，这只是一个方面，因为这一时期正是具有活力的四个亚洲制造业经济体在美国市场形成影响的时期。在 1970—1980 年间，韩国、台湾地区、新加坡和香港地区将它们总体占美国进口的比例从 5.1%提高到 7.6%，也就是增长 50%。在随后的 7 年里，它们又增长 100%，占美国进口的比例达到 15.3%，这是德国所占美国进口的比例的两倍以上，比整个欧洲经济加起来所占的比例还要高。这些国家的闯入更具有破坏性，因为日本和亚洲新兴工业化国家或地区在这些年里显著地增加了高技术产品占向美国出口的比例。

随着对美国价格形成的向下的压力由于深度的衰退和国际竞争的激化而急剧增加，美国制造业的利润率只能下降，特别是在生产能力利用大幅下降的时候。在 1977—1978 年间，当时它达到后石油危机的最高点，大约比 1973 年的水平低 11%；到 1982 年，它达到它在衰退时期的低点，制造业的利润率下降 43%；到 1986 年，在周期性复苏四年之后，制造业利润率仍然比它在衰退之前的高点低 19%左右。相比而言，制造业之外的私人实体经济的利润率在 1978—1982 年间下降 33%，到 1986 年恢复到它在衰退之前的高点的水平。现在，这是人们熟悉的看法：非制造业的利润率可能反弹，因为非制造业公司在很大程度上不受导致制造业价格下降的国际竞争的影响。在 1978—1986 年间，非制造业成本再一次比制造业成本上升快了很多，但是这也由产品价格的不断上涨抵消了。美元的升值大大限制了美国生产者根据它们进行贸易的商品的成本来提高价格的能力，所以，这与国际过剩产能不断恶化一起成为 20 世纪 80 年代中期美国制造业的利润率下降的原因。

在 20 世纪 70 年代，公司管理者已经大幅削减了红利支付，企图摆脱利润率危机。另外，公司从极低的实际利率中受益。但是，从 20 世纪 80 年代初开始，这种趋势发生了逆转。股东失去了耐心，获得了迅速增加的红利。同时，受到新的税收变革从而保证不劳而获的收入和资本收益有更高的回报的激励，受到反托拉斯法的不严格执行的激励受到金融自由化的激励，受到更高的红利的激励，也受到劳动者的脆弱的激励，金融操控者大量借贷来购买公司的控制权，旨在从中获得越来越多的收益——特别是通过加快对劳动者的剥削、加快折旧和拒绝投资、裁减人员和各种形式的缩小公司规模。为了能够为并购筹集资金，公司在实际利率增加的时期，比以前在更大程度上实现了通过债务而不是资产净值的融资办法，公司利润用来支付利息的部分因此增加。结果是制造业每年平均占有的收入（利润减去利息和红利后的剩余部分）在1982—1990年间下降到只有37%，在1990—1996年间为40%，而在1973—1979年间为69%，在1950—1965年间为75%（参见图12—5）。

由于支付的利息和红利很高，利润中保持下来的收入很低，再加上投资环境又很恶劣，所以制造业公司被迫大幅缩减投资。在1979—1990年间，制造业净资本存量平均每年增长下降到1.8%，而1973—1979年平均每年增长3.6%。在1990—1996年间，它进一步下降，平均每年增长1.6%。

在制造业部门的投资受到压制和停滞时期，制造业的劳动生产率增长提高得非常明显，特别是与它在20世纪70年代受到石油危机困扰的大幅下降的水平相比。在1979—1990年间，它平均每年增长3.0%，与1950—1973年的水平不相上下。在1990—1996年间，它进一步增加动力，平均每年以3.8%的速度增长，这一速度超过战后时期（在这时期中，只有在1958—1965年间制造业生产率增长平均达到4.1%）。[24]

在制造业资本存量出现较大下降的背景下，生产率增长的大幅提升似乎是矛盾的。但是，一旦这样来理解就没有什么疑惑了，那就是因为清除了过剩的、没有效率的工厂和设备——以及那些配置的人力——因为投入具有一定技术发展水平的工厂和设备，因为强化劳动强度而实现劳动投入的大幅增加，也因为实际提高了效率即增加了单位劳动的产出。

在1979—1982年间的衰退为制造业生产率增长的复苏准备了条件。在这三年里，制造业劳动投入（以小时计算）下降了近13.4%，并且由于这种下降，资本—劳动比率平均每年的增长速度上升到8.9%。在此基础上，劳动生产率开始以一个事实上令人惊讶的大约每年平均2.7%的速度上升，而制造业的生产能力利用在这些年大约下降15%。[25]因为制造业产出和投资分别平均每年下降0.5%和2.05%，也因为破产已经翻番，美国制造业明显更多地通过关闭旧的、无效率的设备而不是购置新的、有效率的设备，使它的劳动生产率开始复苏。

在20世纪80年代的后几年和90年代前半期，制造业者保持劳动生产率稳步增长，尽管制造业投资继续停滞不前，这体现制造业的净资本—劳动比率在1982—1996年间只增长1.1%，而在1973—1979年间增长3.4%，在1950—1973年间增长2.7%。这如何成为可能呢？一部分答案明显在于不断"缩小规模"。在1990—1991年衰退前夕，也就是在美国历史上最长的和平时期的繁荣之后，制造业劳动力的绝对规模以小时来计算，仍然比它1979年的高点低4%，到1996年它进一步下降，几乎比那个高点大约低10%。在

1978—1995 年间，美国排名前 100 家公司解雇了它们劳动力的 22%（以净人员计算）。[26]部分答案也在于取得了显著的、增加效率的技术进步——例如通过人工智能化（robotization）和运用计算机辅助生产和设计。即使这样，对生产率增长的贡献不亚于任何其他因素的是这个时代出现一种新形式的"改进"。以众所周知的"精益生产"（lean production）来说，它表明美国（部分地）采用日本的使劳动者投入更最紧张的、更持续性的和更有效率的方法。

在车间（shop floor）里以振振有词的"团队理念"的掩护下——并且公认的目标就是通过增加雇员的技能和控制劳动过程的手段来提高生产率——雇主通过将他们分成最简单的一些部分，从而实现了岗位的去技能化。这保证了车间劳动力的最大程度的"弹性"（或者说可交换性），也保证了单位时间内最大可能的劳动投入。这种技术被冠以"压力管理"（management by stress），其目标不仅是尽可能消除所有来自于生产线之外的"储备"（维护、维修、内务管理、质量检测等）的"专业化的"劳动力，消除工作点的所有剩余的生产资料，而且是保证生产资料来到工厂就有能够劳动的所有工人。最初，管理团队和领导集团工作在各自的岗位上，自上而下为了完成各自的任务而进行非常详细的分工。在最大可能消除剩余生产资料和附属工人等所有"安全网"的条件下工人完成相同的任务。工人和他们的团队不允许让有缺陷的产品通过，使其在这一生产线的末端得到解决——像传统的生产线一样——但是要求负责质量控制，一旦发现有缺陷的产品就追踪下去，特别是追溯问题的源头。通过这些方法，工人以及管理者能够在更短的时间里发现哪些任务可以分配，哪些岗位需求重新设计，从而使劳动力可能以最有效率的方式进行重新配置。工人提高了完成更大比例的现在被简化的任务的能力——这可以称为"多价"（polyvalence），如果接受这个术语最简单的含义——是有利于达到同样效果的。结果是既不需要工人重新学习技能，也没有增加工人的控制权（当然，岗位可能变得更加多样化和更不枯燥），但是增加了雇主对生产的控制权，其特殊目的就是提高工人每一分钟每一秒的实际劳动量。[27]另外，它常常——正因为任务的简化——为进一步机械化开辟道路。

雇主也通过内部的业务外包运作，寻求越来越有效率的劳动投入。在这方面，再一次遵循日本的范例，目标是能够支付比以前付给参加工会的工人更低的工资，同时绕过工会的工作规则，将任务分配给（通常较大的、技术上先进的）独立的不受工会契约和工作规则约束的供应商。事实上，新的理念就是尽可能多地直接或间接雇用那些被称为"临时工人"（contingent workers）——没参加工会的雇员，他们因为被雇用的时间有限或者从事特殊的工作，所以受到的剥削最大，在就业条件谈判中的地位最不利。在 20 世纪

80年代加速采取这些过程的条件就是新出现的通信和计算机技术,它们使地理上独立的生产单位之间的协调可能达到前所未有的水平(就像在现场生产一样)。[28]应该补充的是,因为制造业公司剥离出来的一些岗位都是以前在制造业部门内部的低效率的服务业,所以这些部门通过将这些服务性的岗位剥离给服务部门从而能够进一步提高它的生产率。

美国制造业的生产率增长的恢复确实意味着渡过了20世纪70年代的制造业的"生产率危机",但是既不应该过高地估计它的范围,也不应该曲解它的意义。它对美国在《广场协议》之后的十年里显著提高竞争力的贡献是相对微弱的。从20世纪80年代中期开始,美国制造业部门从国际方面看确实实现了相对成本的大幅下降,为出口增长的加速和世界出口市场的相应增长提供可能。但是这种提高绝不能归因为生产率增长,完全可以归因为实际工资增长受到压制和美元价值的大幅下降。在1985—1995年间(以及在1990—1995年间),美国制造业生产率平均每年增长只略低于日本、意大利和英国,略高于加拿大和德国,但是在所有情况下(除了加拿大)美国的数据与其他国家数据之间的差异是很小的,不超过0.5%。[29]在同一时期,美国制造业部门的实际每小时工资平均每年增长0.15%,是G-7国家经济体中最低的,而日本为2.9%,德国为2.85%。德国和日本的制造业的实际工资在这十年里大约增长35%,而美国增长1%!

最重要的是货币的价值。在1985—1990年间,日元和德国马克对美元的汇率平均每年分别下降10.5%和12.7%,后来在1990—1995年间又分别下降9.1%和2.5%。这些为美国制造业竞争力极大提升准备了条件。在1985—1990年间,美国以美元计算的名义工资平均每年上升4.65%,而日本和德国平均每年分别上升15.1%和13.7%。在同样的十年时期,美国制造业以美元计算的单位劳动成本仅仅上升0.75%,而日本和德国分别上升11.7%和11.3%。所以,到1995年,美国制造业生产工人的每小时工资为17.19美元,而日本为23.66美元,德国为31.85美元(见图12—4)。

在相对成本存在如此明显优势的基础上,美国生产者可以在海外销售中取得大量收益。美国出口在《广场协议》之后的1985—1990年之间平均每年上升10.6%,成为战后时期上升最快的,在1990—1995年间平均每年上升7.4%,而在1979—1985年间为2.1%,在1973—1979年间为5.8%,在1950—1973年间为6.5%。到20世纪90年代初,美国已经将它占世界出口的比例又提高到20世纪70年代末的水平。

《广场协议》标志着开启了美国制造业经济的财富显著提高,同时德国和日本制造业经济的财富恶化的新时代。尽管如此,但是美国制造业部门在20

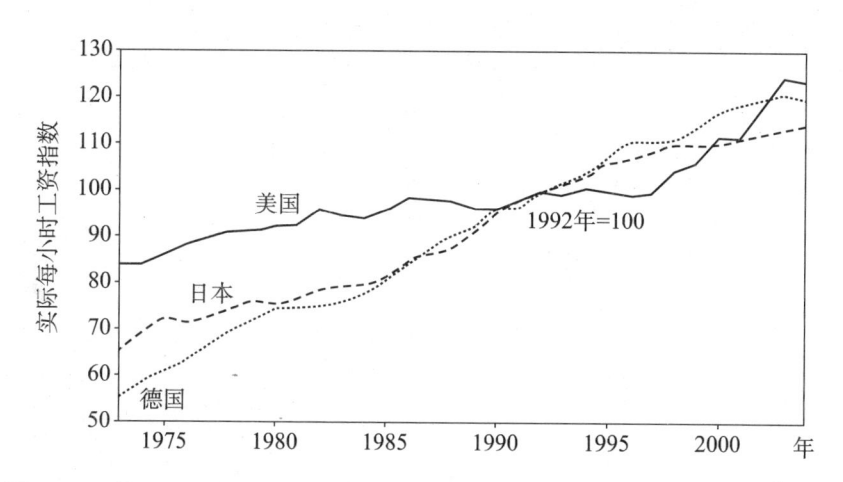

图12—2　德国、日本和美国的制造业实际每小时工资的增长情况，1973—2004年

注：曲线只表明实际每小时工资的变化，而不是其相对水平。

资料来源：BLS, "International Comparisons of Manufacturing Productivity and Unit Labor Cost Trends", Table 13, available at BLS website。

世纪80年代，甚至在20世纪90年代前半期只实现了有限的复苏，这表明在发达资本主义世界仍然存在着阻碍制造业发展的因素。一个显著的事实是，尽管美国在这一时期的制造业生产率与战后时代任何其他一个可比时期几乎一样高，但是制造业的实际工资增长处在前所未有的低点。美国制造业的利润率大大低于繁荣时期的水平。在1989年里根繁荣的高潮时期，制造业利润率确实达到1973年的水平，但是这仍然比1965年的水平大约低40%。在随后衰退的再一次下跌之后，制造业利润率确实在20世纪90年代的周期性上升中有了很大提高。另外，只有在1994年它再一次达到1973年的水平，也只有在1995年它又上升得更高。即使在这时，它仍然比1965—1966年的高点低1/3，大约是20世纪60年代平均水平的3/4。但是，这次反弹从长期看是重要的。它肯定是在这个时期从非常低的水平开始新的投资增长加速的一个重要因素，并且它为美国经济的决定性转折提供了可能性。不管这种可能性能否成为现实，它都将不仅仅决定着美国的发展，而且决定着世界整体的发展（见图0—3和图0—4）。

非制造业部门的兴起和进一步下降

随着制造业劳动力的规模达到顶点，并且从1979年起开始下降，制造业就业在经济中的地位迅速下降。制造业劳动力占总体（以小时来计算）的比

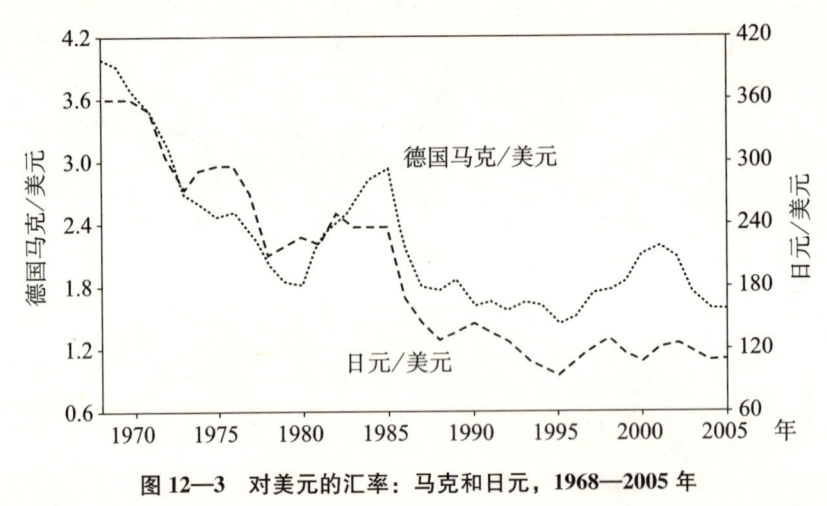

图 12—3 对美元的汇率：马克和日元，1968—2005 年

资料来源：BLS，"International Comparisons of Manufacturing Productivity and Unit Labor Cost Trends", Table 11, available at BLS website。

例在 1950 年（25.5%）到 1973 年（24.3%）之间基本上保持稳定，在 1973—1979 年间下降相对较少（降到 22.2%），后来它显著下降，到 1985 年下降到 19.2%，1990 年下降到 17.4%，1996 年下降到 15.9%。当然，这种下降出现逆转是服务行业就业的快速增加。尽管制造业劳动力（从就业人数看）在 1979—1990 年间下降了 110 万人，在 1990—1996 年间进一步下降了 83 万人，服务业就业在 1979—1990 年间增长了 2 000 万人，在 1990—1996 年间进一步增加了 860 万人。

但是，美国在制造业之外的就业岗位在 20 世纪 80 年代和 90 年代前半期之间的快速净增长不是表明经济恢复活力，而是表明美国经济下降。尽管非制造业劳动力在总体所占的比例更大——在 1996 年为 84.3%（以小时计算）——非制造业劳动力生产率以美国历史上最低的速度在增长。在 1979—1990 年间，非制造业私人实体经济部门的劳动生产率增长平均每年增长 0.6%，这是一个非常低的速度，而在 1950—1973 年每年增长 2.6%，在 1990—1996 年间并没有多少好转，每年增长 1.1%。

制造业之外的生产率增长的下降关键在于出现低工资经济，低工资经济早在 20 世纪 60 年代前期就出现了，转折点出现在 20 世纪 70 年代末期的某一时间。我们已经看到 1974—1975 年深度的衰退是对劳动者的一个有力的打击，工人抵制因此快速下降，并且实际上在 20 世纪 80 年代已经崩溃。在制造业之外的劳动力中，工会化的水平是可以忽略不计的。工人必须得到他们

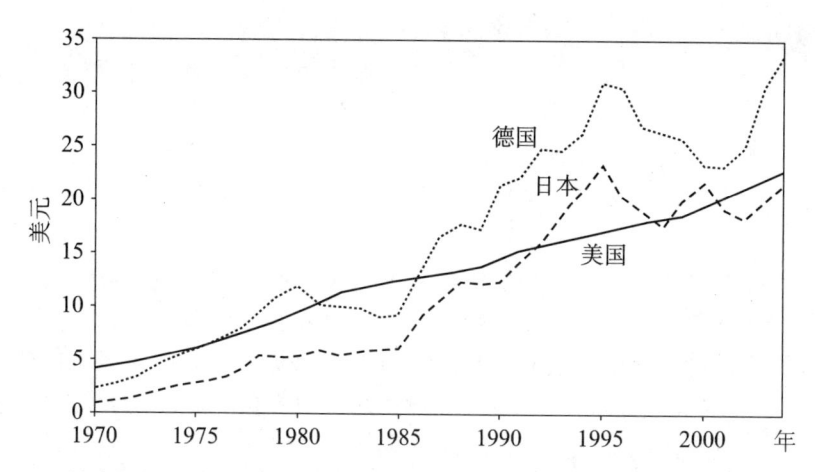

图 12—4 制造业中以美元计算的每小时工资增长情况，德国、日本和美国，1970—2004 年

资料来源：BLS, "International Comparisons of Manufacturing Productivity and Unit Labor Cost Trends", Table 8, available at BLS website。

能够得到的，并且所得到的在不断减少。在 1979—1995 年间，非制造业私人部门的产品工资平均每年仅仅增长 0.4%，这期间只有 4 年产品工资增长达到 1%。实际工资增长在这一时期甚至更糟糕，平均每年仅仅增长 0.2%。

但是总的数据并没有开始说明低工资经济的兴起。在 1979—1995 年间，实际工资平均每年增长对于 40% 的底层劳动力来说几乎下降 12%，对于 60% 的底层劳动力来说下降 9.8%（甚至在 1979—1995 年间，80% 的工人只看到他们的工资下降 0.4%）。[30] 换言之，在这个 16 年中间，60% 的美国底层劳动力为越来越低的实际工资而工作，并且到这个时期结束时他们得到的实际工资平均比这个时期开始时的工资低 10%。

从实际工资下降来看，原来被认为不可理解的美国"生产率之谜"（productivity puzzle）与它表现出来的东西相比更没有什么神秘的。在制造业，并没有什么需要过多解释的是：正如已经强调的，除去 1974 和 1975 年以及 1978 和 1979 年的石油危机衰退（或者，整个 1973—1980 年），制造业劳动生产率平均每年增长率从 20 世纪 60 年代初的繁荣，到 1965—1973 年的利润率下降的最初几年，再到 20 世纪 90 年代中期，一直在下降。在制造业之外，不难找到生产率增长大幅下降的原因。在 1950—1973 年的时期，私人的非制造业部门的产品工资平均每年增长 2.7%，这一部门的净资本—劳动比率平均每年增长 2.0%。但是，在 1979—1996 年间，随着产品工资的平均每年增长下降到只有 0.4%，资本—劳动比率平均每年增长下降到只有 1.0%。随着产品工资的平均每年增长下降到接近于零,并且没有国外的竞争的压力,制造业之外的公司发现增加工人而不是机器更有利可图,所以单位劳动投入的产出增长只能大幅下降。另外,因为半数以上的劳动力都是为不断下降的实际工资而工作,所以公司可能越来越扩大那些很低的和生产率缓慢增长的就业岗位,如餐馆服务、批发与零售。这些领域在这个时期吸纳至少1/3的新增劳动力。[31]

每个工人所使用的工厂和设备增长的下降并不仅仅说明单位劳动投入的产出增长下降。它似乎也可以说明单位劳动投入和资本投入结合起来(总的要素生产率)的产出增长同时下降。这是因为给每个工人配置设备的速度下降将带来一个副产品即改善每个工人所使用的机器的步伐下降,所以来自既定的劳动和资本投入所增加的产出也在下降。

20世纪80年代和90年代的"巨大的美国工作机器"(great American jobs machine)几乎就是这样的:制造业之外出现的就业增长根本不与每个工人支配的设备增长相匹配,也不与每个工人的生产率的任何增长相匹配。因为没有任何平均实际工资增长,同时对许多劳动力来说实际工资还在下降,所以,雇主在生产率根本没有提高的情况下获得利润。由于同样的原因,雇主能够获得利润,同时也增加就业人数和降低总的失业。在20世纪80年代的后期和90年代,美国的失业率在除日本之外的发达资本主义世界中是最低的,但是,从就业方面看,这并没有什么可以值得吹嘘的。这种上升是地地道道的恶性循环,低工资在这里导致劳动生产率增长的下降,而劳动生产率增长的下降反过来导致工资增长变成"不现实的",所以以为低效率增长的持续提供了基础。[32]对于里根-布什-克林顿的"美国的早晨"(morning in America)来说,同样如此。

对金融和富人来说的黄金时代

资本家不将资本投入到生产的另一方面就是寻找另外一些方式来挣钱。[33]随着利润率下降,利率上升,以及不稳定性增强,投资者越来越希望避开长期投资新工厂和设备的风险。另外,仅仅通过低价买进和高价卖出来获得利润表面上并不是一个简单任务:任何一份收益,都有相应的损失,任何一个胜利者同时也是一个失败者。资本家和富人在20世纪80年代成功地积累了财富,这在很大程度上是因为国家直接干预将货币控制在资本家的手里——使他们能够通过有利可图的救援(bail out)从自己的企业失败中获利,给他们提供在公司资产平衡表的恢复中起很大作用的减税,给他们提供前所未有的政治上参与的机会,旨在通过财政、金融和放松管制政策使其更快地变得更加富有——所有这些都是以牺牲大多数人的利益为代价的。

这种模式在卡特政府时期就清楚地建立起来了，这一届政府启动航空和交通运输等行业的打击工会的放松管制。当然，最明显体现新趋势的是1980年帮助克莱斯勒（Chrysler）摆脱困境。当时克莱斯勒面临着破产的威胁，政府不仅以纳税人的利益为代价进行干预，旨在拯救该公司，而且作为救援协议的一部分，迫使克莱斯勒的工人做出广泛让步，这样既保证了公司更具有盈利前景又为不公平对待劳动力提供一个范例。

通过1981年《经济复苏法案》（the Economic Recovery Act of 1981），对个人的征税在三年里削减20％，对非劳动收入的最大支持——对租金和利息的征税从70％下降到50％。1986年《税收改革法案》进一步将这个比率降到28％。资本所得税在1978年卡特政府时期就从49％下降到28％，现在又下降到20％。相反，社会保障税这种不均衡地落到工人阶级家庭上的税收，在这十年中大约上升25％。[34]在1981—1992年间，个人和公司的税收占GDP的比例下降了几乎2％，但是利益分配是不平等的。因为供给方面的减税的明确目标就是降低边际征税率，因为在20世纪80年代只有富裕的人才能看到他们的收入增长，只有富裕家庭才能看到其税收的大幅下降。根据国会预算办公室（the Congressional Budget Office）的看法，在1977—1989年间，收入最高的1％的人的有效税率下降6.0％，收入最高的5％的人的有效税率下降2.6％，收入最高的10％的人的有效税率下降1.7％，对于剩余的人来说并没有受益。[35]

20世纪80年代的减税不仅对富人直接有利，而且在很大程度上成为联邦赤字不断创新高的原因，这些赤字必须由联邦借贷来弥补。那些非常富有的人自然进行了大部分的借款。他们能够以创纪录的实际利率进行借款，美联储也没有能够用更宽松的信贷来调和由于政府不断提高对借贷的需求而产生的对货币市场的前所未有的压力。在1950—1980年间，支付的利息占联邦预算的比例平均在7％以下，在1974—1979年间为7.6％。但是，在1982—1990年间，它几乎翻番，达到13.4％。在1983年美国私人所拥有的总的联邦债务中，最富有的10％的人几乎持有80％，最富有的1％的人大约持有1/3，如果将更大比例的、可交易的国库债券考虑进来，那么这种分配会更加不均衡。[36]当然，支付给富人的利息在很大程度上直接源于工人阶级所付的税收。正如保守的专栏作家乔治·威尔（George Will）所看到的："1988年预算中支付利息所需要的数量（2100亿美元）大约相当于所有个人所得税收入的一半……将财富从劳动者转移到资本的程度在美国历史上是前所未有的。税收收入从普通美国民众中收取的（一个四口之家的中等收入略低于30 000

美元），然后付给美国政府债券的买家——比佛利山庄（Beverly Hills）、森林湖（Lake Forest）、谢克-海茨（Shaker Heights）和格罗塞角（Grosse Point）的买家，以及东京和利雅得（Riyadh）。"可能还要补充的是到 1990 年，利息占联邦预算的规模几乎相当于公司总利润的 60%，而在长期衰退开始之前的 20 世纪 60 年代中期这一比例大约只有 10%。[37]

随着长期下降的利润率在 1981—1982 年的深度衰退之后进一步下滑，资产的市场价值与替代它们的成本相比出现下降；投资者因此开始有理由相信购买的时机到了，因为证券价格只能上升。在当局于 1981 年首次减税，并且从 1982 年夏季开始放松信贷供给的时候，人们就毫不怀疑股票价格会上升。随着对资本收益和非劳动收入的税收的显著下降，股票的价值对于它们的所有者来说就自动上升。随着借贷成本突然下降，购买资产就变得更加容易。另外，里根确信证券市场繁荣可能具有现实的、当然有限的物质基础，在这时他使联邦赤字屡创新高，旨在保证产出、资本利用、利润率与 1981—1982 年衰退的水平相比都大幅（当然，在大多数情况下只能是周期性的）上升。[38]像政府债券的回报增长一样，证券市场的上升几乎只对富人有利，因为（在 1989 年）最富有的 1% 的财富持有者大约占有 46% 的证券，而最富有的 10% 的人占有 90% 的证券。[39]

那些有钱人将现金投入到由共和民主派的税收、支出和借贷政策所提供的广泛机会来获利，而不是投入生产中获利；由于政府让人们知道它像过去一样不再强制推行反托拉斯法，并且它自身不能也不愿意阻止内部交易（insider trading），所以金融家找到一个从现存资产中取得更高回报的新方式（在获取利润的过程中轻视生产投资的回报），从而赚得一大笔钱。尽管在 1982—1990 年间来自利润的收入的水平在下降，但是非金融公司发现它们不足以弥补它们在这些年里进行的资本投资，因为正如所强调的，资本投资受到限制。同时，它们呈现出创纪录的债务水平，或者用来从股票持有者手里重新将股票购买回来，或者对另一个公司的控制上的兴起，这两种盈利情况的目标就是转变（特别是）制造业的公司的游戏规则。[40]制造业公司支付的利息占利润的比例在 1973—1979 年已经上升到 15%，而 1950—1973 年仅为 3.8%，在 1982—1990 年间增加到 35%，在 1990—1996 年间达到 24%。

在它们回购、兼并和接管的基础上，金融大亨们迫使红利大幅增加。公司管理者在努力保持投资水平过程中，已经减少了支付的红利占利润的比例，将在 1950—1973 年间平均为 25% 下降到在 1973—1979 年间平均为 16%。相反，他们的后继者大幅提高红利的支付比例，在 1982—1990 年间提高到 27%，在 1990—1996 年间又提高到 36%，达到很高的水平。另外，他们剥削公司现存的贷款者，这些贷款者的贷款条件是在风险更低的时候确定的，因为债务依赖性更低。首先，他们用他们的前辈所无法想象的彻底性和恶意来完成公司规模的缩减——几乎使那些最具有效率的和盈利的生产方式都退出——这实际上也是过剩的常常过时的生产能力和特别是制造业资本存量的利润率深幅下降所要求的。他们这样做，仅仅忽视了他们公司与其劳动力所明确或含蓄地达到的契约，强制推行集体解雇、工资下降、津贴削减和增加劳动强度等这些在战后时期在很大程度上被抛弃在公司日程之外的事项。正如已经看到的，运用这种办法确实在 20 世纪 80 年代和 90 年代初使制造业部门出现重要的合理化，提高了生产率和利润率的增长。[41]

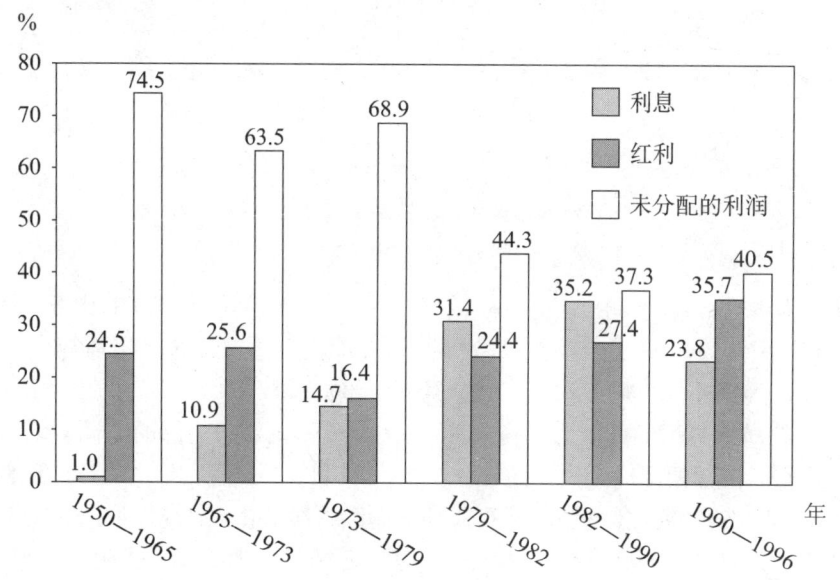

图 12—5　美国制造业利润在未分配的利润、利息和红利之间的分配情况，1950—1996 年
资料来源：BEA NIPA 6.16。

这里并不是企图深入分析上述的更多带有编年史性质的趋势。但是，它们双方的结果确实需要强调：第一，它们涉及的从生产中移出，投入到非生产性支出的规模；第二，它们帮助完成的收入和财富的再分配。

在 1980—1989 年间，发生了 31 105 起并购，总价值达到 1.34 万亿美元。这个数字大致等同于美国过去 10 年里在非住宅（non-residential）固定投资的 1/3。[42] 人们有时认为，这些数据对于生产性的经济来说只有很少或根本没有意义，因为它们代表的不是实际资源的使用，仅仅是纸上的数字的转移。但是，在 1975—1990 年，私人实体经济中对工厂和设备的总投资中每年又投向于金融、保险和不动产（FIRE）部门的比例增长一倍，从大约占 12%～13%

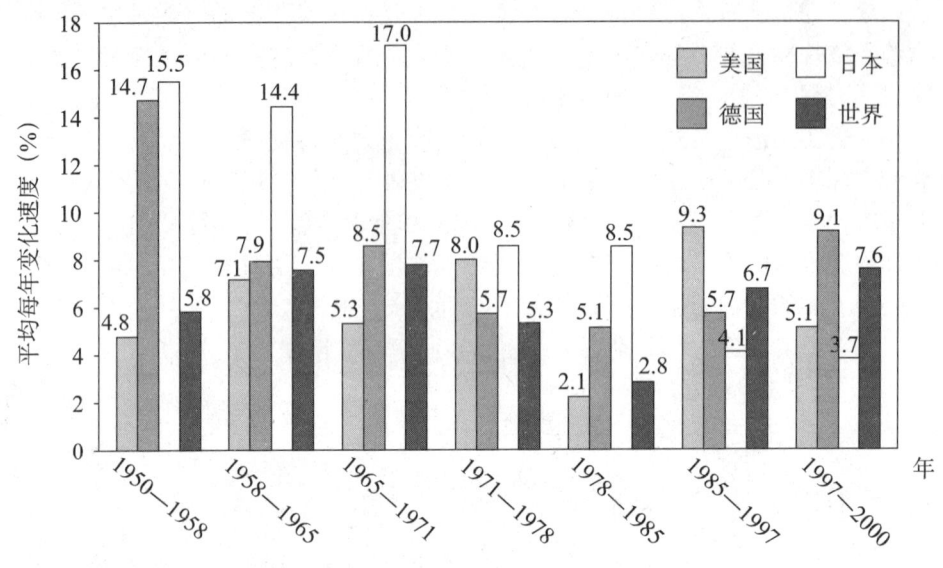

图 12—6　商品和服务实际出口增长情况，1950—2002 年

资料来源："Statistical Annex", European Economy, Autumn 2005, Table 37, IMF WEO Database。

增长到大约占 25%～26%。在 1982—1990 年间，私人实体经济中几乎 1/4 的工厂和设备投资转向了金融、保险和不动产部门，这高于任何其他部门包括制造业。在 20 世纪 90 年代前半期，金融、保险和不动产部门雇用运用了大约 16% 的私人部门的劳动力，占用 23% 以上的私人部门的总的净固定资本存量，这比其他任何部门都高。这比 1977 年（16%）几乎提高了 50%。这种财富通过纸上的转移在 20 世纪 80 年代和 90 年代了有很大提高，虽然它对消费或提高消费的生产力并没有直接意义，但是它浪费性地吸引了大量现实资源，包括大批的计算机在这十年里投入运行。在 1980—1990 年间，金融、保险和不动产部门占用了大约整个经济中配置的办公室、计算机和会计设备的 35%；相反制造业所占的比例大约是 25%。[43] 具有讽刺意味的是，那时——根本不可理解的是从创造的财富看——美国在 20 世纪 80 年代和 90 年代最具有技术动力的产业通过它自己的产出对于提高美国生活水平比其他任何产业都少。

因为私人实体经济的生产率增长以历史性的低速度在进行，在 20 世纪 80 年代甚至是 1977—1989 年创造的新财富并不太多，家庭平均收入仅仅增长 11%。但是"里根革命"仍然能够为非常富有的人带来奇迹，其手段就是确保他们能够在所创造的很少的财富中占有最大的一份。在 1977—1989 年间总的家庭平均收入增长中，最富有的 1% 的家庭（根据收入）得到了 70% 以上，而最富有的 10% 的家庭实际上占据了增长的全部份额。在此基础上，收入达到最富有的1%的水平（平均每年800 000美元）在这十年里增长一倍，而达到中等收入水平的家庭仅仅增长4%。[44] 20世纪90年代这种不平等的趋势仍然在持续。相反，在克林顿政府的前两年里，最富有的5%的人所获得的国民收入增长比里根政府的8年时间要快。在1992—1996年间，最富有的1/5的人口所占的收入比例从46%上升到49%。[45]

走向复苏？

20世纪90年代后半期的美国经济在本质上的表现比它在20世纪70年代末期更差。同时，这幅凄惨的图画也有其光明的一面，至少对于资本来说如此。在它们能够继续阻挠产品工资增长的条件下——正如它们进入这个十年的后半期一样——美国制造业之外的公司可能指望继续提高它们的利润份额和它们的利润率，只要它们能够实现非常小的生产率增长。另外，它们继续将价格定在制造业公司所不可能达到的程度，因为后者面临着国际竞争的风险。在20世纪80年代后半期，非制造业的利润率实际上已经从这个十年中期的高点有所下降。但是到1996年，随着工资继续停滞，它又回升到1973年的水平，接近20世纪60年代末期的水平。制造业的利润率仍然比它在繁荣时期的高点低30%以上，但是它已经有了重要的恢复，在20世纪90年代加速增长，对总体利润率的恢复作出了决定性的贡献。到1996年，私人经济总体上的利润率上升到第一次超过了1973年的水平，比它在繁荣时期的高点大约低20%～25%。如果工资随着劳动力市场持续趋紧而继续被压制，如果制造业利润率（只有部分地，但是仍然显著恢复）随着国际竞争激化而能够至少保持稳定——两大"如果"——那么，美国经济至少最终为走向新的投资繁荣开辟了道路，所以有可能跨越长期衰退（见图0—3、图0—4，以及图8—1）。

2. 20世纪80年代和90年代的日本：从泡沫到破灭及其他

在20世纪80年代后半期和20世纪90年代前半期，日本经济面临着战后时期最大的挑战，它必须为保持与世界经济的突出联系，特别是与美国市场的联系所需要付出的代价大大增加。在1979—1985年间，从第二次重要的国际性衰退中走出不到十年，它像往常一样从美国赤字推动的经济扩张中寻求动力。日本出口导向的道路在20世纪70年代末随着美元贬值而变得更加艰难，并且在20世纪80年代也变得更不轻松，甚至当美元在美国高利率的影响下出现升值的时候。但是，在1985年《广场协议》后的十年里，随着日元不断升值和美国被证明更不愿意承担为世界经济创造需求的旧角色，改变这种状况被证明是一个宏大的任务。

脆弱的复苏，1980—1985 年

日本在 20 世纪 80 年代初的衰退远远不及同时发生在美国和德国的衰退那么严重，或者不及日本本身在 1974—1975 年那次衰退那么严重。在 1980—1983 年间，制造业和私人实体经济部门的利润率与 1978 年后石油危机的高点相比分别下降 20% 和 15%。但是，这次下降幅度并没有像 1974—1975 年那样大，其影响也没有那么严重。名义工资增长和实际工资增长分别不到 1974—1975 年的 1/4 和 1/2，这有助于阻止利润剧烈下滑。保持高的出口增长率也是如此，这得益于从 1979 年至少到 1981 年日元出现新的贬值。尽管 GDP 和制造业的产出已经有些下降，并且制造业投资在第一次石油震荡中已经迅速减少，但是 GDP 和制造业的产出在 1980—1983 年周期性衰退中继续保持相当高的增长，制造业投资至少保持积极状态。

从 1982—1983 年起，美国创纪录的政府赤字和快速升值的美元推动日本经济走出衰退，进入到一个新的由出口主导的但也受到它的动力制约的周期性上升时期，这与 1974—1975 年起的上升一样。在 1982—1986 年间，受到美国创纪录的贸易和经常项目的赤字的正面影响，日本出口到美国的商品（在名义上）平均每年增长 23%。仅仅在这四年，日本向美国的出口占日本总出口额的比例几乎增长 50%，也就是从占 26.4% 上升到占 38.9%。到 1985 年，日本出口占 GDP 的比例增长到 14.5%，而 1979 年则为 11.1%，同时制造业出口占制造业产出的比例增长到 47.7%，而 1979 年则为 35.6%。经常项目盈余占 GDP 的比例在 1981 年为 0.4%，而到 1986 年上升到 4.2%。

尽管呈现出口繁荣，但是，日本的周期性上升是脆弱的。日本政府将视线集中在促进出口，并且对在 20 世纪 70 年代末推行凯恩斯主义所出现的国家债务增长感到恐惧，它们采取了与美国相反的政策，通过启动降低支出和平衡预算来压制国内的需求增长。在 1980—1985 年间，日本将其政府赤字从占 GDP 的 4.2% 降到 0.8%。同时，为了应对创纪录的美国利率导致的超高的美元，日本货币大量涌入到美国国库工具（US-Treasury instruments）上，所以导致日本本身不能将货币用于生产中。在世界范围内的制造业利润率下降的问题没有解决的情况下，刺激需求就成为越来越矛盾和困难的过程。通过实施创纪录的赤字，美国政府增加了对日本出口的需求；但是它只能通过提高国内利率和引入日本的剩余来为这些赤字提供资金，所以削弱了日本（以及美国）的国内投资。在 20 世纪 80 年代前半期，日本资本形成特别是制造业资本的形成只在 1984—1985 年有大量增长。在这一时期的 GDP 和劳动生产率的增长率远远落后于 20 世纪 70 年代后半期的增长率。到 1985 年,当它再一次达到顶点时,日本制造业的利润率仍然略低于 1978 年的水平,还不及 1965—1970 年平均水平的一半(见图 0—3 以及图 15—6)。

《广场协议》和泡沫经济,1985—1991 年

依赖于出口增长来推动日本经济是不会持久的。出口增长带来美国经常项目的巨额赤字和日本经常项目的大量盈余;它注定要自我削弱。随着《广场协议》的签订,美元贬值,日元升值,日本经济因此遭受前所未有的困境。在 1985—1988 年间,日元从贸易加权角度看升值 56%,对美元升值 93%,其升值幅度远远大于 1971—1973 年或 1975—1978 年的升值幅度。实际上日元与美元的汇率在 1985 年 3 月是 260∶1,到 1988 年为 120∶1,几乎是它在 20 世纪 70 年代末的高点 210∶1 的价值的两倍,是 1971 年 12 月的汇率 360∶1 的水平的三倍。到 1990 年,日元的有效汇率略有回落,下降 14%,它与美元的比价下降到 145∶1。但是,面对国际相对成本的激烈的重新布局,日本经济不再像以前那样发展下去了。

到 1986 年,随着日元的有效(贸易加权的)汇率下降 46%,日本经济被迫面对自长期繁荣结束以来最严重的危机。在这一年,出口实际下降 4.9%,私人实体经济增长滑落到 1.2%,制造业产出实际在下降,经济似乎走向新的重要衰退。1986 年,政府为了扭转这种趋势,推行了特别宽松的货币政策,将利率从 5% 下降到 3%,到 1987 年降到 2.5% 这个战后的低点。这个计划抵御住了周期性衰退,有助于形成一场新的持续到 1990—1991 年的繁荣。但是,它没有达到它的核心目标,即为资本积累提供一个新的、更坚固的基础。

日本经济突然进入一个前所未有的困难阶段。但是从长期的角度看,蒸发掉的东西绝没有什么可奇怪的,而仅仅是长期确定的趋势的深化。战后日本发展的制度和政治安排从一开始偏向以牺牲消费、国内需求和进口的增长为代价来为投资增长创造好条件。随着国内需求受阻,该经济最终依赖于出口增长,倾向于产生外贸盈余,从而只能不断推动日元上升。这种使经常项目平衡不断提高的趋势源于 1968 年,第一次在 1971—1973 年结出了对日元价值向上纠正的果实,在 1975—1976 到 1979 年间日元继续升值,到 20 世纪 80 年代中期重现这种情况。但是,在某种程度上说它会继续——并且不会为生产成本提高所抵消而实现平衡——它只能使日本的增长前景越来越黯淡。

政府企图运用它的宽松的货币制度所要实现的就是从根本上使日本经济演化的模式进行重新定位。它企图显著增加日本主导公司产业的资产——这

些公司相互之间拥有对方的股份，并且占有大量土地——旨在使它们能够完成足够的投资，以实现通过另一种规模来提高出口竞争力的艰巨任务，以实现将日本经济从出口转向国内市场的重新定位的艰巨任务。银行被设想将越来越多的信贷供给引导到那些被期望购买股票和土地的金融投资者，在这种过程中使这些资产价值升高，也使公司富裕起来。[46]并且，这正是所发生的事情。正是政府在20世纪70年代初企图通过通货膨胀来降低不断升值的日元一样，超级廉价的货币正如所预期的那样导致投机盛行。土地价格大幅上升，住房和商业资产价格在1986—1989年间翻一番。同时，东京证券交易所（the Tokyo Stock Exchange）的股票价格在1989年达到了历史高点，也在过去两年里翻了一番。

从这一立场看，政府的宽松货币政策确实达到了预期的结果，因为经济真正进入到一个新的、有力的持续到这个十年末的周期性上升时期。房地产公司（real-estate companies）通过大量借贷来购买土地，目的是以更高的价格卖出。消费者降低了储蓄率，加快他们的支出，住房建设繁荣起来了。公司首先似乎运用了它们股票和土地的增值来降低对债务融资的依赖，同时从事金融管理，在货币市场上非常廉价地筹集资金，并以更高的回报率（利率保证金）将它们存起来。但是，最终正如所预期的，公司利用消费需求的增长和它们财富的增长——来源于其股票价格的爆发式增长，以及大量持有的在几十年前廉价购买首都东京的土地的价格大幅上升——完成工厂和设备投资的浪潮，其规模是自20世纪60年代以来所没有见到过的。在1986—1991年间，经济繁荣起来了，私人经济的工厂和设备投资平均每年增长10.5%，GDP平均每年增长4.8%。[47]

日本制造商以国家推动的泡沫的方式能够从巨大的金融支持中受益，它们努力提高和转变制造业，目的是在1985年之后日元升值的新时期保持出口，这与20世纪70年代中期到末期的货币升值的年代很相似。在1985—1991年间，它们总的资本存量平均每年保持增长6.7%。美国制造商同时受益于美元下跌，在这一时期增加总的资本存量不到1/3。在同一时期，日本生产者提高它们对研发的支出占GDP的比例，与1980—1985年这4年相比这一比例大约提高1/4（从大约占1.75%提高到大约占2.2%），而美国生产者以同一幅度降低了这一比例（从大约占2.1%降低到大约占1.75%）。在这些年里，日本制造业劳动生产率平均每年增长5.4%，而美国则为2.2%。因为这一发展上的推动，日本到20世纪80年代末成功地提高了高技术或者为将高技术和资本密集结合起来的产品占它制造业产出的比例，这一比例大约达到85%，在这种过程中追赶上美国在高技术、高工资领域中专业化的程度，而在低工资、低技术生产中甚至比美国更不专业化。[48]

另外,日本制造商希望通过提高技术和加快产品周期来保持竞争力,被迫完成它们国际运行的决定性重构。高企的日元明显使出口更加困难,但是也使投资海外更加容易。作为回应,日本生产者快速地改变了它们的贸易方向,与此密切联系的就是发生向国外直接投资的重要转变。日本制造业面临的问题的核心是它们进入到极端重要的美国市场的能力下降。在1981年,作为发达资本主义世界的政府旨在阻碍日本进口保护主义举措的一部分,里根政府已经引入所谓的对大量日本商品特别是汽车的"自动出口限制"(voluntary export restraints,VERs)。当美元对日元的汇率在《广场协议》之后下降,日本的生产者发现面对被保护的美国市场,其出口的成本更高。在1985—1990年间,日本向美国的名义上的出口以美元计算只增长37%,结果是日本向美国的出口占日本总的出口的比例在1986年达到40%这一高点,到1990年下降至31.6%。[49]

日本生产者面对出口到美国的能力在下降的问题,开始寻找那些日元升值不会产生什么不利影响的市场。因为日元对欧洲货币比对美元上升小得多,所以日本出口商在1985—1990年间向欧洲的出口以美元计算能够增长168%,结果是日本向欧洲的出口比例从13%上升到22%。[50]但是,它们确实具有决定意义的新举措是与加快国外直接投资规模联系在一起的。

在20世纪70年代之前,日本的国外直接投资规模是很小的,主要是为了在东南亚形成原材料的海外供应和在北美建立贸易分支机构。但是,随着1969年后实行贸易自由化措施,特别是日元在1971—1973年和1975—1978年升值,国外直接投资兴起,因为日本制造商企图通过将劳动密集型生产转移到东亚以规避其国内不断上涨的劳动成本。即使这样,在1973—1980年间,日本累计国外直接投资只大约相当于美国的1/7。但是,像其他许多方面一样,《广场协议》成为日本海外投资的转折点。在1985—1989年间,日本国外直接投资以日元计算增至原来的3倍,以美元计算增至原来的6倍。在1981—1990年间,它比美国的国外直接投资高出10%以上,几乎是美国在1987—1990年间的两倍。[51]

日本国外投资攻势的一个基本突破口就是重新将生产放在美国,目的在于不仅绕过进口壁垒而且利用美国越来越廉价的劳动力。向美国出口的汽车由于以美国为基地的生产的增长在1985年达到一个高点,日本汽车在美国的总体销售在20世纪80年代末每年增长超过5%。从长远看最突出的是日本制造商进入东亚,它们企图通过东亚从新出现的将日本、东亚和美国联系起来的一系列三角贸易(triangular trades)中得到最大的利益。通过发展这种商业，日本制造商的目标不仅是得到进入到美国市场的间接途径，绕开对日本进口的限制，剥削更廉价的亚洲劳动力，而且融入新的具有活力的东亚经济。日本制造商为"亚洲四小龙"的越来越成熟的生产者提供更加先进的生产方式和中间产品，它们运用这些生产方式和中间产品生产出纺织品、消费电子产品以及随着时间推移而出现的高技术商品如计算机储存器，然后销售到美国市场和在某种程度上不断扩大的亚洲市场。同时，它们在东南亚建立越来越多的外国分支机构——泰国、马来西亚、菲律宾和印度尼西亚——它们也将资本品和中间产品输送到分支机构进行组装和（重新）出口，主要是销售到北美。[52]

　　日本生产者确实必须要让出一些北美和日本的市场给那些能够在服装、日用品和消费电子产品上将相对廉价的劳动与相对高的技术结合起来的越来越具有竞争力的东亚生产者。这是因为东亚货币在《广场协议》后的十年里绝大部分与美元挂钩，随着美元对日元的贬值，极大地提高了东亚的竞争力。在1986—1991年间，日本占美国进口的份额从22.2%下降到18.3%，而东亚新兴工业化国家或地区所占的比例以同样的幅度在增长，即从11.75%增长到15.3%。在同一时期，东亚向日本的出口增长比出口到美国增长快3倍。但是，日本制造商能够通过加快向东亚的出口所得到的比由于东亚进入它们在美国和国内市场而失去的要多得多。日本出口商向东亚生产者提供生产劳动密集和资本密集型的消费商品所必需的高技术资本品，这些消费商品出口到美国，有些也出口到日本。在1985—1990年间，日本向东亚的出口以美元计算增长148%，结果是日本向东亚的出口占日本总出口的比例在这些年从18.7%增长到28.9%。特别是，日本在机器方面向"亚洲四小龙"经济的出口在1985—1992年间增至原来的4倍，而向东南亚国家联盟（东盟）四国增至原来的5倍。日本在东亚增长的整个过程中的支配地位体现在与这一地区的主要经济的不断增长的双边贸易盈余方面。东亚工商业的活力也为日本改善国内生产以应对日元升高方面提供至关重要的可能条件。[53]

　　但是，尽管它们在多方面努力进行调整，并且它们从政府那里得到有力的援助，但是日本制造商证明不能运用出口增长来跨越它们出口导向的特定模式的内在结构问题。日元大幅升值导致的成本增长太大——甚至运用增加制造业的效率，增加新的、竞争并不激烈的、技术密集的制造领域，以及重塑海外商业和生产网络等手段都不能抵消成本增长的压力。最终，日本的生产者既不能规避制造业出口增长的下降，也不能实现制造业利润率的显著复苏。

　　在1985—1990年间，日元的有效（贸易加权的）汇率平均每年上升

6.9%。日本生产者的反应给人留下深刻印象。在同一时期，它们能够平均每年降低单位劳动成本0.7%（以日元计算）。但是，这种努力并不能够阻碍竞争力下降，因为它们的贸易伙伴的单位劳动成本平均每年增长2.6%。所以，日本生产者被迫平均每年降低它们出口商品的日元价格不少于3.5%，才能弥补其在国际上平均每年大约增长3.4%。

在1985—1991年，日本出口平均每年增长只有3.95%，而1980—1985年为7.7%，1973—1979年为9.9%，如果没有美国巨额预算赤字的强力支撑，其增长甚至会更慢。在同一时期，进口平均每年增长11%，而1980—1985年为0.8%，1973—1979年为4.1%。日本出口占世界出口总额的比例从1986年的10.3%这一高点下降到1990年的8.5%。[54]

由于出口价格被压得太低，制造业出口的利润率自然受到挤压。根据经济合作与发展组织的研究，日本出口商只能将价格提高到不断升值的日元所引起成本增加的75%。因为在这些年，制造业出口占制造业产出的比例大约上升到45%，人们可以想象日本生产者面临的是一种什么情况。[55]可以理解的是，到1990年，制造业的利润率根本没有超过1985年或1978年的水平。

制造业部门由于过剩生产和国际竞争加剧而面临的困难被放大，因为尽管日本政府尽了最大努力，但它们不可能简单地通过将生产重新引向国内市场就能得到解决。日本出口高度集中在劳动生产率可能快速增长的（相对很少的）制造业领域。这些领域的任何给定的投资一般会比其他大多数领域特别是制造业之外的一些领域更快地提高生产率。在1986—1991年间，与日本当局的期待相符，非制造业的投资确实比制造业上升更快，非制造业资本存量大约平均每年增长8%，而制造业大约为6.5%。但是，制造业的劳动生产率平均每年增长4.6%，高于非制造业增长4.0%的水平。因为它在制造业之外的劳动生产率增长方面耗费太多，所以非制造业部门像制造业部门一样不可能将它们的利润率提高到20世纪80年代末的水平之上。

日本生产者提高利润率是通过将资源从过剩的制造业转向许多（低生产率增长的）服务业，它们只在这种程度上降低工资增长会比劳动和资本投入的生产率增长的不断下降要快。日本雇主确实似乎成功地在这一时期扩大了制造业与服务业之间的工资差距，但是绝不如它们的美国对手扩大的那样多——或者说这对于利润率进一步复苏来说是明显必要的。[56]所以，毫不奇怪的是政府在20世纪80年代末强化国内需求的计划并不像它的先行者重新定位经济那样成功。

从下滑到转型？

到 1990—1991 年，日本私人经济总体上的利润率仍然没有超过在 1985 年和 1978 年扩张时的高点的水平。在 1989 年末，为了控制泡沫，日本政府开始缓慢地提高利率。随着美国在 1990 年第二季度开始新一轮周期性下降，日本经济进入战后时期时间最长、程度最深的衰退，在 1991—1995 年间 GDP 平均每年只增长 0.8%。泡沫所引发的投资繁荣并没有充分降低成本从而保证它自己得以持续，更不说为日本经济奠定新的基础。

1991 年末开始的衰退持续到 1995 年的后半年，它部分地是对泡沫本身的反应。日本公司在近 5 年的时间里进行最大规模的资本存量、总量和劳动的积累，但并没有成功地提高利润率，所以只能削减新工厂和设备、总量、就业和工资的增长。这样会使衰退更严重，因为以前的资本积累很多是通过债务积累来融资。当创纪录的低利率的年代被更高的利率所替代——1990 年 9 月为 6%，一年之前为 2.5%——日本公司只能实行全面削减。结果导致投资和消费者需求下降，并成为这次衰退的根源。另外，正如证券（stock）和土地价格不断上升所产生的积极的财富效应推动了繁荣一样，证券和土地价格下降所产生的消极的财富效应只能使衰退更加恶化，进一步降低投资和消费者需求。最后，当土地价格下降时，许多房地产公司不能还清它们的债务，使许多银行受到不良贷款的重压。因此生产者很难取得新的贷款，从而阻碍了经济走向复苏。[57]

但是，这次周期性衰退只能使经济的基本结构面临更大的困难，这些困难是政府不能解决的，也是造成之后严重危机的重要原因。这又是旧模式的重演：尽管在泡沫中发生了重大变化，日本经济在 1991 年面临着与 1986 年同样的困境，但是它现在至少暂时已经耗尽了它的选择。如果经济依赖于制造业出口，并且这种依赖采取一种特殊的形式，那么制造商在面对长期升值的日元和国际制造业过剩产能和过剩生产继续存在的情况下，恢复制造业利润率成为一项无法克服的难题。但是，通过从过剩的制造业领域中重新分配资源的方式来解决利润率问题是不容易的，不管在其他制造业领域和一般的非制造业部门里为提高劳动生产率而进行投资付出多大成本。

从 1991 年到 1995 年，日元再一次升值。在 20 世纪 80 年代末，受到政府的鼓励，日本投资者通过大量积累美国资产而推高美元；但是随着 20 世纪 90 年代衰退的爆发，它们被迫变现（liquidate）财产，减少或停止购买实物财产，并且将它们的货币带回国内。美国国债工具、美国股票和其他类型的美国资产的购买力大幅下降。同时，随着国内需求下降和美国从衰退中较早复苏，进口相对于出口的增长下降。对日元的需求增长（并且对美元需求下降）：在1990—1995年间，该货币的有效汇率平均每年增长9.5%，甚至比前五年都快，它对美元的价值总体增长54%。[58]

更糟糕的是，美国拒绝承担使日本和世界经济摆脱困境的角色。克林顿政府没有借助赤字支出使美国从1990—1991年衰退中加快复苏，结果是美国市场增长相对缓慢。在这次下跌的随后四年里，美国实际进口平均每年增长9.4%，而在1979—1982年衰退之后的四年里平均每年增长12.6%。

受到国内和国际两方面的重压，日本制造商经受着它们最大的危机。由于前些年的过度投资，以及因此导致的生产能力的过剩货款和很难解雇的劳动力的积累，再加上公司陷入深度债务和银行贷款困难，所以国内需求停滞了。随着泡沫的破灭，不可能再一次提高资本积累以将生产率增长提高到足以补偿日元升值的程度。在1991—1995年间，投资占GDP的比例从20%下降到14%，资本存量的每年平均增长率与1985—1991年相比下降1/3以上。这些下降的数据仍然比美国在同一时期要高，但是它们对于保持竞争力或利润率这些艰巨任务来说完全是不够的。[59]

到1995年，日本制造商企图提高它们出口的技术水平。它们增加了高技术密集的产品占总出口的比例——包括成熟的资本品（例如工业机器人）、部件（如计算机的液晶显示器及其他设备，以及通信设备）以及工业中间材料（如陶瓷）——达到80%，而1985年只有55%，同时削减了资本密集但技术水平居中的产品，如钢铁、汽车和家用电气产品。同时，它们将资本品占总出口的比例从48%提高到62%，同时相应降低了附加值低的消费品的比例。[60]同时，政府通过加强对研究和开发的资助，帮助解决它们的现金流（cash flow）问题。但是，与1985—1991年不同，当日本制造商通过增加生产率和控制成本的努力，在1990—1995年日元上升的不利情况下基本保持它们的国际竞争地位的时候，它们并不能阻止单位相对劳动成本比有效汇率上升得更快（平均每年上升11%），大大降低了日本出口的竞争力。

在1991—1995年间，日本生产商企图增加它们的出口，其速度大约相当于在1985—1991年间大大降低的速度——3.1%——尽管它们保住了在世界出口的份额，但是它们做到这些也付出了很大的代价。为了保持出口增长和份额，它们被迫将它们的出口价格平均每年降低3.9%，但是在它们的成本大幅增长的情况下，这样做意味着对它们海外销售的利润率的巨大挤压。[61]非金融公司的利润率在20世纪80年代的高点出现在1988年，它在1988—1995年间下降了37%，而制造业的利润率下降55%。

由于受到它们通过加快制造业投资以应对高起的日元和不断下降的市场

增长的压力的能力限制，也受到它们通过提高制造业之外的生产率以提高利润率的能力限制，日本生产商企图通过进一步扩大向东亚的渗透来保持它们已经建立的、出口导向的生产制度，东亚各地货币对日元的贬值与美元对日元的贬值的幅度相近，所以这里的相对成本在20世纪90年代前半期变得更低。当然，这个过程自20世纪80年代后半期以来一直进行着，但是现在随着政府再一次发挥重要作用，信息的共享和传播使它急剧加速上升。其理想就是不仅利用相对低的东南亚劳动力，而且提高亚洲的知识和基础设施，旨在通过提高劳动分工来提高效率。日本的制造商能够进一步扩大亚洲生产者所需要的高技术资本和中间商品的出口市场，同时日本在亚洲重新确定制造业厂家将能够保证进一步渗透到北美和快速增长的亚洲市场所必需的成本改善。但是，允许回到日本的亚洲生产的工业品相对有限，日本将尽可能多地坚持发达的制造业生产，并作为发展制造业技术的基本条件，甚至在人们认为"成熟的"领域。[62]

这种努力的核心是进一步提高在亚洲的直接投资，这些直接投资以日本跨国公司的分支机构为中心，但也包括许多日本企业联盟（keiretsu）的直接会员，它们重新定位于亚洲，重新回到在原来领域组织起来的生产网络。在1991—1995年之间的仅仅四年里，日本制造业的每年国外直接投资几乎增长50%，从123亿美元增加到189亿美元，增加的部分几乎由亚洲吸纳了，日本在亚洲制造业直接投资几乎增至原来的3倍，从29亿美元增加到81亿美元。[63]在同一时期，日本公司在海外所生产的制造业产出的比例从6.4%增长到10%以上（在通用机器和交通设备方面分别增长到15%和20%），日本跨国公司生产的比例从17%增长到25%。日本在亚洲生产的快速上升引起了贸易沿着这个方面进行重新定位。到1995年，日本出口到亚洲的比例显著上升到44%，而1990年为31.1%，1985年仅仅为18.7%。从亚洲进口到日本增长得并不快；另外，在1982—1995年间，来自日本跨国公司的国外分支机构的逆进口（reverse import）每年增长40%以上，到1995年占总进口的14%。[64]

日本公司大量重新转向亚洲对国内经济的最终影响仍待观察。即使这样，因为日本公司将它们的命运与不同领域的制造业技术的加速提高联系在一起，所以它们付出很大努力来培育日本本身的生产。所以，它们尽最大努力向亚洲扩张，同时在国内推动"日本的"制造业劳动分工从而提高生产率，并且亚洲基地的生产替代日本基地的低工资的、低技术生产，而日本基地只有扩大高技术、高工资生产来进行弥补。[65]日本制造业劳动力所占的比例在1973—1979年间从27.8%下降到24.6%，这与美国形成强烈反差，直到

1991年它停止了下降。到1996年，它下降到22.5%，但是从日本危机的严重性，特别是从日元在这一时期的升值就得出结论认为日本"正在空心化"（hollowing out）是不成熟的。

走向复苏？

日本衰退的过程和幅度必须正确地看待。日本在衰退过程中失业的最高水平比美国在其繁荣中最低的水平要低。在1991年——此时这次衰退开始——与1996年之间，日本制造业每小时实际工资增长12%，而扩张的美国只增长2%。在整个20世纪90年代，日本单位雇员的投资继续超过美国。最后，尽管日本公司在衰退过程中倾向于保留劳动力，但是日本制造业的生产率并没有变得太坏，在1991—1996年间平均每年增长2.7%，当然有两年为零增长（尽管制造业之外的数据可能更糟糕）。

事实仍然是日本的危机特别严重，特别是因为复苏非常困难，也因为日本并没有复苏（或者变得更坏）将威胁到世界经济。政府于1992年开始启动多轮公共支出增长的政策，同时继续降低利率。但是宏观经济扩张的刺激效果在所有情况下都受到日元新一轮上升所产生的影响而大打折扣。在1995年春天，也就是在墨西哥危机之后，美元对日元的汇率达到1∶80，成为前所未有的高点，存在将世界经济引向崩溃的危险。只有在这个时候，G-3国家①决定干预，从而使美元长达十年的下降出现逆转，同时迫使日元贬值，日本经济开始好转。在这时，它在1995年夏季末采取了日本历史上最大的财政刺激政策来使经济上升趋势得以持续。

人们从这个制度总体的结果看，对日本能够跨越其长期衰退持有怀疑态度。日元一旦开始下降（若打破100日元对美元的汇率水平），日本的主要制造业公司就启动新一轮出口导向的扩张。日本部分通过出口，部分由于早些时候的一揽子刺激计划，所以它在1996年出现重要的恢复增长。但是，到1997年，由于出口上升不能带动制造业之外的行业持续恢复，日本的周期性上升耗尽了动力。

日本复苏受阻部分原因在于政府的政策，特别是由于国家过分急于弥补在前五年里大幅增长的债务。在1997年初，为了开始重新使收支平衡，政府实施了大幅增税，尽管人们普遍预测这会削弱刚刚开始的经济复苏。为了解决问题，政府长期以来不愿意产生新的赤字来启动经济，甚至当它在1997—

---

① 指美国、日本和欧元区国家。——译者注

1998年滑落到严重的衰退的时候。如果国内经济拥有更大的活力和没有那么脆弱,政府的政策绝不会证明它的影响是如此的消极。事实上,当政府转向降低利率而不是财政刺激的时候,随着货币加速从该国流出和进入到美国国库券和美国证券,它为了使经济运行所导致的借款增长并不能为大大增加的国内投资提供资金。这对日元产生更大的向下的压力,更不用说日本的证券市场了。

当然,日元下降在过去一般足以产生一次复苏,因为这可能使它进入到巨大的、有吸引力的美国市场。但是,自从在1979—1985年间出现日元贬值推动出口导向的扩张的时候起,日本被迫将其商业进行重新定位,从美国退出,进入到东亚。但是,转向亚洲也伴随着难题。美元对日元汇率的不断上升自然会提升日本向美国市场出口的前景,但是东亚货币对日元汇率的不断上升可能会最终削弱日本向东亚市场的出口前景,因为它们可能容易破坏东亚严重出口依赖的经济的发展前景。当日元下降,这些都确实发生了。韩国和其他东北亚和东南亚国家(或地区)大多数马上遭遇到出口困难,这最终阻断了它们的扩张之路——对日本出口商、日本跨国投资者和银行以及整个世界经济造成了巨大打击。[66]

3. 20世纪80年代和90年代的德国:以出口为名义的货币主义

像日本一样,德国经济从20世纪80年代初起就在保持其经济动力上面临着障碍。在20世纪60年代和70年代,它发现使其出口导向的发展模式结出硕果就变得越来越困难了。在20世纪80年代和90年代,其前景进一步变得黯淡,因为紧缩的财政政策和货币政策被提上议事日程,因为德国马克犹豫不决但无情地继续其上升趋势,因为世界产出和世界贸易的增长下降到20世纪70年代的水平之下,也因为美国最终拒绝提供世界经济增长和稳定所必需的需求。在这种形势下,作为它们看到凯恩斯主义在20世纪70年代末失败的试验的回应,德国经济当局与它们更具干涉主义的(并且更加冒险的)日本同伴不同,坚决地并且多少带有持久性地转向了其传统的解决办法,追求预算平衡和相对紧缩的货币政策。[67]

德国的经济增长前景可能比以前更加依赖于压制国内需求增长,目的是降低成本和价格,同时强化国内生产商的竞争压力,旨在促进合理化和改善,从而有利于促进出口和投资增长。当然,这个政策具有某种程度的合理性,因为德国制造业工厂的主要部分从国际上看变得过剩,需要清除、合理化、升级和替代。所以,当局将它交给市场从而使经济发生变化,同时将它交给德国资本主义制度——它的银行与制造业者和不相匹配的劳动力结合起来——形成所需要的转型。但是，对德国经济提出这种挑战根本不会得到一个成功的应对，特别当问题的根源绝不是在于德国，而是在于发达资本主义世界中面临的制造业过剩产能和过剩生产。政府的政策成功地取得了暂时的效果即控制成本和价格，但是通货紧缩表明该政策本身绝不是万能的药方。

通过停滞实现增长？

德国在20世纪80年代初的衰退与1974—1975年极为相似，是由石油价格失控和国际一致转向货币紧缩造成的。它沉重打击了处在赤字推动繁荣顶端的德国经济。在1980年、1981年、1982年这三年里，生产能力利用大大下降，平均每年GDP增长下降到零，制造业（当然不是制造业之外）的利润率下降到很低的水平，平均比1979年的水平低50%。随着衰退阵痛的结束，当局也没有放松追求"健全财政"（sound finance）。它们不仅到1987年没有放松信贷供应，而且像日本那样降低预算赤字占GDP的比例，从1980年的3.1%降到1985年的1.1%。[68]同时，在一方面美国政府的创纪录的赤字和借贷，另一方面美联储继续推行信贷紧缩的情况下，美国当局引起世界范围内的利率提高，德国也将它的实际利率从20世纪70年代平均大约2.5%，提高到1980—1984年（包括1984年）平均为5.1%，1985—1989年（包括1989年）平均为4.1%。[69]

首先在来自衰退的压力下，然后在紧缩的宏观经济政策的压力下，德国经济的成本增长有了很大下降。随着它们的产出增长在1986年之前甚至没有上升到2%，制造业者能够在1982—1990年间平均每年将名义工资增长降低到4.2%，而在1973—1979年间为8.4%。它们因此在这一时期将每年的实际工资和产品工资增长分别平均降低到2.4%和0.6%，而在1973—1979年间分别为3.7%和4.0%。在这种背景下，通货膨胀在很大程度上得到控制，因为消费价格指数增长从1981年的6.2%，下降到1987年的0.6%，1988年的1.3%。合理化和降低规模在快速推进，通过关停过时的工厂和解雇劳动力使劳动生产率自动地（很少受到投资增长的推动）得到某种程度的提高。在1979—1985年间，像在1970—1975年间的类似时期一样，制造业劳动力以小时计算大幅下降10.2%。在1982—1990年间，德国制造业的单位劳动成本的增长平均每年下降一半以上，达到2.1%，而在1973—1979年间为4.8%。

在成本增长下降的基础上，出口增长到这个十年结束时成功地产生了新一轮周期性上升，使经济恢复到生产能力得到充分利用的水平。但是出口增长并不能长期恢复经济活力。在1989年，与生产能力得到充分利用相伴产生的是失业率达到8.4％，几乎是20世纪70年代末4.8％的水平的2倍。其原因是制造业资本存量的增长在这一干预时期里已经停止。

出口增长并不足以使经济复苏，简单的原因就是它不能刺激资本积累的必要增长。制造业资本存量的增长在20世纪70年代已经大幅下降，现在进一步下降，在1979—1990年间平均每年仅仅增长1.4％，而在1973—1979年间为2.0％。所以毫不奇怪的是，制造业劳动生产率提高的速度也下降，在1979—1990年间平均每年增长不到2.0％，而在1973—1979年间为3.45％。在这期间，德国在G-7经济（加拿大除外）中是制造业劳动生产率增长最低的国家。

在国际竞争激化的情况下，德国的制造业如果不大大提升生产率，那么它不可能增加竞争力，从而确立真正的出口繁荣。但是，问题在于没有什么办法来提高生产率增长，因为通过出口提高利润率根本不足以刺激投资增长。因为美国在里根时期的经济刺激已经达到顶点，德国的出口像日本一样在1984—1985年平均每年增长7.9％。但是，因为这场繁荣是由美国赤字和美元升值，以及德国宏观经济紧缩和德国马克贬值结合起来推动的，所以它不可能持续下去。当然，限制德国国内需求原来是为了降低价格。但是，正是因为这一政策"发挥作用"，它只会导致新一轮的德国经常项目盈余和美国赤字。《广场协议》之后很快形成对德国马克的向上的压力，德国货币在1986—1987年和1990年大幅升值，有效汇率在1985—1990年间平均每年提高4.6％。因为工资增长暂时不会进一步下降，生产率也不可能提高得更快，所以德国制造业必须消化几乎所有的由货币升值而导致的成本上升，而在这些年里相对单位劳动成本从国际上看平均每年增长4.2％。

德国生产者像往常一样努力压制出口价格增长以提升出口增长，从德国马克方面看这实际上在1985—1990年间将出口价格平均每年降低1.1％。这无疑对于保持和增加销售来说是必需的，但是人们也严重指责这明显形成对出口和制造业利润率的挤压。即使如此，通过价格限制来保证出口增长的收益根本没有这么大。在1987—1988年国际普遍放松信贷从而推动国际扩张、石油价格大幅下降和德国统一而打开东部市场的刺激下，出口在这个十年结束时再一次繁荣起来，在1989—1990年分别增长10％和11％。同时，在20世纪80年代的十年里，德国略微提高了它占经济合作与发展组织和世界出口的比例。在1970—1990年间，事实仍是出口增长平均每年只有5.3％，甚至在1985—1990年间也不超过5.5％。这些数据并不比20世纪70年代出口增长幅度大，当然比20世纪60年代出口增长幅度小1/3到1/2，这并不奇怪，因为世界贸易增长率在20世纪70年代只是1960—1973年的一半，G-7总体的制造业利润率比20世纪70年代末的水平要低1/3以上。不仅德国在国际上的相对生产成本,而且世界范围内的过剩产能和过剩生产,都使德国制造业的利润率和投资前景明显变得黯淡。

与国内制造业投资停滞相对的是海外投资呈爆发式增长。到1985年,德国的国外直接投资平均每年稳定在大约100亿德国马克,这在很大程度上由流入到德国的国外投资所抵消。但是,在《广场协议》之后,仅仅在1985—1990年间的5年时间里,德国的国外直接投资增至原来的3倍多,达300亿德国马克,而来自国外的在德国的投资停滞不前。[70]德国经济中国内制造业缺乏有利可图的投资机会是非常明显的。

德国制造业面临的问题从根本上看是制度性的,植根于世界制造经济的环境和德国与其联系的形式,这些问题不仅表现在制造业利润率停滞在很低的水平上,而且体现在非制造业经济的相对充满活力上。制造业利润率在1979—1983年萧条中大幅下降,并且到20世纪80年代末也没有恢复到20世纪70年代末的水平,而70年代末的水平已经比1973年大大下降的水平还低10%左右。但是,非制造业利润率到20世纪70年代末已经比1973年水平略高,在1979—1983年萧条中几乎没有下降,到20世纪80年代后半期已经达到1973年的水平,到1990年已经比这一水平高出15%,达到20世纪60年代末的水平。[71]在同一过程中,非制造业的资本存量增长在1979—1990年间几乎是制造业存量增长的3倍。造成这种差异的原因是什么呢(见图0—3和图0—4)?

像在制造业中一样,制造业之外的部门的工资增长在20世纪70年代和80年代中大幅下降。在1982—1990年间,实际工资与产品工资分别增长1.4%和1.25%,而在1973—1979年间分别增长2.2%和1.6%,在1960—1973年间分别增长5.65%和4.05%。但是,因为制造业之外的生产者在很大程度上抵御了由于德国马克升值而产生的成本向上的压力和由于国际竞争加剧而产生的价格向下的压力,所以它们能够继续利用制造业者所不能利用的工资增长压制。如果它们继续保持投资增长率,它们可能使利润率增长比名义工资增长要快,所以开始使它们的利润率得到恢复。并且,这正是它们所做的。在1982—1990年间,非制造业者平均每年资本存量的增长速度是制造业者的两倍以上,分别是3.6%和1.7%。非制造业劳动生产率平均每年增长2.85%,而制造业为2.1%,当然,制造业之外的部门比制造业部门在提高生产率上面临着更大的困难。非制造业者因此能够不断提高它们的利润份额和利润率。如果说工人的力量和与生产率增长相对的工资增长的压力是制造业者所面临的主要问题,那么它们也会遵循同一路线。它们并没有这样做只是进一步表明这不是制造业部门面临的问题。

到1989—1992年，非制造业之外的利润率的稳步上升对整个经济的利润率恢复作出了主要贡献。在这些年，私人经济的利润率自长期衰退开始以来第一次回到——事实上稍微高于——1973年的水平。但是，德国经济中制造业之外的利润率恢复仍然受到德国经济能否启动的制约。首先，它并不足以弥补制造业的已经大大下降的利润率。甚至私人经济部门利润率重新回到1973年的水平，仍然分别比20世纪60年代后半期和前半期低1/5和1/3。另外，宏观紧缩也有助于降低工资增长和提高利润率，从而非常有利于增加实际利率和因此削减利润率增长的影响：实际上，20世纪80年代后半期的实际利率比70年代高2.5%，分别使整个私人经济和非制造业部门在这些年的有效利润率（the effective profit rate）降低了15%和12%以上。

尽管非制造业部门和私人经济的利润率在20世纪80年代得到很大的恢复，在1979—1990年间非制造业部门和私人经济的资本存量的增长分别比在1973—1979年间降低18.5%和20%。同样地，服务部门的劳动力在20世纪80年代这10年里增长17.2%，比20世纪70年代这10年降低了25%以上，这并不足以使失业不再大幅上升。德国官方的健全财政推动了德国制造业领域在这些年里过分扩张的生产能力的淘汰，它也极大地限制了生产方式进入到其他领域。在20世纪80年代，私人部门的劳动力增加将近31.1万人，服务部门在这些年增加114.6万人，两者加起来还不足以弥补农业中下降的3.9万人，制造业中下降的39.8万人，建筑业中下降的20.6万人，采矿和日用业中下降的2.1万人。[72] 在1982—1990年间，德国自20世纪40年代末以来第一次出现所谓的集体失业（mass unemployment），在这一时期平均失业率为8.5%，是20世纪70年代后半期的两倍。

德国制造业的危机

德国制造业部门没有克服结构性困难被20世纪80年代末和90年代初的短暂繁荣所掩盖。在1988—1991年间的短时期里，不仅出口大幅增长，而且投资繁荣，资本增长也从其低水平起开始加速。但是，当这些引发繁荣的条件被证明是短命的时候，德国经济又回落到停滞和变得更加糟糕。

从1987年末到1988年后期，发达资本主义国家全力确保1987年10月的崩溃不会导致流动性危机，于是使世界经济充斥着大量借贷资金。但是，当这场崩溃的危险很快过去的时候，它们就从暂时扩张的立场后退。随后不久，美国经济在1990年中期进入短暂的但大幅的衰退，这进一步降低了需求的增长。随着德国的统一，巨额的国家资金从西部转移到东部，这给前联邦德国的公司提供一个重要的契机,在 1990—1991 年推动了对它们的商品的需求。但是,到 1991 年,补偿反应(compensatory reaction)已经开始。在这一年,为了应对为资助前民主德国而产生的巨额政府赤字和通货膨胀,德国当局削减了支出并提高了税收。它们也提高了长期利率以保持长期价格稳定。提高德国利率具有双重抑制的效果:首先,它们进一步削减欧洲的增长,从而使德国商品在来自东部的刺激逐渐消失的时刻面临着进一步的市场萎缩;其次,它们推高德国马克。所以,德国当局再一次通过保持宏观经济中性,企图使价格降下来,从而有利于反通货膨胀和出口价格降低,但是这些都最终会削弱德国的竞争力。更为糟糕的是,由于短暂的繁荣已经得到巩固,德国的工资最终开始快速上升,以弥补其多年来极为缓慢的增长。德国经济又一次面临着从国际角度看成本相对较高的难题,并且在制度层面的制造业过剩产能和过剩生产的情况下,它进入自 1950 年以来最严重的、持续时间最长的衰退中。在 1991—1995 年间,GDP 平均每年只增长 0.9%,成为自 1950 年以来任何一个可比较时期里增长最慢的时期。[73]

随着国内回归紧缩,德国经济从 1991 年突然向前转向传统的依赖出口来减轻衰退和保证在比以前更困难的情况下复苏。基本问题仍然是投资者继续怀疑大部分德国制造业通过出口获得利润的能力。所以,资本存量增速回落,生产能力利用下降,同时,生产率增长萎缩,它在 1991—1995 年间平均每年只增长 1.5%。另一方面,部分地由于旨在使国内成本下降而实施的高利率的影响,德国马克的有效汇率平均每年增长 4%。因为制造业部门完全不能增加投资以降低成本,从而弥补货币上升,所以单位相对劳动成本比汇率增长得更快,达到平均每年 5.35%。

德国西部的制造业者仍然在另一时期,企图通过降低价格增长来保持海外销售,其价格在 1991—1995 年间平均每年只增长 1.5%,远远低于成本增长。[74] 即使如此,德国的出口在 1992 年下降 0.3%,后来在 1993 年又下降 4.7%,所以,到 1995 年,它只比 1991 年水平高 6%。到 1995 年,德国占世界出口的比例下降到 10.4%,而 1990 年为 12.1%,1987 年为 12.4%。

国内的紧缩和出口危机结合起来,给德国西部的制造业部门带来很大的困难。当然,德国经济通过其出口的成功,使其庞大的制造业部门得以保持下来,它的制造业部门占到产出和劳动力总量的 40%左右,达到 1970 年的水平。它做到这些,也部分地是建立在强大的制造业竞争力基础上的,而这一时期对它们所专门生产的产品的需求上升,部分地是建立在它的货币越来越被低估的基础上的。但是,随着德国特别是从 1969 年起相对成本的上升,这个部门的更大部分的生产能力受到削减。在 20 世纪 70 年代早期到中期随着石油禁运而达到高潮的危机时期，然后又在 80 年代早期的危机时期，德国制造业分别丧失 18.4％和 10.25％的劳动力（以小时计算）。

20 世纪 90 年代的深度衰退仍然进入了清除和退出过程的新阶段。制造业利润率在 1990 年只上升到 20 世纪 70 年代末（此时比 1964 年已经降低的水平低 30％）的水平，从这一年开始到 1993 年它又下降 3/4。到 1995 年，它似乎不到 1990 年水平的 50％或 60％。[75] 随着制造业利润状况如此萧条，制造业资本存量在 1992—1993 年平均增长 0.4％（这是所得到的最新数据），而投资在这些年分别下降 7.75％和 23.7％。到 1995 年，制造业产出的水平也比 1991 年低 10％，同时在这些年里制造业劳动力下降 16％。

这场危机的根源非常明显地在于制造业部门，并且体现在国外直接投资的不断快速增长上，在 1991—1994 年间国外直接投资平均每年增长 250 亿～300 亿德国马克，到 1995 年国外直接投资增长上升到 500 亿德国马克。[76] 同时，非制造业部门继续表现良好。在 1992 年非制造业者的利润率比 1973 年高 23％，接近 20 世纪 60 年代中期的水平，在这一高峰之后它似乎只有少许下降，到 1995 年至多比 20 世纪 90 年代初期的水平低 11％。很明显，非制造业生产者能够免受国际竞争的压力，从而为它们提供一个制造业生产者所无法得到的喘息空间。[77]

走向复苏？

与日本经济类似，德国货币在 1995 年初的快速升值使德国经济陷入困境，后来德国、日本和美国政府的联合干预引发了德国货币的回落，从而为新一轮周期性上升提供可能。但是，又与日本相似的是，出口对贬值反应快速而剧烈，德国经济也因出口的低落而陷入低迷，也没有人深入探究其中的原因。甚至当制造业部门开始复苏的时候，产业的合理化和生产向海外扩散仍在加速推进，而新的投资繁荣并没有出现。"面对国内成本提高和来自国外的残酷竞争，公司放松管制，加快国外投资，同时采取精益的技术"，同时企图修正传统的集体谈判安排（collective bargaining arrangements）。[78] 仅仅在 1996 年，制造业部门就解雇了其劳动力的 4％（以小时计算），同时在很大程度上由于制造业的不断萎缩，德国西部在 1997 的失业上升到 10％左右，创了战后的新高。简言之，制造业部门甚至比以前更不会使经济好转，这是因为，随着通过解雇工人和加速技术进步来提高生产率，投资也没有大幅提高，工资增长非常缓慢，它不可能对经济其他方面产生多大的投资需求或消费需求。德国政府也同样不会——它比任何时候都更相信让市场自由运作，从而使德国的成本下降——进行干预，特别是当需要更大的紧缩和货币收紧以便为更为迫切的欧洲货币统一铺平道路的时候。我们注意到，在1996年，德国生产工人的平均每小时工资是31.87美元，而美国生产工人为17.74美元，这清楚地表明制造业所面对的情况。无论如何，尽管德国制造业的前景似乎由于减轻负担过程的持续而得到稳定提高，但是并不是说德国经济总体上会如此。简言之，德国经济仍然处于适应和解决国际制造业制度层面上的过剩产能和过剩生产的问题的状态，这些问题甚至在25年后仍然需要解决。

注 释

[1] 关于美国—日本在这个时代的经济关系，参见 R. T. Murphy, *The Weight of the Yen*, New York 1996。我要感谢该著作的作者。

[2] OECD, *Economic Outlook*, no. 60, December 1996, p. A49, Table 46.

[3] Armstrong et al., *Capitalism Since 1945*, p. 365, Table A5; OECD, *Historical Statistics 1960 – 1995*, p. 52, Table3.5.

[4] 参见本书表 13 – 1。

[5] 参见 W. Wolman and A. Colamosca, *The Judas Economy：The Triumph of Capital and Betrayal of Work*, New York 1997, p. 154, Figure 7.2。

[6] OECD, *Historical Statistics 1960 – 1995*, p. 61, Table 4.7.

[7] B. M. Friedman, *Day of Reckoning：The Consequences of American Economic Policy Reagan and After*, New York 1988, pp. 148 – 149, 173; W. Greider, *Secrets of the Temple：How the Federal Reserve Runs the Country*, New York 1987, pp. 495 – 534ff.

[8] 注意下面有关保罗·沃尔克这位当时的美联储主席在1990年国家经济研究局圆桌会议上关于美国在20世纪80年代经济政策的观点："在沃尔克看来，政府在推动反通货膨胀斗争中最重要的单一行动就是挫败了航空交通管理员的罢工。他从他的立场出发，认为这次行动对于劳动—管理关系的气氛具有相当深远的、建设性的影响，当然并不是说当时不存在工资问题。"M. Feldstein, ed., *American Economic Policy in the 1980s*, Chicago 1994, p. 162.

[9] G. N. Chaison and D. G. Dhavale, "A Note on the Severity of the Decline in Union Organizing Activity", *Industrial and Labor Relations Review*, vol. xliii, April 1990, p. 369; H. S. Farber, "The Recent Decline of Unionization in the United States", p. 919; R. B. Freeman and M. M. Kleiner, "Employer Behavior in the Face of Union Organizing Drives", *Industrial and Labor Relations Review*, vol. xliii, April 1990, p. 351; *Handbook of Labor Statistics*, BLS Bulletin 2340, August 1989, p. 543, Table 140; E. E. Jacobs, ed., *Handbook of US Labor Statisics*, Lanham 1997, p. 287 [1980年以后，政府只提供涉及1000人或更多人数的罢工的数据；1989年以后，劳动统计局中断了《劳动统计手册》(*Handbook of Labor Statistics*)的出版，1997年又由私人出版社恢复了出版]; Leo Troy and Neil Sheflin, *MS Union Sourcebook, Membership, Finances, Structure, Directory*, West Orange 1985, Table 3.63; BLS, *Employment*

and Earnings, vol, xxxix, January 1992, p. 229; and vol, xliv, January 1997, p. 211. 我要感谢迈克·戈德菲尔德为我提供关于工会选举的投票人数的数据和非法被解雇的人数方面的数据。

[10] L. Mishel et al.，*The State of Working America 1996–1997*，Economic Policy Institute, Armonk 1997, pp. 121–124.

[11] 我要感谢鲍勃·波林向我提供了关于美国借贷的以时间为顺序的资料，这些资料来源于支撑这些数据的联邦储备制度管理委员会（the Board of Governors of the Federal Reserve System）资金流动表（Flow of Funds Accounts）。

[12] R. Taggart Murphy，*The Weight of the Yen*，New York 1996，pp. 33–34，147–150. 人们广泛认为当金融市场认识到政府所计划的支出增加、减税以及（不可避免的）联邦赤字时，它们会迅速提高利率。正如美联储主席后来所说："从国外借贷资本的大量流入在很大程度上弥补了国内储蓄的匮乏。这种流入在这时是以比美国的私人储蓄更快的速度在运作，比我原来想象的更加庞大。"（p. 148，Murphy's emphasis.）

[13] R. Pollin,"Destabilizing Finance Worsened this Recession",*Challenge*, vol. xxxv, no. 2, March–April 1992, pp. 18, 22. 根据波林的看法，实际利率在 1890—1929 年间平均为 3.4%，在 1847—1979 年间为 0.7%。

[14] Friedman, *Day of Reckoning*, pp. 198–199.

[15] OECD, *Economic Survey of the United States 1992–1993*, Paris, November 1993, p. 11.

[16] OECD, *Economic Outlook*, no. 61, June 1997, p. A38, Table 35.

[17] Murphy, *Weight of the Yen*, pp. 272–274.

[18] *Economic Report of the President 1997*, Washington, DC 1997, p. 390, Table B-377.

[19] *Economic Report of the President 1996*, Washington, DC 1996, p. 46. 1993 年 GDP 增长是充满活力的，达到 2.3%。

[20] BLS, *Employment and Earnings*, vol. xliv, January 1997, p. 213; *Handbook of US Labor Statistics*, p. 287. 在 1997 年，私人部门拥有工会组织的比例下降到 10% 以下。

[21] OECD, *Economic Survey of the United States 1994–1995*, Paris 1995, p. 70.

[22] OECD, *Economic Survey of the United States 1994–1995*, Paris 1995, p. 187 footnote 31.

[23] OECD, *Economic Outlook 1996*, pp. A53–A54, Table 50–1.

[24] 关于 20 世纪 70 年代，如果一个人将自己的视野局限于短暂的、两次石油危机之间的 1975—1978 年，制造业的生产率平均每年增长 3.6%，这还是高的；但是，如果一个人考察 1973—1979 年，包括两次石油危机的衰退，制造业的生产率增长速度平均每年为 0.4%，肯定已经下降了不少。

[25] 当然，生产率在 1980 年根本没有增长。

[26] M. J. Mandel, "Economic Anxiety", *Business Week*, 11 March 1996, p. 50.

[27] 关于对日本劳动过程和团队生产的开拓性研究，参见 M. Parker and J. Slaughter, *Choosing Sides. Unions and the Team Concept*, A Labor Notes Book, Boston 1988, especially ch. 3。也可参见 J. P. Womack, D. T. Jones and D. Roos, *The Machine That Changed the World*, New York 1990, especially ch. 3 and 4。二者的研究尽管在对待团队或精益生产的态度上非常不同，但是对于它的必要性进行了类似的、相互印证的阐述，对于一些人充满期待地认为新制度会产生某些具有技能的、自治的新技术工人的观点进行了批判。也可参见 M. Parker, "Industrial Relations Myth and Shop-Floor Reality: The 'Team Concept' in the Auto Industry", in N. Lichtenstein and H. J. Harris, eds, *Industrial Democracy in America*, The Ambiguous Promise, New York 1993; H. Shaiken et al., "The Work Process under More Flexible Production", *Industrial Relations*, vol, xxv, Spring 1986。

[28] 关于"精益生产"的一些方面及其在制造业和服务部门的运用，参见 S. Head, 'The New, Ruthless Economy', *New York Review of Books*, 29 February 1996。

[29] C. Sparks and M. Greiner, "US and Foreign Productivity and Unit Labor Costs", *Monthly Labor Review*, February 1997, p. 29.

[30] Mishel et al., *State of Working America*, p. 143, Table 3.6.

[31] 如果将美国在这一时期的发展与德国的发展进行比较，就使人进一步相信上述的分析。德国在 1979—1990 年早期之间，因为产品工资继续上涨，当然，这种上涨比以前更加缓慢（大约每年 1.1%），也因为制造业之外的工会力量不断增强阻碍了工资差距的扩大——工资差距实际上在下降——德国雇主比它们在美国的竞争对手更有动力采用劳动节约型的技术。同时，因为德国的雇主并不能得到越来越低的工资的劳动者，所以它们像美国雇主那样增加与低生产率相联系的雇员如批发和零售贸易、餐馆与旅店等就会无利可图。在 1979—1990 年间，美国批发和零售贸易的雇员人数增长 30%，从 1 760 万人增加到 2 270 万人，而在德国增长 8%，从 335 万人增加到 373 万人。结果是德国非制造业的劳动生产率的增长比美国更快，平均每年增长达到 2.5%，而美国为平均每年增长 0.2%。OECD, *National Income and Product Accounts*, Vol. ii, Detailed Tables (various issues). 也可参见 Burda and Sachs, "Assessing High Unemployment"。

[32] 这种走向低工资经济的趋势并不局限于非制造业。在 1979—1996 年间，美国制造业在高技术和高工资领域上的出口有些下降。OECD, *Industrial Policy Annual Review 1994*, Paris 1994, p. 134.

[33] 我要感谢鲍勃·波林关于这部分的材料不仅在数据上而且在其解读上的许多有益的讨论。

[34] K. Phillips, *The Politics of Rich and Poor*, Wealth and the American Electorate in the Reagan Aftermath, New York 1990, pp. 76-86.

[35] P. Krugman, *Peddling Prosperity*, New York 1994, pp. 155-156.

[36] R. Pollin, "Budget Deficits and the US Economy: Considerations in a Heilbronerian Mode", in R. Blackwell et al., ed., *Economics as Worldly Philosophy Essays in Political and Historical Economics in Honour of Robert L. Heilbroner*, London 1993, pp. 124-

125，135.

[37] Phillips, *The Politics of Rich and Poor*, pp. 89 - 91（quotation）. NIPA Table 6.16（corporate profits adjusted）；*Economic Report of the President 1997*, Washington, DC 1997, Table B-80（government net interest）.

[38] Greider, *Secrets of the Temple*, pp. 537ff；Pollin, "Destabilizing Finance", p.18. 对于1973—1981年来说,所有非金融公司的资产的市场价值与资产替代成本之间的比率平均下降到42%（1981年为44%）,而1970—1973年为83.6%,20世纪60年代为96.1%。

[39] Mishel et al., *State of Working America*, pp. 279 - 280.

[40] Pollin, "Destabilizing Finance", p.18. "除了它们内部产生的资金外,公司借入大量资金……并且常常将这些资金的大部分不是用于生产性的新的投资。公司越来越将它们的现金流出公司部门之外,绝大部分是用来支付个人和机构投资者的利息。" Friedman, *Day of Reckoning*, pp. 264 - 265.

[41] 在这方面,对于20世纪80年代初开始的并购和出卖产权的浪潮的两个主要解释——一个是詹森（Jensen）的解释,认为它们的目标是通过增加效率来提高利润,另一个是施莱弗（Schleifer）和萨默斯（Summers）的解释,认为它们的目标是通过违背各种义务来加强剥削,从而提高利润——二者都可以看作是正确的。但是,二者的缺陷在于都没有看到他们曾经正确指出的源于制造业中利润率危机的决定性因素,还在于他们过分关注经济行为人的主观态度——詹森集中关注于股东之外的公司管理者的责任,施莱弗和萨默斯则关注货币人（the money men）的贪婪。二者看到的原因实际上是结果。参见 M.C. Jensen, "Takeovers: Their Causes and Consequences", *Journal of Economic Perspectives*, vol. ii, no.2, 1988; A. Schleifer and L.H. Summers, "Breach of Trust in Hostile Takeover", in A.J. Auerbach, ed., *Corporate Takeovers: Causes and Consequences*, Chicago 1988, pp. 33 - 67。

[42] R. Pollin, "Borrowing More but Investing Less: Economic Stagnation and the Rise of Corporate Takeovers in the US", unpublished manuscript, December 1994, p. 4.

[43] D.E. Sichel, *The Computer Revolution: An Economic Perspective*, Washington DC, 1997, pp. 44 - 45.

[44] Krugman, *Peddling Prosperity*, pp. 134 - 138.

[45] S.A. Holmes, "Income Disparity Between Poorest and Richest Rises", *New York Times*, 20 June 1996; S.A. Holmes, "New Reports Say Minorities Benefit in Fiscal Recovery", *New York Times*, 30 September 1997.

[46] 正如一个日本银行的高级管理者在1986年概括其政府的战略时所说的:"我们企图首先刺激股票和资产市场。受到这一安全网的支持——市场不断上升——出口导向的行业被认为会重新塑造自己,从而它们能够适合国内需求为导向的经济。这一步被认为能够引起每一经济部门的资产都出现显著增长。这种财富效应反过来引发消费和住房投资,随之出现对工厂和设备的投资的增长。最终,宽松的货币政策将刺激实际的经济增长。"

引自 T. Taniguchi, *Japan's Banks and the "Bubble Economy" of the Late 1980s*, Princeton University, Center of International Studies, Program on US-Japan Relations, Monograph Series, no. 4, Princeton 1993, p. 9。

[47] Murphy, *Weight of the Yen*, pp. 209 – 218; Taniguchi, *Japan's Banks*; Y. Noguchi, "The 'Bubble' and Economic Policies in the 1980s", *Journal of Japanese Studies*, vol. xx, no. 2, Summer 1994.

[48] OECD, *Industrial Policy in OECD Countries*, Paris 1994, pp. 117, 134.

[49] OECD, *Economic Survey of Japan 1990–1991*, Paris 1991, p. 172, Table 1.

[50] Ibid.

[51] OECD, *Economic Survey of Japan 1981–1982*, Paris, July 1982, p. 43; OECD, *Economic Survey of Japan 1987–1988*, Paris, August 1988, pp. 65 – 67; OECD, *Economic Survey of Japan 1989–1990*, Paris, December 1990, p. 52, Table 14; OECD, *Industrial Policy Annual Review 1994*, Paris 1994, p. 146, Table 31.

[52] OECD, *Economic Survey of Japan 1989–1990*, pp. 51 – 54; Park and Park, "Changing Japanese Trade Patterns with the East Asian NICS", p. 94.

[53] OECD, *Economic Survey of Japan 1992–1993*, Paris, November 1993, p. 64, Table 16; p. 141, Table 1; P. A. Petri, "Market Structure, Comparative Advantage, and Japanese Trade under the Strong Yen", in P. Krugman, ed., *Trade with Japan*, Chicago 1991, pp. 57 – 65; Park and Park, "Changing Japanese Trade Patterns", pp. 93 - 96; Hatch and Yamamura, *Asia in Japan's Embrace*, pp. 177 – 180.

[54] 与之形成反差的是，美国出口商在这些年受益于美元对日元贬值50%，能够以平均每年2.3%的速度提高它们的价格，并且仍然实现相当于其日本对手三倍的出口增长率。

[55] OECD, *Economic Survey of Japan 1988–1989*, pp. 93, 95; OECD, *Economic Survey of Japan 1987–1988*, pp. 55 – 57.

[56] Hatch and Yamamura, *Asia in Japan's Embrace*, p. 71. 在这一时期，日本的情况在服务业方面就业扩张方面介于美国和德国的情况之间。日本经济在服务业方面的就业增长比德国要快很多，但是比美国要低；它降低服务部门的相对工资增长，但是并没有像美国那样降低那么多，而德国并没有降低；它非制造业生产率的增速比美国要快，但是不如德国快。这似乎表明，日本的非制造业经济在提高利润率上比德国或美国面临着更大的困难，因为它不能忍受德国那样的失业水平，或者实施美国那样的工资压制。也可参见 *Economic Planning Agency of Japan*, *Economic Survey of Japan 1995–1996*, Tokyo 1995, pp. 214 – 220。

[57] OECD, *Economic Survey of Japan 1992–1993*, pp. 9, 14.

[58] Murphy, *Weight of the Yen*, pp. 287 – 288; OECD, *Economic Survey of Japan 1993*, p. 9.

[59] OECD, *Economic Survey of Japan 1994–1995*, Paris 1995, p. 9, Figure 5.

[60] M. Yoshitomi, "On the Changing International Competitiveness of Japanese Manu-

facturing Since 1985", *Oxford Review of Economic Policy*, vol, xii, no. 3, 1996; OECD, *Economic Survey of Japan 1995 - 1996*, Paris 1996, p. 31.

[61] 关于克服由于日元升值而出现的出口价格上升所面临的困难，以及因此产生对利润率的向下的压力，参见 OECD, *Economic Survey of Japan 1992 - 1993*, p. 31; OECD, *Economic Survey of Japan 1993 - 1994*, pp. 22, 27。

[62] 关于上述一段的内容，我特别依据了下列资料：M. Bernard and J. Ravenhill, "Beyond Product Cycles and Flying Geese: Regionalization, Hierarchy, and the Industrialization of East Asian", *World Politics*, vol. xlvii, January 1995, as well as Hatch and Yamamura, *Asia in Japan's Embrace*。

[63] OECD, *Economic Survey of Japan 1995 - 1996*, Table 3, p. 19. 人们估计仅仅在1996年，国外直接投资增长了190亿美元，达到700亿美元。在这一增长中，更大部分是制造业国外直接投资的增长，制造业国外直接投资过去大约有160亿美元，它现在已经翻一番达到350亿美元。制造业国外直接投资增长的一半以上进入到亚洲，在这里国外直接投资大约增长80%，达到180亿美元。W. Dawkins, "Moving Abroad", *Financial Times*, 12 May 1996.

[64] OECD, *Economic Survey of Japan 1995 - 1996*, pp. 30, 32, 229; OECD, *Economic Survey of Japan 1994 - 1995*, pp. 23 - 25。在一些部门，海外投资的比例更高。对于已经至少有一个海外工厂的大制造业公司来说，国外投资大约上升到国内投资的40%〔根据日本央行短观（Tankan）的测算，158家制造业公司在1995年财政年度占到38.5%，同时，根据日本进出口银行的测算，170家公司占到38.5%〕。OECD, *Economic Survey of Japan 1996*, p. 185, n. 3.

[65] Hatch and Yamamura, *Asia in Japan's Embrace*, pp. 31, 97 - 114.

[66] Giersch et al., *Fading Miracle*, pp. 262 - 266.

[67] Giersch et al., *Fading Miracle*, pp. 194 - 195. "总之，需求管理实际上在20世纪80年代从政策日程表中消失了。"

[68] Giersch et al., *Fading Miracle*, pp. 192 - 195.

[69] Ibid., p. 212.

[70] P. Norman, "Savage German Shake-Out as Industrial Jobs Go Abroad", *Financial Times*, 7 February 1997.

[71] 仅仅是服务部门的利润率恢复可能比更一般的非制造业恢复得要快很多，因为一般的非制造业还包括建筑、采矿和日用工业，这些部门在20世纪80年代都处在程度不同的困难中。

[72] Giersch et al., Fading Miracle, p. 199. 与20世纪70年代一样，在20世纪80年代，金融、保险和不动产部门的增长完全依靠服务业部门劳动力雇用数量的增加。另外，因为德国工人运动的力量很大，以致在美国掀起的雇用分散狂潮在德国并未发生，所以德国雇用人数的增加趋势并没有扩散到低生产率、低回报的服务行业。实际上，零售和批发贸易的雇用人数在1980—1986年下降了6.6%。Burda and Sachs, "Assessing High Unem-

ployment", pp. 555 – 559.

［73］OECD, *Economic Survey of Germany 1990 – 1991*, Paris 1991, pp. 15, 19 – 20; OECD, *Economic Survey of Germany 1992 – 1993*, Paris 1993, p. 10.

［74］OECD, *Economic Survey of Germany 1995 – 1996*, Paris 1996, p. 9.

［75］Ibid., p. 15, Figure 6.

［76］Norman, "Savage German Shakeout".

［77］OECD, *Economic Survey of Germany 1996*, p. 15, Figure 6. "以德国马克计算的低进口价格使国内竞争者的提高价格空间下降到国外出口商的程度。所以，贸易商品与非贸易商品之间的利润增长差距不断扩大。"（p. 9）

［78］P. Norman and G. Bowley, "Turmoil and Paralysis", *Financial Times*, 29 May 1997.

第五部分

重新恢复繁荣

第十三章
长期衰退与"长期趋势"

由于里根-撒切尔主义在20世纪70年代末盛行，资本已经大大强化了它的统治地位，特别是在美国。工资增长已经被有效遏制。财政紧缩与信贷紧缩结合在一起，已经产生了总的通货紧缩。富人从多轮的减税中受益。一个行业接着一个行业地放松管制，旨在削弱工会。资本的全球流动已经不可遏制，一些跨国公司和银行迅速走遍全球，目的是为它们的各种活动找到最有利可图的场所。金融也放开了，以更加怪异的方式从货币中挤出货币。世界银行（the World Bank）和国际货币基金组织（IMF）的苛刻的稳定计划也被作为真理接受下来。另外，苏联和东欧的中央经济统制的体制（the statist regimes）已不复存在，中国已经走上改革开放之路。尽管如此，对世界资本主义经济来说事情并不是那么顺畅。

具有讽刺意味的是，自20世纪60年代以来资本运行与发达资本主义经济一个周期接着一个周期的恶化程度存在着非常密切的联系。在20世纪60年代，当表面上过分强大的工人运动、福利国家大行其道，超级管制（hyper-regulating）的政府都达到它们影响的顶点的时候，全球经济繁荣也达到历史的顶点。从此以后，随着管理部门开出的新古典的药方猛烈性的不断增加，经济表现却稳步下滑。20世纪70年代表现比20世纪60年代更差，20世纪80年代表现比20世纪70年代更差，20世纪90年代表现比20世纪80年代更差。仅就结果而不是前景来说，长期下降已经继续挑战资本的补救方案（见表13—1）。

面对这种低落的发展轨迹，主流经济学将它的标准理论作为最后的王牌，但是现在它呈现出最纯粹的形式。许多年以来，供给派的理论家将长期停滞的根源放在生产率的危机上，同时他们将生产率的危机归为不守纪律的、反叛的工人的怠工和抵制上，这些工人受到社会安全网的激励，并通过拒绝将他们的工资降低到与下降的每人产出相一致的水平，从而使长期下降加速和持续。但是，随着低迷时期延伸到20世纪90年代中期，同时随着有一些迹象表明它还在升级，正统经济学家——只得承认工人的权力在过去20年里已经

表 13—1　　　　　　　　经济动力下降，1960—2005 年

（平均每年变化的百分比）

	1960—1969 年	1969—1979 年	1979—1990 年	1990—1995 年	1995—2000 年	1990—2000 年	2000—2005 年
GDP							
美国	4.2	3.2	3.2	2.5	4.1	3.3	2.6
日本	10.1	4.4	3.9	1.5	1.3	1.4	1.2
德国	4.4	2.8	2.3	2.1	2.0	2.1	0.7
欧洲 12 国	5.3	3.2	2.4	1.6	2.7	2.2	1.4
G-7	5.1	3.6	3.0	2.5	1.9	3.1	—
人均 GDP							
美国	3.3	2.5	1.9	2.5	4.1	3.3	2.6
日本	9.0	3.4	4.0	1.5	1.7	1.6	1.3
德国	3.5	2.8	1.9	2.5	1.9	2.2	0.8
G-7	3.8 (1960—1973 年)	2.1 (1973—1979 年)	1.9	2.1	2.8	2.5	1.7
非住房性资本存量（私人实体经济）							
美国（净值）	4.5	4.0	3.2	2.3	3.8	3.1	2.1
日本（总值）	12.5	9.4	6.2	5.4	3.6	4.5	2.8
德国（总值）	8.4	4.9	3.0	3.2	1.7	2.5	1.6
工业国家	5.0	4.2	3.1	5.3	3.6	3.3	2.1
整个经济的劳动生产率（GDP/工人）							
美国	2.3	1.2	1.3	1.4	2.0	1.7	2.7
日本	8.6	3.7	3.0	0.8	1.3	1.0	1.5
德国	4.2	2.5	1.3	2.8	2.4	2.5	1.5
欧洲 12 国	5.1	2.9	1.8	2.1	1.3	1.7	1.4
G 年 7	4.8 (1960—1973 年)	2.8 (1973—1979 年)	2.6	1.7	—	—	—
整个经济的实际工资（每个雇员）							
美国	2.7	1.0	0.8	0.6	0.6	2.4	1.6
日本	7.5	3.9	1.7	0.9	0.3	0.6	0
德国	5.7	3.0	0.8	3.0	1.6	2.3	0.2
欧洲 12 国	5.8	3.2	0.6	1.2	0.8	1.1	0.4
失业率							
美国	4.8	6.2	7.1	6.5	4.6	5.6	5.4
日本	1.4	1.7	2.5	2.6	4.1	3.3	5.0
德国	0.8	2.1	5.8	7.2	8.3	7.7	8.7
欧洲 15 国	2.3	4.6	9.1	9.3	9.0	9.3	7.7
G-7	3.1 (1960—1973 年)	4.9 (1973—1979 年)	6.8	6.7	6.4	6.6	—

资料来源：OECD, *Historical Statistics*, *1960—1995*, 1995, Table 2.15, 3.1, 3.2; "Statistical Annex" *European Economy*, Autumn 2005, Table 11 and 31; OECD, *Economic Outlook Database*, IMF, World Economic Outlook Database; Andrew Glyn, "Imbalances of the Global Economy", *New Left Review* 34 (July-August, 2005); Armstrong et al., *Capitalism Since 1945*, p.356, Table A6.

降低了多么大的幅度，并对经济具有如此之少的实际影响——已经放弃了他们的马尔萨斯主义的社会化与政治化观点，回到它的最纯粹的古典图景。现在许多人认为，经济并没有更富活力地增长，仅仅是因为它的技术潜力在最大程度上已经枯竭。

在长期低迷的前夕，也就是在20世纪60年代末和20世纪70年代早期，经济正统派仍然在新古典-凯恩斯主义综合（neoclassical-Keynesian synthesis）的支配下并没有看到为什么战后黄金时期的增长和繁荣不能持续的理由。因为扩张延续下去的唯一可能的问题被认为是总需求不足，并且因为总需求可能常常受到刺激（并且当需要控制通货膨胀时可能被降低），所以没有理由怀疑经济仍然长期保持活力。科学家和技术专家得到在研发费用方面的更大支持，可以提供无限的技术可能；资本家受到不断扩大的市场的激励，将这些发明投入到生产，并且加速地实施。正如经济合作与发展组织在20世纪70年代的报告中表达了已经为人们所接受的看法："对现存的科学与技术知识在工业上和商业上的利用将会继续引发生产率在长时期的增长。"[1]

但是，经济正统派现在已经转变，能够接受相反的观点了。在长达25年的投资、生产率和工资的蜗牛式缓慢增长，以及更严重的周期性危机、更脆弱的周期性上升和失业快速增加之后，主流经济学家不能——比他们在繁荣时期的先辈更加——考虑到推动资本主义经济发展的个人利润最大化和竞争的市场机制可能是导致长期经济问题形成的原因。资本主义制度实际上引起危机、长期（尽管不是永久性的）下降和长期繁荣，这些仅仅是人们没有想到的，尽管从19世纪开始的资本主义历史上的长期繁荣和长期下降是延续很长时间的（如果不是周期性的话）。根据新纯粹化的马尔萨斯主义者的一致观点，经济在战后初期的充满动力和在战后时期后来的停滞是由于外在的、从根本上属于技术的原因。在战后初期，经济繁荣对于后起者和领导者来说是因为大量的没有使用的技术知识存量，从而促进生产率异常高速地增长；但是，随着这些存量的枯竭，生产率增长速也就减缓了。长期下降表明没有根本的经济问题，仅仅是在非正常的发展时期之后重新回到技术决定的标准。美国领先者最初利用在大萧条期间没有使用的强大技术储备，但是，随着它不断这样做，它的增长就自然地下降了。[2] 欧洲和日本这些后起者的经济最初能够得到的是美国已经使用的大量技术，但是它们使用这些技术成就了它们战后的繁荣。随着它们追赶上来，它们的增长自然回落到"长期趋势"。正好赞同这一观点的人所得到的结论："如果从更广泛的长期观点看，需要解释的……似乎并不是20世纪70年代的下降，而是前20年的快速增长。"[3] 在美国经济以每年最高2.5%的速度增长的前提下，美联储在20世纪90年代前半期承诺长期实行紧缩的货币政策,这样做受到主要的主流经济学家的欢迎,这些经济学家迫切要求美联储不要向不负责任的为了不可能实现的高增长率而要求更宽松的信贷和国家刺激需求的政客、工会和政论家(publicists)让步。[4]这些经济学家警告美国,我们生活在存在着所有可能的世界,它只是不会像我们想象的那样好。

必须要指出的,并不是政界和学术界的所有人都是完全满意过分乐观的判断。更多的右翼人士和赞成自由市场的政治上不甘寂寞的人,不能接受对资本主义进行如此限制。毕竟,实施里根-撒切尔主义在共产主义意识形态的崩溃①和物质上的大量刺激下,释放以前由于高税收、缺乏弹性的劳动力市场、福利国家太大和国家对企业的太多的管制所压抑的企业家精神被认为是正确的。但是,在经过20多年削减工资之后,如果再减税,降低社会支出增长、自由化和"健全财政"水平,那么不受约束的"自由市场的"经济的表现不如20世纪60年代的一半,所以可能有理由对"越是自由市场,经济表现越好"的教条提出质疑。

《经济学家》(Economist)和《华尔街日报》(Wall Street Journal)的评论家和具有各种政治倾向的经济学家不会承认到目前的近20年的执政所取得的微薄的成果,而这一时期没有什么人比他们更在根本上坚持资本主义政策体系,他们指出在最近几十年里科学和技术取得了巨大进步,得出结论认为增长和生产率肯定会快速前进,特别是在自由市场的杰出代表——美国。[5]他们得出结论认为,可以测量的产出和生产率的低增长是统计上造成的,因为它不能恰当地计算国民产出,特别是在服务部门中产出的增长是很难计算的。

这些观点的各方代表,不管是经济学家还是政论家,都指出了对方的要害。但是每一方的关注点都是倒置的。他们双方都将结果当成原因,因为双方都忽视了资本积累的长期危机,这种危机体现在几乎全面的、剧烈的和持续的资本存量增长的下降中——本身源于制造业利润率的危机——这不仅是产出和生产率增长大幅下降的根源,而且是周期性不稳定和失业上升的根源。

关于资本主义复苏的评论家有充分的理由对主流经济学家提出质疑,这些主流经济学家将生产率增长在1973年以后剧烈下降,并且在长达25年里经济衰退更加普遍地看作是回到一种常态——解释为战后技术潜力的超常规提高的枯竭和回归到"长期趋势"。那种资本主义"常规的"增长路径的思想认为资本主义经济是可以期望它回归到一种均衡的,但是,从长时期或者大大高于或者明显低于资本主义整个历史的平均增长来看,以及从资本主义在过去一个世纪或一个半世纪中形成的异常转变来看,这种思想充其量是一种

---

① 主要指苏联解体、东欧剧变。——译者注

推测。[6] 从 1850—1873 年长期繁荣到 19 世纪 70 年代早期至 19 世纪 90 年代中期的"大萧条",到 19 世纪 90 年代后期的战前上升,通过第一次世界大战到两战期间的大崩溃,再到第二次世界大战后的 25 年的繁荣——为什么人们应该期望回到 1973 年和现在之间的"平均水平"?另外,考虑到发达资本主义国家在过去一个世纪中出现特殊的质的变化——在科学和技术知识的本质、农业和小型经济部门的数量、人口增长水平、国家在经济中的角色和地位、公司的本质、劳动力受教育的程度以及研发支出水平等方面(只列出一些重要的变量)——为什么我们期望经济会趋向于一种固定的增长率或者"趋势"呢?毕竟,它与过去相比不是同一个经济。

过去 25 年的科学与技术进步不是缓慢和停滞的,相反,它给许多分析者留下的印象是像以前一样快速发展。确定在任何一个既定的时间技术的潜力水平,或者在任何一个既定的时期技术提高的程度,都是不容易的。另外,通过一个衡量技术变化的粗糙的标准,所有在制度层面的研究都指出在长期衰退中技术保持过去进步的水平,同时没有一个研究得出相反的结论。[7] 技术变化具有持续性,但是利用它的能力在下降,而这又是由于制造业的过剩产能和过剩生产及其导致的利润率下降,以及随后出现的投资和总需求下降,这些当然与本文的观点相吻合。

但是,最直接具有说服力的反对从技术潜力的角度解释长期繁荣和衰退的是,生产率增长的实际历史路径——更不用说投资、工资或就业——与下述情况并不相符:如果生产率增长加速或减速首先是技术可能性的实现和枯竭来决定的,那么生产率增长是可以预测到的。如果生产率增长下降是由技术潜力耗尽所导致的,那么人们可能设想下列情况:第一,不仅领先者的经济还是后起者的经济的生产率增长连续和相对缓慢地长期下降;第二,追赶(catch-up)过程的普遍化主要集中在制造业部门,贸易商品在制造业部门的国际竞争压力特别明显;第三,生产率增长下降的肇始只是后起者在技术上追赶领先者的过程接近完成。但是,不管从短期还是从部门来看,生产率的发展在战后的趋势并不符合所预测的模式。战后生产率增长下降并不是在后起者与领先者之间差异消失的时候开始的。

美国这位领先者在大萧条或第二次世界大战后的时期取得最大的生产率增长,后来它的生产率稳步下降。但是,理论上所认为的受到技术推动的生产率发展与生产率增长的实际路径本质上并不相符。

美国制造业在生产率增长过程中与该理论并没有联系。事实上,在这一部门,并没有迹象表明技术潜力这一时期下降了。在 1938—1950 年间,这时它应该处于高点,制造业平均生产率增长达到 2.7%,比在 1938—1973 年间的整个时期略低。[8]然后，在1950—1958年间，它大幅下降到2.0%以下，但是，它在1958—1973年间大大加速，达到3.5%，而在这一时期它应该是下降的。也没有证据表明在后来的时期技术已枯竭。在20世纪70年代两次石油危机的年代里，制造业生产率的每年的增长速度大幅下降。但是，从1979年起，它再一次显著加速，从这时起到现在它前进的程度比在长期繁荣的繁荣时代的平均速度更高——平均每年超过3%。20世纪90年代，制造业生产率增长比自20世纪60年代早期以来的任何时期都更具有活力。

制造业之外的生产率趋势，或者说整个经济的趋势，像技术枯竭论的观点来解释制造业一样，也是存在着问题的，但是原因正好相反。制造业中不存在所设想的由技术枯竭导致的下降，而在制造业之外这种下降幅度比这种枯竭所能解释的更大。从1938年到1973年这么长的时期里，私人实体经济的生产率增长以及非制造业部门的生产率增长都相当稳定，除了在1950—1958年间以及在1965—1973年间温和下降之外，平均每年增长2.6%～2.7%。在1973年之前没有明显的迹象表明会下降——特别是一旦将生产能力考虑进来。但是，当私人经济和非制造业生产率增长在1973年后确实下降的时候，这种下降并不像理论上设想它应该的那样是温和的，而是灾难性的。如果生产率增长在1973年以后下降背后的东西是大萧条之后的还没有利用的技术机会被利用起来了，那么制造业之外或整个私人实体经济的生产率增长的速度应该与20世纪历史平均的速度保持一致。但是，在1973—1996年之间的近25年里，私人实体经济和制造业之外的经济的劳动生产率分别平均为1.5%和1.0%。这个水平远远低于自1890年以来任何其他可比较的时期的程度——抛开大萧条那些年代。[9]在1973—1996年间整个经济以及制造业之外经济发生的生产率增长下降明显不是"回归到趋势"（见表13—2）。

表13—2　　　　　美国生产率增长，1890—1996年

（平均每年变化的百分比）

	1890—1913年	1913—1929年	1929—1938年	1938—1950年	1950—1958年	1958—1965年	1965—1973年	1973—1979年	1979—1990年	1990—1995年	1995—2000年
制造业	—	—	—	2.7	2.0	4.1	3.3	0.4	2.9	3.7	5.7
非制造业	—	—	—	2.7	2.5	2.5	2.4	1.9	0.6	0.9	2.2
私人实体经济	—	—	—	2.7	2.2	3.3	2.6	1.2	1.5	1.7	2.6
GDP/小时	2.2	2.4	1.4	2.2	2.5	3.0	2.4	1.1	1.35	1.2	2.2
整个经济的要素生产率	1.1	1.7	0.3	3.2	—	—	—	—	—	—	—

续前表

	1890—1913年	1913—1929年	1929—1938年	1938—1950年	1950—1958年	1958—1965年	1965—1973年	1973—1979年	1979—1990年	1990—1995年	1995—2000年
私人实体经济的要素生产率	—	—	—	—	1.1	2.5	1.6	0.5	0.3	0.7	0.9

资料来源：关于GDP/小时以及整个经济的要素生产率，参见 A. Maddison, *Dynamic Forces in Capitalist Development*, Oxford 1991, p.71, Table 3.13；关于制造业和私人实体经济要素生产率，参见 BLS, "Multifactor Productivity Trends"。另参见本书附录Ⅰ和附录Ⅱ。

后起者的经济像美国领先者一样，与所预期的模式反差很大。根据该理论，这些经济应该在这个时期开始具有最大的追赶潜力，并且后来它在下降。但是，在美国之外的G-7经济体中，不仅在总体上而且在单个国家，生产率增长不是随着技术枯竭而走上相对持续的下降之路，而是在20世纪60年代与50年代相比在加速增长，不管是制造业还是私人实体经济在1973年之前都呈现出非常明显的下降。另外，当生产率增长下降出现时，它并不是相对持续性的，而是剧烈的和突变的，在1973—1979年与1960—1973年相比下降至少一半。另外，它在所有发达资本主义国家的后起者中几乎在同一时间下降。很难看到这个技术潜力被耗尽的过程是如何引起像1973年后所发生的生产率增长的剧烈的、非连续性的和普遍的下降。

后起者的生产率下降的部门模式像时间模式一样也不符合技术耗尽的说法。根据该理论，在理论上推动追赶的力量——后起者模仿领先者的技术而形成的竞争压力——主要适用于基本上由贸易商品构成的制造业部门，而不适用于国际贸易和竞争接触不到的非制造业部门。但是，与这种理论的预期相反，追赶在制造业部门并不特别强烈。在制造业，在自1973年以来的长期下降时期，推动追赶的力量是缓慢的和不协调的，这是因为美国制造业生产率增长自1979年以来已经实际上像德国、法国和加拿大一样快，甚至更快（虽然比不上日本、意大利和英国的速度）。相反，在整个私人实体经济中，随着G-7的一些后起的经济与美国相比在制造业之外比制造业内更保持它们生产率增长上的优势，在1973年起到现在它们之间的差距继续缩小。事实上，到1992年，从整个经济的每小时产出看，德国（及后来的德国西部）、法国和加拿大实际上已经超过美国，美国只能在世界上排在第九位。[10]

但是，人们应该注意到将制造业之外的差距的缩小归因为长期衰退过程中追赶过程的巨大活力。这是因为后起者已经在这一部门赶上了美国，尽管它们自己的非制造业生产率的增长从1973年起大幅下降（也因为美国在这个时期的非制造业的生产率根本没有增长)。如果美国的生产率增长达到在1890—1973年间的平均速度,那么自1973年以来的这个时期制造业之外的经济上的追赶差距将会是最小的,甚至根本不存在。[11]

最后,用追赶机会的丧失来解释生产率下降的理论的最使人不能相信的地方——当G-7(加拿大除外)经济体的生产率水平仍然只是美国制造业水平的45%～55%,美国经济总体水平的55%～70%的时候,它们的生产率增长在1973年后出现大幅的、不连续的和同时的下降。[12]另外,它还提出美国领先者和G-7后起者同时、或多或少相同程度的下降。人们不可能看出消除差距的机会的枯竭如何能够产生这种模式。

生产率增长应该理解为首先通过后起者采取领先者的技术和领先者不断放慢并退出技术前沿的说法,是凭自己脑袋想象出来的,甚至是带有误导性的。在1890—1950年间的长时期里,美国实际上延续对所有后起者的领先地位。[13]在战后50年里,根据同样的表现,日本制造业生产率不仅仅是赶上来了,而且在许多关键生产领域都走到了美国的前面。到1992年,根据麦肯锡协会(Mckinsey Associates)的看法,日本的制造业的生产率在进行研究的9个行业中有5个行业(钢铁、汽车部件、金属加工、轿车和消费电子)超过美国,在钢铁和金属加工方面至少超过50%,在其他两个方面(计算机和肥皂与清洁剂)大致相当。另一方面,在进行研究的日本落后的两个行业(食品和啤酒)中,确实与美国差得很远,其中的原因与技术潜力没有关系,关键在于经济管制和保护,允许甚至鼓励这些行业避免采纳节约劳动力的技术。[14]

表13—3　　G-7经济体中(不包括美国)劳动生产率增长情况

(平均每年变化的百分比)

	1951—1958年	1958—1966年	1966—1973年	1973—1979年
私人实体经济	3.6	5.1	5.2	2.3
制造业	3.4	5.7	6.2	3.5

资料来源:AGH。

那种认为存在着既是领先者在努力提高的,也是后起者所赖以通过创新比领先者更快地提高生产率的技术储备的观点太简单,并没有抓住技术变化的实际过程。首先,研发的支出,以及人力资本的支出(包括对技师或工程师、熟练工人和非熟练工人的教育)对技术进步和生产率增长产生重要影响,但是这些与技术的领先或后起并不相干。另外,在资本积累过程中的技术进步常常是通过干中学、规模经济等方式取得的;同时,生产过程中技术进步常常推动实验室中的突破,反之亦然。随之而来的是快速资本积累导致经济增长的加速，而这又会导致生产率的加速增长，从而使领先者保持领先或者使后起者向前跨越。

关键不是要挑战这样的观点，即如果其他条件相同，更多地利用没有使用过的技术将会形成更快的增长。相反，关键是需要解释战后增长过程，需要将关注点由集中在没有利用的技术的程度，扩展到关注经济上采用现存技术的能力，特别是产生新技术的能力，以及需要继续坚持这样的思想即技术进步可能是经济增长的一个函数——以及因此推动增长的（不是马上成为技术上的）条件——反之亦然。

追赶在解释从1950年到1973年的繁荣时期的加速增长是至关重要的。但是，它可以承担核心角色，只是由于战后时期的具体的历史条件：第一，由于第二次世界大战以后发生的社会内部的经济、政治和制度的转型，欧洲和日本经济中形成了资本积累和技术变化的能力在急剧增长；第二，不仅因为国内社会经济和制度的发展，而且特别是它的主要制造业和金融业转向海外投资，所以影响美国经济的资本积累和技术进步的能力出现相应的下降；第三，商品和投资自由流动的障碍大幅下降，而这本身又是美国霸权所依赖的，美国至少一度感觉需要培养它的伙伴或对手的经济，旨在实现它的主要资本家和国家的利益。另外，追赶并不是通过它本身运作来推动生产率加速增长，它是由后起经济体的大规模的、"内在的"技术提高来补充的，由干中学所产生的进步本身就是在对新工厂和设备的高水平投资的结果。在一系列行业中——纺织、汽车、钢铁、消费电子和机械等——后起者并不与美国建立的工艺状态相吻合，它们通过采用它们自己的技术进步而超过美国。

关于从1973年到现在的长期衰退时期，追赶的机会的枯竭是不能解释生产率下降的，更不用说长期衰退本身，因为正如所强调的，生产率增长在1973—1979年的突然的、大幅的、普遍的和同时的下降，随后在一个时期是相当高的、普遍的和稳步的生产率增长的提升，这些都不能仅仅从技术机会的积累的枯竭来解释——特别是因为当生产率增长开始下降的时候，后起者有很多的技术机会的积累仍然是可以得到和没有使用的。

但是，这种模式可以从发达资本主义经济实现和发展它们技术潜力的能力下降来解释，正如我所认为的，这是因为发达资本主义世界中出现了资本存量特别是制造业资本存量增长突然的、大幅的、普遍的和同时的下降。资本积累的下降是在1965—1973年间的利润率下降的一个函数（function），特别是在制造业中——在1973—1982年间也是如此——在所有的发达资本主义经济中，以单个的和集体的形式出现。制造业的利润率和投资的大幅下降引起了不稳定的明显增加，这体现在比在1950—1973年间发生的更严重的三次衰退上，也体现在大萧条时的失业上（美国除外）。无法想象以剧烈的和不连续的方式出现的技术潜力的下降如何解释这种发展。但是，投资增长的剧烈下降——以及与投资增长下降相伴的越来越不稳定、生产能力利用的下降和失业率的上升——确实能够在很大程度上解释生产率下降，也（至少在美国）能够解释由于压制了工资增长，相对于生产中的资本而越来越多地使用劳动力，这本身也是对利润率下降的直接的、及时的反应。追赶的技术枯竭的说法不能解释生产率增长的长期下降，更不用说长期衰退了。当然，长期衰退本身在很大程度上也是生产率增长长期下降的重要原因。同样，如果跨越了那些压制利润率和导致长期衰退的条件，那么经济会没有任何障碍地大幅提高投资，并在此基础上提升生产率增长和经济动力。

注　释

[1] OECD, *The Growth of Output*, p. 166. 对于官方相信凯恩斯主义需求刺激是解决进入20世纪70年代的经济问题的办法，参见 P. MacCracken et al., *Towards Full Employment and Stability. Summary of a Report to the OECD by a Group of Independent Experts*, Paris, June 1977。

[2] 这个论断的经典阐述来自于 W. J. Baumol, "Productivity Growth, Convergence, and Welfare: What the Long-Run Data Show", *The American Economic Review*, vol. lxxvi, December 1986, especially pp. 1081 - 1082. 例如，它也得到下面文献的认同：Krugman, *Peddling Prosperity*, pp. 59 - 63。

[3] N. Crafts and G. Toniolo, "Postwar Growth: An Overview", in Crafts and Toniolo, eds, *Economic Growth in Europe Since 1945*. "从'现代经济增长'的长期趋势的观点看……1950—1973年期间确实是例外……[并且]后来的增长不可能被看作是不令人满意的。"(pp. 2, 25)

[4] 例如，参见 P. Krugman, "Stay on Their Backs", *The New York Times Magazine*, 4 February 1996。

[5] 特别是，参见 P. Woodwall, "The Hitchhikers Guide to Cybernomics", *The Economist*, 28 September 1996。

[6] 克拉夫特斯（Crafts）和汤尼罗（Toniolo）认为："将从1913年到1973年这一时期看作是'现代经济增长'历史的一个例外，因为它第一次（1913—1945年）脱离长期趋势是通过低于这个趋势的形式表现出来的，后来（1945—1973年）脱离长期趋势是通过高于这个趋势的形式表现出来的。" "Postwar Growth", p. 1.

[7] 例如，参见 Z. Griliches, "Productivity, R&D, and the Data Constraint", *American Economic Review*, vol. lxxxiv, March 1994。

[8] US Department of Commerce, *Historical Statistics of the United States*, Washington, DC 1970, Series D 685, p. 162.

[9] 关于1938年之前的时期，参见 A. Maddison, *Dynamic Forces in Capitalist Development*, Oxford 1991, p. 71; A. Maddison, *Monitoring the World Economy 1820 - 1892*, OECD, Paris 1995, p. 41。在1973—1992年之间，整个经济的总的要素生产率平均每年增长0.18%，而在1950—1973年之间增长1.72%，在1913—1950年之间增长1.5%。

[10] N. F. R. Crafts, "Economic Growth in East Asia and Western Europe Since 1950: Implications for Living Standards", *National Institute Economic Review*, no. 4, October 1997, p. 81, Table 6.

[11] 美国在1890—1973年间每小时创造的GDP每年平均增长2.4%。在1973—1987年间德国增长2.6%，日本增长33.5%，英国增长2.3%，意大利增长2.6%，法国增长3.2%，加拿大增长1.8%。S. N. Broadberry, "Convergence: What the Historical Record Shows", in B. van Ark and N. Crafts, eds, *Quantitative Aspects of Post-War European Growth*, Cambridge 1996, p. 330, Table 8.1.

[12] Broadberry, "Convergence", pp. 336 - 337, Table 8.3 and 8.4; Hulten, "From Productivity Slowdown to New Investment Opportunities", in H. Siebert, ed., *Capital Flows in the World Economy*, Tubingen 1991, p. 68.

[13] "鲍莫尔（Baumol）所考察的［旨在表明1950年以后的追赶和趋同的］［16个中的］13个发达资本主义国家都是落后于美国生产率水平的。" Maddison, *Monitoring the World Economy*, p. 45.

[14] McKinsey Global Institute, *Manufacturing Productivity*, Washington, DC, October 1993.

第十四章
新一轮长期上升？

尽管长期衰退不能从技术机会枯竭的角度来解释，但是为什么它延续时间这么长（特别是延续到 20 世纪 90 年代）迫切要求进一步的解释。毕竟，由于资本在阶级斗争中取得胜利导致工资受到压制，以及由于国际竞争加剧和周期性衰退导致高成本的、低利润的生产方式退出，这些过程在美国和德国及日本持续了很长时期，并且力度很大。为什么这些生产过程没有使（特别是制造业的）生产成本降低到足以恢复利润率和形成新的繁荣呢？对于这个问题，工商业新闻、大众媒体和各种杂志的许多评论者都已经指出世界经济突然进入到一场"充满涡压的资本主义"（turbo-charged capitalism），特别是美国，至少从 20 世纪 90 年代初（如果不是 20 世纪 80 年代的话）尤其是最后几年的经济表现表明一场经济革命已经开启了一个"新时代"。甚至一向很谨慎的美联储前主席格林斯潘也已经确认美国经济可能真正经历生产率上的"一生中只有一次的"迸发。我们能否最终跨越长期衰退，并且进入一个新的长期繁荣呢？如果不能，那么为什么不能呢？

1. 美国增长与霸权的新时代？

尽管那种认为美国经济已经进入到"新时代"的观点在某种程度上说已经成为一种共识，但是，正如已经强调的，这种看法的实践基础特别难以在 20 世纪 90 年代周期性上升的宏观数据中找到。那么，这种越来越被接受的观点背后隐藏着什么呢？

这种认为新的经济时代已经到来的观点需要"新的范式"（new paradigm）来理解它，其根本上的、直觉上的基础无疑是证券市场的表现。在 1989 年后半期——当时它恢复到 1987 年 10 月崩溃前夕的水平——和 1997 年 10 月之间，证券市场在价格上增长了 3 倍。从 1994 年底到 1997 年 10 月，翻了一番还多。在 1998 年 4 月前的两年里，它上升了 60%。在 1991 年 3 月——

1996年7月之间的周期性上升中，美国民众的金融资产净价值快速增加了5.5万亿美元以上，与美国家庭在过去25年里新积累的储蓄总和相当。[1]人们广泛认为如此可观的收益一定能表明实体经济的积极转型。

但是，证券市场的短期和中期表现明显是经济的基本表现的晴雨表。在最近的1991年，日本大致相同程度的证券市场繁荣——另外，伴随着5年左右比美国最近所经历的更令人关注的经济增长——轻而易举地陷入深度的衰退。美国的经济情况确实与日本相似，但是一些重要方面并不相关，因为美国经济在20世纪90年代的上升已经带来了比日本在20世纪80年代后半期更大的利润率增长。另外，毫无疑问的是20世纪90年代的牛市运行（the bull run）已经远远超出了基本经济的相关增长。

到1998年春季，股票价格与收入的比率进入近30倍这个区间，大大高于1987年10月崩盘前的水平，也是在1871—1992年间平均值为13.7倍的水平的两倍以上，处在历史上的高位。所谓"托宾Q"（Tobin's Q）是用来计算公司的股票市场价值与它的以当前重置成本（cost of replacement）计算的净资产的比率，它达到公司资本净值的130%，高于自1920年以来的任何时期，是它长期平均值的两倍，大约比它10年前的水平高出3倍。对这些数据存在两种反应。一种是认为美国经济已经进入到一个"新时代"。另一种是得出结论认为证券市场已经超出了经济的复苏。确实，美国公司的利润状况在最近几年有了极大的改观——在1989—1997年间，公司利润大约增长82%，利润总量确实有了很大增加。但是这种利润的增加并不能为证券市场在同一时期上涨3倍提供根据，在20世纪90年代与利润增长相联系的实体经济的表现（正如所强调的）是很难确定的。

那种坚持美国经济表现有了明显的质的提高的看法的主要直接论据就是，否定经济在质上提高的现实的宏观经济基本系列数据的做法——即私人实体经济中产出和生产率增长的论据——是存在致命性缺陷的。它认为美国生产率增长呈爆发式增长，但是记载这种增长的统计证据已经回避了数据的收集者，因为这种增长出现在新的服务业，而在这一领域产出的增长是很难或不可计算的。但是，事实仍然是，尽管制造业之外的经济的生产率在过去25年左右了一些增长，但没有进入到官方的统计中，将它们完全融入进来并改变官方的数据在统计学看来也是不可能的。关键在于那些人认为，制造业之外的经济的生产率增长低于纪录的水平，并且它已成为史无前例的（但是根据他们的观点是并不存在的）生产率危机的原因，但他们并不能解释制造业之外的经济的生产率增长如何在1973年之后的25年里比25年前创纪录的水平更低，以至于决定了发生在这两个时期的大幅下降。他们不可能解释的原因是，这些低于纪录水平的部门的规模增加幅度太小，并不能说明总的生产率向更加恶化方向变化的原因，甚至最大胆地假设出现低于纪录水平的程度。

根据兹韦·格里利奇斯（Zvi Griliches）这位关于美国生产率增长的当代主要研究者的观点，经济中"无法计算的部门"——在这些部门，或者生产率不能恰当地计算出来，或者合理性至少受到合理的质疑——可能包括所有的服务部门（除了交通和公用行业，它们是可以计算的）加上建筑业。根据这个界定，可以很有信心地测量出战后初期的一半私人实体经济的产出，而现在这部分可能在 1/3 以下。[2]另外，正如 D.E. 西奇尔（D.E. Sichel）已经指出的，这些"不可计算的部门"的增长在 1973—1979 年像 1950—1972 年一样局限在 5.6%，1980—1990 年与 1973—1979 年相比增长 3.8%。因此，"不可计算的部门"的不可计算的生产率增长数量假定在 1973—1990 年是（最大程度上）2.4%——那么"不可计算的部门"的生产率增长平均为 3.4%，而不是所记录的 1.0%——1973—1990 年为 1.5%～2%，也就是从 1950—1973 年下降 0.23%，这个下降幅度是相当小的。[3]关键又是唯一没有记录的与解释 1973 年后出现的计算出来的生产率增长的恶化相关的生产率增长发生"在这个时期之后附加在这个不可计算的部门；这是因为所有其他不可计算的生产率增长不管其幅度是多少，将同样应用到 1973 年之前和以后的时期，所以将生产率增长同样提高到 1973 年之前和以后的时期的水平"。[4]

得出同样的结论的另一种方式：甚至做出极端的假定，首先在 1973 年之前，所有的非制造业发生的劳动生产率增长都是得到很好记载的，其次在 1973 年之后，50% 的非制造业实际发生的劳动生产率增长没有记载，美国从 1973 年至今制造业之外的经济的劳动生产率平均每年增长 0.75%，而不是像所记载的 0.5%，仍然不及 1968—1973 年超过 2.5% 的水平的 1/3，仍然处在历史的低点。[5]

事实上，如果新工厂和设备与工人之间的比率在长期衰退过程中，特别是从 20 世纪 80 年代初开始大幅下降，那么制造业之外的经济的生产率增长大幅降低正是人们所预料到的。在 1982—1996 年间，非制造业的劳动生产率每年平均略微增长 0.5%。但是，这也并不令人吃惊，因为在这段时间非制造业的净资本—劳动比率平均每年增长 0.3%。在 1950—1973 年间，当非制造业的劳动生产率每年平均增长 2.6% 时，净资本—劳动比率平均每年增长 2.0%。

那些认为生产率增长在近些年大大被低估的人可能会说，计算机及外围设备的投资，以及信息处理技术的其他类型的投资已经增长极为迅速，同时认为它的贡献被低估可能占到生产率增长没有被计算的很大一部分。计算机及外围设备的资本存量在 1975—1985 年间平均每年显著增长 30%，在 1985—1993 年间增长接近 20%。事实仍然是，即使到 1993 年，计算机及外围设备在资本存量所占比例只是 2%。这是 1973 年水平的 3 倍以上。即使将大量生产能力投入到计算机，但是明显因其比例太小而不能对总体私人实体经济的生产率有太多不利的影响。[6]

在从证券市场繁荣得出的不合理的推论和关于没有计算的生产率增长和计算机的影响的无根据的看法之外，还存在将价格的低增长率与低失业结合起来吹嘘出现了所谓"新的范式"的看法。在最近几年，消费价格指数平均每年增长 3% 以下，低于自 20 世纪 60 年代中期以来的最低水平，同时失业率自 1970 年以来首次下降到 5% 以下。如果其他方面是相同的，那么这些就是一个巨大的成就。其实，它们并不是值得庆贺的理由，因为它们的成就的代价远远超过了它们为大多数劳动者带来的好处。

首先应该注意的是，甚至当代经济正统派也没有断定通货膨胀率达到 8% 会对经济活力产生负面影响。甚至国际货币基金组织被迫承认，并没有证据表明将通货膨胀降低到 8% 以下从增长或生活水平角度看会产生任何好处。[7] 由于这种原因，人们有充分的理由相信对控制通货膨胀的卓绝战斗对大多数人来说是非常昂贵的，但是对所有者和资本的借贷者来说还是有些积极影响的。

最近时期的通货膨胀率和失业的降低并不显著，因为它们是需求增长和工资成本增长显著降低的直接结果。总需求增长的下降明显体现在 GDP 增长的下降上。美国经济在 20 世纪 90 年代衰退之后，经历了"当代最缓慢的复苏"。[8] 甚至到 1996 年末，在 1990—1996 年这 6 年的周期性上升时期平均每年增长 2%（1996 年为 2.4%）。总需求增长的下降并不是一个谜；它直接体现在由于利润率下降和长期高的实际利润而导致投资需求增长的下降、由于长期工资停滞而导致的消费需求停滞以及由于克林顿政府突然转向预算平衡而出现的政府需求大幅下降。

如果推动价格上涨的需求增长在减弱，那么推动价格提高的成本上升特别是体现在工资增长上的成本上升也就几乎不存在了。在 1990—1996 年间，实体经济中实际工资平均每年增长 0.2%。所以，到 1996 年底，四个中等收入家庭中就有一个家庭仍然比它在 1989 年的收入水平低 3%，只比 1973 年高 1.6%。[9] 这样低的工资增长速度在 20 世纪 90 年代确实占主导地位，但并不与最近所达到的相对低的失业率相匹配。但是，从最近的经济历史看，它并不令人感觉到奇怪。这不仅仅是在最近十年雇主的打击下，工会组织已经受到严重削弱的结果。这还是劳动市场本身特别是职位不稳定达到很高程度和好的工作职位数量下降所引起的竞争加剧,已经对工资预期产生有力的和直接的压制。尽管失业者的比例很低,被解雇的人的比例却非常高。在20世纪90年代,失去(已经工作一年或更长的)工作的工人大幅上升,到1995年底的三年里达到15%。失去工作的比率比自劳动统计局在1981年开始收集关于工作岗位的数据以来的任何时期都高——包括20世纪80年代初和90年代初的衰退时期——特别严重的是那些被解雇的找到新工作的人在新岗位中所得到的报酬平均要低14%。表明经济下滑的总体数量缩减的节奏也没有减慢。[10]

类似地,尽管失业人口的规模对工资产生向下的压力相对较小,但是就业人口的规模对工资产生的向下的压力是非常巨大的。低工资经济的兴起成为本书的主题,并且值得注意的是从1979年到现在的时间里一半以上的劳动者的工资下降8%~12%。当前,这种趋势的一个明显表现就是"几乎1/3的工人都从事低技能低工资的工作,报酬一年不到15 000美元。所以,雇主可以找到大量急于应聘的愿意跳槽的、并且胜任那些不需要大学学位的待遇好的工作岗位的求职者——这些……占所有岗位的3/4"。[11]换言之,至少有1/3的就业劳动力尽管确实占有岗位,但是构成一个巨大的"过剩的就业大军",并且与失业者一起对工资产生向下的强大的压力。

表 14—1　美国控制通货膨胀的成本:1950—1965年与1990—1997年比较

(平均每年变化的百分比)

	消费价格指数	失业率	GDP	实际每小时工资
1990—1997年	3.0	6.2	2.8	0.5
1950—1965年	1.8	5.0	4.0	3.1

资料来源:参见本书附录Ⅱ"主要变量的来源"。

当然,美国政府以及其他发达资本主义国家的政府在近20年的时间里,降低了价格和工资,为政府的宏伟目标增加了新内容,并且最终有意识地为了降低通货膨胀而放弃经济增长和大多数人的生活水平。但是,当20世纪90年代关于失业和价格上涨的数据与关于产出和工资增长的数据并存,并且与1950—1965年相应部分进行对比的时候,这里所取得的成就是比较有限的了。

但是,反对"通货膨胀"的无休止的运动从它存在的理由看,确实已经算是不能减少的"成就"。通货膨胀的控制是天赐甘露——或者更准确地说来自美联储——为了当今经济中的主要资本家的利益。特别是,对于"金融行业"的好处是巨大的,固定的利率使它的贷款保持正常的价值和向证券市场流动更容易。同时,"反对通货膨胀"这一具有误导性的术语对于资本的突出意义体现在对工资增长的压制上;只有工资停滞才能使制造业之外的私人实体经济在1990—1996年这一时期——或者在25年里，不能将生产率每年提高1%，但不断获得利润。最能表示美国经济的真实状况的不是它控制价格的能力，而是它对控制劳动力价格的依赖和它不能适应任何的实际工资增长。格林斯潘曾经明显自信地认为美国经济已经进入到一个新时代，在1997年10月也就是在GDP一年增长3%~4%的时候，他警告他将不久必须提高利率。正如他所明确指出的，这并没有使事实上已经放缓的价格下降，而是控制工资增长。格林斯潘承认仍然"没有证据证明工资加速增长"。[12]但是，他没有指出的是商业中的实际工资已经成功达到1988年的水平，制造业部门的实际工资只有到1997年中期才达到1986年的水平。[13]

2. 新一轮全球繁荣？

但是，一方面，美国在20世纪90年代的实际经济表现并没有表明经济出现决定性的好转；另一方面，新的长期繁荣仍然十分渺茫。从本书的观点看，跨越长期衰退的基本条件是克服制造业过剩的产能和生产过剩的长期性难题，正如体现在制度层面上的利润率的复苏一样。这种复苏出现了吗？或者它已经看到曙光了吗？

对日本和德国经济来说，20世纪90年代的十年几乎就是一场危机，私人实体经济的利润率到这十年的中期已经下降到20世纪80年代末的水平，这在很大程度上是由于制造业部门的利润率大幅下降。对于这些一度出现的经济奇迹，实现足以恢复它们以前的动力的利润率复苏就要求主要的经济体好转（见图0—3和图0—4）。

形成鲜明对比的是美国的利润率显著反弹。尽管周期性上升具有脆弱性，私人实体部门的利润率在20世纪90年代却稳步增长。到1996年，它自长期衰退开始以来首次超过1973年的水平，超过1969年的水平，比它繁荣时期的最高点低20%~25%，到1997年，它进一步上升7%。使这种复苏成为可能的是非制造业部门的部分反弹。如果在20世纪70年代末期和80年代初期实现了显著复苏，如果在20世纪90年代上升到1969年水平之上，超过它在繁荣时期的高点15%~20%的水平，那么它的利润率也不会下降得这么厉害。但是，确实有一些具有活力的因素明显体现在制造业部门：在20世纪80年代后半期它以高于平均25%的速度上升，比20世纪80年代初期糟糕的低点高100%，比凯恩斯主义20世纪70年代末所达到的水平大约高1/3，制造业利润率在1995年和1996年首次超过它在1973年的水平，达到繁荣的顶峰时期的水平的30%。

在20世纪90年代，这种复苏的实际意义被公司在下面两个方面取得的成功显著放大了：首先，使20世纪80年代的债务积累趋势出现逆转；其次，利用自20世纪60年代出现由于资本的政治权力出现较大的向有利方向的转变而实现税收上的转变。制造业公司的净利息支付在1982—1992年间已经占到公司利润的35%，而在1973—1979年间则只有15%。但是，它们在1992—1996年间只消耗了17%的公司利润。在1965—1973年间，制造业的公司税后利润率下降41.6%，从而引发了长期衰退，也比同一时期税前利润率下降多出几个百分点。但是到1996年，尽管税前利润率复苏已经使它仍然比1965—1966年繁荣时期低30%，税后利润率的复苏使它只比高点低16%。

最近美国经济的积极发展，特别是在它的制造业部门的积极发展，不仅反映在利润率上升上，而且推动经济进一步上升。首先，在1985—1992年间几乎不存在的对新工厂和设备的投资增长现在突然变得很大了，投资增长在1993—1997年间的私人实体经济和制造业中都平均达到10%左右。[14]这一新的快速的投资增长对已经上升的制造业生产率增长产生积极影响，制造业生产率在1993—1996年间平均增长4.4%，对制造业利润份额和制造业利润率复苏的相应提升起着核心作用。另外，美元对德国马克和日元长达十年的贬值和制造业生产率增长的加速，再加上工资仍然处于停滞状态，这些都使制造业出口在1993—1997年间迅速上升，每年平均增长11%，所以提高了制造业产出的增长，反过来引起利润率复苏，从而形成像20世纪60年代初期的良性的周期。在制造业之外的经济中，并没有迹象表明已经跨越了生产率的长期停滞。但是，这里出现的利润率上升比在制造业中引起的投资增长会更大，并且带来了产出增长的提高。在1997年，美国经济确实最终实现了——在被认为是复苏的奇迹期间第一次——一个真正繁荣的年份，在每一个重要的变量上都取得了突出的成就：GDP、投资、生产率、工资和就业。

当然，最终的问题是这个经济是否能够保持它的动力。这也等同于提出这样的问题：它通过继续抵御或应对美国国内由于工资增长上升（或生产率下降）而导致的成本向上的压力和来自于它的主要国际对手的竞争激化而对价格产生的向下的压力，是否能够扩展和巩固它对利润率的恢复。从美国的复苏是建立在前所未有的工资压制和美元贬值的基础上的事实看，这个问题特别具有紧迫性。

1997年，实际工资在5年中第一次显著上升了1.5%，比1997年后半年和1998年前半年增长快了很多。更低的失业率和最近高速增长，以及扩张的延续，这些都已经明显表明实际工资增长具有坚实的基础。但是，甚至在现在，阻碍工资增长的压力是特别强大的，这为那些相信美国复苏会继续的看法提供基础。在1997年，私人实体经济整体上的单位劳动成本增长仍然落后于价格增长。不容否认的是，工资增长会削减利润率。美国复苏的局限从中期到长期看可能更多地体现在美国经济保持它的活力和适应工资增长的提高的能力受到限制上，而不是体现在自动将工资与生产率和价格相脱离上。最终决定美国利润率上升趋势的关键不是国内经济发展，而是与它在制度层面和国际上存在联系的一些国家的发展。根本问题是在它当前周期性经济复苏受阻的过程中，世界经济能否最终解决自20世纪60年代末开始的长期衰退以来困扰着发达资本主义经济制造业的过剩产能和过剩生产问题。

需求下降，出口加速

当然，从长期衰退出现时候起，发达资本主义经济就企图通过对直接或间接的工资增长以及从20世纪70年代末起对信贷供给和政府赤字规模实施限制，恢复经济活力。这项计划被设想为能够提高利润率，从而有助于推动资本投资和恢复动力，其直接方式就是降低成本，间接方式就是加强资本家之间的竞争，从而使生产效率更低的、更不盈利的生产方式退出。但是，它并没有完成这个目标，主要因为利润率下降背后的问题与其说是由于直接或间接的工资成本向上的压力，不如说是由于过度投资形成过剩产能和过剩生产，从而导致对价格的向下的压力。因为所需要的大量投资从来没有实现，所以工资和社会支出成本增长和这个时期可以供给的信贷都在加速下降，从而不仅引起总需求增长下降，也使制造业的过剩产能和缓慢增长的经济更加恶化。

从20世纪60年代末到70年代末这个时代的标志就是对需求进行刺激的凯恩斯主义政策，但是它对消除制造业过剩产能和过剩生产并没有什么帮助，因为它有利于那些最需要清除的过剩的生产方式的存在。在20世纪80年代出现的货币主义宏观经济紧缩政策，通过迫使高成本的、低利润的公司更快地从过剩的生产领域中退出，从而推动问题的解决；但是它也使在这些领域之外建立新的企业更加困难，从而也使问题恶化。如果资本主义政府愿意承受更严重的衰退，从而有利于更大幅地降低工资和更广范围地（和不加选择地）瓦解资本，那么货币主义可能"运行"得更好。实际上，里根的军事—凯恩斯主义的国家（military-Keynesian state）采取信贷扩张，消费者遭受收入增长下降，公司承受着所保留的收入下降，金融运作者通过融资进行并购，这些都推动某种程度上的稳定，但是也使破产退出下降。伴随着货币主义的严重紧缩的脚步，它们也使实际利率大幅上升。因为利润率并没有多少恢复，所以投资增长在 20 世纪 80 年代实际上在下降,这与 70 年代不同,同时,总需求增长的下降得到强化,这是由于严格的工资压制和对国家支出和赤字增长的更大的(在多数场合)限制。

克林顿政府从 20 世纪 90 年代初开始发动了替代里根政府大量赤字支出的预算平衡运动,同时欧洲国家政府为了货币统一而进行越来越严格的政策,这些都将扼住了世界经济的咽喉。所有发达资本主义经济在长期衰退中第一次从制度层面上联合收紧财政政策和货币政策。因为投资增长进一步下降,国内市场更加停滞,从而使世界经济只能通过加强它们对出口的依赖来推动发展。但是,随着出口增长与国内产出的增长之间的比率创下战后时期的新纪录,20 世纪 60 年代的繁荣和 90 年代的繁荣之间的差异更加突出:在早期的繁荣中,贸易加速发展使不断增长的国内市场更加扩大,而在后期的繁荣中,贸易增长是为了弥补国内市场的下降(见表 14—2)。

因为(大多数属于制造业的)用于贸易的产出随着国内市场的停滞而时断时续地增长,所以过剩的产能和过剩的生产变得更加严重。当德国和日本为一方,美国为另一方在面对它们的货币价值出现进一步的、前所未有的逆转而采取完全相反的方针时,分化比以前更加突出。德国和日本承受它们在战后时期时间最长的、程度最深的经济衰退。相反,美国制造业部门受益于它的主要对手的竞争力下降,成功地以先前不可能达到的程度进行海外扩张。它在此基础上,实现了制造业利润率和动力的巨大复苏。但是,这种分化与它的本质是不对称的,因为在这十年的前半期美国所得到的好处并不能弥补制造业利润率的下降和因此对德国和日本经济的损害,所以世界经济变得比自 1950 年以来的任何可比较的时期更没有动力(见表 13—1)。有什么理由预期在这十年的后半期和随后的时期能够跨越这种模式?

乐观的情形

从 1996 年秋季到 1997 年秋季,发达资本主义世界通过扩大劳动分工,似乎遵循着教科书上的增长模式。在这一年里,美国商品出口大幅上升 24%,至少占经济增长的 42%,并且,在 20 世纪 90 年代受到抑制的周期性上升时期第一次实现经济年增长 4.3%。美国繁荣推动了欧洲和日本的更为强劲的出口扩张。[15] 所以,它证明存在这样的一种可能,即发达资本主义经济最终遵循着斯密提出的通过分工来自我促进增长和从贸易中受益。

在这种经典的情形中,美国经济——通过工资压制和制造业中大规模的痛苦的合理化和技术变化,利润率得到恢复——将使世界走出阴霾。它是通过加速美国市场的增长来实现的,而加速美国市场的增长也不是像以前那样实施凯恩斯主义的赤字政策和使竞争下降的手段,而是通过保持和加速它的初始的投资繁荣的手段。后者通过利用其经济在国际市场新获得的竞争力和被严重剥削的劳动力,将以自战后长期繁荣所没有看到的速度增加产出和生产率。对于美国的主要竞争对手来说,它们从20世纪90年代衰退期间发生的过剩的生产方式大量退出中受益,现在可以通过向美国(和世界)市场提供更廉价的商品而发展起来,同时也吸纳了更大数量的美国出口。

确实不能排除新的、乐观的情形,因为美国利润率恢复已经产生了重要的积极的效果。即使这样,也有理由怀疑国际条件有利于它成为现实,因为处在需求增长下降的条件下,我们可能处在另一场甚至更加残酷的对世界制造业市场的零和博弈中,而这长期以来阻碍着世界经济的发展。基本成为与斯密假定(the Smithian hypothesis)相反——就是因为所有的世界主要经济都企图在更深程度的对工资压制和宏观经济紧缩的基础上,通过同时增加对国际市场的依赖来克服它们的困难,所以不可避免的出口浪潮更可能导致产出过剩、竞争加剧和市场的过度供给,而不是从贸易中相互受益。

最突出的是,美国经济只有在加速出口增长基础上,在当前周期性上升中能够获得繁荣条件的第一桶金。在1997年末,美国制造业生产能力年均增长4.3%,大大高于消费和企业投资的支出,有人预期它是消费支出的增长率的两倍。[16]由于受到工资不可能大幅增长的阻碍,消费需求的增长不可能更快,因为很大一部分消费需求是由储蓄直线下降来推动——消费者由于证券市场价格的大幅上升而产生的个人财富增加也证明了这一点。[17]最终似乎出现这样的情况,即美国只有在稳步提高国际市场上的销售的条件下才能实现扩张。但是,使其成为可能的国际条件似乎由于大家都知道的原因而不可能实现。

制度层面的复苏的障碍

美国经济的成功和它的主要竞争对手的疲软已经引起了货币价值的再一次调整,结果是美国制造业看到它长达十年出口繁荣的最重要支柱被侵蚀。自从1995年春天G-3政府为了阻止日本经济崩溃而达成的"反广场协议"(reverse Plaza Accord)以来,美元对德国马克和日元已经显著升值(分别上升20%和50%)。这些不仅为竞争优势的轨迹的再一次逆转创造了条件,而且为制造业的过剩产能和过剩生产的进一步恶化创造了条件。德国和日本经济依赖于出口增长作为它们复苏的基础,它们的海外销售尽管低于以前任何时期,但成功地促进了经济扩张。结果只能是国内需求增长更加缓慢,并且更加依赖出口。

在德国，正如所强调的，降低成本的激进计划已经为新的、富有活力的出口繁荣打开道路，并且继续推行各种形式的合理化和降低直接和间接工资成本的增长，而不是增加投资和就业。所以，通过出口带动的制造业复苏对经济其他部分没有产生什么需求拉动。另外，德国政府尽管增加了失业，但是并没有抛弃它们长期坚持的信念即对需求的刺激仅仅掩盖了基本的、"结构上的"成本问题。为了强调这一点，它们在1997年夏季大幅提高了利率。可以预测到的结果是：德国经济只能缓慢恢复；其他欧洲国家经济取代德国市场，比平时更加依赖于美国；德国本身也更加依赖于出口。

在日本，情况是类似的，但会更差，对世界经济具有更为严重的影响。随着日元的最初下降而出现的出口繁荣证明它比德国更不成功地为经济提供动力。日本政府同时表明它决心为在通货紧缩下雄心勃勃地恢复增长提供合理的资金基础——间接税增加2.5%——所以很快使脆弱的上升结束了，为战后最糟糕的衰退开辟了道路。政府为了防止衰退演变为萧条，确实最终在1998年前期发动了非常重要的新一轮的财政刺激计划；但是很难看到这如何能够除了保持临时稳定外还有起到什么另外的作用。特别是随着日元达到自20世纪90年代初以来没有见到的低点，同时随着没有其他的力量能够推动经济向前发展，日本经济继续依赖于出口的复苏。即使这样，有理由相信它通过日元贬值而获得制造业复苏的必要条件，但是它实际上最终会以破坏它的制造业者的市场的手段而削弱它复苏的基础。

本书的核心主题就是在国际过剩产能和竞争加剧的重要条件下，一个国家的经济获得的竞争优势意味着对其他国家经济来说就是损失。不必多说的是，在这种情形下，即使最强大的发展中国家经济也是脆弱的，一些更脆弱的经济——如墨西哥、阿根廷或印度——只能通过使它的民众的生活水平严重下降，才能在竞争中"生存下去"。正是日元在1995年春季开始的贬值（这对于保持日本经济运行是至关重要的）才推动亚洲经济进入深度的危机，最终不仅威胁日本的复苏，而且威胁到整个体制的复苏。

东亚危机

东北亚和东南亚经济利用《广场协议》之后长达十年的日元超高（super-high）的机会而实现强劲增长，最初进入到原来由日本生产者所占据的市场特别是北美市场。当然，日本的跨国公司通过大量直接投资于相对低成本生产设备，在推动亚洲国家经济出口繁荣中起着核心作用，这些国家的货币使所有的东西都更具有吸引力，因此这些国家的货币因为钉住美元在1990—1995年间对日元的汇率下降40%或者更多。通过出口推动制造业增长似乎有无限的可能,从而使这些国家的经济接受到大量资本供给来促进构建巨大繁荣和构建制造业部门的更大生产能力,不仅开始满足北美市场和在较低程度上满足日本,而且开始满足亚洲大陆不断扩大的市场。

但是,随着日元的下跌,那些原来被人们想当然地认为的能继续在这一地区保持快速增长的国家或地区处在危险的境地。然而,东北亚和东南亚大部分经济体对竞争的加剧和对它们的商品需求下降的普遍应对办法就是将更多资金投入新工厂和设备上。这似乎是矛盾的,但是,从它们主要依赖于出口以及短期内不可能重新转向国内市场方面看,这一地区的制造业者只能通过更大的投资来提高竞争力。现存的过剩产能(每年投资增长达到20%)的后果就是使情况变得更加恶化。不可避免地,所有这些国家的经济突然不仅在其他市场而且在日本本身的市场受到出口和(或)利润增长显著下降的打击,特别受到日本以及中国竞争加剧的影响,这一地区的国家的海外销售增长整体上(不包括日本)从1995年的20%下降到1996—1997年的4%~5%。随着经常项目赤字的突然上升,这些地区的增长前景明显变得黯淡——尽管地方建设和证券市场繁荣受到高估值货币的影响还在持续。外部资金注入的规模不久开始缩小,对地方货币的投机性攻击在增长,最终迫使这一地区的货币出现大幅竞相贬值的局面。[18]

在这种形势下,西方和日本的银行不久前还为制造业过剩生产和这些国家的过分建设投入提供大量的资金,现在突然撤回它们的大部分短期资本,带动了货币市场的直线下滑。东亚国家发现自己受到多米诺骨牌效应(domino effect)的影响,加速了债务危机,证券市场在恐慌中螺旋式向下滑落。每一个国外的借款人害怕其他借款人会撤回它们的资金,力图尽可能快地出逃。结果是几乎所有的海外信贷都从这一地区的经济中消失,使过去常常习惯于利用它们的贷款的生产者也不再相信它们的承诺。使形势变得更糟糕的是,亚洲的制造业者一般是在债务达到很高水平的基础上运作,亚洲的借款者必须用它们已经大大贬值的本国货币来偿还它们的贷款。

正是在这种情况下,国际货币基金组织进行了干预。国际货币基金组织企图使国际上众多银行同意协同行动来使它们的货币流入亚洲,旨在应对借贷的恐慌性撤出,因为投入货币是对流动性危机的正常修正。毕竟,诸多亚洲公司面临的基本问题是国际上对它们的商品的需求不足,不是它们生产缺乏效率,它们更没有依赖于(不存在的)政府的赤字支出。一些公司无疑必然受到重创;其他一些公司一定会破产。但这个地区的经济未必会陷入衰退。事实上,国际货币基金组织主要关心欧洲、美国和日本的银行能够完全收回贷款和利息,以软硬兼施的方式要求借贷紧缩和实施严格管理,这使债务危机和随后出现的衰退更加恶化。[19]

在不到一年的时间里,东北亚和东南亚国家的货币对美元下降35%～40%,更大范围的价值毁灭(destruction of values)也在很大程度上使危机变得更加严重。自1997年6月起,印度尼西亚的证券市场已经下降89%,韩国下降75%,马来西亚下降73%,泰国下降71%,菲律宾下降57%,香港下降47%。"这是无法逆转的;它是由恐慌引起的溃退",它只能引起全球的需求相对于供给的下降和国际竞争的加剧。[20]第一,亚洲的商品在货币贬值的条件下,明显变得更加廉价。[21]第二,笼罩在萧条阴影下的亚洲市场吸收比原来更少的资本和消费品,所以吸引更少的进口。[22]第三,因为亚洲生产的商品只有很小的比例在本地区销售,所以亚洲经济在更大程度上依赖于向世界其他地方出口。第四,因为最近建设的工厂和设备是建立在亚洲经济以先前速度持续增长的预测的基础上,并且必须在这个地区之外以更低价格找到出口,所以亚洲向亚洲之外的市场的出口将会更大。[23]

必须强调的是,对东亚经济的突然挤压不仅来自于日本,而且来自于中国在国际市场上的不断增长。当中国在1994年使它的货币贬值时,它大大地增加了在低端生产中的成本竞争力,正如日本在1995年高端生产所做的一样。另外,在最近几年,中国的消费需求增长存在大的下降,这使生产能力利用下降到58%,同时将通货膨胀从1994年的30%下降到当前的2%以下,迫使中国的生产者在更大程度上转向国际市场。中国官方做出的收缩国有工业部门的决定只能引起国内就业和消费增长的更大程度上的下降。但是,在东南亚国家货币贬值条件下,中国的生产者将在其支柱性的出口商品(如衣服和纺织)上面临着更残酷的竞争,从而可以接受更低的价格,这既是合理的也是被迫的;事实上,中国政府可能最终只能使它的货币贬值,从而对东北亚和东南亚的制造业产品的价格形成向下的压力。[24]

人们可能忘记了在过去的15年(到1996年)里,东北亚和东南亚是在停滞的世界资本主义中唯一具有活力的资本积累的中心。这个地区的一些对世界经济产生抑制性的影响体现在,1996年亚洲经济(不包括日本)投资不低于9 140亿美元,这与更大的美国经济在同一年的数量几乎相同。[25]另外,在这些经济占世界出口大约20%的情况下,它们出口导向的不可避免的决定性的增加肯定使世界制造业的任何市场都感觉到震动。可以设想的是,如果东亚经济是唯一处在增加其海外销售和经历国内购买力增长下降过程的地区,那么增加供给可能被吸引并且不会对这个制度产生什么损害。但是,事实是日本、德国、欧洲以及美国随着国内市场增长下降,都力图实施类似的出口依赖的增长模式,人们将很难看到世界经济会避免使制造业过剩产能和过剩生产进一步恶化，出口在停滞的国内需求导致利润率降低的情况下不断上升。[26]

特别是，人们很难看到亚洲危机产生萧条的影响不能自我传递，且由于它对日本的影响而被放大。正如已经强调的，日本经济已经用10年时间企图使自己从出口导向的发展模式的深刻危机中解脱出来，这主要是通过快速而深入地重新转移到东北亚和东南亚。到1996年，亚洲吸引45％的日本出口和大约同一比例的制造业国外直接投资。另外，日本银行占到东亚来自发达资本主义经济的未偿贷款（outstanding loans）的30％～40％。亚洲的危机无疑是瓦解日本复苏的核心因素。不仅亚洲的萧条降低了日本的出口增长，而且使它的银行坏账更加恶化，从而进一步限制了借贷；通过堵塞被认为最有希望恢复日本经济动力的路子，使世界经济前景黯淡下来。简言之，东亚危机至少部分地困扰着世界第二大经济体，并且因此必然使需求萎缩和制造业过剩供给，从而使已经加深的国际困境更加恶化。

表14—2　　　　　　　　出口随产出停滞而加速

（平均每年变化的百分比）

	1960—1974年	1970—1980年	1980—1990年	1990—1997年
OECD出口	8.8	5.4	4.9	6.5
OECD产出	4.9	3.2	3.0	2.2
出口与产出的比率	1.8	1.7	1.5	3.0

资料来源：Glyn et al., "Rise and Fall of the Golden Age", p.111, Table 2.22; OECD, *Economic Outlook*, no.62, pp. A4 and A43, Table 1 and 39。

另一种可能存在的情况是，随着投资和就业的持续充分扩张，美国经济能够提供不断扩大的市场，而世界经济需要这个市场来弥补和吸引出口爆发式增长。在这种——又是乐观的——情况下，来自于日本和亚洲其他地区的低价商品像来自于其他以出口为导向的发达资本主义经济一样，并没有过多地使美国的生产者降低价格和利润，旨在降低它们的生产成本，提高它们的竞争力，增加它们的毛利，促进进一步的资本积累。它们同样使这些国家经济得到了恢复，能够在更大程度上吸引美国的进口。换言之，补充（complementarity）替代了竞争，随着美国引领世界经济走向新的繁荣，这种补充带来良性的螺旋式上升。

不管世界出口如何快速和不连续地增长，也不管国际市场增长如何紧密联系起来，但是国际过剩产能和过剩生产的长期趋势的持续和加剧似乎是不可超越的。特别是，因为东亚（包括日本）已经在美国的经济繁荣中吸引了1/4～1/3的美国制造业出口，所以很难看到美国海外销售的增长在随后时期中并没有显著下降。另外，在亚洲国家的货币剧烈贬值情况下，很难理解日本的制造业者已经准备在 100 日元/美元的汇率水平中进行竞争，如何不能同它的亚洲同伴一起在 130～140 日元/美元的汇率水平上对美国制造业的价格产生向下的压力。但是，从美国制造业部门复苏在美国资本的更广泛的复苏中所扮演的关键性作用来说，这个部门的前景的任何下降必然对美国繁荣的持续产生重要影响。然而，在世界和美国市场现在的情况下，这种收窄似乎是不可避免的。

竞争强化似乎肯定会降低美国向亚洲的出口，增加亚洲向美国进口的市场和美国商品价格的压力，从而挤压制造业的利润。但是，如果制造业利润率下降，分化就会扩大。投资增长会下降，然后利润率增长也会下降，从而为工资增长对利润进一步挤压开辟道路。证券市场也会下跌，推动长期预期的向下调整，但是，如果证券价格真的下降了，那么弥补出口和投资下降的消费需求增长也不会轻易实现。在这种更可能出现的情形中，过剩的生产仍然会在其他时间削弱来自贸易的收益，竞争也会使引以为豪的补充画上句号。世界出口的加速供给在面对萎缩的市场的时候，不是推动美国的利润上升和维持繁荣，而是削弱它们及其引起的复苏，并因此缩短制度层面上的长期上升，从而使世界经济面临着新一轮严重下降的危险。

注　释

[1] M. Wolf, "On a Wing and a Prayer", *Financial Times*, 17 September 1996; M. Wolf, "1929 and All That", *Financial Times*, 7 October 1997.

[2] Griliches, "Productivity, R&D and the Data Constraint".

[3] D. E. Sichel, "The Productivity Slowdown: Is a Growing Unmeasurable Sector the Culprit?" The Brookings Institution, unpublished manuscript, November 1995.

[4] 应该注意的是如果考虑到假定发生在 1948—1973 年的不可计算的生产率增长，那么人们将接受对生产率增长的速度向上调整，从而与从 1973 年至今的生产率增长的速度相称起来，旨在提高那些年的生产率和产出增长的比率，其影响就是将 1948 年的生产率和产出水平降低到可能得到的最低水平之下。例如，它表明一个令人难以置信的贫困水平。

[5] 罗伯特·J·戈登（Robert J. Gordon）认为 1973 年之后生产率增长至多有 1/3 是没有记载的。"Comments and Discussion", in *Brookings Papers on Economic Activity*, no. 2, 1994, p. 327.

[6] S. D. Oliner and D. E. Sichel, "Computers and Output Growth Revisited: How Big in the Puzzle?", *Brookings Papers on Economic Activity*, no. 2, 1994, pp. 276.279.

[7] IMF, *World Economic Outlook*, October 1996, pp. 120-121. 也可参见 M. Sarel,

"Non-Linear Effects of Inflation on Economic Growth",*IMF Staff Papers*,vol. xliii,March 1996。

［8］*Business Week*,14 July 1997.

［9］Fiore and Brownstein,"All But the Poor Got Richer in'96",*Los Angeles Times*,30 September 1997.

［10］正如 G·科里兹（G. Koretz）最近关于 1997 年就业岗位的数据的报告所概括的："……下降的趋势不断持续，并没有减弱。""The Downside of Downsizing",*Business Week*,4 April 1997.

［11］对于这一段和其他关于当前经济状况的资料，参见 A. Bernstein,"Sharing Prosperity",*Business Week*,1 September 1997。

［12］根据格林斯潘的说法："……这一年劳动力市场的表现说明经济已经处于不可持续的道路上……对商品、服务以及劳动力的需求的显著下降——或者生产率增长的加速似乎是不可能的——劳动力需求的增长与最近几年的潜在的劳动力供给的扩张之间失衡肯定瓦解了当前通货膨胀的平衡状态。""Excerpts From Fed Chief's Statement",*New York Times*,10 September 1997.

［13］劳动统计局关于 1997 年中期实体经济和制造业的实际每小时工资的指数在 1988 年和 1986 年分别为 99.1 和 100.6，99.7 和 100.8。

［14］当然，这些并没有大到足以引起资本存量的增长率出现重大提升。

［15］G. Koretz,"America's Edge in Capital Goods",*Business Week*,22 September 1997；G. Koretz,"All Eyes on the US Economy",*Business Week*,29 September 1997.

［16］M. Mandel et al.,"The Threat of Deflation",*Business Week*,10 November 1997.

［17］G. Koretz,"The Uncertain Wealth Effect",*Business Week*,20 October 1997. 从 1992 年开始，储蓄占个人可支配收入的比例，已经下降 1/3 以上，从占 6% 下降到 4%，成为 50 年来所记载的最低点。

［18］P. Lewis,"Export Growth Slows for Asia's Tiger Economies",*New York Times*,3 August 1996；P. Montagnon,"Overcapacity Stalks the Economies of Asian Tigers",*Financial Times*,17 June 1997；J. Ridding,"Chilled by an Ill Wind",*Financial Times*,23 October 1997；B. Bremner,"Who's Really Pounding Asian Economies?",*Business Week*,22 September 1997；"Is The East Asian Juggernaut Sputtering?",*Business Week*,26 August 1997.

［19］这里不讨论国际货币基金组织所提出的其他条件，也不讨论东亚特别是韩国的统制的和有组织的资本主义的瓦解和发端。但相关讨论可参见 R. Wade and F. Veneroso,"The Asian Crisis：The High Debt Model Versus the Wall Street-Treasury-IMF Complex",*NLR* 228,pp. 3–23。

［20］M. Wolf,"Flight to Quality",*Financial Times*,13-14 June 1998.

［21］P. Lewis,"For Asia,Austerity and Exports",*New York Times*,9 September 1997.

［22］例如，在整个东南亚，汽车销售在 1993 年和 1995 年间每年增长 20%，但是在 1996 年只增长 6%，在 1997 年预测增长 5%。"The Downpour in Asia",*The Economist*,1

November 1997.

［23］例如，参见 M. L. Clifford and O. Port，"This Island is Crazy for Chips"，*Business Week*，16 September 1996；"The Downpour in Asia"。

［24］T. Walker，"Slack Demand Mars China Outlook"，*Financial Times*，30 July 1997；J. Harding，"Jitters in Beijing"*Financial Times*，10 November 1997；G. Koretz，"Low Price：Bad Omen for China"，*Business Week*，10 November 1997.

［25］Mandel，"The Threat of Deflation"．

［26］美国经常项目赤字在1997年由于日本和中国出口的影响而呈爆发式增长，并且随着美元重新估值的影响完全表现出来，这种情况无疑会变得更加严重。

结束语
动荡在加深？

自从《全球动荡的经济学》初版以来，近八年过去了。它写于"新经济"繁荣的高潮时期，对 20 世纪 90 年代末的高涨的基础提出质疑，认为国际制造业的周期性过剩生产将持续下去，从而使发达资本主义经济不能克服长期衰退。我认为，从那时起出现的新的数据和历史发展的前景都证实了这种分析，同时为更深入、更详细分析最近时期的态势提供了条件。下面，我简要追溯随着新兴工业化的东亚经济走上舞台，从长期繁荣转向 20 世纪 60 年代中期到 70 年代中期之间的长期衰退，以及发达资本主义国家最初对随之出现的利润率危机的反应。从这一点出发，我考察了美国经济在 20 世纪 80 年代到 90 年代之间实现巨大复苏及其轨迹和基础，并且继续考察推动整个世界经济在这个时期出现动力下降的最终限制性因素。在这个基础上，我解释了为什么正是这些支撑新经济（the New Economy）繁荣和证券市场泡沫的力量只有在证券市场崩溃和 2000—2001 年衰退中才被释放。我在结尾部分考察 21 世纪前 5 年的特征就是踌躇不前的周期性扩张，目的就是直接面对长期衰退在未来中存在的根本性的、仍然没有解决的问题。什么力量将推动它的超越？什么因素推动它进一步持续下去？[1]

但是，根据官方的说法，1997—1998 年、2000—2001 年及后来的令人不安的经济发展只是表明美国经济不断前行过程中的一个小小的失灵。根据这种说法，在 20 世纪 90 年代的后半期，美国经济通过它的自由市场和无与伦比的企业—金融制度（entrepreneurial-cum-financial institutions），实现了其表现平平的西欧和日本对手所无法取得的突破，西欧和日本仍然陷入困扰发达资本主义经济长达二十多年的增速趋缓之中。美国证券市场利用信息技术上的划时代进步，在能够挑选那些通过它们的技术推动而具有最好利润预期的公司的基础上酝酿一场生产革命和经济繁荣。机构投资者（institutional investors）购买这些公司的股票，推高它们的价格，向债券市场、银行和证券市场暗示借贷给它们和购买它们的股份是合理的。这在借贷不断增长和证券发行的基础上便成为可能,而过去同样是这些公司——在高技术产业方面参差不齐,而且可能在整个制造业的耐用品部门(durable goods sector)和相关产业中也同样如此——使在利润之前进行加速投资成为可能,以实现更快的生产率增长和更大可能的回报。更高的"预期的利润"推动了更高的资产价格,而这又进一步加速借贷和证券发行,实现更高的资本积累,实现技术进一步向前发展,使生产率增长更快,从而可能实现更高的预期利润率……出现了美联储主席艾伦·格林斯潘所称道的经济高涨的"良性的周期"。[2]

但是,这种分析被证明是颠倒是非的,一个简单的理由就是预期的利润率并不能转变为实际的利润率。在20世纪90年代的长期扩展期间,私人经济的平均利润率仍然比20世纪50年代和60年代的水平低15%~20%,德国和日本的情况更加糟糕。另外,从1997年开始,美国和世界经济的利润水平直线下降,甚至当新经济繁荣达到顶点时。推动新经济发展的力量不是将美国和世界经济置于新的征程,而是使走向长期增速放缓的根本问题更加恶化——即制造业和相关部门一直存在的周期性过剩产能,从长期看降低了整个经济的利润率。所以,它们为长期衰退的进一步扩展提供基础,导致不可避免的资产价格崩溃和强度很大的周期性衰退,这些又为20世纪90年代的长期扩展迎来了顶点,为新千年初期开始的新的动荡时期开辟道路。[3]本书"结束语"部分的最终目标就是阐述这种结局及其后果。

美国复苏和它的局限性

在1985—1995年之间,由制造业主导的美国经济从其自身看开始了一场真正的、有很好支撑的复苏。这里的基础是导致美国和发达资本主义世界从长期繁荣到长期衰退的制造业利润水平大幅下降的显著的(如果最终是不完全的话)逆转。但是,这次美国制造业部门和总体私人经济的复苏最终被证明流产了,因为它所赖以为基础的利润率复苏在受到回报率下降和更为脆弱的经济增长的世界经济背景下是不可持续的。

发达资本主义国家经济从长期繁荣到长期衰退最初表现为不平衡发展的同一过程的扩展和强化的结果,而这种不平衡发展过程支撑着战后的经济扩张。日本和德国的统制的、有组织的资本主义制造业经济利用后发的潜在优势,在1950—1970年之间实现了前所未有的发展,特别是集中发展出口和从美国霸主手中抢占大量国际市场份额。美国通过保护它自己的国内市场而表现得相当好,而它的主要公司转向国外制造业的直接投资和金融国际化。但是,先发展起来的国家和后起国家之间最初的共生关系最终被证明是自我约束的,因为它是越来越多地通过剩余产出的加速增长而发生的。到20世纪60

年代中期，后起的发展集团的制造业者不仅成功地将它们相对低的价格强加给国际市场，以增加它们的市场份额，而且同时能够通过它们相对低的成本，保持它们原来的利润率，所以美国生产者发现它们自身的产出面对着越来越低的价格。但是由于受到过时的工厂和设备，以及相对较高的、不可能很快被挤压下去的工资水平的重压，所以它们承受的成本是没有弹性的。结果是出现制度层面的制造业的生产能力过剩。

过剩产能在20世纪60年代后半期第一次袭击了美国，同时，由于美国经济在发达资本主义世界中的突出地位，它也导致了G-7经济总体的私人经济和制造业都出现利润率下降的情况。但是，日本和德国并不会长期幸免。随着美元的大幅贬值，日元和德国马克的相应升值（以上是1969—1973年世界货币危机的结果），日本和德国也受到总体利润率下降的巨大影响。从表现出来的特征看，美国和G-7经济中的非制造业规避国际竞争的压力，因此受到利润水平危机的影响相对较少，当然，它们与制造业中的企业相比也承受着更高的单位成本。这是因为，与制造业中的企业不同，它们能够充分地提高价格来保护利润（见表8—1以及图8—1）。

美国的制造业者对于国际竞争激化导致利润率剧烈下降的最初反应，就是力图按照它们的方式进行投资来摆脱危机。在这里，它们实现这一点是通过依赖于它们的产权资本（proprietary capital）特别是它们技术变化的能力，目的是提高生产率增长，从而恢复它们的竞争力和回报率。在1969—1979年间，尽管在利润率下降的情况下，它们积累资本的速度与1959—1969年间几乎不相上下。美国政府为其提供全力支持，迫使美元贬值，确立新的保护主义的壁垒，同时推动历史性的宏观经济刺激。但是，美国生产者的日本和德国对手拒绝让步。它们接受了更低的价格，进一步降低了利润率，目的是保持它们在国际市场的份额，而不是像教科书描述的那样体面地让出市场，所以它们这样做阻碍了美国生产者恢复回报率的努力。

同时，最初推动了世界经济从长期繁荣走向长期衰退的不平衡发展进一步扩大，因为，东北亚新兴工业化国家（Northeast Asian NICs）的制造业经济涌入到世界经济的舞台，在20世纪70年代及以后推动了更激烈的竞争和国际制造业的生产能力更加过剩，这与它们的先行者日本和欧洲在20世纪60年代和70年代早期所采取的方式在很大程度上是一样的。韩国和台湾地区在先，它们通过采取日本式的政府干预、有组织的资本主义和出口导向，取得了与日本所达到的相同的增长率纪录，同时与日本的发展轨迹也极为接近。[4] 因为日本的制造业者在技术层次上上升很快，并且面临着工资成本提高，所以它们淘汰了那些技术含量不高，并且不需要什么技能的产业。韩国和台湾地区从事同一产业，通过购买日本的资本和中间产品来加快技术进步的步伐，参与日本的跨国公司的合资公司，同时依赖于日本的销售渠道，目的是以极快的速度渗透到美国的市场。通过对韩国和台湾地区制造业的培育，日本政府及其制造业者为日本自己对制造业生产的高技术投入开辟了市场，并在保护主义不断上升时期为日本国家生产者进入美国市场提供间接的渠道。所以，在日本、东北亚新兴工业化国家和美国构成了三角贸易——只有有限的出口回到日本市场——构成东亚制造业显著发展的基本模式或范例，引发了为了制造业和贸易的重新定位而进行的大规模外国直接投资，当然，地区经济融合的基本主题变得更加复杂。通过这些方式，以意想不到的速度提升产品周期，韩国和台湾地区的生产者——以及东亚的后起者——像当年日本那样，使国际过剩产能更加恶化，因为它是通过复制而不是补充已经存在的生产和抢占发达资本主义经济中的竞争者的市场份额获得增长的。

到20世纪70年代末，由于核心国家经济中制造业生产的供给过剩的退出不足，再加上新出现的外围国家生产者进入过多，所以，制造业的供给相对于需求的过剩越来越严重，发达资本主义国家经济的制造业和私人部门的利润水平不管是从单个看还是从整体看，都低于1973年的水平（见图9—1）。在这种背景下，凯恩斯主义赤字政策以及它所推动的私人借贷的增加，都为增加需求提供支撑，这又使经济可能承受不断恶化的过剩产能的困扰但又可以避免危机，并继续扩张。但是，它们也阻碍了恢复利润水平所必需的高成本的、低利润生产方式的退出。在这种条件下，通货膨胀爆发并失去控制，经常项目赤字达到历史上的高位，并且，如果要保持美国在国际主要货币中的地位，那么需要采取决定性的行动就是使货币向下运行。美联储发现自己没有什么选择，只能对美国经济本身强制进行"结构调整"（structural adjustment）。

首先，美联储在20世纪80年代初转向货币主义的信贷紧缩的目标是迫使失业上升，从而进一步降低工资压力和完全解决通货膨胀中最困难的部分。但是，它也企图借助于企业的大幅度减税和放松金融管制这一主要解决办法，推动美国经济的主要重构——通过消除那些继续阻碍制造业利润率的高成本的、低利润的生产方式的巨大困扰，通过对工会进行致命一击以使提高实际收入更加困难，并且通过为工业中的生产方式重新配置到金融服务业开辟道路。实际上，以沃尔克震动（the Volker quake）为契机所引起的巨大转变和各种变化确实将美国经济送上新的征程——制造业走向复苏，扩张和巩固了制造业之外的低工资经济，极大提升了金融业。

制造业。美联储历史性的紧缩政策使实际利率达到20世纪最高水平，反过来导致了美元的超高。所以,在 20 世纪 80 年代早期,因为美国和世界经济进入到自 20 世纪 30 年代以来最严重的衰退,美元也达到前所未有的高点,所以美国制造业部门陷入战后时期最严重的危机中。不仅国际制造业已经存在的制度层面的过剩产能由于全球需求下降而更加严重,而且美国制造业的竞争力下降,结果是出口和利润率下降。当里根政府面对借贷的实际成本上升而启用凯恩斯主义赤字政策时,它迫使利率进一步上升,鼓励美元的实际有效汇率上升到很高的水平。所以,它提供需求来推动国内经济和世界其他国家从其周期性衰退中走出来,但是同时也引发了美国贸易的危机。在 1980—1985 年美元上升的背景下,联邦借贷的爆发性增长使美国购买者以整个 20 世纪都没有的程度依赖于制造业进口;但是,同时出口增长实际上消失了。美国经常项目平衡在战后第一次出现了严重的赤字,而到 1982 年时还有盈余。这种下降完全可以用制造业贸易平衡出现逆转来解释,它在 1980 年还有 270 亿美元的盈余,而到 1987 年就出现 1 240 亿美元的赤字。在这种转变中,日本和东亚新兴工业化国家的出口商起了主要作用,因为它们在美国进口市场所占的份额有了显著增加。美国与东亚(包括日本)的贸易赤字的增长占到美国制造业贸易在此期间的赤字增长的全部。这就是在后来的 25 年里反复出现多次的循环——随着债务爆发式增长,资产价格上升,美元飙升,而这些又导致经常项目的创纪录的赤字、东亚制造业的飞速发展和对美国制造业的致命打击。[5]

在 1981—1982 年,美国制造业利润率下降到它在战后的最低点,甚至到 1986 年,它比 20 世纪 70 年代末期的水平低 20%。在这种程度的压力下,制造业部门只能收缩以降低成本,淘汰了大量多余的高成本的、低利润的生产方式——不仅包括劳动力,而且包括工厂和设备。在 1982 年,企业倒闭率达到自 20 世纪 30 年代大萧条以来的最高水平,并且在那个十年的中期以后倒闭率继续上升。[6]这次大量的企业被淘汰成为一个转折点。因为,它建立了制造业利润复苏及因此产生的整个私人经济复苏的必要条件(如果不是充分条件)(见图 15—1)。

在随后的 1985—1995 年间的 10 年里,美国制造业能够出现巨大转机,同时使美国整个私人经济走向了复兴之路。它们使实际补偿(工资加上津贴)增长几乎下降到零,同时受益于实际的长期利率稳步下降——从 1984 年 8.7%的高点下降到 1990 年的 4.65%,以及公司所得税大幅下降的有利影响。另外,合理化继续加速,因为制造业资本存量的增长在 1979—1990 年与 20 世纪 70 年代相比下降超过一半,而制造业的就业(以小时计算)在 1985—1990 年间处于停滞状态。在随之出现的资本和劳动流出的过程中,制造业生产效率增长速度的显著上升受益于投资的大幅下降,其增长速度超过了战后

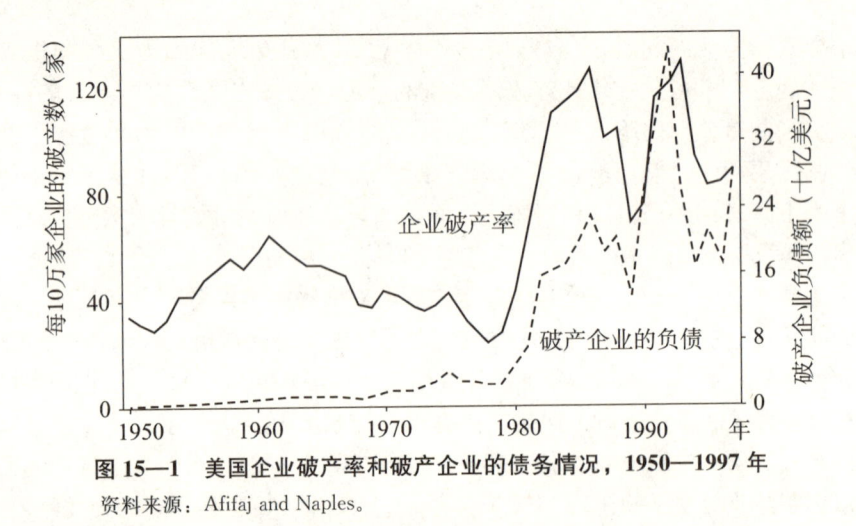

图 15—1 美国企业破产率和破产企业的债务情况，1950—1997 年

资料来源：Afifaj and Naples。

繁荣时的增长速度。更为重要的是，随着 1985 年《广场协议》的签订，G-5（美国、德国、日本、英国和法国）开启了美元长达 10 年的下跌之路，这也是对高利率和大幅升值的美元使美国制造业受挫的纠正。

国际相对成本的大幅提高使美国国际竞争力向前迈进了一大步，美国出口增长达到自第二次世界大战以来的最高点。在此基础上，美国制造业部门的利润率能够在 1985—1995 年间从起初只相当于以前水平的 65%，到最终实现了利润率增长 65%。在同一时期，制造业之外的部门的利润水平并没有上升。制造业利润率上升完全成为整个私人经济回升的原因，在二十年里首次将它的利润率提高到 1973 年的水平之上（见图 15—2）。

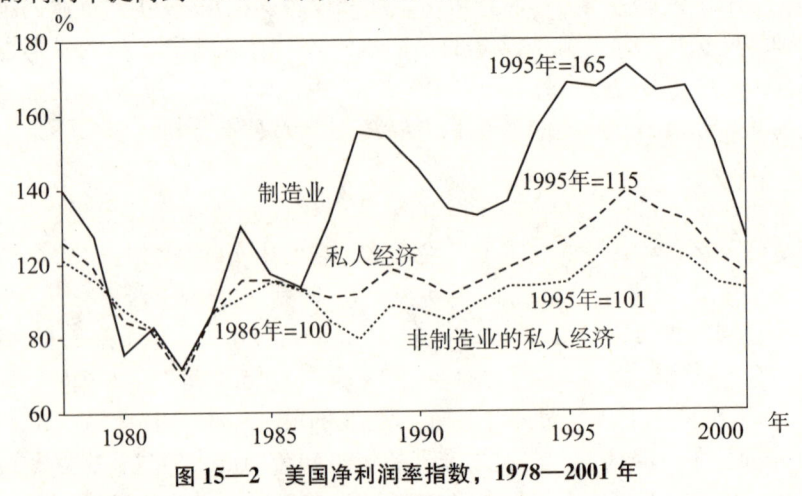

图 15—2 美国净利润率指数，1978—2001 年

资料来源：本书附录 I 中关于利润率的部分。

因为它是主要通过合理化和降低成本所取得的，所以制造业的利润率复苏在后来的时期里并没有导致制造业的发展动力的提升，更不用说制造业对经济增长的贡献了。当制造业公司在20世纪80年代的大规模合并和收购狂潮中承担主要角色的时候，它使自己更不会点燃经济活力。制造业公司为了购买其他公司的资产而提出创纪录的借贷要求，从而使制造业者到20世纪80年代末承受着以前所没有过的债务水平。当经济在1990年进入新的衰退时，整个经济中制造业公司面临着生存威胁的考验，在1990—1993年，企业倒闭率达到并超过战后在20世纪80年代上半期衰退所创下的纪录。

如果美联储在这个时候不启动救助（bail-out），制造业的崩溃可能更加严重，因为金融机构特别是商业银行受到大量的坏账重压，不可能支持受到打击的制造业者。在1989—1993年，美联储降低了联邦基金利率（the Federal Funds rate）——银行之间相互收取的利率，降幅达到6个百分点，使美国短期借贷的实际成本接近于零。同时，美国长期借贷的实际成本继续下滑，从1990年的4.65%下降到1993年的3.6%。在这些有利的条件下，制造业者仅仅通过有效地停止借贷，以及出售资产而不是购买资产，正如它们在前十年的收购兼并（mergers and acquisitions）的做法一样，它们就能够在相当短的时间里修正它们的资产负债表，为将它们的利润率复苏最终转变为经济扩张铺平道路。

从1993年第四季度开始，随着利润水平上升和资产负债情况好转，制造业部门最终摆脱了困境。制造业的投资、产出和出口都突然开始加速，对其他经济部门产生主要刺激。一般的非制造业部门特别是金融部门步入新的轨道，并且在这个十年的后期私人经济整体似乎将进入新时代（见图15—2）。

非制造业。尽管制造业为美国经济复苏打下基础，这是通过削减规模（slimming down）、降低成本、美元贬值以及在这十年的后期推动GDP增长和资本积累的自我转型过程，但是，大多数非制造业部门似乎走向反面——实现了相当快的增长，但是并没有实质上的发展，这个过程实际上是以巨大的、不断扩展的、低工资的经济为基础的。这个过程的起源可以追溯到20世纪60年代初，但是，随着雇主加强对工会的攻击和也将降低工会权力作为首要目的的政府对许多行业放松管制，这个过程在20世纪70年代盛行起来。当雇主在20世纪80年代里根政府的赞许下，从制度上违反国家劳动关系法（the National Labor Relations law）以削弱私人部门特别制造业以外的私人部门的工会，这个过程才有了结果。其明确的或隐含的目标就是降低工资增长——实际上是绝对工资水平——特别在那些由于工会的强大而导致的工资至今仍然相对较高的行业。

雇主面对利润率下降和经济下滑,对工资增长的削减已经——并且继续——是强力的和持续的。早在1972—1973年,通货膨胀率的突然上升,达到前一年的两倍,并且就已经开始遏制工资和福利的增长。但是,雇主甚至随着价格增长的回升,也继续对收入施加向下的压力,到1995年,在整个私人部门,雇主成功地降低了生产和非管理者的实际工资(包括津贴)的水平,比1973年的水平低8.5%。一些产业如建筑、交通和采矿等的工人受到特别极端的待遇,这些行业的工人在以前相对很好地组织起来并得到好的报酬,但是现在他们的收入遭到大幅度削减,这是雇主从制度层面上进行打击的结果——通过精心地挫败工会、放松管制或在地点和技术上的突然改变,或者将这些手段结合起来。因为制造业部门进入危机,所以收入增长的大幅下降,实际上是绝对收入水平的大幅削减,为资本和劳动的重新定位开辟了道路,使制造业之外的美国经济中的巨大部门突出地扩展起来,并且是在全新的基础上。

从20世纪80年代早期开始,里根政府的创纪录的预算赤字所形成的需求推动了非制造业经济向前迈进了一大步。随着实际工资下降,非制造业的公司发现增加职位变得更容易,它们以非常快的速度增加就业,其速度是战后繁荣时间平均每年增长速度的两倍。同时,从实际工资下降看,雇主有动力用劳动来替代资本,单位劳动投入的产出增长下降。与人们所得到的看法不同,制造业以外的经济的劳动生产率增长得几乎与1939—1965年间制造业增长得一样快,而利润率下降所放慢的速度只是1965—1973年间下降的程度的一部分。但是,随着后来对实际工资的不断削减,非制造业部门在1979—1995年间的生产率增长率下降到20世纪所没有的低水平(见表13—2)。因此,雇主转向那些劳动密集的技术,目的是利用工资没有什么上涨;生产率增长的蜗牛式的步伐意味着它们不可能承受得起使工资上涨很多。美国呈现为一个突出的低工资的经济。

雇主在25年的大部分时间里成功地压低生产和非管理人员的实际工资,但是并没有使他们恢复和保持经济动力,即满意的利润率所不可或缺的基础。非制造业经济大多数是生产非贸易的商品,所以在很大程度上规避了国际竞争,不会承受20世纪60年代末和70年代制造业所受到的利润率大幅下降那样的压力。但是,这种情况后来严重恶化。非制造业部门受到"沃尔克震动"的沉重打击,实际利息率在20世纪80年代的后来几年下降之后又上升了。在1985—1995年间,可能最具有决定性的是,制造业部门严重依赖美元的大幅贬值来恢复它的竞争力,并推动它的利润率复苏,制造业之外的产业受到进口商品由于同样的美元贬值而形成成本上升的打击。在这十年,非制造业部门的平均利润率总体上与战后繁荣时间相比下降了20%(见图8—1)。

非制造业部门的平均利润率从它在1990—1991年衰退期间形成战后最低点开始缓慢上升，当然，直到1995年它才达到1986年水平。另外，在此前不久，非制造业部门面对制造业部门的复苏、借贷成本下降以及它自身的利润率开始上升，也开始出现复苏。一些行业如建筑、零售贸易以及批发贸易突然每年以6%~7%的速度增长，并且可能继续如此，从而使非制造业部门整体上支撑了这十年中期的活力不断增长，所以与制造业的发展形成补充（见图15—2）。

金融业。当制造业部门在20世纪80年代初陷入危机深渊时，资本按金融活动的方向进行重新配置。在20世纪70年代，政府的扩张性宏观经济政策，导致了价格快速上涨、美元贬值和利率大幅下降，从而使这种转变被推迟了。后来的趋势被认为是有助于推动制造业的复苏的，但是在金融部门明显出现相反情况。然而，当支撑制造业发展的努力以明显的、令人遗憾的失败而告终时，后来的卡特政府以及特别是里根政府企图将失去的时间弥补过来。它们决定放松金融管制，打破将金融制度局限于专业化的地区功能性的范围上的障碍。它们也采取了一系列旨在提高金融活动回报率的政策。但是，事实仍然是借款者、贷款者、投机者以及政府都面临着一个最重要的问题。在非金融公司的资本存量方面所产生的剩余大幅下降的时候，当以工资为生的人感觉巨大压力时，金融服务的公司如何同这些公司和家庭打交道并能够赚到钱呢？当实体经济到1993—1994年并没有真正起飞时，金融部门如何成功发展呢？

里根政府在早些时候并没有更直接地迎合金融界的需要。推行空前的紧缩借贷成为这个时期确定的出发点，目的是打破通货膨胀形成的关键环节并以此提高贷款者的回报率。商业银行马上看到它们的利润上升。1981年大幅降低公司所得税，随后在1982年美联储部分地放宽了利率，这些保证了证券市场上升和对资本投资者的回报，特别是当政府用于军事支出的赤字带来更大的总需求增长的时候。最后，随着联邦税收收入与联邦支出之间的差距不断扩大并导致创纪录的联邦赤字，随着实际利率达到历史高点，随着美元的升值，美国及国外的金融资产的投资者可以在较长时期里通过购买美国国债而取得大量利润，并且大量货币涌入美国金融市场。

里根政府新奇的一揽子政策，明显是战后时期第一次——尽管确实不是最后一次——旨在有意直接推动宏观经济和金融部门。但是，政府决定支持金融，不管是国内的还是国外的——以及进入美国的国外出口者——这里的矛盾马上表现出来了。在20世纪80年代前半期，创新高的实际利率、失控的美元以及历史性的联邦赤字，不仅支撑了金融部门的收入，而且培育了美国的主要竞争对手和伙伴的制造业部门，从而使逆差达到创纪录的水平，美国制造业部门受到很大影响。到 1985 年，美国一些最大的制造业公司的首席执行官（CEOs）组织了一个史无前例的政治运动，通过降低美元反对国外竞争者，从而保护美国产业，美国国会也鼓噪推动保护主义的立法。政府被迫支持这场运动，正如罗纳德·里根在 1985 年[①] 1 月的国情咨文中所说，使美国"成为世界的投资资本"。

但是，随之出现的旨在保护美国制造业的《广场协议》和新的保护主义措施，本身也存在矛盾。由于 G-5 降低货币价值，美国的利率也随着国外汇率的变化而下降，所以美国资产的价值从国际看也随之下降。正如国际资本由于利率和美元上升而不可改变地流向美国一样，它现在开始由于利率和美元下降而从美国撤退，从而给美国的证券和债券市场带来灾难性的危机。美国政策制定者陷入困境中，需要相对降低利率和降低美元来刺激制造业，又需要从相反的方面来支撑金融。这是一个它们从来不可解决的难题，结果不久就是 1987 年证券市场的剧烈震荡，接着出现 1990 年一个小的崩溃。[7]

通过纯粹私人推动的金融投资在国际制造业利润面临强大的向下压力的时候，很难取得利润，这也迫使私人投资者在 20 世纪 70 年代撤回到国内。发达资本主义经济中机会枯竭，借贷需求随着增长减缓而减小，实际利率面对货币过多和失控的通货膨胀也走向相反方向，在这种形势下，美国的商业银行和发达资本主义经济更经常地大量借贷给新兴工业化国家，因为这些国家本身为了自己发展而依赖于向美国和欧洲扩展它们的出口市场。当撒切尔夫人、沃尔克和里根结束 20 世纪 70 年代的通货膨胀时，这些银行陷入了更不发达国家（less developed country, LDC）的债务危机中，它们大量持有第三世界的债务，而第三世界面对世界范围的高昂的借贷成本和全球经济的核心国家购买力收缩的情况，很少有希望或根本没有希望完成偿债的义务。在 1980 年放松对储蓄和借贷管制之后，美国储蓄和贷款机构大量涌入到商业地产也遵循着类似的模式。过度借贷到这个十年末期，不可避免地导致泡沫和后来的崩溃。

杠杆收购（leveraged buyout）高涨的结果并没有什么不同。开始时，也就是在 20 世纪 80 年代初期，操纵金融的人士通过大规模裁员来得到收益，拒绝投资，并压低资产价格，同时破坏与工会方面的契约，切断与供应者形成的长期关系。确实，在这种情况下，它们的方法具有某种程度上的合理性，因为制造业公司面临着巨大的过剩产能和需求下降，所以它们只能对自身实

[①] 原书为 1995 年，但里根的总统任期是 1981—1989 年，另外，结合上下文也似乎改为 1985 年更为合理。——译者注

施最严厉的节省成本的措施。但是,通过一劳永逸的生产效率投资和降低投入成本而实现的收益,为博弈所必需的价格上升所抵消。因为越来越多的投资者试图加入到这种行动中,股票价格上升得更高,并且由于贷款成本相应上升,公司债务和偿还的利息也迅速上升。

也没有证据表明"金融原则"(discipline of finance)就是通过推动技术进步或将资本从无利润的领域重新分配到有利润的领域,从而服务于增加制造业生产的效率。相反,自由的金融市场为大量的借贷配置到非金融的公司开辟了道路,这反过来为以收购和兼并为形式的投机的泛滥提供了可能。制造业者所以加快它们借贷的速度达到历史上所没有的高水平,并不是用于对新工厂和设备的投资,而是在很大程度上用来购买其他公司的资产。所以,到这十年结束时,非金融部门的公司不仅受到了利润率没有超过20世纪70年代末衰退时期的水平的困扰,而且受到了史无前例的坏账的困扰。同时,商业银行企图通过为杠杆购并(leveraged mergers and buyouts)以及商业地产提供资金而取得利润,但是现在发现它们自身处在战后时期最糟糕的形势中。在20世纪80年代,表面上也就是金融起飞的十年,它们的资产净值和资产的回报下降到战后时期的最低水平,当这十年结束时,它们又经历了自大萧条以来最大一波银行倒闭浪潮(见表15—7)。[8]

美国金融部门特别是它的商业银行到90年代陷入深深的困境之中。但是,美联储在这个时期决定干预给金融部门比给制造业带来的好转更为惊人。在1990—1991年的衰退中,艾伦·格林斯潘不仅急剧下调短期利率,使银行获得廉价的短期贷款,然后借出昂贵的长期贷款,从而不断提升利润。另外,他迫使银行违反政府的管制,持有大量长期债券,而不用留出资金来应对相关风险。随着长期利率急剧下降,这些都增值了,奇迹般地使银行的资产负债表得到了恢复。[9] 在1993—1995年间(包括1995年),商业银行的净资产和资产的回报率与1989—1991年相比,几乎上升了100%,达到战后时期的最高点。金融部门从它战后时期最严重的危机中走了出来,而不是很好准备以尽最大努力促进经济增长。当非金融部门在这十年的中期最终步入长期被拖延的复苏的时候,金融部门却划时代地起飞了(见表15—7)。

在1993年末和1994年初,由于制造业部门聚集了发展动力,GDP突然以4.5%的速度增长,并且"实际GDP增长的预期……会继续向上修正"。[10] 如果经济任凭其自己发展,那么20世纪90年代的扩张将会以此为起点不断得到向前发展的动力。但是,新组成的克林顿政府毫不含糊地将经济发展中首要的任务确定为控制价格,因为它承诺通过强力实施可能被称作低压力的体制来支撑经济。该政府不是依赖于公共赤字和消费导向的增长,而是依赖于全面降低成本,从而有利于提高竞争力、利润和海外销售,并以此方式增加投资、就业和生产率增长,更不用说降低利率、降低通货膨胀和提高金融部门的回报率了。

在克林顿政府捍卫的第一条防线不知何故被打破时,由格林斯潘领导的美联储就准备来弥补。美联储完全遵循米尔顿·弗里德曼(Milton Friedman)的教条,将加速的通货膨胀看作是由于工资—价格螺旋上升的结果,在这里提高工资就推动了价格上涨,反过来价格上涨又推动工资上涨,如此反复。它所以站出来均衡地干预下降到其"自然"水平之外的短期失业。早在1994年,"一般认为充分就业已经实现",但是"经济仍然积聚动力"。所以,美联储启动了"收紧货币环境的进攻路线"。实际上,周期性恢复仅仅只是一个开始,失业率从来没有达到6%。但是,在1994年2月到1995年2月间,美联储将利率提高了3个百分点,引发了国际债券市场危机,打断了一年的向上态势。[11]

利润率在前十年的复苏以及公司资产平衡表最近的好转都表明向这个方面的转变,同时,随着制造业向前发展,经济能够立即重新获得发展动力也证明了向这个方向的转变。制造业的 GDP 和投资在 1979—1992 年分别年均增长 1.9% 和 1.3%。但是,在 1993—1997 年间,它们分别猛升到 5.7% 和 9.5%。随着制造业资本存量在这期间的增长翻了一番,制造业劳动生产率也加速增长,在 1993—1997 年间平均每年猛升 4.4%,同时资本的生产率也大幅提高。

在 20 世纪 90 年代中期,经济在利润率和竞争力复苏基础上,呈现出新的增长模式。在 1979—1990 年间,正是严重依赖于政府赤字的消费增长成为经济扩展的主要原因,消费增长占 GDP 增加额的 71%,而投资所承担的份额只有 12.4%。但是,在 1993—1997 年间,投资对 GDP 增长的贡献上升到 30.5%,而消费的贡献下降到 63%。如果它们自《广场协议》以来与在 1980—1985 年间的制造业和贸易危机时候为零的水平相比那么出口继续占到 GDP 增加额的比重在 25%～30% 之间,在 25 年中第一次出现这样的情况,即经济是所有层面都发展的基础上运作的,制造业、非制造业和金融部门相互支持。在利润率和竞争复苏的基础上,出现了 20 世纪 90 年代的真正繁荣。如果它的基础得到支撑,那么它就可能终结长期衰退。

全球经济的紧缩

但是,美国经济最终不能在 20 世纪 90 年代中期以后在令人满意的基础上使经济复苏延长,因为它不能维持(更不用说扩大)其不可缺少的启动条件即利润率的提高。最终的原因是美国经济深受发达资本主义世界的影响和有力制约，但是发达资本主义世界在 1973—1995 年间整体上仍然受到利润率下降的困扰，陷入半停滞的状态，一个经济周期接着另一个经济周期地呈现出活力下降。在这样的一个相互依赖的世界经济中，结果是美国不可能在世界其他大多数国家都在下降时单独向前发展。[12]

由于在 20 世纪 60 年代末和 80 年代初之间，世界过剩产能继续恶化和国际竞争的激化，从而导致利润率不断地、快速地下降，所以，出现了总需求下降和生产率下降的双重问题，并且趋于形成恶性循环。发达资本主义国家的公司为了恢复利润率，会及时而坚决地降低实际工资增长，同时政府大幅削减社会支出的增长。由于利润率下降，公司增加资本存量所获得的剩余只能下降，因此它们同时被迫降低投资和减少雇用人员，从而消费、投资和政府需求的增长都被迫下降，导致整个经济的购买力增长下降。同时，因为公司面对利润率下降和前景黯淡，既不希望也不可能像以前那样快地扩大它们的工厂、设备和软件，自然导致生产率增长的下降。当然，生产率增长的进一步放缓会更加威胁到利润，导致公司对工资及由此导致的总需求产生更大的向下压力，特别是因为每额外解雇一个人就会带来总的购买力的额外的下降。总需求增长的进一步放缓本身也会进一步削减利润率，公司对此的反应就是更加降低资本积累和工资增长，导致生产率和总需求增长的进一步下降，从而利润率……这样循环往复，形成一个自我支撑的、实际上是自我强化的过程。在 20 世纪 60 年代末到 1995 年间，随着利润率下降，并且它没有在制度层面上恢复过来，美国、日本、德国和欧盟 11 个成员国以及 G-7 的私人投资（存量），一个经济周期接着一个经济周期地增速放缓，同时，生产率、就业、实际工资增长也更加缓慢，私人消费和政府需求以及 GDP 同样如此（见表 15—1～表 15—6）。

表 15—1 美国、日本、德国和 G-7：制造业和私人部门净利润率，1949—2000 年（%）

	美国制造业	美国私人经济	日本制造业	日本非金融公司	德国制造业	德国私人经济	G-7制造业	G-7私人经济
1949—1959 年	25.0	13.5	31.6	17.3	30.3	23.4	26.8	16.9
1960—1969 年	24.6	14.2	36.2	25.4	19.8	17.5	26.3	18.3
1970—1979 年	15.0	11.5	24.5	20.5	13.4	12.8	17.8	14.0
1980—1990 年	13.0	9.9	24.9	16.7	10.1	11.8	13.9	12.4
1991—2000 年	17.7	11.9	14.5	10.8	5.2	10.5	—	—

注：日本只有 1955—1959 年的数据，德国只有 1950—1959 年的数据；德国到 1990 年的数据为联邦德国数据，1991—2000 年数据为统一后德国的数据。

资料来源：参见本书附录 Ⅰ 关于利润率部分；G-7 Armstrong et al., *Capitalism Since 1945*, 1991, pp. 352-353, Tables A1 and A2。

表15—2　　私人部门实际非住房资本存量增长，1960—2005年（%）

	工业国家	美国	日本	德国	法国	意大利	韩国	中国
1960—1969年	5.0	4.5	12.5	8.4	11.6	8.0	8.9	1.9
1970—1979年	4.2	4.0	9.4	4.9	8.3	6.0	14.6	7.2
1980—1990年	3.1	3.2	6.2	3.0	4.6	3.5	11.2	8.4
1991—2000年	3.3	3.1	4.5	2.5	3.3	2.5	9.6	10.9
2001—2005年	—	2.1	2.4	1.4	3.2	2.6	—	—

注：德国1960—1990年数据为联邦德国的数据；1990年至今为统一后德国的数据；日本1960—1969年实际上指的是1965—1969年。

资料来源：OECD Database; A. Glyn, "Imbalances of the Global Economy", *New Left Review*, no. 34, July-August 2005, p. 14.

表15—3　　劳动生产率增长，1960—2005年

（单位雇员生产的GDP，%）

	美国	日本	德国	欧洲12国
1961—1970年	2.3	8.6	4.2	5.1
1971—1980年	1.2	3.7	2.5	2.8
1981—1990年	1.3	3.0	1.3	1.7
1991—2000年	1.7	1.3	1.6	1.5
2001—2005年	2.4	1.9	0.9	0.8

资料来源："Statistical Annex", *European Economy*, Autumn 2005, Table 11.

表15—4　　私人部门就业和单位工人的实际工资增长，1960—2005年

（平均变化的百分比）

	美国		日本		德国		欧洲12国	
	就业	工资	就业	工资	就业	工资	就业	工资
1960—1969年	2.5	2.7	3.9	7.5	0.7	5.7	—	5.8
1970—1979年	2.3	1.0	1.5	3.9	0.3	3.0	—	3.2
1980—1990年	1.9	0.8	2.1	1.7	0.6	0.8	—	0.6
1991—2000年	2.0	1.6	0.9	0.6	0.0	1.8	—	1.1
2001—2005年	−0.7	1.7	0.4	0	−0.6	0.2	—	0.4

注：1960—1969年的平均值实际指的是1961—1969年；日本在2001—2005年的就业实际指的是2001—2002年；德国在2001—2005年就业实际指的是2001—2003年。

资料来源：OECD STAN, on line; "Statistical Annex", *European Economy*, Autumn 2005, Table 31.

表 15—5　　　　　　　私人部门工人总的实际工资

（平均每年变化的百分比）

	美国	日本	德国
1960—1969 年	5.1	11.1	5.9
1970—1979 年	3.5	6.8	4.7
1980—1990 年	2.8	3.5	2.0
1990—2000 年	3.6	0.9	0.5
2000—2005 年	1.6	−1.3	−0.5

注：数据根据 OECD 私人消费者支出平减指数（consumption expenditure deflator）进行了调整；1960—1991 年德国指的是联邦德国；1991 年至今德国指的是统一后的德国；日本和统一后的德国在 2000—2005 年数据只指 2000—2003 年。

资料来源：BEA GPO By Industry；OECD National Accounts，Ⅱ，Detailed Tables；OECD Data Base；OECD online。

表 15—6　　　私人和政府部门的实际消费支出增长，1960—2005 年

（平均每年变化的百分比）

	美国		日本		德国		欧洲 12 国	
	私人	政府	私人	政府	私人	政府	私人	政府
1961—1970 年	4.4	3.5	9.0	4.8	5.1	4.4	5.5	4.3
1971—1980 年	3.2	1.0	4.7	4.8	3.4	3.8	3.6	3.9
1981—1990 年	3.5	3.0	3.7	3.5	2.2	1.4	2.3	2.4
1991—2000 年	3.5	0.9	1.5	3.3	2.1	1.9	2.0	1.8
2001—2005 年	3.1	3.1	1.0	2.3	0.4	0	1.4	1.8

资料来源："Statistical Annex"，*European Economy*，Autumn 2005，Tables 16 and 18。

在生产率增长和总需求面临着向下的压力不断增加的背景下，发达资本主义经济被迫像 20 世纪 60 年代末开始的那样，依赖于政府赤字不断扩大来保证它们的扩张。从 20 世纪 70 年代中期开始，美国联邦赤字是推动世界经济走出周期性衰退的重要原因。相反，美国的伙伴和竞争对手越来越从体制上转向宏观经济紧缩，降低政府赤字，压缩信贷，限制国内市场的增长，必然会越来越依赖于出口来推动经济增长。结果是美国政府终止提供世界经济所必需的大部分宏观经济刺激，而世界经济最终依赖于它提供市场。

但是，借助于凯恩斯主义的赤字政策和它们倾向于推动增加私人借贷在这个体制的基本问题——即恢复利润率方面，被证明是逆生产而动的。赤字推动就业和工资增长。首先，它们会延缓在体制层面上压低利润率的过剩生产方式的大量退出。使情况变得更加复杂的是，高成本、低利润的公司受到凯恩主义赤字政策的支撑，不是通过提高产出而是通过提高价格来回应需求

扩大。政府的刺激推动了通货膨胀,但是降低了单位美元赤字的产出,更不会对美元价值产生重要影响。另外,它由于没有彻底地解决利润率下降这一基本问题,似乎将经济拖入了更严重的停滞之中。

在20世纪80年代初,沃尔克转向货币主义,企图打破上述的过剩产能和利润率下降的综合征,以便为开启特别是发展中国家中的制造业产品出口、短期资本和金融服务的新自由主义秩序铺平道路。但是,里根政府并没有准备放弃对凯恩斯主义赤字政策的依赖,结果是,尽管经济在这十年的后来几年里保持稳定,但是高成本、低利润的公司的退出在体制层面上放缓了。到20世纪80年代末,G-7国家经济总体上的私人企业利润率,或者对于美国、日本和德国加起来说,只略高于20世纪70年代末已经大大降低了的水平,而实际利率仍然高于它们在那个时候的水平。投资氛围仍然是令人气馁的(见图0—4、图9—1、表15—1、图15—8)。

只有在20世纪90年代初期,在克林顿政府时代努力平衡预算和欧洲宏观经济趋紧以达到《马斯特里赫特条约》的标准时,发达资本主义经济才努力转向通过自由市场来进行治理。世界经济的核心现在必须在驱动私人部门不断增长的基础上运作,这正是自由企业精神的新自由主义者所要求的。接下来就是其公司增加资本积累和就业,以此增加投资和消费,从而推动总需求和经济增长。

但是,随着发达资本主义经济在20世纪90年代前半期开始不再进行促进它们好转的需求刺激,并且越来越仅仅依赖私人经济购买工厂设备和劳动力,它们也就更加紧迫地依赖于利润率的复苏。但是,并没有证据表明到这个时候,利润率已经在制度层面上恢复足以刺激新的扩张。情况恰恰相反。所以,发达资本主义世界的公司面对公共需求刺激下降时,被迫通过加速高成本、低利润的生产方式的倒闭,同时大大压缩劳动者和进一步压迫工资增长,而不是通过促进投资和就业以提高总需求和生产率,从而从制度层面上恢复它们的利润率。它们这样做,削弱了制度层面的购买力,加深了在1991—1995年间世界经济中更多地区的衰退,也存在着将投资和职业创造下降与总需求减速之间相互促进的螺旋式下降的风险。

形势变得更加诡谲,因为任何地方的生产者面对国内购买力下降,都只能依赖于出口导向这个独木桥。在20世纪90年代前半期,出口增长与GDP增长的比率达到战后时期的最高点。因为制造业者在很大程度上将它们所生产的产品从国内市场转向国际市场,所以剩余生产的增加是不可避免的结果。

当然,这种增长越来越低的情况也存在主要例外,这就是东亚出现的制造业经济。以东北亚新兴工业化国家为先导,东南亚的"亚洲四小龙"紧随其后，当日本的公司随着日元的重新估值，从20世纪80年代中期开始大量进入到这个地区时，它们的政治经济并未更多地模仿日本的模式，并成为其附属的一部分。随后不久，中国这个大国开始起飞。东亚经济力图维持其发展动力以渡过20世纪80年代早期的大衰退和国际债务危机，这在发展中国家中确实是绝无仅有的。在随后的十年，它们受到核心国家的金融发展的大量支持，达到它们在战后发展动力的顶点。因为它们的货币在很大程度上与美元捆绑在一起，新兴工业化国家和"亚洲四小龙"都在1985—1995年间得到制造业竞争力上的提升，因为这是美元对日元长期下降的必然结果。当发达资本主义经济在1990—1991年间进入衰退——引发证券市场的小的崩溃、金融危机时，美联储决定急剧下调短期利率——这个核心国家的金融界为了得到更高回报，引发了所谓的"新兴市场"（emerging markets）繁荣。根据国际货币基金组织的数据，流向不发达国家的证券投资资本在1990—1995年间总额达到3 500亿美元，其中，至少有2 610亿美元或者说74.5%流向了东亚。[13]

韩国生产者跟随日本的脚步，已经通过技术的阶梯进入到钢铁、石油化工和造船业。但是，它们为了保持在下一轮竞争中的重要地位，面临着一项紧迫的任务就是形成生产技术上成熟的与日本和美国能够面对面竞争的产品如汽车、电子和半导体，同时从一些劳动密集的行业如鞋类和服装中转移出来，在这些方面它们不再能够应付来自于以东南亚为基地的低工资的生产者不断强化的竞争。它们在这个过程中，能够取得相当的成功，至少是暂时的成功，不仅因为它们充分利用韩国货币的贬值，而且特别是当韩国政府采取关键措施结束资本控制时，国际市场向它们开放，因此它们的大量廉价商品突然进入国际市场。[14]

同时，在日元不断上升的压力下，日本公司在国内进一步提高它们在高端生产中专业化水平的同时，将国外直接投资转向东南亚，从而将低端生产进行重新定位，目的是利用那里的廉价劳动力，日元不断升值也会使那里的劳动力更加便宜。结果是东亚的三角贸易（triangular trades）在质上进一步深化，因为日本生产者受到重新定位于东南亚的日本供应网络的全力支持，将高技术资本和中间商品送入它们自己的工厂以加工出口，其中很大部分出口到美国市场，但是美国市场由于越来越提高保护主义的壁垒和美元贬值而更加难以渗透，同时越来越多的产品出口到亚洲。日本银行与国家一起在这一协调过程中起着主要作用，日本银行向日本公司提供大量在东亚启动经营的巨额贷款，同时向东亚的工商业提供贷款，并且成为这个地区除了台湾地区和菲律宾以外的所有国家和地区的外国银行贷款的最大来源。[15]

东亚经济像它们的先行者日本一样，继续将它们的经济增长在很大程度上建立在对国际市场不断扩大的份额的快速占领上，在更大范围用高技术含量产品挑战发达资本主义经济。在 1990—1995 年间，东北亚的新兴工业化国家和"亚洲四小龙"，再加上中国大陆，将它们占世界商品出口的比重从 11.7% 提高到 16.4%，同时美国和日本所占比重处于停滞状态，而欧盟和德国所占的比重下降。新兴的东亚经济这样做，只能推动过剩的制造业生产能力进一步增加，而这正在压低世界范围的利润率。[16]

随着宏观经济紧缩被提到发达资本主义国家经济的议事日程，高成本、低利润的生产方式的退出更加无情地推进，国际竞争强化了，经济扩张也只能进一步放缓。在 1990—1995 年间，世界 GDP 增长每年下降到 2.6%，而在 1979—1990 年间每年增长 3.3%，在 1969—1979 年间每年增长 4.6%。同时，三大资本主义经济集团承受自 1950 年以来任何 5 年最糟糕的经济表现。这不仅包括欧洲和日本经济，也包括美国经济，同时，美国直到 1993 年末才进入它的周期性上升时期（见表 13—1）。

在世界经济长期加速下降和市场萎缩的背景下，因为经济大蛋糕（the economic pie）的增长更加缓慢，所以经济进步趋于采取零和博弈的形式。发达资本主义经济因此不可能逃脱这样一种液压动力的束缚，即一个主要国家或几个国家以出口为基础的增长是通过使货币贬值来实现的，而它的对手则处在制造业下降和资产价格快速上升之中。在这个过程中，美国和将货币与美元捆绑在一起的东亚趋于走到一起，而德国和日本都是整体上依赖于美国市场的爆发式增长的国家。结果是美国经济在 1985—1995 年间以牺牲它的主要伙伴和对手为代价，能够为其以制造业为基础的利润率复苏创造合适的条件。从《广场协议》之后起，随着美国的一些不太重要的行业开始复苏，日本和德国看到它们的竞争力被打压下来，这不仅是它们对美元的汇率快速升值造成的，而且是比美国快得多的工资增长造成的。甚至当它们被迫面临美国市场对它们出口商品的需求在加速下降的时候，美国从克林顿政府开始拒绝承担扩大联邦赤字以推动世界经济的需求，从而使它们的出口进一步放缓。

尽管德国和日本都将它们战后的发展动力放在出口导向上，但是它们的方式不尽相同。日本依赖于国家干预和其有组织的资本主义，根据更加发达技术的生产方向而不断重构它的制造业部门。德国依赖于持久的宏观紧缩，以使价格下降和高成本、低利润的生产者退出，同时依赖于不断提高熟练劳动力的素质，以保持它的竞争地位。但是，正是由于它们的成功，日本和德国以略有差异的方式，受到本质上相同的难题的困扰——不断扩大的贸易和经常项目盈余的趋势，也由于这样的原因，本国的货币不断上升，从而竞争力和利润率不断降低。

随着从长期繁荣转向长期衰退,德国和日本看到它们在战后时期的前20年里超强的经济发展动力所不可缺少的条件已经消失——即国际市场的史无前例的拓展。所以,当美元随着美国政府的通货膨胀政策而贬值时,德国和日本随着它们自己的货币不断升值,必须承受更大的压力才能保住它们的地位。里根经济学在它最初的金融定位阶段,通过推动利率和美元上升给它们提供了短暂的喘息机会,所以为美国制造业部门受到极大损害打开了通道。但是,随着美国经常项目的赤字创新高,日本和德国承担着经常项目创纪录的盈余,这给它们本国的货币带来向上升值的压力不断增长。当美元从1985年开始贬值,美国制造业的工资也基本停止增长时,德国马克和日元的汇率大幅上升,两国经济承受着到1980年前支撑主要行业的制造业利润率的巨大向下的压力(见图15—3)。

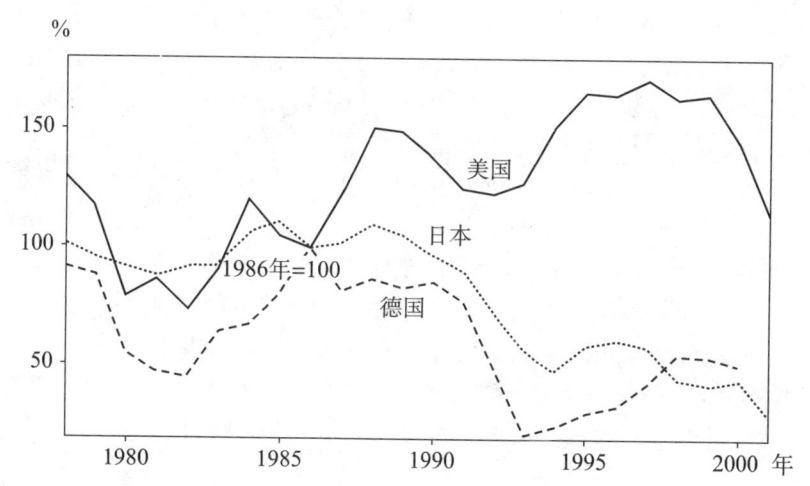

图15—3 制造业净利润率指数:美国、德国和日本,1978—2001年

资料来源:参见本书附录Ⅰ中关于利润率的部分。

在20世纪80年代末和90年代初,日本和德国经济确实通过巨大的、人为的需求刺激得到短暂的缓解,似乎为它们的制造业部门暂时提供了通过加快提高生产率来抵消不断升值的货币所带来的负面影响的方法。在日本,从1985年到1989年,政府强迫利率下降,引导银行向房地产业公司和经纪(brokerage)扩大信贷,以推动资产和土地价格上升。通过培育资产价格泡沫,它希望改善制造业公司的财务状况,以使它们能够促进资本积累,因为这些公司相互间持有大量的资产和土地。日本的公司做出的回应就是,它们利用由于资产价格上涨而产生的一次性利润,掀起了自20世纪60年代以来所没有看到的投资浪潮。生产率有了很大提高,看起来似乎是日本经济的无可匹敌的发展动力一度推动了具有历史性的日本泡沫，而不是相反。在德国，在两德合并的次日，前联邦德国为前民主德国提供大量补贴，以加速重建。在这个过程中，它为前联邦德国的制造业者提供巨大的新的"出口"市场，其经济出现极为短暂的增长浪潮。但是，这些权宜之计在这两种情况下都不是可以持续的。

日本制造业者通过它们的投资浪潮，通过增加生产率——并且在工资增长放缓的有利条件下——力图降低成本以弥补由于日元上升而产生的成本大幅上涨，所以暂时阻止了利润率的进一步下滑。但是，它们这样做是在它们的利润率已经下降的条件下，依赖于它们能够从它们所拥有的土地和资产中得到不断上升的收入，当然，土地和资产不可能持续上涨下去。到1990—1991年，日本政府只能收缩借贷以遏制资产和土地价格，并且，随着泡沫的萎缩，经济扩张也就结束了。几乎同时，前民主德国重构的繁荣也导致价格加速上涨，并且长期承受着通货膨胀的德国政府在宏观经济上实行了紧缩政策。在这两个国家，随之出现的经济下降影响就是进口下降和经常项目盈余增加，并且引发另一轮货币的升值，而这只会进一步使利润率和经济萧条下去。

从1991年开始，随着借贷成本大幅上升，需求大幅下降，货币升值，德国和日本的制造业利润率下降到以前所没有的新低——甚至比20世纪80年代分别平均低50%和33%——并且在这十年中的后几年并没有什么复苏。在20世纪90年代前半期，德国和日本以及整个西欧都陷入战后时期以来最严重的衰退，而这个时候正是美国制造业处在给人留下深刻印象的上升之中。换言之，在整个1995年，制造业的制度层面上的剩余生产能力和全球经济增长放缓仍然在进行，因为长期衰退本身也进一步延伸（见图0—3、表15—1、图15—3）。

新经济？

正是源于国际社会在20世纪90年代前半期克服周期性衰退的努力，推动所谓新经济（New Economy）的力量迸发出来了……受到支撑美国经济长达十年恢复的利润率有所提高过程的重要影响。到1995年，由于墨西哥比索危机引发美元的下滑，日元对美元达到创纪录的79∶1的高点，日本制造业部门正承受失控的威胁。随着著名的"反广场协议"的出现，G-3（美国、德国和日本）为了制度层面的稳定——同时，也是为了面对日本突然抛售美国国库债券（Treasury bonds）的威胁——决定采取集体行动，以类似于G-5政府已经在前十年运用《广场协议》使美国得到解脱的方式对日本和德国进行救助——通过降低日元和德国马克的价值，强迫美元升值，根据这种办法，又回到20世纪80年代前半期的形势了,那时美元升值,而日元和德国马克贬值。与这些协议相配合,美国、德国和(尤其是)日本政府将大量资金投放到美国货币市场,主要是通过购买美国国库工具(Treasury instruments)。东亚政府以及来自世界各地的对冲基金(hedge fund)投机者紧随其后。同时,日本银行(the Bank of Japan)下调国内的利率,目的是推动购买美元,使美元成为更为理想的货币。

这是一个政策的较大转折,克林顿政府如果不进行恰当的考虑,也不可能做出这种抉择。毕竟,推动制造业竞争力和利润率的恢复成为投资和出口导向的经济发展的基础,是美国经济复苏计划的核心,同时,一个低的、不断下降的货币又是这种努力的核心。克林顿政府在其执政初期提出美元贬值,在1995年前半年很高兴地看到美元进一步贬值,并且毫不犹豫地利用这个对日本制造业部门形成的压力,威胁指出如果日本不同意向美国汽车开放其市场,那么美国向日本汽车关闭美国市场。[17]但是,随着当前日元比1971年时的价值增长了4倍,随着日本经济的增长几乎停滞,而德国经济仍然不景气,美国经济增长战略的基本矛盾特别突出地表现出来。希望低压力的经济——在廉价的美元、预算平衡、美联储掌控着通货膨胀的基础上——能很好地提高美国的竞争力、利润率和出口。但是,在利润率仍然在下降和制度层面上的周期性过剩产能的背景下,这样做可能会削弱主要的资本主义经济,这些资本主义经济不仅是美国的竞争对手,也是它的主要市场,而削弱主要的资本主义经济的手段不仅是通过取得它们的市场份额,使它们的利润水平下降,而且是通过使它们失去它们最终所依赖的美国市场。克林顿政府之所以转向美元,其目的是采取实际上相反的方法——建立在廉价的出口、提高资产价格基础上的新的轨迹,以及国外货币流入以购买美国国债、公司债券和公司资产。

从更宽的角度看,克林顿政府用努力实现低压力经济替代了里根政府的政治经济学。在20世纪80年代前半期,金融界不仅得益于来自国外的廉价商品支撑的低通货膨胀,而且得益于资产价格在与美元的价值的国际联系中被推高。依赖于进口的企业不管是为了投入生产的目的,还是为了直接销售(更不用说批发商和零售商),都将得到好处。另外,制造业者感受到竞争力下降和同样类型的对公司收入的压力,而这些在十年前是推动里根政府放弃的一些方法,克林顿政府正在采取这些方法。这一届政府的经济政策团队可能会认为已经缩减规模的、强大起来的美国制造业部门到这个时候能够抵御美元的升值。他们也可能会认为,制造业之外的一些行业的利润水平和经济发展动力不断上升能够弥补制造业竞争力和出口下降的缺陷。另外,高盛公司(Goldman Sachs)前首席执行官罗伯特·鲁宾(Robert Rubin)领导着这个政策团队，他赞成将美国经济的未来与美国占有比较优势的金融服务业不断扩大和深化联系在一起的思想。同时，不管他背后的打算是什么和运行中的利益是什么，这种剧烈的转变必须被看作是某种博弈，如果它在很大程度上是不可避免的话。

1995年"反广场协议"被证明是美国在20世纪90年代经济扩张的一个转折点，所以也是世界经济的转折点，因为它不仅引发了新经济繁荣，而且证明这种繁荣的根基可能并不牢固。外国政府购买美国国库工具使长期利率下降，甚至当美联储同时降低借贷的短期成本（目的是在墨西哥比索危机之后稳定经济）的时候。购买美国国债工具的国外政府要求加快对美元的购买，从而推高美元对日元和德国马克的汇率。综合起来看，这两种趋势——廉价的借贷和昂贵的美元——持续到了这十年的末期，并且形成全球范围的经济发展道路。所以，随之出现这样的一个发展时代：美国制造业的利润率出现新的大幅下降，这很快在制造业回报率下降导致东亚金融危机中得到印证；美国历史上最大的证券市场泡沫；资产价格快速上升的财富效应所推动的加速经济扩张；新经济资产泡沫所引发的对高技术产业投资不当浪潮中产生的制造业的过剩产能继续恶化。正是这么一个容易爆炸的综合体才可能持续下去，而不会在短暂的时期内自我毁灭。

在1995—2000年间，美元的实际有效汇率每年上升4.4%，与1985—1995年间上升4.6%的水平相比已经下降了。所以，国际生产能力的负担又从日本和德国转移了，回到美国和东亚，如上所述，东亚大多数国家将它的货币与美元捆绑在一起。美国制造业部门因此看到支撑美国利润水平恢复的国际竞争力和海外销售被无情地削减了。在1990—1995年间，也就是新的经济周期的第一个五年，由于美元持续其长期下跌走势，美国相对单位劳动成本继续每年以2.1%的速度下跌（在1985—1995年间每年下跌4.8%），为出口价格以每年以1.8%的速度上升和美国制造业利润率增长1/3开辟了道路，实际上完成了它的辉煌十年上升时期。但是，在1996—1997年间，由于美元形势逆转，相对单位劳动成本每年以5%的速度爆发式地上涨，出口价格以每年以1%左右的速度下降。随着它的竞争力下降，制造业部门不可能阻止它的利润率的水平走势，尽管劳动生产率每年增长3.2%，相对单位劳动成本每年下降1.5%。这是因为制造业价格在1996—1997年下降。它们在直到这个十年结束的每一年里都继续下降。事实上，制造业部门只有通过使名义工资每年增长1.5%，而实际补偿在1996—1997年这两年里总体上下降1.5%，才避免了利润率直接下降。

在1995—1997年之间的几年里，制造业利润率处在显著复苏的高潮，同时也是它陷入危机的开始。随后,制造业利润率快速下降,削弱了20世纪90年代经济扩张的重要客观基础。必须要强调的是,甚至在后来的时间里,制造业部门的健康发展对于整个经济的健康发展绝对是至关重要的。到1995年,制造业分别只占公司GDP和非金融公司GDP的29.3%和32.7%。但是它仍然占公司利润的42.5%和非金融公司的(支付利息之前的)利润的50%。所以,制造业中的问题反映着整个经济的问题,在其他方面都一样的情况下,投资、职位创造和GDP的减速都浮现出来。但是,由于现在证券市场的大幅上涨,经济实际上在加速扩张。

美国证券市场到1995年,已经实现具有历史性的繁荣,这次繁荣源于20世纪80年代初的沃尔克衰退时期。但是,在此之前,可以说它的上涨已经具有充分的理由,因为在此期间资产价格上涨已经在美国利润的大幅恢复到大致与证券同等的程度中找到真实的基础。但是,在1995—1997年间,已经快速上涨的资产价格实际上在加速,公司利润明显落后,同时,公司利润在1997—2000年间绝对下跌,甚至当股票价格上升到其顶点时。泡沫开始膨胀,给经济扩张带来进一步的活力(见图15—4)。

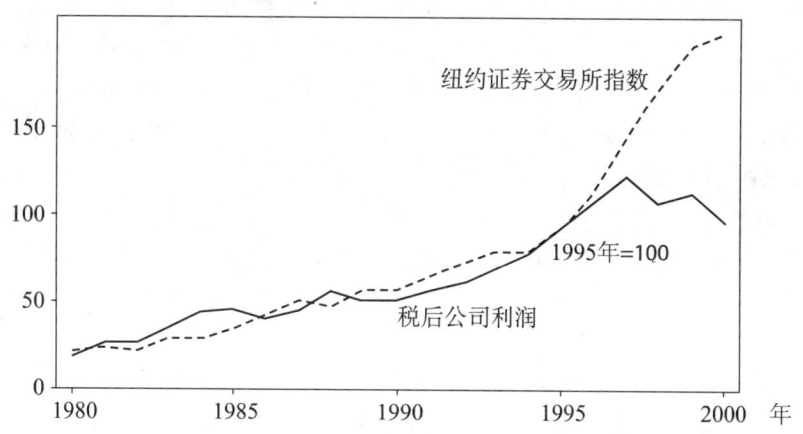

图15—4 公司税后净利润指数与纽约证券交易所成分股指数,1980—2000年
资料来源:*Economic Report of the President*;参见本书附录 I 关于利润率部分。

人们标准的看法就是,将证券市场的飞速增长与网景公司(Netscape)在1995年8月初最初向民众投放其产品所得到的惊人回报联系起来,而网景公司所得到的回报不仅被看作是信息技术的巨大前景的表现,也是生产率在当代起飞的表现。但是这种观点具有很大的片面性。在1995—1997年间(包括1997年),制造业的每小时产出以4.1%的速度增长,这是相当优异的但绝不是划时代的,但是它在这样做的过程中,并没有超过同时期其主要竞争对手的速度——日本是 5.4%，法国是 4.8%，前联邦德国是 4.1%。同时，美国私人部门总体生产率平均仅仅增长 1.9%。在资产价格上升中起主要作用的似乎是更加明显转折——即实施为后来爆发提供动力的"反广场协议"在这里引起的宽松的借贷。

在 1995 年 4—9 月间，日本银行将其利率从 1.75% 这一很低水平，又降低到 0.5%。这确实如原来所设想的，导致日元汇率的下降，从而为日本竞争力和出口的复苏开辟了道路。但是，它也对推动全球可供贷款的资金供给具有影响。特别是美国投资者，它们构建一个具有丰厚利润的"套息交易"（carry trade），以超低的日本利率借入日元，将它们转换成美元，然后运用美元来投资美国的证券市场。[18]同时，日本和东亚政府、日本的保险公司和国际对冲基金对美国有价证券的购买量有了大幅上升，结果是在 1995—1997 年间（包括在 1997 年）国外购买美国国债工具超过 5 000 亿美元，不仅包括美国国库发行的新的总体债务，而且包括原来在美国公司手中的 2 500 多亿美元的国债。结果是长期利率的剧烈下降，30 年债券的利率从 1995 年 1 月的 7.85% 下降到 1996 年 1 月的 6.05%。借贷成本在 1995 年下降 23%，成为催化证券市场快速升值的主要因素，特别是当它引发货币供给大大加速的时候，货币供给在 1995 年的增长比 1994 年增长快了 4 倍。最终，美元出现快速升值，这是由从国外投资者的观点看美国资产价值的相应上升所产生的。[19]

但是，如果突然转向由"反广场协议"加速证券市场增长而导致的更廉价的长期借贷和更昂贵的美元，那么美联储就会继续使它运行下去，继续吹大这个泡沫。到 1996 年末，艾伦·格林斯潘在公共场合对证券市场中的"非理性繁荣"（irrational exuberance）表达了担忧。但是，他明显在私下更关注美国实体经济可能遭受挫折。由于克林顿政府努力平衡预算，所以联邦赤字现在正在减少，随之以前 25 年的大多数时间里推动美国和世界经济稳定的需求刺激也在下降。欧洲甚至在 20 世纪 90 年代前半期面对衰退和停滞时仍然都坚持紧缩的宏观经济政策，使问题更加恶化。当然，从 1993 年起由制造业部门主导的美国经济，确实已经呈现出令人印象深刻的活力。但是，正如格林斯潘注意到的，美国制造业复苏严重依赖于美元的贬值，而现在美元贬值正在发生巨大的逆转。随着联邦赤字减少，美元升值威胁到利润，欧洲和日本指望美国来推动增长，那么，保持经济扩张所需要的公司投资或消费者的购买力又来自哪里呢？

格林斯潘的回答就是转向资本市场和它们促进需求的财富效应。确实，他在 20 世纪 90 年代后半期的策略演变——并且已经继续始终贯彻——可能被称为"证券市场或者资产价格的凯恩斯主义"（stock market, or assetprice，Keynesianism）。在传统的凯恩斯主义政策中，需求得到"刺激"是通过联邦政府实施的公共赤字不断增加从而使支出超过它以税收形式得到的收入。相反，根据格林斯潘的看法，需求增加采取越来越增加私人赤字，从而使它们支出超过收入的形式，而这又是由占有它们的证券或其他资产的价值所产生的纸制财富的增加来促进完成的。

在20世纪90年代早期，发达资本主义政府倾向于降低它们对凯恩斯主义财政刺激的依赖，尝试推行纯粹新自由主义的规制。政府会抵制产生赤字；私人公司会推动需求；中央银行这个被公认为政治上中立的机构，通过货币政策进行调控。这里像20世纪80年代早期一样，还存在另一个机会使最优秀的公司存在下来，清除在长期20多年中自我再生的过剩产能，将经济建立在更加牢固的基础上。但是，在格林斯潘领导下的美联储与里根时期的财政部（the Treasury）差不多，准备让自由市场来起到恢复经济的作用，他能够做到的唯一方法就是——爆发深刻的危机并"清除"危机。所以，当欧洲和日本陷入战后时期最糟糕的衰退时，尽管美国承受自1950年以来最慢的周期性复苏，它也感到它只能赶快救助，立即恢复对需求的刺激，因为世界经济自20世纪60年代晚期以来都热衷于对需求的依赖上。但是，正是私人公司和富人（不是政府）在这时进行了借贷和支出，原因在于他们拥有的联邦资产的快速升值。如果得到新的和政治上更易接受的——如果是激进的，就更不稳定——凯恩斯主义的恰当补充，自由市场就可以被允许继续在名义上支配经济。

尽管证券市场在格林斯潘的警告之后加速增长，但是他后来就不再谈非理性的繁荣了。美联储不是企图打消投资者的热情或控制出现的泡沫，而是使两者膨胀起来。格林斯潘由于在这一点上与"自然失业率"的正统看法和他早期作为通货膨胀鹰派人物的化身相决裂，并且使经济甚至在失业剧烈下降时也要聚集发展动力所表现出来的智慧和勇气而受到赞扬。[20] 实际上，通货膨胀到这个时候已经牢牢地受到由于美国货币的不断升值带动国外对价格产生向下压力的制约。正如格林斯潘本人所看到的，也没有过多的理由担心来自下层导致价格上涨的压力，按照他的话说，"尽管劳动力市场在几十年来是最紧张的，但是许多工人还感觉到不安全"，因为企业破产率在20世纪90年代后期保持在战后时期到1980年平均水平的两倍，从而"使解雇工人的水平保持在高位"（见图15—1）。实际上，GDP增长的平减指数（deflator）在1990—1995年间平均每年比在1985—1990年间大约低25%，也就是从增长3.2%下降到增长2.45%，同时，美元的汇率仍然在下降。格林斯潘真正担忧的正好相反：国际过剩产能推动了反通货膨胀（disinflation），压制不住的美元在联邦赤字被抽空的时候就会使制造业利润率下降，如果他不继续推行更加宽松的信贷政策来使资产价格上升而引起财富效应,那么美国的经济扩张将逐渐消失,因为没有足够的总需求来支撑发展——政府支出、消费和投资。"反广场协议"以低压力经济的手段企图推动复苏——这是通过工资、价格和货币的压制,以增加竞争力、出口、投资和制造业利润。格林斯潘明显有理由得出结论,即证券市场凯恩斯主义是他最好的选择。

在1995—1999年中期之间,格林斯潘除了在1997年早期提高单向利率1/4个百分点以外,并没有提高利率。所以在这十年的后半期,货币供给增长是前半期的4倍。同时,美联储在证券市场任何一个不稳定的征兆出现时,都会用更为宽松的货币政策进行干预。格林斯潘从新经济不确定的前景出发,将失控的资产价格与所支撑的公司收入之间的巨大差异合理化,这体现在他认为在证券分析中,公司存在着未来高预期的利润(格林斯潘应该知道,那些证券分析的人为了雇用他们及其公司顾客的投资银行的利益,对高估公司股票的价值很感兴趣)。[21]正是在资产投资者相信所谓"格林斯潘对策"(Greenspan put)——美联储不管发生什么情况都超脱于资本市场——使资产价格面临一个接一个挫折时,仍然使繁荣强劲地持续到20世纪末。所以,像它经过长期衰退一样,政府支持的借贷继续推动着美国和世界经济。

资产价格创纪录的繁荣所形成的巨大财富效应不仅使美国扩张延续下去,而且在1995年和2000年间得到加速,甚至当对利润率向下的压力使它失去最初的牢固基础的时候。尽管利润越来越难以获得,但是公司能够在大幅上升的证券价值基础上相应轻松地为加速资本积累提供资金,其证券价值使市场资本化膨胀起来,所以它明显是超出想象的担保物。在1950—1995年间,美国非金融公司主要依赖于内部资金(internal funds)来支撑对新工厂和设备的支出,留存收益(retained earnings)承担其大约90%的资本支出。但是,在1995年之后,它们的借贷成为它们GDP的一部分,攀升到与战后时期只有在衰退情况的水平不相上下(见图15—9)。到这十年末,它们运用借贷来支撑资本积累达到历史上最高的水平。同时,它们中一些信誉不好的企业通过发行高估的股票从而能够使投资也达到前所未有的水平。在2000年,非金融公司发行的总资本达到它们以前(在20世纪80年代)高峰的4倍。[22]

家庭也将资产价格的快速上涨看作是加速借贷以及在此基础上扩大支出的机会。在1994—2000年间,家庭持有的股票的市值(market capitalization)也增长到原来的3倍,从4万亿美元增长到12万亿美元。它们感觉有理由作为GDP的一部分,将它们每年的借贷额和它们清偿的债务提高接近创纪录的水平(见图15—9)。另一面,它们自主地大幅降低储蓄率成为消费的一部分,以增加它们支出的比重。在1950—1992年间,个人的储蓄率在11.2%~

7.0%之间浮动，平均下来为9.0%。但是，在1992—2000年间，它从7.7%猛降到2.3%。人口中20%的高收入者几乎完全要为储蓄大幅下降和支出上升负责，这并不令人感觉到奇怪，因为他们占有所有金融资产的95%或者更多。正如一个印度学者所指出的，20世纪90年代后期的繁荣是美国历史上第一次由雅皮士（yuppie）的支出所推动的。[23]

必须强调的是，资产的繁荣具有自我持续的特征，因为它为公司和家庭提供的担保物（collateral）增加了，不仅可以用来借贷，而且可以用来达到投资和消费的目的，还可以用来达到购买更多的资产的目的。在20世纪90年代后半期，非金融公司将它们借贷的大量资金用来购买有关积累资本的股票。所以，在此期间，它们在证券市场上是最大的净购买者。公司通过由借贷提供资金来支撑购买股票，避免了通过实际生产商品和服务来获得利润，从而创造股东价值的冗长沉闷的过程，同时，为了它们股东和那些因拥有优先认股权①（stock options）而得到丰厚回报的公司管理者的利益，它们直接推高了它们自己资产的价格。资产价格越高就越具有更大的间接作用，进一步借贷，形成更大证券购买力，如此循环。[24]在推高住房价格中，同样的过程再一次发挥作用。

在1995—2000年间，新经济繁荣因受到企业和家庭的资产价格不断上升引起的财富效应的支撑而起飞，GDP平均每年增长率达到4.1%，而在1990—1995年间增长2.5%，在1973—1995年间增长2.9%（以及在1948—1973年间增长4%）。甚至当利润下降时，非住房投资继续向上膨胀，平均每年大约增长10%，占同时期GDP增加额的1/3。就业增长也在加速，在这个世纪的最后几年，实际工资在长期停滞之后开始大幅上涨。随着总体实际补偿（平均每人的实际补偿乘以总的雇用人数）快速上涨，家庭借贷水平也快速上涨，个人储蓄同时大幅下降，消费支出自然也跳跃式增长——1995—2000年间平均每年增长4.4%——并且有助于极大地吸引快速增长的产出。总之，根据美联储和经济顾问委员会（the Council of Economic Advisers）的看法，资产价格增长占1995—2000年间所发生的消费增长的1/3，占这个时期GDP增长的1/4～1/3之间。[25]如果没有快速增长资产价格的财富效应的影响，GDP在这个5年时间里可能就会每年以大约3%的速度增长，不会高于20世纪70年代或80年代的水平。

尽管受到美元升值的限制，并且对它的活力来说最终依赖于失控的资产价格所产生的总需求的上升，但是，20世纪90年代的扩张只能呈现出扭曲

---

① 也就是股票期权。——译者注

的、矛盾的特征，只能构想一个非常有限的未来。它的活力是不可否认的，但是，这是表面上的，因此是暂时的。因为制造业的利润率走平，然后下降，所以，这个部门失去了增长的动力。但是，它继续剧烈扩张，因为证券市场的上升可以提供大量实际上无成本的借贷，它的高技术产业为新经济繁荣提供光鲜的外表。同时，制造业之外的许多行业经济，特别是那些子行业，能够迎合债务推动的消费支出，也可能由于美元升值后进口更廉价而受益，也可能会像20世纪60年代那样势不可挡地向前发展，因为它利用容易得到的投资资金来加速在新工厂、设备和软件上的支出，也会用这些资金来扩大就业。在1995—2000年间，在非制造业部门，产出和资本存量都显著加速增长，它们每年平均增长率比1979—1990年的水平分别高出60%和30%，与战后长期繁荣时候的水平相同甚至更好。所以，美国大部分地方经济的资本—劳动率增长实现翻番，反过来它的劳动生产率也是如此。

建筑业受益于对住房的惊人的似乎无止境的需求增长，得到后来被证明是长达十年的繁荣，它的利润率也突破了该行业的所有历史纪录。零售贸易和批发贸易受到消费者支出无节制和经常来自于东亚的廉价进口商品的直接推动，也表现得特别优异。这两个行业确实在产出增长上有了重要进展，从而为它们的生产率加速增长提供基础，这在很大程度上源于规模经济。事实上，在制造业以外的行业中，零售贸易和批发贸易与金融和不动产一起与20世纪80年代和90年代早期相比，是生产率有所提高的一些行业，占整个非制造业生产率加速增长中很大的部分。旅馆业和餐饮业是另一个仍然以消费者为基础的繁荣起来的行业。同时，公司化的健康服务部门似乎是持续增长的行业，它的利润在20世纪80年代末和21世纪初之间增长到原来的5倍。[26]

最后但不是最不重要的一点，金融部门继续创纪录地增长，同时这种增长也改变了经济的表现。这个时期的每一种主要的趋势都有利于金融。非金融公司争分夺秒地扩大经营，急剧地增加它们的借贷。通货膨胀被遏制主要是由于美元升值，也由于美国工人阶级不安全感增加，他们受到工业竞争激化的折磨，受到外国进口和美国的海外投资的威胁也不断增长，甚至同时工会保护也消失了。克林顿政府将对银行的放松管制作为其逻辑结论，废止了具有标志性的1934年《格拉斯-斯蒂格尔法》（Glass-Steagall Act of 1934），目的是为将商业银行、投资银行和保险混合在一起的巨大型企业集团（huge conglomerates）的增长开辟道路，典型的是花旗公司（Citicorp）和摩根大通公司（JP Morgan Chase）。证券市场的泡沫为指导股票发行和合并重组而收取费用以及管理家庭和公司的爆发式增长的借贷而取得相关费用都提供了史无前例的机遇。

表15—7　美国商业银行：权益资本和资产的收益率，1949—2004年（％）

	1949—1959年	1960—1969年	1970—1979年	1980—1990年	1991—2000年	2001—2004年
权益资本收益率	9.2	10.5	11.9	9.7	13.2	13.4
资产收益率	0.7	0.8	0.7	0.6	1.1	1.3

资料来源：Federal Deposit Insurance Corporation，on-line at http://www.fdic.gov/hsob。

在1990—2000年间的长期经济周期中，商业银行的资产回报率比战后其他比较的时期高出1/3，权益资本回报率高出12％。在1994—2000年间，金融部门的总体利润率包括获得的利息，已经翻一番，占这些年里支付利息之后的公司总利润增长额的75％。金融利润到1997年时占总体公司净利润的30％，在三年之后的2000年几乎达到40％（见图15—5）。

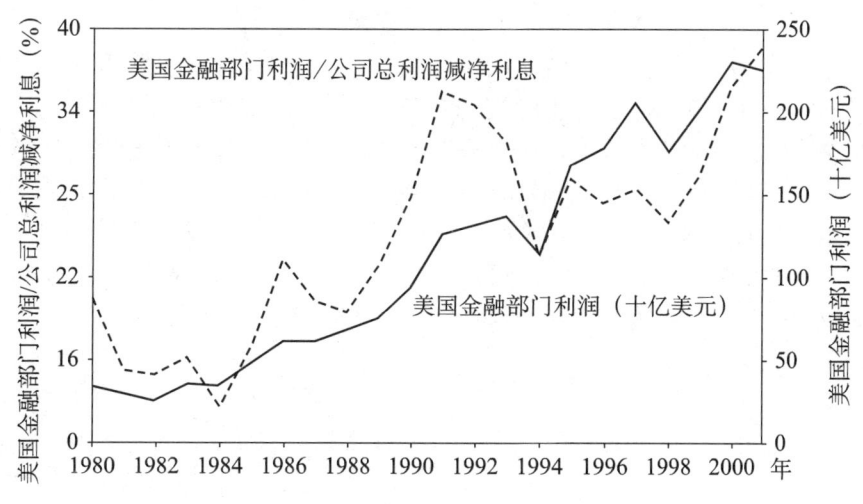

图15—5　美国金融部门的利润，1980—2001年

资料来源：参见本书附录Ⅰ关于利润率部分。

在1995—1997年间是下面两个时期的重叠和转换的短暂时期：在1993—1997年间以制造业为主的利润率复苏在经济层面恢复达到顶点，以及在1995—2000年间证券市场推动的扩张导致新经济繁荣和利润率危机的时期。由于美元升值的滞后效应，制造业利润率恢复一直预示着经济的动力。同时，资产价格膨胀的财富效应也为它自己提供动力。所以，经济所表现出来的活力是几十年所未见的。制造业部门并不可能阻止它的利润率上升，而是企图使它不下降。制造业出口增长继续提高，在1997年达到13.5％的最高点，推动制造业产出的不断加速增长。但是，最根本的是非制造业部门的利润率的显著增长，它在长达十年的衰退之后突然增长了18％，因为实际（产品）工资增长突然超过了生产率增长,而这又是由于上述的非制造业生产率的上升而工资持续停滞所产生的。非制造业生产率在这个时候增长似乎可以归因为这个部门的产出的增长率和它的资本—劳动率的提升,而它们本身最可能由以制造业为主的复苏、证券市场繁荣的财富效应不断增长以及美元升值之间相互推动来解释。为了完整表达,我们必须强调尽管它的生产率增长只是比制造业部门的一半略高一些,但是,非制造业部门在这个时期的繁荣所带来的结果是非制造业部门的单位劳动成本每年上升1.3%,而制造业部门的单位劳动成本每年下降1.5%。非制造业利润率快速上升,而制造业的利润率趋平,因为非制造业部门不受竞争激化的影响,而竞争激化则抑制着制造业,同时非制造业受益于美元升值,而美元升值则对制造业的回报产生向下的压力。特别是由于美元升值,非制造业在1995—1997年间平均每年以2%的速度提高价格,而制造业被迫以0.45%的速度降低其价格。

在1997年,随着制造业利润率仍然受到阻碍,而非制造业利润率快速增长,私人经济的利润率总体上在近30年里首次达到1969年的水平。美国经济迎来了在最近的记忆中所没有的繁荣,并且推动世界其他国家随之发展起来,走出了20世纪90年代前半期的阴影,进入到繁荣扩张的时期。三个主要的地区性的资本主义集团,再加上东亚,在很长时期后第一次都快速增长。美国和世界经济似乎将要重新回到它们在20世纪60年代的繁荣景象。但是,原来这是一个幻想,因为国际繁荣的基础已经在瓦解。

从国际危机到高技术狂热

随着上升的美元和宽松的借贷从1995年起提高美元资产的价格和美国经济增长,同时国际过剩产能和利润率下降的重担从日本和德国转向美国,类似的力量也对东亚经济同时产生同样的影响和带来类似的模式,从而引发一连串的可能最终打击美国本身的危机。在这个十年的前半期,东亚经济达到其战后发展动力的高潮,美元贬值为美国制造业利润率复苏开辟道路并放大了它们的增长,大量的投资在美国周期性衰退之后涌入到这个地区以寻求更高的收益。同时,随着日本衰退的加深和日元继续其惯性上升,日本的跨国公司大大增加在东南亚的外国直接投资和随之产生的大量日本金融资本,后者大量扩张是通过日本银行提供大量廉价信贷,目的是在泡沫的基础上使经济再膨胀起来(许多泡沫通过"套息交易"的形式又重新回到日本)。

到1996年,东亚(不包括日本)的总资本形成(capital formation)——公司、政府的资本数量,以及住房投资——已经比1990年的水平几乎增长300%,与之形成对比的是日本和美国增长略高于40%,欧洲增长只有10%。

在这一年，东亚（不包括日本）的投资占这四个地区加起来的投资的 18% 以上，是它在以前 6 年所占份额的 3 倍。但是，到此时，东亚具有历史意义的长期繁荣的基础（像美国繁荣的基础一样）正在恶化，因为这个地区的国家货币突然大幅升值，而这又是与美元在"反广场协议"后升值和东亚本身在过去十年里大大推动的国际过剩产能加剧相联系。[27]

日元在 1995—1997 年间大幅贬值 60%，在此之前中国人民币在 1994 年贬值和墨西哥比索在 1995 年贬值，日元的大幅贬值使东亚新兴工业化国家和"亚洲四小龙"置于更加困难的境地——受到来自中国和墨西哥制造业者与日本新加入竞争的生产者之间竞争激化的挤压，中国和墨西哥的制造业者加速向国际市场出口低端的商品，而日本新加入竞争的生产者则确保它们在高端商品中通常所占据的重要地位。这些地区的工厂和设备在过去几年里的巨大增长曾经导致利润率的快速增长，现在突然变为过剩的积累，这是国际过剩产能与该地区的国家货币快速升值相结合的结果。在 1992—1995 年间，韩国是这个地区的主要经济体，它的年度名义出口增长 67%，到 1994—1995 年它的制造业利润率已经升至自 1988 年以来的最高点，是 1991—1993 年平均值的两倍。但是，随后发生的变化也不会特别令人感觉到突然。在 1996 年，随着出口价格和出口价值下降，韩国制造业的利润率在 1997—1998 年间下降 75%，快速跌入相反的情形中。[28]

但是，像美国一样，即使制造业的利润率下降，但是资产价格快速上升。由于它们的出口在 1995 年快速上升，东北亚地区新兴工业化国家的贸易和经常项目盈余都在上升。当政府将这些转变为本国货币时，它们会增大国内货币供给，减小借贷成本。所以，土地、住房和资产价格到 1995 年被迫上涨。令人不可思议的是，当它们的制造业经济受到本国货币突然升值的影响而下降时，资产价格的上升却在加速，从国际角度看这一地区的汇率不断上升扩大了资产价格上升，同时随之出现的国外投机资本流入进一步推动了它的上升。因为美国资产价格已经升到了难以企及的高度，东亚的资产价格的泡沫也随之膨胀起来，甚至随之东亚制造业产品出口繁荣的基础已经瓦解。

利润下降与资产价格上升之间不断脱节是不能持续的。因为出口汇款（export remittances）大幅下降，东亚生产者发现归还贷款更加困难。从 1997 年开始，韩国的大型集团（往往是金融—工业联合企业）相继破产。预计到贷款从此将更难撤出，投资者们就放弃了这个地区，并且以更快的速度撤出资金。所以，资产价格开始下跌，而这又加速了资金的流出，不久就对本地区的货币产生向下的压力。但是，贬值对于这个地方的货币来说，只能提高外债的美元价值，使它们偿还起来更加困难。中央银行提高短期利率，旨在阻止资本的大量外流和地方货币崩溃。但是，这会导致依赖于从中央银行借贷的金融机构走向破产，导致资产价格的崩溃和资本恐慌性出逃。在1997年，东亚经受资本流入净下降1 050亿美元，从1996年流入930亿美元到1997年撤出120亿美元，这个地区进入到惯性下降状态。

东亚危机爆发于1997年夏季，并在下一年恶化。到1998年，资产价格继续下降，并且随着大量资金流出这个地区，东亚的货币崩溃，这些国家的商品价格也随之下降，对世界其他地区产生直接和间接的巨大压力。在1998年夏季，东亚危机扩散到不发达国家。在8月，俄罗斯政府拖欠债务。巴西经济不久开始衰退。资本主义世界体系的核心现在受到威胁：不仅日本经济没有从衰退中走出来，而且美国经济享受着巨大的、非常不稳定的繁荣。

日本从"反广场协议"所引发的日元大幅贬值中受益。在1995—1997年间，出口繁荣起来了。受到压抑的制造业的利润率因此开始上升，资本积累也是如此。制造业投资在1992—1994年（包括1994年）平均每年以14%的速度下降，但是在1995—1997年（包括1997年）平均每年以11%的速度上升。日本经济受到出口增长的推动，似乎回到了健康状态。[29]

但是，日本的恢复本来就是脆弱的，并且最终是不可持续的。日本的经济当局在这十年的前半期运用大量赤字支出来推动经济从衰退中走出，现在急于修正已经深陷赤字的政府收支平衡状况，过高地估计了周期性上升的力量。它不仅突然削减了政府支出的增长，而且在1997年3月大力推行一种新的增值税。结果形成对需求的打击，从而引起增长的大幅下降，而政府即使在经济陷入衰退时，也不愿意推动新的预算赤字来启动经济而使情况更加恶化。同样地，从日本公司到这时面临的形势看，政府以放松货币替代财政赤字来刺激经济，并不完全足以重新启动经济扩张。[30]

当巨大的土地和资产的泡沫在1990—1991年破灭时，它使日本经济背负着大量的过剩产能，并且资产价格快速上涨曾经推动的投资浪潮所形成的生产能力也落伍了。但是，随着出口增长在1991—1995年间每年下降到2.5%（日本似乎更难以克服生产能力过剩的困难），日本的政治经济学就是要压抑消费和进口，支持投资和出口，目的是加速生产率增长。在这个过程中，它取得了前所未有的成功，但是生产超过国内市场的商品和服务的趋势也不可避免地具有副作用。过剩的产出推动日本出口在制度层面上的增长，而这又会加快经济增长，特别是通过形成规模经济来加快经济增长，但是，它也导致经济依赖于出口来解决相对于国内需求的过剩产能问题。然而，当出口下降，过剩产能问题就显现出来，经济在结构上并没有准备好来应对这种情况。这是因为，多重机制都最终由国家来保护，不仅会阻止主要的公司和银行破产，而且阻碍它们裁员。在这方面，日本经济正好是与美国相反的另一个极端：美国的政治法律制度使破产对公司来说不仅是很少可以规避的，而且也是不怎么费力的，而日本很少使公司破产，即使要破产也对解雇的员工进行限制。因为，在日本，不能轻易通过免除责任和解雇工人的推动将生产方式和劳动从没有利润的行业重新配置到有利可图的行业，它倾向于通过现存公司和行业组织重新配置到新行业或者进行新的投资。但是，新的投资在增长下降的背景下并不容易发生，更不说在衰退时候——这时公司被迫承受着保持过剩产能和劳动力数量而使利润率下降更加恶化的压力，并且使投资更难以进行。它需要扩大需求，再一次对出口增长进行补贴。正是日本经济不能充分地清除过剩产能或者推动出口繁荣，注定了它在20世纪90年代要走向停滞或者更糟糕。

日本公司面对在20世纪80年代后期的泡沫经济期间增加的过剩产能，而在1995—1997年间投资膨胀又使情况更加恶化，所以，它们现在痛苦地努力削减过剩产能。为了降低它们的劳动力，它们被迫在很大程度上依赖于退休，很少运用解雇的办法，结果过剩的劳动力仍然在工作，根据估计，到1998年过剩劳动力所占比例超过10%。同时，过剩的工厂和设备也处在战后时期的高点，而制造业中生产能力的利用远远低于以前30年的平均水平。同时，随着行业不可避免地出现过剩产能的上升，公司背负着长期债务的重担，这些债务很多是由泡沫所推动的投资大幅膨胀引起的，但是随后几年它几乎没有什么下降，原因在于产出和利润增长乏力没有使它下降。结果是到1998年，资产的回报率只有2%，不到1991以前的15年里的平均水平的一半。根据经济合作与发展组织估计，为了将回报率提高到1991年以前的15年里的平均水平，日本的资产必须削减47%。[31]

在过剩产能推动利润率大幅下降的情况下，并不令人奇怪的是政府降低利率并不会刺激资本积累，相反引起"套息交易"的大大复苏，因为大量货币是以极低的利率借走日元，然后转换为美元，离开这个国家，投资于美国证券或其他资产。但是，降低借贷成本加上大量资金流动，确实使日元对美元的汇率下降，这也是在历史上使经济出现转折的最可靠方式。在过去不长的时间里，日元贬值成为经济振兴的可靠途径，因为它使日本出口商能够更好地进入美国市场，并且它在1995—1997年政府转向宏观经济紧缩之前，再一次使日元贬值。但是，事实是日本经济在1985—1995年间已经通过降低对美国市场的依赖和将投资、贸易和银行借贷的重心重新转向东亚，这些抵消了日元不受遏制的升值。在1985年，日本将40%的出口输往美国市场，但是到1996年只有29%。在同一个时期，日本出口到东亚的产品总额从占其总额的19%增加到

37%。具有讽刺意味的结果是,在"反广场协议"后,正当日元下降恢复日本出口的竞争力和提高重新增长的希望的时候,它使东亚制造业的危机恶化,从而也摧毁了经济复苏的最终基础。在日元下降的推动下,日本出口商在国际市场削弱了东亚出口商,并且日本制造业者也在日本国内市场抑制了东亚出口商。从1997年春季开始,日本银行将货币像当年进入到该地区时那样快地从这个地区撤出,因为东亚制造业利润大大下降,前两年已经膨胀起来的资产价格泡沫开始破灭。日本的主要市场——当然,到现在还是东亚——瓦解了。在1998年,日本向这个地区的出口下降30%以上,导致日本整个出口下降。[32]

现在,利润水平大幅下降,生产能力的利用和投资增长也是如此。随着1998年GDP增长为-2.8%,日本经济并没有真正从1991—1995年周期性大幅下降中恢复过来,陷入到战后时期最严重的衰退,为已经步履蹒跚的东亚经济带来另一个致命打击,而这一打击又回弹到日本本身。在1995—2000年间,制造业的平均利润率在1990—1995年间的平均水平基础上又进一步下降15%,到1998年、1999年和2000年达到它战后的最低点。毫不奇怪,在这5年里,日本GDP、资本存量、实际工资和就业水平增长是自第二次世界大战以来任何可比较时期中最糟糕的(见图15—6)。

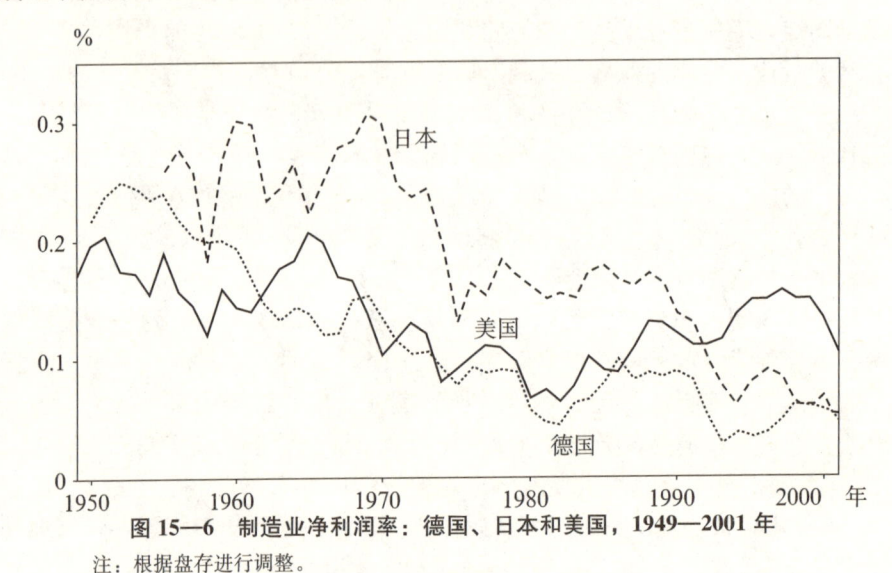

图15—6 制造业净利润率:德国、日本和美国,1949—2001年

注:根据盘存进行调整。

资料来源:参见本书附录Ⅰ中关于利润率的部分。

美国经济也没有逃脱东亚的拖累。在1998年,随着美元持续升值,东亚市场收缩,东亚的亏本销售(distress sales)在国际市场上不断扩大规模,美国商品出口每年的增长速度滑落到几乎为零(0.6%),而前一年它达到13%以上的顶点。公司利润（净利息）早在 1997 年第四季度开始下降，到 1998 年第二季度已经从它 1997 年第三季度的高点下降（以年度为基础）了 900 亿美元，或者说下降了 13%。标准普尔 500 指数（S&P500）从 1995 年末开始到 1998 年 7 月已经翻一番，由于储蓄下降，来自东亚的威胁显现出来，它正是从这个半年开始突然改变方向，到俄罗斯无法偿还到期债务的时候，已经下降 20%，财富效应几乎消失，所以使经济扩张时期结束。到 9 月末，一场主要的危机开始了，其信号就是相对安全的美国国库所发行的债券的利率与更大风险的公司债券和给第三世界的贷款的利率之间的差异开始扩大。以它们自己的名义运行的对冲基金和投资银行的投资，二者都极为倾向于受到杠杆的调节——也就是，严重依赖于借贷——它们都遭到重创，损失没有披露但十分巨大。[33]

最低点出现在 1998 年 9 月 20 日，当时巨大的"长期资本管理公司"（Long Term Capital Management，LTCM）对冲基金向当局承认它正面临着灾难性的损失。国际金融制度似乎正在凝固。但是，在这个关键时候，美联储介入此事，促使 14 家华尔街银行和经纪行形成一个联盟以组织一个针对"长期资本管理"对冲基金的 36 亿美元拯救计划。美联储对一个非银行的救助行为的理由是，如果它不行动，国际金融制度的偿付能力就会被置于危险的境地，借贷市场会失灵。[34] 为了稳定形势，美联储随之在短期连续三次降息。为了防止人们没有得到它所传达的信息，格林斯潘在 1999 年前半年一次又一次地以肯定的语气宣称，信息技术已经推动了美国经济的转型，特别是它能够产生利润。[35] 在 1999 年 11 月后期，他运用国际计算机网络在进入新千年可能崩溃的理由，将充足的流动性引入到制度中，旨在降低联邦基金利率，银行相互借贷的利率从 5.5% 下降到 4% 以下，所以使借贷的短期成本得到前所未有的快速下降。[36] 这就像往熊熊燃烧的火中加上汽油。

美联储的一系列干预措施和格林斯潘赋之以定心丸的效果是振奋人心的。它不仅仅挽救了市场，而且推动它们步入正轨。在 1998 年秋季到 2000 年春季之间联邦利率下调的短暂时期，标准普尔 500 指数从 1997 年夏季开始收复了失地，并且上升了 50%。当然表现最突出的是高技术和互联网主导的纳斯达克指数（NASDAQ），它在 1998 年秋季和 1999 年 5 月间翻一番，并且在 1999 年夏季的短暂平静后，从 1999 年 10 月到 2000 年 3 月又翻一番。新经济之外的股票价值从 1998 年 10、11 月到 2000 年 3 月基本上持平，资产价格在泡沫的最后和最狂热的阶段的快速上涨从征兆上看完全是由技术、传媒和通信股票的表现引起的。[37]

资本市场的新起飞刺激了 20 世纪 90 年代长期扩张加速走向顶点。在 1997—2000 年中期之间，GDP 增长加快，这与以前相比在更大程度上是由资本积累的加速推动的，而资本积累的加速本身依赖于资产价格大幅上升的财富效应。在这期间，不管是制造业的非住房投资（就是投资于工厂、设备和软件）还是非制造业的非住房投资，其增长率已经在1993—1997年间上升，达到十年来的最高点，分别为11%和14%，同时，非住房投资对GDP的贡献上升到37%这一战后的高点。所以，在1995—2000年间，制造业部门比战后任何可比时期都更快地增加它的生产能力，达到几乎每年增长7%。

最后，正如在1995—1997年间一样，美国经济现在在它的最后阶段以更大的力量使世界其他地方从衰退中走出，推动了新的全球高涨，特别是东亚的高涨。因为美国出现加速增长，同时美元继续升值，所以美国国内供给越来越在更大程度上落后于美国的需求。到2000年，总的国内购买力增长比总的国内产出的增长高出25%，所以必须增加进口来填补这个差额。随着美国的一般投资和特别是高技术工厂和设备支出的快速增长，投资品进口比消费品进口高出20%。由台湾地区和韩国以及新加坡为主导的东亚生产者增加它们的通信和配件的出口，很快渡过了它们的地区危机，如若不然，后果是不可想象的。日本遵循类似的路径走出了它的衰退，这不仅得益于美国对高技术资本和中间商品的需求，而且得益于东亚经济的危机最初进入到衰退，但是现在紧跟美国的浪潮正在走向繁荣。在1998—1999年的两年中，日本向东北亚新兴工业化国家和"亚洲四小龙"的出口与1997年相比，平均每年分别下降17%和33%。但是在2000年，日本向这两个地区的出口上升了20%。最后但不是最不重要的一点，西欧本身从停滞中走出来了，这受到它的德国这个发动机的推动，这个发动机像往常一样是通过向美国市场出口特别是汽车和机床出口找到走向复苏的道路的。在2000年，世界上的其他地方借助美国复苏，向全球繁荣的方向发展，但是，它们只是骑在老虎的尾巴上。[38]

当世界其他地方只能吸引非常有限的美国出口的时候，吸引创纪录的商品进口只能推动美国贸易的爆发式增长和经常项目的赤字。在1993—1997年间，正当美国经济快速增长时，经常项目赤字增长了，但是增长缓慢，因为美国的竞争力仍然较强（特别是因为货币升值的影响只有到后来才能感觉出来）。在1997年，对GDP的百分比来说，它只是1986年创纪录的水平的一半。但是，在1997—2000年的短暂时期里，受到美元重新估值和东亚危机的影响，经常项目赤字增至原来的3倍，其中贸易赤字刷新纪录地增长到原来的3.5倍。贸易赤字的爆发式增长的根源在于制造业贸易赤字的大幅上升，它上升了2.5倍，大约占外贸赤字（石油的贸易赤字的上升可以解释其他大部分赤字的原因）的70%。贸易赤字的增长并不必然是有问题的，因为它仅仅是由于一个国家的赤字增长快于其贸易伙伴。但是，在这种情况下，正如

20世纪80年代前半期，当时债务和资产价格的类似的快速增长促成了类似的经济类型，现在，贸易和经常项目赤字的上升是在国际制造业过剩进一步恶化的背景下出现的，并且受到美元重新估值的推动，美元的重新估值与东亚危机及随后出现的货币贬值导致进口失控和出口困难。这些外贸赤字因此引起对制造业利润的向下的压力，使制造业部门不可避免地出现危机。正如20世纪80年代前半期一样，东亚制造业经济体（包括日本）为制造业竞争力下降承担大部分责任，占1997—2000年间制造业贸易赤字的绝大多数比重。

最后，一个无法摆脱的事实是推动美国最后一个阶段扩张的投资和消费的爆发式增长——以及它所引起的生产率增长——在很大程度上依赖于借贷的增长，而这本身又是脱离实际的公司利润由投机推动的资产价格大幅上升所引起的。不是没有发现最具有发展前景的经济扩张领域，并将资金投入其中——正如在美联储和经济顾问委员会所编的故事一样[39]——放松管制的美国金融机构忽视具有根本性的微薄的公司利润，并推动将资金错误地配置到表面上的高技术的资产，所以反过来同样将新工厂、设备和软件错误地引导到过剩的制造业和相关行业，特别是信息技术行业。这种行为背后的逻辑在于金融市场运行中不可能受到来自于正统经济理论所想象的特殊约束。资产价格从1995—1996年开始上升，基金经理购买时受到沉重的压力，即使从证券价格与利润之间的差距不断扩大的角度看，他们也怀疑购买证券的可行性。这是因为判断他们和他们的雇主付给他们报酬的标准就是他们投资的（短期的）利润水平。如果基金经理拒绝购买证券特别是新经济公司的证券，他们就不会取得（短期的）收益，而他们的竞争对手随着股票价格上涨而盈利，这样，他们自己就有失去工作的危险。同时，即使从长期看，他们购买的资产贬值了（资产也确实贬值了），他们也不承担责任，因为他们的许多竞争者都做了他们已经做的同样的事。凯恩斯的著名的"选美博弈"（beauty contest）驱使着内在的投机过程：为了使利润最大化，这些金融界人士只能将他们的投资决策建立在他们关于所有其他人在短期都决定购买和卖掉什么资产的最好判断的基础上，而不是建立他们自己关于这些资产的内在长期价值评估的基础上。当然，这些规则形成金融市场中羊群行为（the herd behavior）的特征……以及随后在很大程度上快速出逃的动力，因为美联储就是推动证券市场走向自我纠正，同时为市场明显的非理性提供一个基本规则。

金融投资的大量错误配置明显体现在公司资产价值与资产收入之间的前所未有的巨大差异，特别是高技术产业。在1997—2000年间，也就是在股票价值的向上爆发的最后狂热阶段，公司总的税后利润从绝对角度看惊人地下降20%，甚至当纽约证券交易的指数（the index of the New York Stock Exchange）上涨50%的时候（见图15—4）。在美联储进行经济救援之后，技术、媒体和通信（TMT）等行业的股票价格在1998年11月和2000年3月间比这些行业的利润上涨快4倍以上。[40]工厂、设备和软件的大量错误配置体现在制造业已经存在的过剩产能和利润率下降问题的恶化上，特别是它进一步延伸到新经济的核心地带——计算机和微芯片，以及电信及电信配件。信息技术只占GDP的8%，却惊人地——并且相当不可持续地——在1995—2000年间占到总GDP增长的33%。在信息技术部门，通信和为它提供配件的行业的增长占了很大比例。它们最多在GDP构成中占3%，在1996—2000年间惊人地增加了331 000个岗位，在2000年它们占到整个经济中设备和软件投资增长的25%。1999年，信息技术设备和软件的支出占到企业的总的实际设备和软件支出增长14%中的11个百分点。在1995—2000年间，将计算机、通信设备和半导体的生产能力加起来增长到原来的5倍，在这个过程中占制造业总体在这个5年里生产能力创纪录增长的一半。

由于最后一个阶段的资产价格泡沫推动制造业投资增长的快速上升，制造业生产率在1993—1997年间平均每年增长4.6%，在1997—2000年间仍然进一步增长5.5%，与其形成对比的是在1985—1995年间增长2.9%。在这个基础上，尽管制造业的名义工资增长在同一个时期平均每年上升5.45%，而在1995—1997年间只增长1.6%，然而，制造业者能够使平均每年的单位劳动成本增长不上升。然而，这种努力并不足以使制造业利润在失控的美元以及美国和国际制造业过剩产能不断恶化的压力下不萎缩，美元继续以平均每年5%的步伐上升，而东亚金融危机则使国际制造业过剩产能更加恶化。在1997—2000年间，以美元计算的世界出口价格平均每年下降4%，美国制造业平均每年出口增长在5%以内，而在1993—1997年间为11%。即使这样，人们仍然可能会预测，随着美国个人在同一时期对（制造业的）耐用品消费每年平均以12%的惊人速度增长（而在1993—1997年间为5%），美国需求的扩大足以保持制造业部门的繁荣。实际上，由于国际竞争的恶化和美国及世界范围内过剩产能的增加，美国制造业部门的生产能力利用率在1997—2000年间实际在大幅下降。同时，美国制造业产品价格以每年平均1.25%的速度下降，甚至比单位劳动成本下降得还要快，所以挤压了利润。因此，制造业的利润率在此期间下降15.5%（见图15—7和图15—8）。[41]

由于最后阶段的资产价格泡沫的财富效应扩大，在技术上始于1991年3月的20世纪90年代周期性扩张能够持续历史上不曾有过的长达10年的时间。随着就业在这个时期的不断增长，它在1991—2000年的9年间每年平均增长率只是大约2%，工资最终必须要打破其麻木状态，并且在1997—2000年间这一状态确实打破了。但是，它只能将这个困难转嫁给制造业之外的大

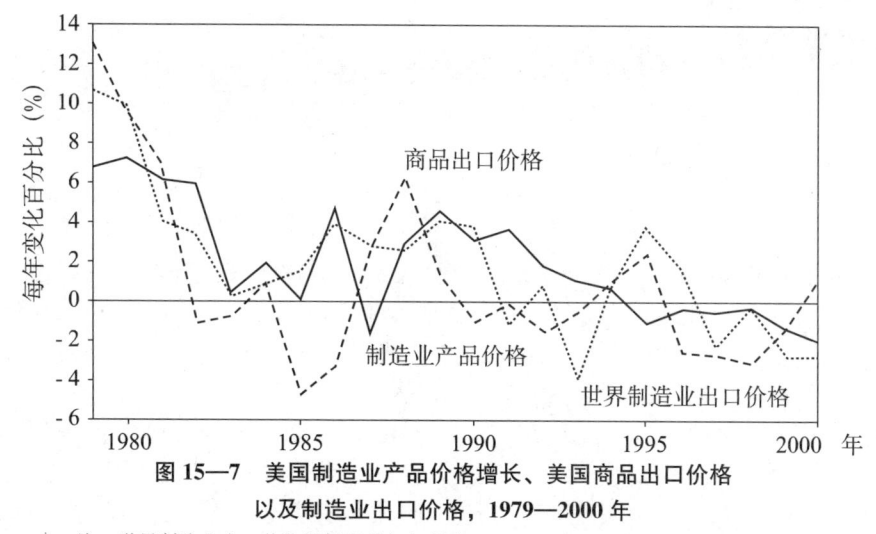

图 15—7 美国制造业产品价格增长、美国商品出口价格
以及制造业出口价格，1979—2000 年

注：世界制造业出口价格根据贸易加权得出。
资料来源：Courtesy of IMF；BEA NIPA and GPO By Industry。

量经济部门。在1973—1995年间的长时期里，非制造业雇主不仅仅企图使实际工资不上涨，而且不断依赖于此，因为非制造业的生产率增长特别缓慢。在1995—1997年间，由于生产率增长的加速，非制造业部门暂时打破了这种胶着状态。但是，因为非制造业部门的生产率增长至今是很低的，它在这两年里比以前十年的速度提高了一倍，也只达到每年增长1.7％。这足以使非制造业的利润率在这么短的时期里提高1/5，但出现这种情况只是因为工资增长继续滞后。在1997—2000年间，非制造业的生产率增长进一步提升，几乎达到每年增长2％，这是因为非制造业的产出和资本存量的增长进一步加速，非制造业的产出和资本存量的增长本身是受益于资产价格上涨和进口商品价格下降，而它们则是导致制造业受到重创的美元升值造成的。但是，在同一时期，劳动力需求的不断增长最终导致非制造业部门打破束缚，实现工资增长。非制造业实际补偿在1993—1997年间每年下降0.25％之后，突然每年以3％的速度增长。因为非制造业的生产率的增长仍然受到限制，所以单位劳动成本在1997—2000年间以2.8％的速度增长，比以前利润上升的那些年快了75％。尽管非制造业者从美元升值中受益和最大限度地规避了国际竞争，能够每年提高价格1.6％，而制造业者由于同样的货币升值和世界范围的过剩产能而受到挤压，必须在同一时期以每年1.25％的速度降低价格，但是，非制造业这么快的提高价格也不能足以阻止它们的利润率下降。甚至当新经济似乎升到难以企及的高度时，低工资经济的结构性制约将非制造业部门又拖回到低点。在1997—2000年间，非制造业部门的利润率下降18％，再加上制造业部门的利润率下降 15.5%，它们引起整个私人经济部门的利润率下降 16.5%。一方面是经济增长加速和资产价格大幅上升，另一方面是利润率下降，随着二者之间的反差越来越大，由泡沫所导致的繁荣达到终点也就只是一个时间问题了（见图 15—8）。

衰 退

从 2000 年 7 月开始，公司报告的收入不断恶化加速了证券市场的崩溃，随之因为发生财富效应逆转和暴露了由泡沫推动的繁荣所留下的双重后遗症即大量过剩产能和堆积如山的公司债务，从而引发了剧烈的周期性衰退。随着公司的市值大幅下降，它们发现不仅更难借贷或发行新的股份，而且这样做也没有什么吸引力，特别是从利润下降和破产威胁增加导致它们企图修复受到债务过度拖累的平衡表。它们购买的工厂、设备和软件远远超过了能够使之有利可图地运转的水平，它们不可能打算增加生产方式或劳动力，而是或者被迫降低价格，或者使更多的生产能力闲置。不管采取何种方法，它们会使其利润率进一步下降。随着利润和借贷都更难以得到，岗位、新工厂和设备的增加都不可避免地受到遏制，从而削弱投资和消费需求，进而推动它们之间自我维持的螺旋式下降。一般说来，利润率的危机引发了总需求的危机。

世界的其他地方也随着美国下降。正如证券市场最后的冲高不仅使美国而且使整个世界从 1997—1998 年国际金融危机中走出来，从而引发短期的超级繁荣一样，美国资产价格和投资的崩溃也使这个过程发生逆转。由于经济很快失去动力，美国进口下降，结果是日本、欧洲和东亚像美国一样快地失去了动力，而发展中国家特别是拉丁美洲在短暂的蜜月之后重新进入危机。世界经济衰退的相互强化过程释放出来，问题更严重的是在过去 20 年里面对国内需求停滞的、经济以出口为导向的世界其他一些地区——因此必须向美国国内市场出口。因为世界其他地方失去了美国这个发动机，进一步陷入了衰退，所以美国只能靠自己来启动全球大多数经济所依赖的经济复苏。

在制造业部门可以找到这场风暴的动向，因为它的过剩产能是一直伴随着它的。制造业 GDP 在 2000 年增长 4.7%，而在 2001 年这一年就下降 6%；生产能力的利用下降 7.1%；以小时计算的就业下降 5.4%。传统行业如服装、纺织和钢铁受到重创，与非制造业密切相关的行业如商业服务也是如此。但是，问题的关键可以在高技术行业——微处理器、计算机、通信部件和半导体中寻找——这些行业看到在前五年增加的大量生产能力的利用突然大幅下降。1999—2000 年，计算机、通信设备和半导体的生产能力利用达到 85.9%；到 2001—2002 年，下降到 59.7%。分析纳斯达克证券指数的 4 200 家公司这个新经济的摇篮，就可以看到高技术危机是极其深远的。这些公司从2000年7月1日起的12个月里报告的损失达到1 483亿美元。这比它们在从1995年到2000年的整整5年里所实现的总利润（1 450亿美元）还要多一些。正如一个经济学家挖苦地说："从事后看，它意味着20世纪90年代后期从来没有发生什么。"[42] 对新经济繁荣来说在很大程度上就是如此。

2001年，制造业部门的利润率总体下降21.3%，比它在1997年最高点低1/3。而处在面临国际竞争的所有高技术行业以及大多数主要行业的交汇点的制造业耐用品部门的利润率下降了30%，比1997年低46%。在1997—2001年间，随着公司债务大幅上升，制造业净利息占制造业净利润的比例从19%上升到40.5%，创战后的新高。所以，到2001年，制造业利润在支付利息后已经比它在1997年高点下降了44.4%。

相反，制造业之外的经济——既没有受到制度层面上的过剩产能的困扰，也没有受到国际竞争激化的影响，而是继续受益于高估值的美元——在衰退过程中很大程度地保持自己的发展。从长远看可能是最重要的，非制造业的雇主们利用与衰退相伴产生的劳动力市场突然疲弱，降低实际补偿的增长，实际补偿从2000年增长3.2%下降到2001年增长1%。并且，它们通过保持实际产出大约增长2%，成功地使生产率大约增长2%，并且略微减少了它们的劳动力。并且，与制造业价格下降0.4%不同，非制造业价格上升2.4%。结果是非制造业部门利润率在2001年并没有遭受进一步下降。另外，因为制造业部门的利润率下降，整个私人经济的利润率也下降7%，从而使它在1997—2001年间总体下降21.5%（见图15—8）。

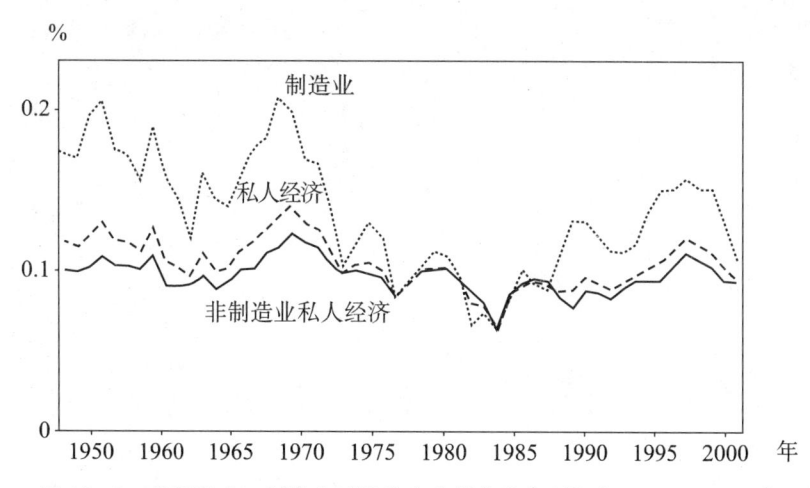

图15—8　美国私人、制造业以及私人非制造业净利润率，1948—2001年

注：根据间接营业税和存货进行调整。

资料来源：参见本书附录Ⅰ中关于利润率的部分。

正如人们所预料到的,雇主力图通过大幅降低它们的生产成本和支出来恢复利润率。制造业是过剩产能主要集中的地方,所以可以理解的是大部分削减的成本和支出都发生于这个部门。整个经济的购买力大幅下降是不可避免的结果。在2000—2003年间,制造业的产出基本上持平。生产能力的利用从1995—2000年的81.5%下降到2002—2003年的73.6%,比战后时期除1982年和1975年以外的任何年份都低。制造业投资增长也在2000—2003年间大幅下降,在2004年仍然比它在2000年的高点低5%。所以,制造业的资本存量在2000—2004年间根本没有增长,使整个私人经济的资本存量的平均每年增长率下降至1.9%,比它在20世纪90年代后半期的一半还要低。首先,制造业大幅降低雇用人员数量,在2000年7月到2004年7月间削减了298万个制造业职位。这是同一时期整个私人经济部门所削减的职位的150%,也意味着制造业之外的经济实际增加了职位。在它处于最近的顶点的1997—2004年之间,制造业就业(以小时来计算)整整下降1/5。制造业的总的实际补偿(平均每个雇员的实际补偿包括津贴,乘以就业人数)在1995—2000年间平均每年增长3.8%之后,在2000—2003年间平均每年下降3.1%,占私人经济在这个时期所出现的总体实际补偿下降的大部分。最后,制造业出口在2000—2002年间下降12%,在2003年仍然比2000年的水平低大约10%;这种下降也是这些年里总体商品和服务出口下降超过100%的重要原因。制造业净出口——出口减进口——占美国在这个时期净出口下降的全部。这些主要经济指标的下降——即在制造业产出、就业和净出口,以及制造业投资增长率的下降——给总需求以沉重打击,如果其他情况都是一样的,这种打击将经济拖入深深的、不断扩散的衰退中。

房地产价格泡沫推动经济好转

在2000年中期和2001年中期之间,GDP和投资增长分别跌至-1%和-5%,而在之前的12个月里它们分别为5%和9%。在整个经济中总的实际补偿(平均每个雇员的实际补偿包括津贴,乘以总的就业人数)增长,在2000年大幅升至4.6%,而在2001年回落到零以下。实际的商品和服务出口在2001年增长8.7%,而在2001年跌至-5.4%。经济已经进入到下降时期。可以想象,美联储可能会使不断恶化的衰退继续下去,使经济自身来清除它庞大的过剩产能,使资产价格找到它自己的位置。但是,随着这12个月(2000年中期到2001年中期)GDP、投资和出口增长比自1945年以来任何其他的12个月都下降得快,纳斯达克证券指数在2000年9月到2001年1月间下降40%,美联储感觉到不能冒险让证券市场和它的财富效应自由下降。为了阻止这种趋势，从 2001 年 1 月起美联储以前所未有的速度降低了借贷成本，11 次降低短期利率，在这一年里短期利率从 6.5% 下降到 1.75%——并且后来在 2002 年 11 月到 2003 年 6 月进一步下降 0.75 个百分点，达到 1% 的水平，这个水平一直维持到 2004 年中期。结果是在整整 3 年里将实际联邦基金利率降到零以下。但是，正如美联储不久后所发现的那样，相对于遏制由世界范围内过剩产能（导致投资、就业和净出口下降）所形成的经济衰退，降低利率在遏制主要由借贷紧缩形成的消费下降所导致的经济衰退（像战后所有出现过的周期性衰退一样）方面更有效。

生产方式的大量过剩和过重的债务负担使企业没有什么动力来增加就业岗位或增加对工厂、设备和软件的购买力，更不用说增加借款来这样做了（不管利息有多低）。在 2000—2004 年间，私人公司削减了 197 万个岗位。在同一时期，非住房投资平均每年增长保持在 2000 年的水平之下。非金融公司平均每年的借贷占 GDP 的百分比在 20 世纪 90 年代后半期显著上升，有力地推动了投资繁荣，但是后来快速下降，从在 1996—2000 年间略低于 4% 的水平下降到在 2000—2004 年间的略高于 1% 的水平。美联储在世界经济受到美国需求崩溃的拖累并且严重依赖于美国市场的复苏来重新恢复活力的情况下，也不指望出口来推动经济好转。甚至到 2004 年，美国商品和服务的实际出口仍然只是比 2000 年的水平高 2.2%，而商品和服务的实际进口比 2000 年的水平高 16.5%。

关于私人企业，美联储沿着一贯的路线前进，它的刺激并没有引起什么反应。所以，它就依赖于家庭及其消费。但是，因为岗位在减少，工资在下降，家庭用来增加购买的能力也在下降。到 2004 年，私人部门总的实际补偿（平均每位雇员的实际补偿，包括津贴，乘以就业人数）只上升了 2.7%，高于 2000 年的水平。美联储为了刺激经济，只能回到——或者更准确地说是继续实行——自 20 世纪 90 年代中后期以来实行的"资产价格的凯恩斯主义"。但是，这本身提出了一个问题：由于 2000—2001 年证券市场的崩溃，美联储不可像前十年那样依靠推高公司资产，从而不仅促进公司借贷和由此产生的公司投资，而且促进家庭借贷和由此产生的家庭消费。相反，它必须力图迫使按揭利率（mortgage rates）下降，使住房价格上涨，以便推动住房信贷，并以此扩大个人消费。在很大程度上由于美联储的行动，长期借贷成本确实大幅下降，住房价格快速上升。在 2000 年 6 月到 2003 年 6 月间，30 年固定按揭利率从 8.29% 下降到 5.23%，总体下降 37%。在 2000—2004 年间，住房价格实际（经过消费者价格指数调整的）每年平均上升 6.3%，而在 1990—1994 年间（这几年包括一年的衰退期和三年的恢复期）为 -0.6%，在 1995—2000 年的繁荣时期也只有 2.7%。[43] 这些变化共同构成了周期增长的基础。

在美联储通过提高不动产价值的财富效应而实施其刺激计划的同时，乔治·布什政府推行主要根据罗纳德·里根的政策而制定财政政策刺激模式，迫使国会通过大幅减税和大量增加军事支出的法案。但这些措施并不像他们所说的那样富有成效。因为减少对红利的征税占了减税的大部分，它几乎只对富人有利。所以，它的效果是更多地增加了对金融资产的购买力，而不是促进消费支出或总需求。同时，在联邦政府层面上的减税对降低受资金约束的州政府的收入产生影响，迫使其削减支出和在一些情况下增加税收，从而抵消它们实施刺激计划的许多（当然不是全面的）效果。在2000—2004年间，军事支出达到联邦支出增加额的3/4以上，并且确实推动经济高涨。即使这样，它只占到在过去四年中发生的实际GDP增加值9.3%中的1.1%。随着经济进入衰退，传统的凯恩斯主义政策无疑是起作用的，布什政府增加支出和减税确实使2004年出现了达到GDP的3.2%的联邦预算赤字，而2000年则出现达到GDP的3%的联邦预算盈余。但是，因为它们的目标不是刺激经济，而是达到增强军事力量和将收入从其他人那里转移到富人手里的政治目的，它们被证明在推动经济复苏方面只起到极小的作用。经济将必须像自20世纪90年代后期以来所做的那样，继续主要依赖于资产价格的凯恩斯主义。

家庭承担着赋予它们的保障职能。在2000—2004年间，它们利用快速上升的住房价格和不断下降的利率，将它们每年的借贷与个人可支配收入的比例提高到闻所未闻的11.8%的高位。[44]这比它在2000年资产价格泡沫顶点时高两倍还要多，比它在1985年创下的历史最高纪录几乎高20%（见图15—9）。在此基础上，实际个人消费支出以平均每年3.0%的速度增长，推动了经济高涨，并且是这四年发生的所有GDP增长的原因（见表15—8）。

由于利率大幅下降和住房不动产价格上升的财富效应而产生的对消费的巨大推动，再加上美元并没有大幅贬值，所以，在21世纪的前五年美国经济最终沿着始于20世纪最后五年的矛盾的、扭曲的双轨道。制造业部门和相关行业经受着深度的萎缩，在1995—2000年间由于证券市场财富效应所产生的对投资和消费的刺激并没有抵消制造业利润率下降的影响。形成强烈反差的是，由于住房价格上升，制造业之外的许多经济继续表现良好。这确实是因为这些行业能够对债务推动的消费支出的不断上升作出反应，或者是利用了借贷成本下降，或者是受益于住房不动产的财富效应，或者是受益于相对高估值的货币。建筑行业受益于对住房需求的史无前例的上升，继续保持创纪录的繁荣，这种繁荣到2005年已经持续了十年以上。零售贸易受到私人消费支出的大幅上升，也表现得特别优异，它的实际产出仅仅在2000—2004年这四年间就增长25%，它的利润也由于快速进口特别是来自中国的进口而扩大，而这本身又由于中国货币的汇率被低估而膨胀。类似地，旅馆业和饭店业保持繁荣。最后，健康服务部门继续保持始于 20 世纪 80 年代末的上升势头。面对制造业的萎靡不振，正是这些行业，再加上金融和不动产，承担着始于 2001 年末复苏时期实体经济在就业、产出和利润方面增长的责任。

金融部门的增长在 20 世纪 90 年代当然也承担着很大的责任，并且重新绘制了美国经济的图景。令人吃惊的是，在新世纪开始几年里，证券价格崩溃和随后出现的衰退并没有阻碍它的发展。相反，炽热的住房市场替代了证券市场，家庭替代了公司成为经济的发动机。在 2001 年中期到 2004 年中期之间，美联储使实际短期利率在零以下发挥着重要作用。银行和保险公司在抵押相关的业务、债券交易和保险业务中积累了利润，所以能够极度地繁荣，甚至在面对增长下降和公司借贷大幅下降的情况下仍然如此。随着美联储有效地保证在较长时期里不提高利率——并且后来，当它最终开始提高利率时，它以极其快的速度完成这一任务——金融机构不得不通过借入短期的便宜的资金和贷出长期的昂贵的资金，风险很少地或根本无风险地取得了前所未有的利润。在 2000—2004 年间，商业银行的净资产和资产的回报率上升到 20 世纪 90 年代创纪录的水平之上，金融部门的整体利润随之上升（见表 15—7）。随着 2003 年非金融经济下滑，金融部门的利润增长远远超过非金融部门的利润，根据摩根士丹利（Morgan Stanley）的计算，利润的增长（支付利息之后）大约占到总的公司利润的 50%。[45]

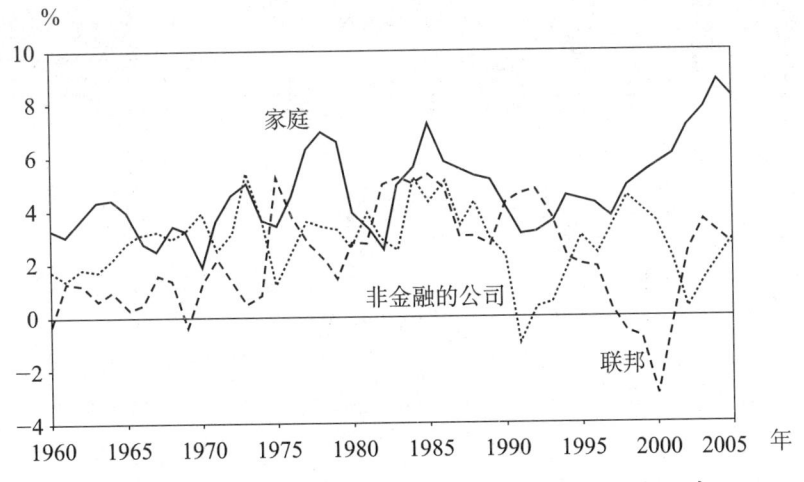

图 15—9　美国各部门借贷占 GDP 的百分比，1960—2005 年

注：负数表明剩余。

资料来源：FRB Flow of Funds, Table D.2.

自我约束的轨迹

美联储转向更宽松的信贷政策带来经济表面上的好转，更多地采用了它原来设想的方式。在 2000—2004 年间，美国私人经济部门在缩减支出而支持利润的庞大过程中，对总需求的增长贡献很少，所以通过就业、非住房投资、总的实际补偿和净出口来实现经济增长。推动始于 2001 年 11 月周期性上涨不可或缺的因素被证明是美联储带来的住房价格快速上涨的财富效应，它在提供推动经济向前发展的需求方面取代了 20 世纪 90 年代末的资产价格泡沫的财富效应。在新千年的头几年，经济增长继续遵循着与旧千年的最后几年同样的资产价格——财富效应——收入驱动的轨迹。但是，像在 1995—2000 年间一样，它这样做是通过——并且，代价在于——使金融资产泡沫扩大，形成经济失衡，从而威胁到它自身维持下去的能力。

表 15—8   驱动增长的消费

	2001 年	2002 年	2003 年	2004 年	2005 年	总计
GDP（每年变化的百分比）	0.8	1.6	2.7	4.2	3.5	12.8
各项占 GDP 增长的百分点						
个人消费支出	1.7	1.9	2.1	2.7	2.5	10.9
非住房性投资	−0.5	−1.1	0.1	0.9	0.9	0.3
住房性投资	0.0	0.2	0.4	0.6	0.4	1.6
存量	−0.9	0.4	0.1	0.4	−0.3	−0.4
商品和服务的净出口	−0.2	−0.7	−0.5	−0.7	−0.3	−2.4
政府消费支出和总投资	0.6	0.8	0.5	0.4	0.3	2.7
国家防务	0.2	0.3	0.4	0.3	0.1	1.2

注：负数表明 GDP 增长为负，正数表明 GDP 增长为正。
资料来源：BEA NIPA。

因为股票持有者通过 20 世纪 90 年代后半期的证券市场价格快速上升而积累财富，所以他们对昂贵住房的需求能力超过住房供给，推动了不动产价格的上涨。因为他们的住房价格上涨，房屋所有者就能够为他们的住房支付越来越多的金钱，并设想住房价格会像之前的资产价格一样不断上涨。当 2000—2001 年证券市场低落和新经济繁荣终结的时候，不仅美联储创纪录地降低了利率，而且主要的资金从资本市场转向了住房市场，从而使游戏继续进行下去。像证券市场泡沫一样，不动产泡沫是自我推动的，并且越来越如此，随着纸制财富的增长，推动更大住房需求的宽松的贷款以及不动产价格不断提高，这就为更多的借贷提供担保，从而推动更大的需求和更高的房价，如此循环。[46]

在 1995—1999 年间，因为资产（包括共有基金）形式的（以每年为基础）家庭财富从5.3万亿美元增加到12.05万亿美元，不动产形式的家庭财富也增加了，当然它上升得比较缓和，从8万亿美元增加到12.5万亿美元。在1999—2002年间，因为家庭资产价值几乎下降50％，降到7.3万亿美元，家庭不动产的价值继续上升到13.7万亿美元，与弥补证券市场下降还有很大差距。在随后的两年半时间里，家庭住房财富爆炸式增长30％以上，到2005年中期达到18.4万亿美元，这使家庭资产性财富（equity wealth）望尘莫及，它继续萎缩至平均10万亿美元以下。在2000—2004年的仅仅4年里，不动产形式的家庭财富增长超过50％，到2005年中期它比资产形式的家庭财富高出80％以上（见图15—10）。[47]

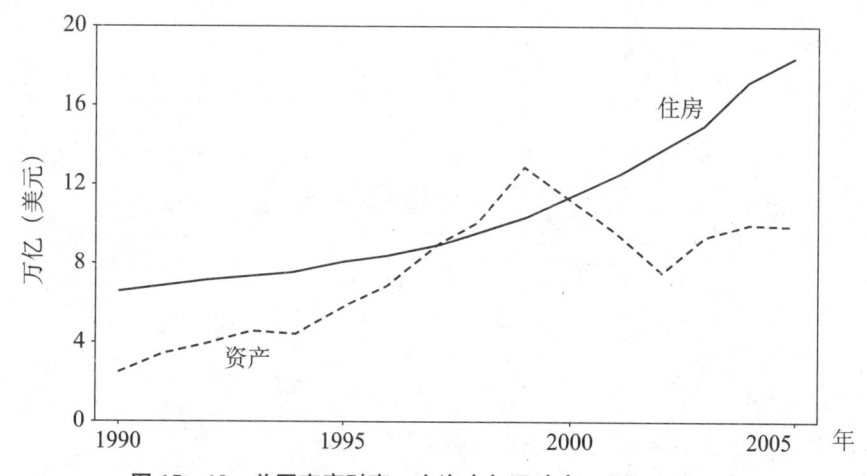

图15—10　美国家庭财富：净资产与不动产，1990—2005年

资料来源：FRB Flow of Funds, Table B. 100。

在他们的住房价格大幅升值的基础上，家庭能够从其家庭资产中取出越来越多的资金——通过以超过它们抵押债务（mortgage debt）的价格出售房屋，以购买新的房屋，并仍然留下现金；通过重新融资，增加它们现在抵押的规模，在这个过程中抽取现金；通过取出新的房屋净值贷款（home equity loans），或者以第二次抵押的形式，或者以信用贷款之最高限额（line of credit）的形式。如果将这三个来源加在一起，那么它就能够通过资产增值抵押借款（mortgage equity withdrawals），在复苏的前三年即2002年、2003年和2004年这一借款规模分别提高到4 920亿美元、6 930亿美元和7 340亿美元。资产增值抵押借款在2001—2004年间增加3 730亿美元，实际上超过私人部门在工资和薪水（就是不包括津贴）上的支出额3 210亿美元。在2005年第一季度，资产增值抵押借款以年度计算达到7 940亿美元，不低于个人可支配收入的9%（见图15—11）。根据美联储的看法，家庭大约将资产增值抵押借款的50%用于消费支出。总而言之，还将住房投资、购买家具以及资产增值抵押借款都考虑进来，家庭的贡献占到在2000—2005年中总的GDP增长的27.1%。由于在此期间住房的贡献，平均每年GDP增长达到2.4%，如果没有它的贡献，GDP增长可能就是1.7%（参见图15—12）。[48]

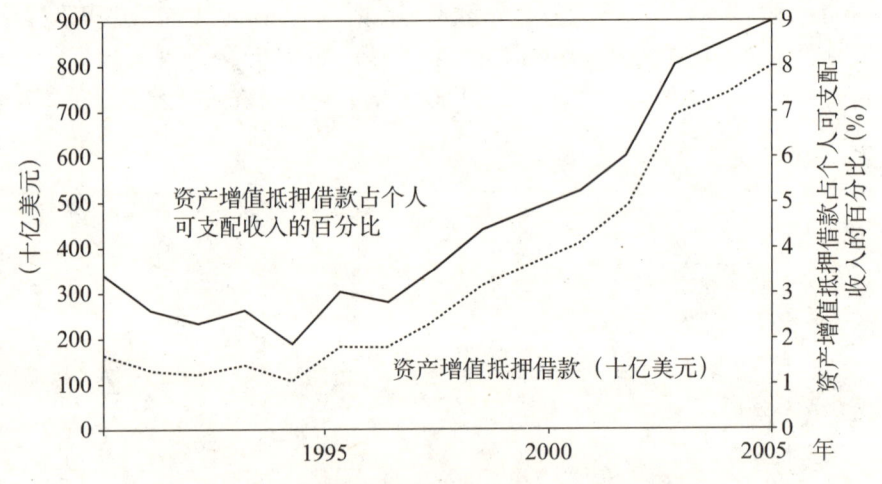

图15—11 美国资产增值抵押借款，1991—2005年

资料来源：Federal reserve, courtesy of Mark Zandi, Economy.com。

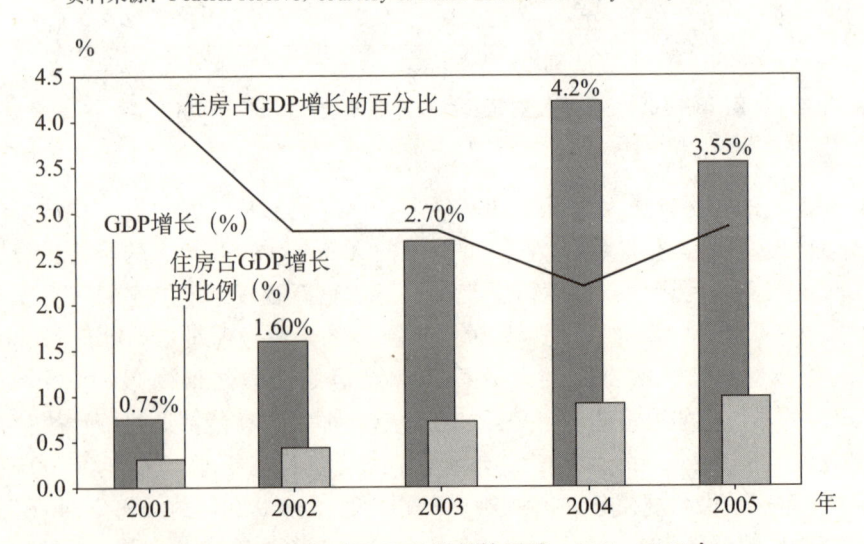

图15—12 住房对于GDP增长的贡献，2001—2005年

注：2005年的数据只到这一年上半年。

资料来源：Economy.com, courtesy of Mark Zandi。

但是，很难理解住房对经济扩张的巨大推动如何能持续下去。这同样是因为应对资产上升而大量借贷，导致在20世纪90年代末投资和消费的增长迟早要快速回落到原来的位置：即住房不动产进入了泡沫时期。在整个战后时期，特别是在1950—1995年间，住房价格基本上与通货膨胀即消费者价格指数CPI保持同步。在战后长期大繁荣和在随后的长期衰退都是如此。但是，在1995年到2005年中期之间，住房价格在考虑到通货膨胀之后上涨45%以上。住房价格史无前例的快速上涨已经产生5万亿美元住房财富效应，远远大于住房价格以消费者价格指数同样的速度上涨所产生的财富效应。消费者价格指数的居高不下被认为是由泡沫产生的，所以通过住房价格的矫正，畸高的指数亦会得到矫正。[49]

住房价格上升可以看作是住房租金以同一方向上升。人们可以想象这些是相同的，因为资金都一样，住房价格仅仅是租金价格的资本化。但是，在1997—2002年间，租金价格的上涨落后于住房价格上涨，到2005年中期，住房价格与住房租金之间的比率是35%，高于在1975—2000年间的平均水平。但是从另一方面看，在1997—2005年间，住房价格增长比租金价格增长快51个百分点，完全是前所未有的分化。这明确表明住房价格不是由内在基础所推动——例如，收入上涨，人口增长，或者有利于住房的消费者偏好的变化，这些都会同样影响到租金和住房价格——而是由本质上投机行为所推动的。人们购买住房越来越是为了重新出售，达到盈利目的，或者因为他们设想住房价格会不断上涨，这体现在这样的事实上，即住房购买力在过去一年或两年的快速上升完全是通过新型抵押贷款（exotic mortgages）融资来推动的，这些新型抵押贷款需要零资产或负资产，并且（或者）延期利息支付。根据美国国家房地产经纪人协会（the National Association of Realtors）的研究，2004年购买的所有住房的1/4是为了投资，而不是由所有者居住，这个比例无疑比2005年更高。[50]

房地产价格迟早会与租金价格保持同步，这或者是通过租金上升，或者是通过价格下降，或者将两者结合起来。如果通过前者来进行调整，那么租金必须上升大约1/3。这将在最好的情况下推动通货膨胀每年上升1%，假定它在五年里就可能得到扩散。另一方面，如果通过降低住房价格来调整，那么房地产的价格将必须下降25%，或者6万亿美元。因为根据美联储的看法，住房价格每下降1美元，那么消费就降低4%～6%，这将意味着消费降低3 250亿美元，这将转变为GDP增长下降2.6%，如果它在一些年里都发生，那么将是对经济的一个沉重的打击。换言之，如果租金在当前以每年大约2.5%的速度继续上升，那么将住房价格与租金的比率降回到它长期的标准上就需要住房价格在十年以上的时间里保持稳定。[51]

房屋所有者（为了购买房屋或出于任何其他目的而）借款的倾向在任何情况下都可能下降。他们的房屋资产会随着房屋价格的下降而快速贬值。同时，在2005年，他们的债务创了新高，达到个人可支配收入的120％，比2000年高25％，同时他们支付的利息占个人可支配收入的比例也一样创新高。许多美国家庭明确相信，他们住房价格的上涨是为他们储蓄，这同他们以前设想他们的资产价格的方式是一模一样的。所以，在2005年，美国个人储蓄率下降到－0.5％，是大萧条以来的最低点。如果在住房价格趋势出现任何明显的逆转，那么家庭会很快降低他们的消费，在这种情况下储蓄率会大幅上升，从而会对总需求产生毁灭性打击。[52]

美联储通过推高房地产价格不断上升的财富效应，并用这种方式刺激消费者支出，不仅促进美国周期性上涨，而且唤起世界其他地方经济走出下降的阴影。美国经济在2000—2001年急剧下降，它的恢复则被延期，结果是实际商品进口在2001年下降3.2％，2002年只上升3.6％，将世界经济拖入衰退并持续下来。在2000—2003年间，世界GDP和实际商品出口平均每年增长分别在1.7％和3.0％以内，而在1999—2000年间分别为3.2％和7.0％。[53]

只有当美国经济最终从2003年后期，特别是2004年开始加速，并且在住房的财富效应的推动下，美国进口再一次大幅增长，并且只有从这时开始，美国购买力再一次推动了世界经济出口所推动的周期性复苏，当然，它的力度比20世纪90年代末要弱。然而，从它的角度看，世界其他地方不愿意或不能依赖于债务来支撑需求，所以不会像美国那样刺激GDP增长。另外，由于全面转向20年前的紧缩政策，其他国家越来越依赖于出口来推动增长，同时拥有进口的动力也比美国小。所以，世界其他地方只有在美国GDP和进口加速增长，从而刺激自己增长的时候，才能帮助推动美国增长（通过拉动美国出口），而且往往作用很小。美国的出口继续依赖美国的进口。

在2000—2005年间，美国外贸赤字的增长被证明在保持世界经济好转方面是不可或缺的，这与在1980—1985年间的情况一样，也与在1995—2000年间的情况一样，在这两个时期里借贷也是爆发式增长，资产价格上升，制造业陷入危机。在1997—2000年间，经常项目赤字已经以前所未有的方式增长。但是，在2001—2005年间，它进一步上升，每一年都创新高，并且它在2005年占GDP的百分比比2000年当时的水平高出50％。像20世纪80年代前半期和20世纪90年代后半期一样，正是制造业贸易赤字在推动经常项目赤字上升中扮演着最重要的角色，当然，现在比过去在更大程度上增加了石油贸易赤字。制造业出口名义上在2001—2004年间增长10.6％，而制造业进口大幅增长23.7％。

这些赤字上升的形成更为令人吃惊,与在1980—1985年间和在1995—2000年间的赤字上升相反,这次赤字上升是发生在美元贸易加权的汇率大幅下降〔它在2001年12月和2004年12月间下降大约20%(虽然后来在2005年又稍微回升)〕的情况下的。实际上,在2000—2004年间,甚至当美元下降10%以上时,美国制造业占国际市场的比例突然下降25%,从占12.1%下降到占9%,达到它在战后时期的最低水平,而它占国际市场的比例在1987—2000年的长时间里保持稳定,维持在11%～12%的水平(见图15—14)。美国制造业部门面临的竞争压力进一步强化。

在2000—2005年间像在1980—1985年间和在1995—2000年间一样,正是对东亚出口导向的制造业经济(包括日本)的贸易赤字的增长,占到美国庞大的经常项目赤字及其增长的很大部分。但是,从世纪之交开始,中国经济领先于——并且确实推动——这场运动,因为它以贸易为中心的辉煌发展过程突然表现出更大的动力。从20世纪90年代中期开始到2000年,中国的贸易已经在这个国家转向国际市场后扩张非常迅速,信号就是1992年春天著名的邓小平南方谈话。在这种向上发展过程中,转折点出现在20世纪90年代前半期。在十年中,中国出口以每年平均15.6%的速度增长。即使这样,到2000年,中国占世界出口的比例仍然比"亚洲四小龙"加在一起的比例要小。但是,从2000年起,中国经济出现前所未有的腾飞,它的出口在随后的四年里以平均每年25%以上的速度增长(尽管在2001年只增长6%),在这种过程中重塑亚洲的、美国的和国际市场的商品结构。

中国发展像东北亚新兴工业化国家和"亚洲四小龙"的发展一样,也源于融入多元的三方贸易和生产网络,新兴国家相互之间、新兴国家与日本之间、新兴国家与美国之间联系起来,从而获得特别大的、不断增加的发展动力。当然,中国几乎取之不尽的低成本的劳动力供给是它的快速扩张的必要条件,特别是它能够持续下去的必要条件。但是,像它的东亚先行者一样,中国拒绝让比较优势来塑造它的经济——尽管它充分利用它的廉价工资的劳动力。相反,它通过快速技术进步来实现GDP和人均GDP的快速增长,它的技术进步本身也是通过吸引它的更发达邻国的技术成就取得的。另外,与像其先行者日本那样完全以统制和重商主义的方式紧紧控制着外国直接投资的新兴工业化国家不同,中国——在这方面更像"亚洲四小龙"——通过引入大量的外国公司、外国资本来实现贸易的划时代发展。中国像所有它的东亚先行者一样,通过从东亚各地引入更成熟的资本和中间产品来实现技术的快速升级——特别是从新兴工业化国家和日本——使它能够出口更成熟的消费品,主要出口到美国,并且以这种方式来补偿它的进口。但是,它模仿

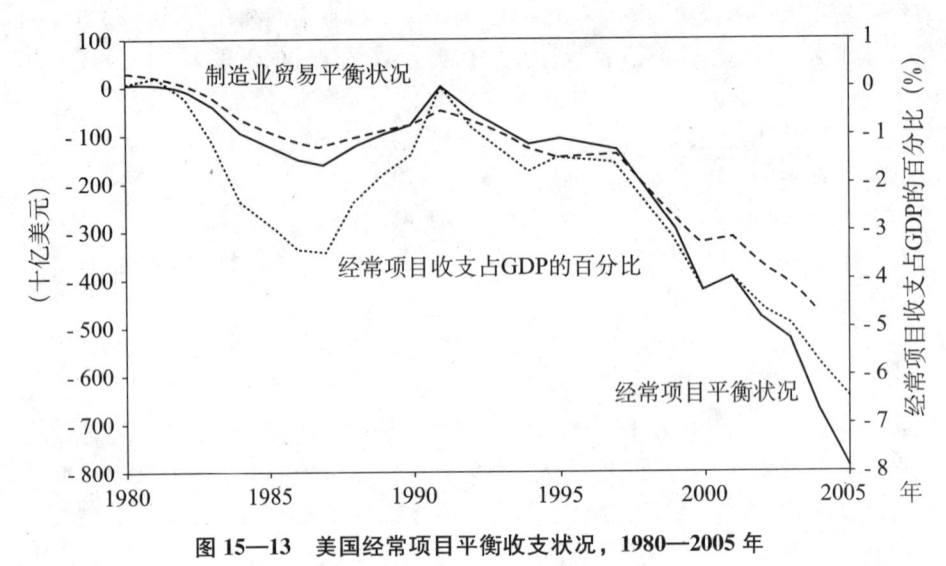

图 15—13　美国经常项目平衡收支状况，1980—2005 年

资料来源：*Economic Report of the President*；Office of Trade and Economic Analysis, Foreign Trade Highlights。

"亚洲四小龙"的模式，在这种以贸易为中心的增长过程中依赖于——在前所未有的程度上——日本和越来越多的新兴工业化国家对生产的再配置，这些国家自身继续不断提高它们自己的技术水平，将它们低端的、劳动密集的产业向中国转移。到 2004—2005 年，外国公司已经占到中国制造业产出的 1/3 和 55％～60％的出口。

像它的东亚的先行者一样，中国通过它最初阶段的出口导向的发展，主要向海外销售劳动密集型商品如鞋类、玩具、服装和运动用品。但是，中国依赖外资企业，特别是来自台湾地区的企业，很快成为高技术产品、消费电子，特别是被称为信息技术的硬件——计算机等的主要出口国。台湾地区的公司在中国为出口而在 20 世纪 90 年代初生产计算机外围设备如电源设备、键盘、鼠标，到 90 年代中期上升到个人计算机，到 90 年代末生产笔记本电脑以及后来生产液晶显示器。一般说来，商品的技术含量越高，外资公司掌握的出口比例越高，并且该趋势只会不断强化。随着中国出口的工业机械在 1993—2003 年间增长两倍，外资企业在其总的出口中的比重从 35％上升到 79％。同一时期，计算机设备出口从 7.16 亿美元上升到 410 亿美元，外资企业所占份额达到 74％～92％。总之，到 2002 年，外资企业承担中国政府所界定的高技术的总出口的 85％以上——包括信息技术、航天飞行器、电子、通信以及医疗设备——而在 1998 年这一比例为 74％。在此基础上，到 2002—

2003年，中国已经超过日本和新兴工业化国家，成为进入到美国的最大高技术产品的出口国。[54]

不管这种类型的贸易扩张多么辉煌，人们都有理由问这样一个问题，即它在外资企业的控制下能在多大程度上推动中国的全面发展。但是无论如何，它确实在短期使中国成为国际市场中的巨大力量。在这种过程中，中国沿着它的东亚先行者的道路，成为推动美国经常项目赤字的主要贡献者和世界制造业过剩持续下去的主要力量。在2000—2004的短时期里，中国对美国的出口额翻一番，从1 000亿美元增长到1 970亿美元。在这个过程中，它们占美国制造业进口市场的比例从9.6%增加到16.3%，大约占美国在此期间增加的制造业贸易赤字的2/3。中国占美国进口市场的比例增加确实是东北亚新兴工业化国家和"亚洲四小龙"在此期间所占比例下降3%的原因，也是日本所占比例下降3%的部分原因。中国的贸易本身也确实是美国制造业在此期间对东亚经济包括日本的贸易和经常项目所有增加的赤字的重要原因。但是，如果将这些发展看作是零和博弈的话，那就是一种误解。[55]

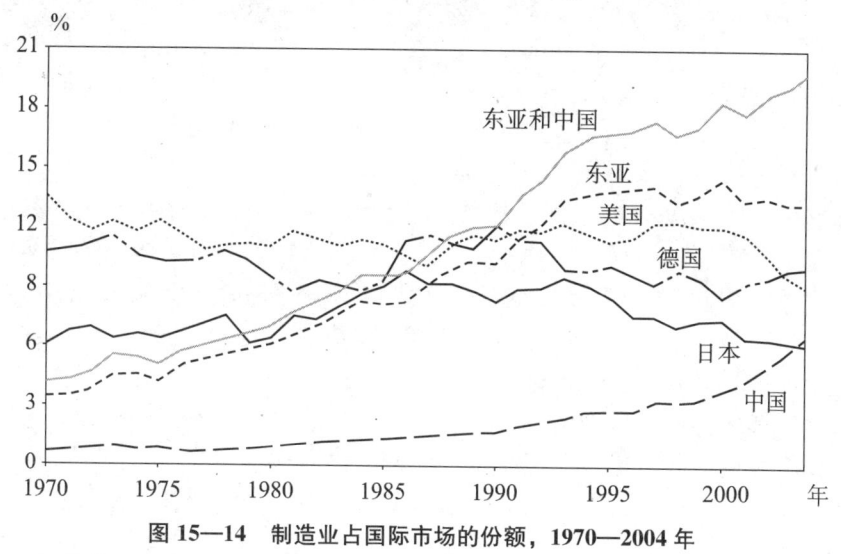

图15—14 制造业占国际市场的份额，1970—2004年

资料来源：WTO database。

在2000—2004年间，日本向美国出口的比例下降到7%。但同时，日本向中国出口的比例增加6%。东北亚新兴工业化国家也有些类似。同时，进入到中国的外商直接投资平均每年是530亿美元。这个数量比世界上除了美国以外的任何国家都要大，同时，新兴工业化国家和日本成为它的更大部分的外商投资者。[56]随着日本和新兴工业化国家加快向中国出口高技术资本和中间

商品，来自这些国家的企业在中国加工这些商品，然后销售到美国，现在，东亚经济融合在不断深化。日本和新兴工业化国家向美国出口的下降在很大程度上表明，它们转移到了中国，其目的在于更好地进入到美国市场——以及中国的国内市场。另外，它也很好地解释了中国的出口及其快速渗透到美国市场的强大动力。当美国经济在 2004 年获得发展动力的时候，日本和新兴工业化国家从 2001 年的国际衰退中复苏要比 1997—1998 年国际危机中复苏要慢，最终也有一些力量进行扩张。但是，它们的复苏和扩张不是通过增加向美国出口——对于日本和新兴工业化国家来说，仍然低于 2000 年的水平——而是加快它们的海外销售和对中国的外商直接投资。正是中国向美国的出口，而不是日本和新兴工业化国家向美国出口在迅速增加，这使日本和新兴工业化国家的商品和外商直接投资也随之增加。[57]

在 2000—2004 年间，中国在过去十年里将制造业出口占国际市场的比例翻了一番的基础上，在还不到五年的时间里又使它翻了一番。当然，美国的总的市场份额在同一时期下降 25％，如果这些发展都不是相互联系的，那么这确实令人感觉奇怪。它们表明中国这个出口机器的动力不断提高，已经超过较之更发达的东亚的动力和能力。但是，中国这个出口机器以及越来越推动它的和依赖它的东亚经济，都仍然像过去一样依赖于美国市场，而美国市场本身在大约十年的时间里主要通过借贷和泡沫来向前发展，但在过去的五年里严重依赖住房价格的历史性上涨（见图 15—14）。[58]

在 2000—2005 年间美国经常项目赤字的大幅上升当然依赖于世界其他国家对它进行融资的意愿。在 20 世纪 80 年代前半期，当时美国国债的实际利率上升到历史新高，在 20 世纪 90 年代后半期，当时新经济似乎为实体资产和虚拟资产的繁荣提供前所未有的可能，世界其他地方一般也愿意这样做。在随后时期，国外的投资者对美国进行直接投资，购买了大量公司资产和公司债券，期望得到无尽的利润。它们这样做，扩大了资产价格泡沫和它所产生的财富效应，同时使美元汇率不断上升。根据这种方式，它们不必有意这样做，就无形中也使它们自己的国家向美国的出口继续增长，并且它们自己的经济继续增长。但是，随着证券市场的崩溃和美国经济在 2000—2001 年进入衰退，来自世界其他国家的私人投资者开始发现美国资产没有什么吸引力，特别是证券和直接投资。在 1999—2001 年间（包括 2001 年），每年世界其他地方在美国购买资产的数量和直接投资分别达到 1 420 亿美元和 2 860 亿美元。但是在 2002—2004 年（包括 2004 年），它们分别只有 495 亿美元和 795 亿美元。这预示着，在随后的三年，美国购买世界其他地方的资产和海外直接投资超过世界其他地方购买美国资产和对美国的直接投资。[59]

随着经常项目赤字上升得更高，对美元产生向下的压力越来越强烈，导致美国货币对欧元的汇率在 2001 年末到 2005 年末之间大约下降 1/3（即使在 2005 年美元对欧元的汇率恢复 10% 以上）。因为尽管在欧元重新估值的情况下，美国对欧元贸易的赤字仍然在此期间上升 70% 以上，所以美元似乎很难避免进一步贬值。[60] 如果美元贬值越来越严重，美联储可能面临着极其痛苦的选择：或者减少货币，大规模地清偿外国投资者的美国资产，这将存在导致资产价格崩溃的风险；或者提高利率来保卫货币，但是可能引发新的衰退。

实际上，到 2005 年末，美元的贸易加权汇率总体上（仍然大幅地）下降 12%，因为它在很大程度上是应对欧元，在相对有限的程度是应对东亚国家的货币。即使在美国贸易和经常项目由于与东亚的商品贸易出现大量赤字时，也是如此。美元对东亚的货币上升的直接原因是，由日本和中国主导的东亚各国政府，以及像韩国、台湾地区和香港地区这样更小的经济体，为了保持它们向美国的出口，进入到国际货币市场，同时，将它们外贸盈余的很大比例用来购买以美元计价的资产，旨在压低它们的货币对美元的汇率。因为不可能再依赖于海外的私人投资者对美国资产的需求来为美国经济项目赤字提供资金，从而支撑美元的汇率，所以东亚政府企图填补这个差距，以保证美国市场继续能够推动它们的出口导向的经济。在 2003 年，东亚政府增加了美元储备 4 850 亿美元，并以此方式占据了美国经常项目赤字 5 300 亿美元的 90%。在 2004 年，它们又有美元储备 4 650 亿美元，所以大约支撑美国经常项目赤字 6 700 亿美元的 75%。中国的中央银行通过增加美元储备达到它所能做到的程度，从而使美国经济能够吸纳在这两年里来自中国的出口增长的 57%，即 700 亿美元。[61]

东亚国家的中央银行掌握着大量的以美元计算的资产不仅阻止了美元贬值，而且通过填补布什政府不断增长的巨大联邦赤字，并以此方式人为地使美国的借贷成本降低，从而使美国经济复苏。在 2000—2004 年间，随着美国联邦预算平衡从盈余占 GDP 的 3% 下降到赤字占 GDP 的 3.2%，美国国库债券总的保有量增长大约 9 600 亿美元。但是，美国的私人当事人不仅不能增加对这些债券的净购买力，而且在此期间还降低了它们持有的债券。国库债券保有量增长的 1/3 是由美联储和州及地方政府贡献的。但是，世界其他国家占 2/3 以上，东亚国家的中央银行承担着后者的很大部分。东亚国家的中央银行形成对美国国债的需求刺激，从而使美国利率降低——究竟有多大数量，还存在着争议——所以使住房市场能够持续上涨，从而使美国家庭在推动消费和经济增长中起到应有的作用。[62] 东亚国家的中央银行通过帮助解决由于美国经常项目和联邦预算赤字而产生的资金上的缺口，使美联储和布什政府能够追求刺激复苏的超扩张政策（hyper-expansionary policy），如果没有它们的介入，那么几乎可以肯定地说会出现由于借贷成本上升和货币下降导致资产价格迅速下降而产生的悲剧。

但是，东亚国家的中央银行以及特别是中国的中央银行为美国经常项目赤字所承担的部分越大，提供刺激的时间越长，美元居于高位和美国利率人为保持低位的时间也越长，美国制造业从东亚进口就越大，美国经常项目赤字就上升得越高。在2005年，后者从占GDP的5.7%上升到6.5%，创了另一个新高。但是，如果它所承载的代价在上升，那么很难理解这种综合征如何能够长期支撑下去。它需要东亚国家的中央银行首先是中国的中央银行，通过使它们大量的以美元计价的储备贬值来承担更大的预期损失，当美国货币像日本货币在1985—1995年间那样不断的贬值的时候。当中国买进这些由于出口剩余和投机美元流入到这个货币价值重估进行博弈的美元时，就增加了国内经济的投放，从而迫使中国存在加大国内通货膨胀的压力的风险。可能在短期到中期对稳定和增长威胁最大的是，由于货币供给增长和大量海外资金涌入，导致中国形成更大的资产价格泡沫，这个泡沫的消退就会严重威胁实体经济。同时，它通过降低这个综合征中长期存在的美国利率和高起的美元，使美国经济不仅在它扩张背后的放大力量上依赖于以债务为基础的消费，而这个消费又反过来依赖于只可能在限定时间内存在的不动产的泡沫，而且依赖于将它的资源引入金融资产的投资，而不是对工厂、设备和软件的投资，甚至当它继续侵蚀美国制造业贸易平衡和它的制造业生产基础的时候。不用说，几年前引起崩溃和衰退的力量交织在一起出现在世界上。

在后期，人们很难看到从这种综合征中脱离而又不伴随着很大的痛苦。美国政府在国会的保护主义越来越强的压力不断增长下，正在要求中国重新估价它的货币。但是，美国必须对它所希冀的东西保持谨慎。因为如果中国通过大幅降低它对以美元计价的资产特别是美国国债的购买力而使人民币升值，那么很难看到美国利息如何能不上升，美国在不同领域——从政府和公司债券到公司净资产再到房地产——的资产价格如何能不下降，存在重新陷入衰退的风险。[63]从这方面看，中国政府也清楚地注意到如何使中国的货币具有巨大的（向上的）弹性，这必将像东亚在1995年所经受的那样，存在着必须处理外国证券投资资本的大量涌入导致更大的资产价格泡沫与制造业的竞争力、利润率和出口下降的两难问题——换言之，就是1997—1998年东亚金融危机的重演。[64]实际上，由于在美国和中国都存在着不可逆转的政治倾向，惯性似乎可能蔓延到各个地方——随着中国努力通过继续为美国外贸赤字提供资金来支撑出口导向的增长，旨在避免将它充满充分活力的制造业重新引入到国内市场，而美国则力图通过使人民币保持原来的状态来支持以债务导向的扩张，并且继续欢迎大量的中国信贷流入，旨在避免降低消费增长以平衡它的收支状况。所以，如果美国经济不突然找到快速增长的内在源泉，很难看到一种或另一种形式的金融动荡能够在不太长的时间里得以避免。

脆弱的、迟疑的扩张

美国政府当局所释放的、从 2001 年初起到现在受到东亚国家的中央银行支撑的经济刺激——其特点就是在三年以上的时期里，实际的短期利率为负，联邦赤字创历史新高，再辅以美元的大幅（当然部分地受到限制）贬值——在美国历史上是最大的。但是，尽管对需求产生强大推动，周期性复苏仍然存在着问题，它的未来存在着不确定性。在 2001 年、2002 年和 2003 年，美国经济每年平均只增长 1.7%，尽管在 2003 年有了很大提高，因为布什政府减税和由于伊拉克战争而大幅增加军事支出。在 2004 年和 2005 年，GDP 分别上升 4.2% 和 3.5%，经济各方面表现都很好。GDP 在这个经济周期的前五年（2001—2005 年）平均每年增长 2.56%，这是比较低的，甚至低于从 20 世纪 50 年代以来任何一个可比的时期。[65]

另外，美国经济在 2000—2005 年间表现出来的弱点也折射到发达资本主义世界。事实上，在美国、日本、德国和欧洲 15 国，GDP、每个就业人员的GDP、资本存量以及实际工资与失业率水平的平均每年增长状况在任何情况下都像战后时期至今最差的 5 年即 1990—1995 年一样，或者比这五年更差。令人吃惊的是，发达资本主义经济的发展速度继续在一个经济周期接着一个经济周期里减缓，这种情况自 20 世纪 70 年代已经持续到现在——这个过程只有美国在 20 世纪 90 年代后半期的泡沫推动的繁荣时期被打断。甚至在 21 世纪第一个十年的前半期，长期下降仍然存在（见表 15—10）。[66]

美联储的目标转向更宽松的信贷政策，财富效应推动美国和世界经济从衰退中走出，并使它们持续好转，同时，让时间来促使公司特别是制造业的公司消除它的过剩产能，回到健康的状态，继续履行推动经济的责任。但是，在 2005 年，私人经济部门的贡献并没有什么可以值得大书特书的。首先，岗位的恢复仍然是战后时期最差的，总体就业在 2001 年 11 月之后的周期性上升的三年里增加不到 1.1%，而在以前的战后经济周期的同样时期里平均达到 8.3%。[67] 只有在 2005 年 5—6 月，私人部门就业才回到 2001 年 1 月衰退之前的最高点。在 2002 年和 2003 年，每年就业岗位增长为负数，比 20 世纪 90 年代早期的"失业的复苏"还要糟糕。甚至在 2004 年和 2005 年，平均每年的就业增长为 1.3%，比在 1990—2000 年间经济扩张的整个时期的平均增长

2.0%的水平仍然低1/3。

更糟糕的是，创造就业岗位的模式没有证据表明处在经济核心的公司最终开始持续扩张。到2005年12月，制造业就业已经降到战后时期的最低点，比它在2000年7月的高点少302万人，比2004年12月少78 000人。在非制造业，就业仍然没有回到2000年7月的水平，这包括通信（减少593 000人）、交通和仓储（减少44 700人）、公用事业（减少39 000人）、批发贸易（减少147 500人）。对于这些行业整体来说，包括制造业，就业在2005年12月大约达到393.6万人，低于2000年7月的水平。相反，就业在下列行业已经上升到超过2000年7月的水平：零售贸易（增加17 000人）、建筑（增加45 000人）、金融、保险和不动产（增加563 000人）、休闲（增加996 000人）、专业性和营业性服务（增加620 000人）、其他服务（增加25 000人）以及健康服务和教育服务（增加241.1万人）。这些行业中总的就业岗位增长528.5万人——包括仅仅是健康服务就增长198.8万人，占总增加岗位的38%——保证了2005年12月的私人就业总数比2000年7月上升134.9万人。就业增长的数量与战后时期周期性上升的前四年的最低纪录不相上下。另外，很难看到增加就业的这些行业在保持经济扩张方面能起到多大作用，因为在零售贸易、建筑、金融、保险与不动产、休闲行业中的就业增长在很大程度上是靠泡沫推动的，同时在健康服务业中的就业增长表明这些部门的成本爆发式上涨，所以更可能是压制而不是促进经济增长。[68]

在2005年，在很大程度上由于就业增长的历史性疲软，私人经济总的实际补偿（平均每位雇员的实际补偿，乘以就业人数）在2000—2005年间的增长率是战后最低的——是在1980—2000年间的一半——只比2000年高8%（见表15—5）。同时，尽管非住房投资在2004—2005年间每年平均增长率达到9%，但是非住房性投资增长在2005年只比它在2000年的水平高4%。所以，非住房性投资增长对GDP在2000—2005年间增长12.8个百分点的贡献只有区区的0.34个百分点。另外，在同一时期，每年净出口（即贸易赤字）进一步扩大60%，GDP增长速度在这个时期降低2.4个百分点，或者说增长速度降低18.4%（见表15—8）。

因为私人经济所推动的有效需求和GDP的增长在这个时期是非常疲软的，即使这种状况在2004—2005年有显著好转，但是经济继续主要依赖于消费和住房性投资，这又依赖于住房借贷和家庭支出创新高，而这反过来依赖于不断上升的资产增值抵押借款来保持它的运行。在这两年，私人消费和住房投资的增长继续占GDP增长的90%。同时，从2003年第三季度开始到2005年第三季度，个人储蓄率从2.5%下降到-1.8%。这无疑是由于在2004—2005年上半年间，资产增值抵押借款上升到个人可支配收入的 9%。住房对 GDP 增长的贡献率达到 1/4 以上。所以此时突出的问题继续是，在大的经济刺激消失之前，特别是随着美联储继续提高短期利率和住房泡沫具有的财富效应达到它的极限的时候，私人经济是否引发足以保持经济扩张的投资和就业岗位增长。这个问题似乎从这样一个事实看会更加紧迫：进入扩张的四年，实际长期利率在 2005 年下降了，表明总需求和整个经济在减弱。

利润率能够恢复从而使经济能够复苏吗？

支撑美国和世界的新工厂、设备和软件支出以及生产率、就业和 GDP 的增长的必要条件而不是充分条件，就是利润率的持续增长，它也是 1995—1997 年之后的 20 世纪 90 年代扩张中——当然也是自 20 世纪 60 年代末以来整个时期中——所缺失的关键因素。美国非金融部门的平均利润率在 20 世纪 90 年代的经济周期中并没有上升到超过 20 世纪 70 年代和 80 年代的水平，仍然大约比战后繁荣时期（1948—1969 年）平均水平低 20%，并且证明它不足以支撑真正从长期衰退中走出来。因为美国经济支撑新的长期上涨，它必须得到恢复，并且表现更好，利润率从 20 世纪 80 年代的中期开始上升，但是在 20 世纪 90 年代中期以后随着新经济发展，它又开始萎靡不振（见图 15—3、图 15—8）。

从 2001 年 11 月结束衰退起，利润率复苏尽管开始时很慢，但是在 2003 年，特别是 2004 年和 2005 年突然加速。因为利润率必须从这么一个萧条的水平中恢复，所以它仍然有相当长的路要走，并且在继续向上走的过程中可能面临越来越大的困难。随着繁荣达到它的顶点，非金融部门的利润率在 1997—2000 年间大约下降 10%，在 2001 年的衰退中又下降 21.3%，或者说在 1997—2001 年间总共下降 28%，达到自 1945 年以来的最低水平（唯一除外的是 1980 年）。到 2005 年中期，非金融部门的利润率已经回弹，比 2000 年的水平略高。但是，这仍然与 20 世纪 90 年代的平均水平存在差距（见表 15—1、图 15—15）。[69]非金融部门的利润率并没有上升到足以推动公司在更大程度上增加它们对于新工厂、设备和软件或者增加就业的支出，而这也是解释经济对政府的刺激计划反应冷淡和 2005 年复苏存在不确定性特征的主要因素。

另外，一个真正的难题是，这个利润率的复苏是否能够持续。随着产出和投资增长在周期性上涨中越来越弱，公司企图首先通过提高生产率和降低工资来恢复它们的利润率。实际上，在 2000—2004 年间，包括 2001 年经济衰退时期，私人经济的每小时实际产出增长 3.4%，而在 1995—2000 年间也就是"经济奇迹"的年代只有 2.5%。所以，一些主要的经济分析家（更不用说美联储主席格林斯潘了）都断言随着新经济技术比现在更快和更有效地得到运用，在 20

世纪 90 年代没有实现的生产率增长奇迹现在正向我们走来。这意味着,一条通向长期利润率复苏和经济充满活力的道路已经打开。[70]

但是,至少可以说,这种推论是不成熟的。它的阿喀琉斯之踵①是明显的:到目前为止,每小时产出在面对投资增长下降时已经上升,就是说,与 20 世纪 90 年代扩张时期相比,引进新工厂、设备和软件的速度更加缓慢。即使实际资本存量增长在 2000—2004 年间只是 20 世纪 90 年代后半期的一半,但是技术如此跳跃式的和快速的进步足以使私人部门生产率在 2000—2004 年间加快增长速度(比在 1995—2000 年间快 60%),这种说法真的可信吗?一个更似是而非的解释是,生产率的创纪录的增长并不代表效率提高(效率提高就是从同样劳动投入中得到更多产出),因为更多的产出是从更多的每小时劳动投入中得到的,这只是"生产加速",而不是"效率提高"。以下数据似乎更有说服力。在 2000—2003 年间,制造业部门以每年 7% 的速度增加它的每小时产出,率先提升了生产率,而根本没有增加它的资本存量(或者产出),但是以平均每年 6.2% 的速度减少了工作时间。这很难不让人得出这样的结论,即制造业部门在这三年里实现的生产率的较大增长是通过使实际产出不变,将劳动力数量降低 18.6%,并且迫使更少的劳动力用同样数量的工厂和设备生产同样数量的产品。

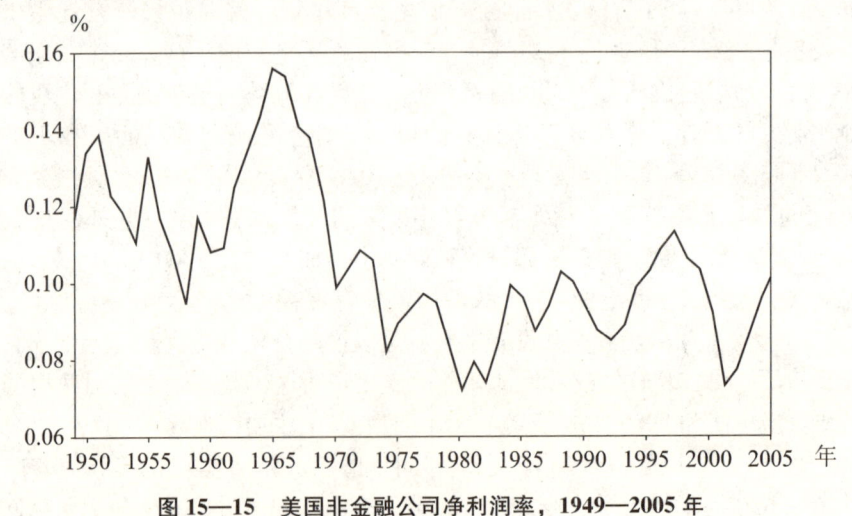

图 15—15　美国非金融公司净利润率,1949—2005 年

注:这里的 2005 年是指 2005 年的前半年。

资料来源:参见本书附录 I 中关于利润率的部分。

---

① Achilles's heel,意指致命弱点。——译者注

因为生产率大大提高使 GDP 增长加速成为可能,所以公司会前所未有地分享 GDP 增长的成果。在周期性上升的前三年半的时间里,也就是在 2001 年最后一季度和 2005 年第二季度之间,非金融公司部门的净利润(包括利息)上升 84.1%,而工资只增长 15.8%。换言之,利润的增长占这个时期增加的净价值增长的 43.8%。在此基础上,非金融公司的净利润份额(随着非直接的营业税而调整)在只有三年半的时间里上升了 50%,即从 12.6% 上升到 18.7%。

在周期性的经济上升时期内实现的利润率增长,在美国可能很大程度上是通过进一步剥削——也就是,加大劳动强度和收入分配从劳动向资本转移。因为榨取更大的利润很少通过增加劳动力或资本存量,所以,它或多或少地直接转变为利润率的提高。但是,人们有权问公司是否能够比它们现在提高利润率的做法更进一步,付给它们的雇员更少的报酬来获得更多的劳动投入,特别是如果 GDP 的增长率能够保持下去的话。问题的关键是,如果公司在未来必须依赖于就业的更快增长,同时增加工厂、设备和软件投资,那么生产率的增长肯定很低,随着工资增长的加速,利润率增长也可能很低。另一方面,它们会继续压制就业和工资的增长以维持自己的收入,那么这将继续对消费需求产生向下的压力。随着复苏周期的拉长,追求更高的利润率可能变得更加艰难……但是它也变得更加迫切,因为推动经济扩张的外在刺激快速枯竭。

两种情景

设想一下美联储规划的远景最终实现。美国和世界经济最终充分地淘汰那些高成本、低利润的制造业生产力,充分地降低单位劳动力成本——通过削减岗位,加大劳动强度和压制工资增长——旨在引起制造业利润率持续增长和增加资本积累。从 2001 年 11 月开始的周期性扩张起,直到 2005 年底,制造业和总的行业生产能力几乎没有增加。这可能表明,美国制造业部门不仅已经摆脱了劳动力的束缚,而且摆脱了大量的低效率的、过剩的工厂、设备和软件。在 2004 年,实际制造业产出在前三年徘徊之后快速增长 4%,制造业生产率增长保持在 4.6% 的高水平,而工资增长仍然温和。最明显的是在这一年,制造业产出的供给能力已经随着需求下降而自 1994 年以来首次下降,制造业产出的价格上升超过 2%,同时单位劳动成本也被压制而根本不能上升。事实上,到 2004 年,制造业利润率已经比它在 2001 年的低水平增长 29%,回到 2000 年的水平,仍然比它在 1995—1997 年的顶点水平大约低 15%。另外,还有一些表现,即在 2005 年上半年,制造业投资在上升,而制造业出口增长（当然不是绝对量）最终赶上进口增长。[71]

如果成本、价格、利润率、资本积累和贸易的这些趋势能够持续下去，那么它预示着整个经济在好转，因为制造业是 2001 年陷入衰退的主要责任承担者，也是压制随后周期性上涨的主要责任承担者……当然，也是经济长期不能跨越低增长的主要责任承担者。如果利润率继续上升，那么生产率增长也可以开始通过资本积累和技术进步而加速并很好地自我保持下去。也存在这样的可能，产生更多的岗位，长期适应更快的工资增长，并且通过这种方式产生总需求的持续增长，从而使经济降低对资产价格泡沫所推动的消费增长的依赖。同样的趋势可以通过更快速的出口实现，至少可以使当前经常项目赤字稳定下来，同时，特别是国外的投资者更愿意为出口提供资金。纳税回报（tax return）可能增加并足以压制预算赤字。这其中的根本点是直接的：使新世纪的泡沫和不平衡受到如此致命打击的，恰恰是我们长期掩盖的，也是要为实体经济的严重弱势进行补偿的。即使这种弱势变强，它造成的威胁也并不会消失，但是可能在程度上会有很大的减轻。可能没有什么比健康的经济驱散金融的乌云更重要了，也没有比制造业好转来保证健康经济更重要了。

还有一些需要进一步思考的地方。美国公司在推动经济复苏过程中，也有一张王牌——劳动力，到目前已经证明它不仅比西欧或日本的劳动力受到更大的剥削，而且随着时间推移越来越如此。自新经济泡沫推动的繁荣结束以来，也就是从 2000 年至今，公司和政府都对工人进行了美国历史上最残酷的压迫。工人不能阻挡大规模就业缩减的趋势，特别是那些高报酬的岗位加大了工作强度、大幅调减实际工资（不包括津贴），而这些使雇主可能成为生产率和利润率提高的主要受益者。关于这一点，必须要补充的是，工人到目前为止不能阻挡雇主通过背弃数额巨大的、合同约定的养老金的义务而增加自己的利润的趋势，不能阻挡雇主通过谈判大幅减少工人健康保障支出的趋势，更不用说对富人和雇主的减税提出异议了。正如前面已经强调的，在 1973 年后的 20 多年里，非制造业中生产和非管理者的工人的实际工资（不包括津贴）在缓慢但稳步下降，而这一部分的雇主可能也没有更多地利用这些来提高它们的利润率，除了在 1995—1997 年间的两年里，因为直到 1995 年，它们甚至不能将生产率每年提高 1%，也因为在 1997—2000 年间实际工资增长迅速，超过了已经提高的生产率增长。但是，非制造业中在生产和非管理岗位上的工人的实际工资（不包括津贴）在 1997—2000 年间平均每年增长 1.6% 之后，在 2000—2005 年间平均每年增长不到 0.3%。事实上，在 2004 年和 2005 年，甚至在周期性扩张延续，GDP 和就业增长高涨的时期，实际工资增长每年滑落到-0.6%。[72]同时，在同一时期，非制造业生产率的增长率并没有减速，继续以每年接近2%的速度增长。如果这些趋势延续下去，私人经济将会有长期光明的前景，特别是如果制造业部门能够支撑它的利润率复苏。

但是，甚至在当今，证据似乎倾向于表明一幅不同的图景，世界经济将进一步失去动力，全球动荡重新出现，而不是走向持续增长和稳定性的提升。对就业岗位的大量的、不断持续的破坏——这是制造业部门对在千年之交的利润率大幅下降的主要反应——打击了需求，时常存在着深度衰退或更糟糕的可能，继续对购买力增长以及投资形成压制。为了应对这种情况，美联储引发了家庭借贷的爆发式增长——得到东亚政府的不可或缺的支持——暂时成功地通过刺激消费使经济稳定下来。但是，它不是为解决这些原本存在的基本问题开辟道路，而是使这些问题延续和恶化。

在这个图景中，美联储快速地降低利率，随后出现的住房泡沫刺激了消费者的需求，这样不仅没有在2001年短暂的9个月里充分清除过剩产能，而且很多过剩的、高成本的生产方式在美国和世界范围内随后出现的周期性复苏中保留下来并继续运行。这种情况在下面事实中变得更加严重：在前5年划时代的投资繁荣中，制造业的生产能力已经以战后所无法匹敌的速度扩张，增长接近40%，现存全球的过剩产能也大大恶化。同时，东亚国家，以中国为先导，继续以大于全球范围内可以清除的生产能力的速度更快地扩张生产能力，继续向国际市场大量涌入过剩的、越来越具有高技术的商品。从根本上说，这是因为美国和整个制度层面上的资本存量的总体回报率没有能够充分复苏并足以启动新一波资本投资或岗位创造的缘故。所以，大多数发达资本主义国家的公司企图通过两个主要方法来增加利润。它们继续利用它们已经支付的沉淀资本，同时，通过提高生产能力的利用和限制生产支出以增加变动资本——原材料和中间产品，以及工资——而不是增加固定资本的支出，从而提高产出。同时，它们通过压制工资增长，从而控制（如果不是实际削减的话）它们的劳动力成本，降低岗位的增长，并加大劳动强度。实施这些战略的结果是很多的资本继续运行，并且基本不创造什么需求。实际上，即使美国制造业的生产能力利用在2002—2005年间大约上升5%，但是它在2005年仍然保持在78.8%，不仅可能低于2000年的水平，而且比1997年它的最高点低4~5个百分点，也比自1991年衰退以来任何一个时期都低。世界经济中举足轻重的一些公司看到对工厂、设备和软件，以及对增加雇员的新投资的未来回报不足以为它们扩张生产能力提供根据，并且这也是因为现存的生产能力仍然太高，有效需求太低。当然，这是同样的综合征，其首要的标志就是利润率疲软，这也是从1973年到2005年长期衰退的基础。

现实的和可能的回报只能证明在直到现在的这么长的时期里资本积累在减速,这也能够解释早在20世纪70年代制度层面的投资危机已经在慢慢成熟。即使它在2005年增长8.5%,但是美国的实际非住房投资在进入周期性扩张的四年后,基本没有高于它在2000年的水平。同时,在2000—2004年间,美国的私人非住房资本存量的增长速度比战后任何一个可比较的时期都要慢。这将使始于20世纪70年代的美国资本存量增长下降的势头进一步延续到20世纪80年代和90年代早期,后来在90年代后期的几年里由于制造业利润率过早复苏和泡沫经济而中断,但是在2000年后又重新开始下降(见表15—2)。

越来越脆弱的投资趋势根本不局限于美国。它在其他发达资本主义国家里持续得更长,更具有连续性,最近也更突出。在2000—2005年间,日本、德国和欧元区国家私人非住房投资平均每年分别增长2.5%、—2.1%和0%。另外,自20世纪70年代以来,日本、德国和西欧的资本存量和投资占GDP的增长率一个十年比另一个十年、一个周期比另一个周期地下降,同时在2000—2005年间,资本积累的这两个指标处在自1950年以来任何比较时期的最低点(见表15—2和图15—16)。东北亚新兴工业化国家和"亚洲四小龙"是历史上30年投资繁荣的所在地,长期以来是投资增长持续不振的一个例外。但是,制造业的过剩产能在1995年大量累积与东亚国家在1995—1997年间货币升值结合一起,引发了1997—1998年地区性的和国际性的金融危机和2001年的深度衰退。从这些倒退开始,东亚经济仍然不能反弹。所以,在新千年的前五年里,东亚的投资占GDP的比例比在1990—1995年间低1/3。尽管韩国的私人非住房投资在1990—1996年间平均大约增长11%,在1999—2000年为15%,但是,它在2000—2005年间每年只增长5.5%。正如国际货币基金组织所看到的:"在工业国家……自20世纪70年代以来投资已经呈现下降的趋势",结果是,在同一时期,世界经济整体上投资占GDP的百分比稳步下降,在1973—2004年间大约下降20%(见表15—2和图15—16)。[73]

所有发达资本主义世界的公司通过削减它们的雇佣成本,力图更加迅速地应对利润率长期下降,并且在后泡沫衰退(the post-bubble recession)中应对利润率会进一步下降的局面,而这又使实际补偿增长像资本存量增长一样降到前所未有的低点,或者接近历史上的低点。在2000—2005年间,发达资本主义经济中每位工人的工资和津贴的增长处于或接近战后时期的最低水平。从就业增长特别是其在美国在同一时期的非常相反的趋势来看,毫不奇怪的是美国、德国和日本在同一时期的私人部门总的实际补偿(平均每个工人的实际补偿乘以就业人数）同时下降到战后时期的低点，并且像投资增长的趋势一样延续这种向下的趋势，其起点可以追溯到20世纪70年代（见表15—5）。毫无疑问的是，私人实际消费支出的增长——在美国、日本、德国和欧盟从20世纪70年代到现在也一直下降——它们都在2000—2005年间达到战后的低点（见表15—6）……或者说，世界经济从总需求增长来说，必须在很大程度上依赖于美国家庭购买力的上升，而它本身又是由债务上升来推动的，这又反过来依赖于更具投机性的金融泡沫的膨胀。

在上述背景下，人们进行多方讨论的长期利率和借贷利差（credit spreads）下降太多，甚至已经渗透到周期性复苏之中，这似乎比本·伯南克（Ben Bernanke）挑起的很少得到解释或根本没有阐述的所谓著名的"全球储蓄过剩"（global savings glut）理论似乎更合理，伯南克是经济顾问委员会主席，明显是格林斯潘的继承人。世界经济总体特别是工业国家经济的储蓄供给在过去几十年里已经缓慢下降，在最近几年下降得更快。但是，因为非金融公司对新工厂和设备的需求已经大幅下降，所以它们对贷款资金的需求也随之自然下降，而这对于解释实际长期利率没有上升是有帮助的。[74] 美国在2001—2004年间周期性扩张的过程中，非金融公司将它们的投资占GDP的百分比平均降低到7%，而在1997—2000年间繁荣时期的高点为9%，结果是它们能够将对借贷资金的需求占同一时期GDP的百分比平均从4%降低到1.7%。

由于未来投资回报更不令人满意，非金融公司已经选择用它们的利润来直接或间接地回报它们的股东和拥有股票期权（stock options）的人，而不是购买工厂、设备和软件。在2000—2004年间，非金融公司支付的红利占利润（支付利息之后）的百分比达到战后时期的最高水平——平均达到59.9%，而在1990—2000年间为42.5%，在1979—1990年间为32.6%，在1969—1979年间为24.7%。在2005年的前三个季度，红利大幅下降，但是取而代之的是非金融公司快速上升的股票回购（share buybacks），它达到战后时期的最高水平，甚至高于1995—2000年证券市场泡沫时达到的高点。所以，在同一时期，红利加上股票回购占非金融公司利润（支付利息之前）的百分比也创造了战后的纪录。[75]

同样的模式已经在全球复制，特别是原来制造业发达国家（如德国和日本），这些地方以及韩国的利润率在新千年开始时处在战后时期的低点。在日本和韩国，公司已经在20世纪90年代的不同时间里拥有了太多的工厂、设备和软件。从国际市场上根本得不到什么激励来增加工厂、设备和软件，它们自20世纪90年代末开始不仅避免投资，也将大量的资金用在支付其在划时代的投资繁荣时期留下的巨额债务上，因此产生过剩产能，以及随后爆发的资产价格泡沫。[76] 即使是石油大国，它们的利润由于石油价格创新高而处在最高点，但是它们到目前为止并没有形成新一波的投资浪潮，可能担心出现自 20 世纪 80 年代早期到 90 年代末由于经济减速而发生石油价格长期停滞或下降，并且明显不能确信经济扩张会持续到使它们能够从资本支出中得到足够的回报的时候。

这种状况的最大例外就是中国，在那里投资导向的发展以惊人的速度持续着，使世界过剩产能受到挑战并恶化。这一方面是因为廉价的中国劳动力供给与更发达的技术结合起来直到现在并没有什么限制，并且受到农业中被掩盖的大量失业和国有企业中快速收缩而产生的大量下岗人员的推动。另一方面是因为美国市场已经扩张，这至少又是因为中国不断大量购买美国国库债券，而这推动美国家庭在任何时候都有最大购买热情，并以此不断增加对从中国（以及其他国家）进口商品的消费购买力。中国大陆的出口商品通过引进日本、台湾地区和韩国出口商的不断成熟的技术，以及吸引大量的国外直接投资，这些出口到美国及其他国际市场的商品迅速提升了技术含量。但是，这会使制度层面的过剩产能更加恶化，因为中国快速增长的出口越来越倾向于复制在其他地方已经生产的商品，只是与更低的生产成本和价格相结合。当然，这种趋势从根本上表明，美国经常项目赤字不可避免地上升，以及中国经常项目盈余最近大量增加。

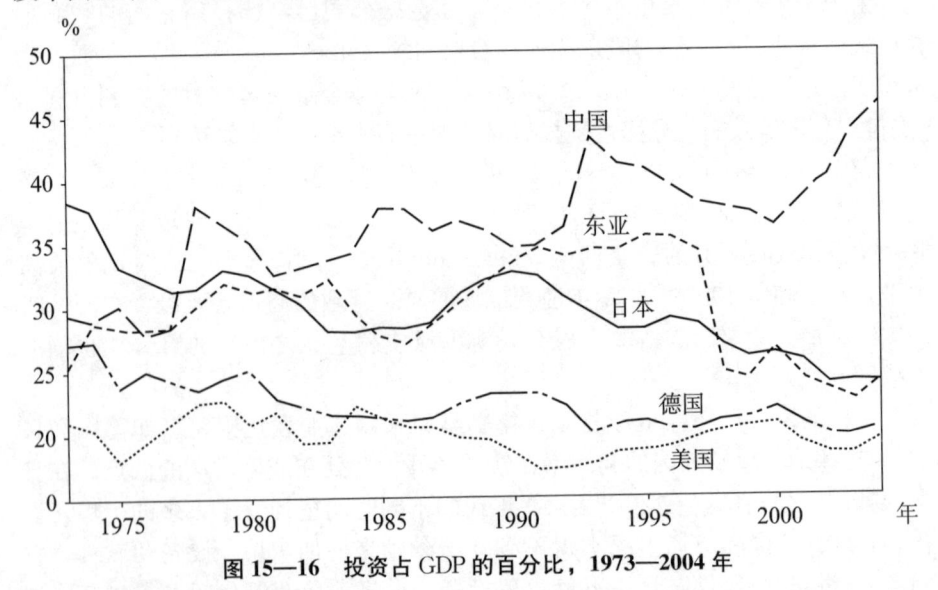

图 15—16　投资占 GDP 的百分比，1973—2004 年

资料来源：IMF database。

中国对制造业在制度层面推动过度供给在近些年已经由于中国国内的过剩产能的增长而被放大。在 2005 年，中国固定投资估计上升到 GDP 的 46%，超过了日本和韩国甚至是处在它们发展动力的顶点的投资比例。中国固定投资（以市场汇率计算）在 2005 年在前三季度以年度来计算几乎达到 1.1 万亿美元，高于美国以年度计算的总额为 9 870 亿美元的水平，高于日本总额为 7 330 亿美元的水平，也高于欧元区总额 6 510 亿美元的水平。[77] 这些异乎寻常的投资数据是使人回想起 20 世纪 90 年代早期东亚经济的情况，当时它们的资本积累像中国一样由于低估的汇率和全球范围内的宽松信贷政策而大幅上升，也超过了主要的经济国家——不久产生了过剩产能和地区性与国际性的经济危机。如果这种趋势持续下去，它意味着不仅在对中国而且在对世界经济的价格和利润率产生更大的向下的压力，在进入周期性扩张的四年里，这种压力也表明不能充分恢复投资和就业岗位创造。如果中国的资本积累和随后的增长减速——以应对过剩的投资、国内利润率下降和（或）紧缩的国内信贷——结果是中国的进口下降，对日本和东亚生产商形成新的压力，因为它们依赖于中国市场扩张，同时随之产生的压力和风险迫使美国经常项目赤字进一步上升。中国作为世界的发动机，也对世界经济安全产生若隐若现的威胁。

另一方面，中国之外的其他国家如印度等，因为资本存量的回报率仍然不令人满意，也因为实际长期利率仍然很低，资本家和工人——富人或不是太富裕的人——倾向于用手里的经济剩余购买金融资产，而不是购买生产性的资产。当然，使这种趋势成为可能的条件就是不仅美联储降低短期利率，而且发达资本主义世界的金融机构都降低短期利率。欧洲中央银行被迫长期使利率保持低位以应对在 2001—2004 年间的欧元快速上升。日本银行在 2003—2004 年从事的信用创造（credit creation）历史性地爆发出来，目的是使经济走出最近的经济衰退。这些努力在多年里将借贷的实际成本在制度层面上降到零以下——达到自 70 年代通货膨胀以来的最低水平——甚至在今天，在美联储实施紧缩政策的一年半以后，货币的实际成本并没有上升。所以，根据《经济学家》的看法，全球美元的供给［美国的货币基数（monetary base）加上全球的外汇储备］以每年 25% 的速度上升，接近于过去 30 年中的最快速度。[78]

超廉价的信贷和前所未有的借贷量在长期的后果就是鼓励冒险并刺激人们追求纸面上代表的财富而不是追求实际的东西，这反过来导致无数泡沫的放大——以资金形式，以各种债券形式，以及以住房不动产这种最特殊的形式。甚至到 2005 年末，标准普尔 500 指数受周期性调整的市盈率（price-earnings ratio)是 26∶1 或 27∶1,高于自 1881 年能够得到这些数据以来除 20 世纪 20 年代末和 90 年代末的资产价格泡沫时期之外的任何时期。[79]至于债券,寻求收益已经被推到遥远的未来,这体现在支付给市场债务的利率和支付美国国库债券的利率之间的差距已经从 2002 年后期的 10%,下降到 2005 年中期的 2.5%,同时美国的长期利率已经几乎与短期利率相同,特别是随着美联储继续推进其提高短期借贷成本的运动,而长期利率出人意料地回落。首先,金融投机已经引起不动产的狂热,这史无前例地成为全球性的了,并且历史性地推动了住房价格上涨。发达国家的住房财产的总体价值在过去五年里上升超过 30 万亿美元,达到 70 万亿美元以上,增加到几乎等同于这些国家总体 GDP 的 100%。这不仅使以前的任何住房价格繁荣望尘莫及,它也比 20 世纪 90 年代末的全球证券市场泡沫大 25%,那次全球证券市场泡沫在五年里使资产价值增长到只占这些国家总体 GDP 的 80%。《经济学家》指出:"换言之,它看起来像历史上最大的泡沫。"[80]

总之,人们有理由怀疑由于国际制造业部门的周期性过剩的持续而最终形成的对世界经济向下的压力已经充分消散——并且(或者)非制造业的生产率和利润率已经显著上升——以至于世界经济已经形成足够的动力跨越或消化泡沫消退所产生的不均衡和疲软。这特别是因为美联储继续依赖于廉价的信贷和资产价格泡沫来支撑需求,从而使经济好转,但是结果只能延缓而不能避免经济必然要对 2000—2001 年的过剩产能、利润率下降和资产价格泡沫做出反应。像预料到的一样,生产商通过削减就业、工资和资本成本来恢复利润,但是这又会对总需求形成有力的和延续性的打击。但是,由于美联储对总需求的巨大刺激——通过创纪录的家庭借贷,同时,家庭借贷又反过来依赖于失控的房屋价值上涨——它们避免了由于总购买力下降而强加到实体经济头上的大规模破产和清除现在的生产方式,总购买力下降则是由于实体经济为了恢复利润率而削减成本造成的。相反,它们企图维护现存的工厂和设备的运行,并因此导致更少地增加投资。它们不是购买额外的资本存量或增加更多的岗位,而是倾向于将它们的剩余转向股东,所以增加了提供给富人的资金,并以此推动了金融资产的投资。私人企业因此继续形成很少的总需求,但是宽松的信贷政策、财政赤字和美元下跌所提供的需求刺激正在消失。所以,这种状况推动了由世界经济实际所产生的收入和利润与它所产生的纸上的所有权物之间差距进一步扩大——东亚手中的外贸盈余和信贷增长与美国人的外贸赤字和家庭债务都是更广泛的综合征的集中体现。这种逆转可能直接导致需求增长的消失——因为公司对经济前景担忧而导致投资和(或)岗位创造下降——或者它由于住房泡沫消退、中央银行提高短期利率和

(或)借贷的长期成本面对最近几年 GDP 增长提高而上升，从而打击家庭消费并导致其下降。另外，它也可能通过美元或资产价格下降而引爆，也可能由于长期利率的上升而受到推动，它本身就是不能弥补经常项目赤字的结果。但是，不管这种逆转是失败还是成功，经济下降和新的动荡比进入长期复苏更具有可能性。

注 释

[1] 我在这里是以我自《全球动荡的经济学》出版以来已经完成的一系列的研究成果为基础的，并且有时是借用这些成果。特别参见 *The Boom and the Bubble*，London，2002，along with the "Postscript" to the paperback edition published in 2003；"New Boom or New Bubble?" *New Left Review*，no. 25，January-February 2004；"The Capitalist Economy, 1945–2000"，in D. Coates，ed.，*Varieties of Capitalism*，*Varieties of Approaches*，Basingstoke 2005；and "After Boom，Bubble and Bust：Where is the US Economy Going?" in M. Miller，ed.，*Worlds of Capitalism：Institutions*，*Economic Performance*，*and Governance in the Era of Globalization*，London and New York 2005。请与下面文章进行比较："Toward the Precipice"，*London Review of Books*，6 February 2003。

[2] "Testimony of Chairman Alan Greenspan Before the Committee on Banking，Housing，and Urban Affairs"，US Senate；The Federal Reserve Board's semi-annual monetary policy report，2 July 1998，Federal Reserve Board website. 与下面文献进行比较："Annual Report of the Council of Economic Advisers"，*Economic Report of the President 2001*，Washington，DC 2001；A. S. Blinder and J. L. Yellen，*The Fabulous Decade*，New York 2001。格林斯潘关于这一观点的回顾性阐述，可参见 "The Economy：Remarks by Chairman Alan Greenspan at the Bay Area Council Conference"，11 January 2002 and "The US Economy：Remarks by Chairman Alan Greenspan Before the Independent Community of Bankers of America"，13 March 2002，后两篇文章都可以在美联储网站上找到。

[3] 关于美国、德国、日本和 G-7 的净利润率，参见表 15—1、表 13—1、图 15—6。

[4] 关于韩国和台湾地区的发展与日本的发展之间的解不开的联系，参见 R. Castley，*Korea's Economic Miracle. The Crucial Role of Japan*，New York 1997；V. Chibber，"Building a Developmental State：The Korean Case Reconsidered"，*Politics and Society*，vol. xxvii，September 1999；T. B. Gold，*State and Society in the Taiwan Miracle*，New York 1986。

[5] UNCTAD，*Trade and Development Report*，2005，New York 2005，p. 18，figure 1.2。

[6] M. 纳普勒斯（M. Naples）和 A. 阿里法吉（A. Arifaj）对关于 1950—1997 年企业倒闭和破产企业的负债进行了系统考察。我感谢 M. 纳普勒斯使我得到这些资料。请比较 Naples and Arifaj，"The Rise in US Business Failures：Correcting the 1984 Discontinui-

ty", *Contributions to Political Economy*, vol. 16, 1997。

[7] 关于这一点及上面一段内容，参见 C. R. Henning, *Currencies and Politics in the United States, Germany, and Japan*, Washington, DC 1994, pp. 273 - 287。

[8] W. F Long and D. J. Ravenscraft, "Decade of Debt: Lessons from LBOs in the 1980s", and M. M. Blair, "Financial Restructuring and the Debate about Corporate Governance", both in Blair, ed., *The Deal Decade. What Takeovers and Leverage Buyouts Mean for Corporate Governance*, Washington, DC 1993; J. R. Crotty and D. Goldstein, "Do US Financial Markets Allocate Credit? The Case of Corporate Restructuring in the 1980s", in G. Dymski et al., eds., *Transforming the US Financial System*, Armonk, NY 1983; R. E. Litan, *The Revolution in US Finance*, Washington, DC, p. 6 and passim; L. White, *Why Now? Change and Turmoil in US Banking*, Group of Thirty, Washington, DC 1992, p. 13.

[9] J. Stiglitz, "The Roaring Nineties", *Atlantic Monthly*, October 2002.

[10] OECD, *Economic Survey. United States* 1995, Paris 1995, p. 14.

[11] Ibid., pp. 48 - 49.

[12] 关于长期衰退中世界资本主义经济的经济动力下降，参见表13—1。

[13] S. Griffith-Jones, *Global Capital Flows. Should They be Regulated?* New York, St Martin's Press 1998, p. 29, Table 2.2.

[14] S. Kim and B. Cho, "The South Korean Economic Crisis: Interpretations and an Alternative for Economic Reform", in *Studies in Political Economy*, no. 60, Autumn 1999.

[15] See W. Hatch and K. Yamamura, *Asia in Japan's Embrace, Building a Regional Production Alliance*, Cambridge, Cambridge University Press 1996; M. Bernard and J. Ravenhill, "Beyond Product Cycles and Flying Geese: Regionalization, Hierarchy, and the Industrialization of East Asia", *World Politics*, vol. xlvii, January 1995; R. Bevacqua, "Whither the Japanese Model? The Asian Economic Crisis and the Continuation of Cold War Politics in the Pacific Rim", *Review of International Political Economy*, vol. v, Autumn 1998.

[16] World Trade Organization, data set, WTO website.

[17] R. T. Murphy, *The Weight of the Yen*, New York 1996, pp. 292 - 295; J. B. Judis, "Dollar Foolish", *The New Republic*, 9 December 1996; OECD, *Economic Survey, United States 1995*, Paris 1995, pp. 54 - 58.

[18] R. T. Murphy, "Japan's Economic Crisis", *New Left Review*, new series, 1, January-February 2000, pp. 42 - 43; Bevacqua, "Wither the Japanese Model?" p. 415.

[19] Board of Governors of the Federal Reserve System, *Flow of Funds Accounts of the United States. Flows and Outstandings* (available at FRB website; Hencefore FRB, *Flow of Funds*), Table F. 107, Rest of World and Table F. 209, Treasury Securities; OECD, *Economic Survey, United States 1995*, Paris 1995, pp. 55 - 58; OECD, *Economic*

Survey. *United States 1996*, Paris 1996, pp. 49 - 51; OECD, *Economic Survey. United States 1997*, Paris 1997, pp. 73 - 75; *Economic Report of the President 2000*, Washington, DC 2000, p. 391, Table B-71.

[20] See B. Woodward, *Maestro. Greenspan's Fed and the American Boom*, New York 2000.

[21] 直到他在2001年2月13日国会作证时——公司丑闻确定会暴露证券分析和它们的预测存在倾向性的前夕——格林斯潘引用资产分析师的"三到五年收入规划",人们肯定会认为,这些分析师是从公司管理者预测"资本积累增长强劲"作为基础来得出他们的观点……甚至当经济陷入衰退时。"Testimony of Chairman Alan Greenspan before the Committee on Banking, Housing, and Urban Affairs", US Senate: Federal Reserve Board's Semi-annual Monetary Policy Report to Congress, 13 February 2001.

[22] FRB, *Flow of Funds*, Table D. 2, Borrowing by Sector; FRB, *Flow of Funds*, Table F. 102, Nonfarm Nonfinancial Corporate Business: Line 58, Financing Gap, and Lines 5 and 7, Internal Funds Plus Inventory Valuation Adjustment; Gross Equity Issues by Nonfinancial Corporations, 1984 - 2000, Federal Reserve Board unpublished time series. 我非常感谢内利·利昂(Nellie Liang)将这些关于总资产的数据提供给我。

[23] FRB, *Flow of Funds*, Table B. 100, Balance Sheet of Households and Nonprofit Organizations; D. M. Maki and M. G. Palumbo, "Disentangling the Wealth Effect: A Cohort Analysis of Household Savings in the 1990s", Federal Reserve Finance and Discussion Series, April 2001, Federal Reserve website.

[24] Brenner, *The Boom and the Bubble*, pp. 146 - 152.

[25] "The Annual Report of the Council of Economic Adviser", *Economic Report of the President 2001*, Washington, DC, January 2001, p. 61; "Testimony of Chairman Alan Greenspan Before the Committee on Banking and Financial Services, US House of Representatives: The Federal Reserve's Semi-Annual Report on the Economy and Monetary Policy", 17 February 2000, FRB website.

[26] 零售贸易和批发贸易在1993—2000年间平均年增长率分别达4.6%和5.2%的高水平,而在1982—1990年间分别增长2.2%和3.0%。金融和不动产也增长显著,在1993—2000年间平均年增长率达到2.1%,而在1982—1990年间年均增长率仅为0.2%。在其他所有的非制造业中——包括交通和公共事业、通信、建筑、采矿和各种服务业——生产率并没有增长,或者实际上在下降。Brenner, *The Boom and the Bubble*, p. 235, Table 9.2. 请注意与W. Nordhaus, "Productivity Growth and the New Economy", Brookings Papers on Economic Activity, 2002, no. 2, especially p. 233, Table 6 进行比较。

[27] Bevacqua, "Whither the Japanese Model?" p. 414.

[28] Brenner, *The Boom and the Bubble*, pp. 158 - 162, Tables 6.1 and 6.2.

[29] OECD, *Economic Survey. Japan 1998*, Paris 1998, p. 154, Figure 32; OECD, *Economic Survey. Japan 1998*, Paris 1999, p. 33.

[30] OECD, *Economic Survey. Janpan 1998*, pp. 2 - 5, 36 - 45.

[31] OECD, *Economic Survey. Japan 1999*, pp. 47-58. "如果公司在多年之前从事的一系列降低成本的行动，以应对令人失望的销售和利润结果，那么它就不会那么令人吃惊。但是，这种情况并没有出现……相反，人力成本、销售费用和管理费用在销售额中的比重不可避免地上升。结果是经常利润（recurring profit）进一步减少，吞没了从后泡沫的衰退走出的短暂复苏所出现的上升。"（p. 55）

[32] Murphy, "Japan's Economic Crisis", pp. 37ff; Bevacqua, "Whither the Japanese Model?"; OECD, *Economic Survey. Japan 1998*, pp. 2 - 5, 36 - 45; OECD, *Economic Survey. Japan 1996*, Paris 1996, p. 181, Table L; OECD, *Economic Survey. Japan 1997*, Paris 1997, p. 229, Table L.

[33] 关于这一段及下一段，参见 P. Warburton, *Debt and Delusion. Central Bank Follies that Threaten Economic Disaster*, London 2000, pp. 263 - 266; OECD, *Economic Survey. United States 1999*, Paris 1999, pp. 43 - 55。

[34] 根据负责协调这次救助的纽约委员会主席威廉·麦克多诺（William McDonough）的说法："存在这样一种可能，即大量的借贷和利率市场将经历极端的价格变动，可能在一天或多天，也可能在更长时间里不能运作。这也会导致一个恶性循环：投资者信心丧失，导致私人信贷大量出逃，导致借贷利差（credit spread）进一步扩大，进而导致进一步斩仓（liquidations of positions），等等。" "Statement by William J. McDonough, President, Federal Reserve Bank of New York, Before the Committee on Banking and Financial Services, US House of Representative, 1 October 1998", FRB website. 如果想了解金融界在这个时候所弥漫的恐慌，可参见一位内部人士的阐述：M. Mayer, *The Fed*, New York, Free Press 2001, pp. 4 - 14。

[35] "美国经济已经出现特殊的情况……各方面的配合特别是微处理器、激光、光学纤维和卫星技术之间的协同已经形成，从而显著提高了体现这些协同的各种类型装备的潜在回报率"，所以，"近年来资本收益的显著扩大就是源于众多技术在20世纪90年代产生的协同作用"。"High Tech Industry in the US Economy: Testimony of Chairman Alan Greenspan Before the Joint Economic Committee, US Congress", 14 June 1999 and "State of the Economy: Testimony of Chairman Alan Greenspan Before the Committee on Ways and Means, US House of Representatives", 20 January 1999, both at FRB website. 请注意与"[T]he process of recognizing the greater value [of our capital stock] has produced capital gains in the equity markets" 进行比较。

[36] IMF, *International Capital Markets. Developments, Prospects, and Key Policy Issue*, Washington, DC September 2000, p. 12; OECD, *Economic Survey.United States 2000*, Paris 2000, p. 69, Table 11.

[37] IMF, *World Economic Outlook. Fiscal Policy and Macroeconomic Stability*, Washington, DC, May 2001, p. 59.

[38] USB Warburg, *US Hard Landing—European Outperformance?* London, July

2000; USB Warburg, *Global Economic Perspectives*, London, 19 April 2001; Bank for International Settlements, *71st Annual Report 1 April 2000 – 31 March*, 2001, Basel, 11 June 2001, pp. 12, 13, 43.

[39] 参见"The Annual Report of the Council of the Economic Advisers" for 2001。这个报告尽管直到2000年12月才完成，但是它表现了对新经济的得意洋洋的赞美，承认前五年实体经济和金融经济的表面繁荣，并认为金融市场在引领高新技术发展中具有革命性的作用。*Economic Report of the President 2001*, especially pp. 65 – 67, 106 – 110.

[40] Bank for International Settlements, *71 st Annual Report*, p. 103, Table Ⅵ.1, as well as underlying data provided by the Bank for International settlements. 电信行业在技术上并没有被纳入制造业部门，尽管它的配件的生产者是制造业者。

[41] "由于大量的过剩产能，特别是亚洲的过剩产能，世界在计算机芯片、钢铁、汽车、纺织和化工等领域受到生产过剩的冲击……这些领域的过剩问题不可能很快得到解决，因为拥有现金链的公司有动力使工厂运行下去以产生经济收入，甚至在亏损的情况下。这种情况在全球扩散会无情地降低价格。货币贬值不会使过剩产能消失，它只能将这个问题转移给其他人。""Could It Happen Again?" *The Economist*, 22 February 1999. 一个非常类似的观点参见 Bank for International Settlements, *69th Annual Report 1998 – 1999*, Basel, 7 June 1999, pp. 5, 146。

[42] *Wall Street Journal*, 16 August 2001.

[43] "Index of US Housing Prices", Office of Federal Housing Enterprise website.

[44] FRB, *Flow of Funds*, Table D. 2, Borrowing by Sector.

[45] Steve Galbraith et al., "Bank of America" and "Fading Fog" in Morgan Stanley US and the Americas Investment Research, 21 June 2001 and 21 September 2003 respectively.

[46] D. Baker, "The Run-Up in Home Prices: Is it Real or Is It Another Bubble?" Center for Economic Policy Research, 5 August 2002, CEPR website.

[47] FRB, *Flow of Funds*, Table B. 100, Balance Sheet of Households and Nonprofit Organizations.

[48] 这里关于资产增值抵押借款的数据是由美联储提供的。经济网（Economy. com）计算住房对GDP增长的贡献，是运用宏观经济模型体系的模拟结果为基础的。我要感谢经济网的首席经济学家马克·赞迪（Mark Zandi），他友好地将两套数据提供给我。参见 M. Zandi, "Through the Roof", *Regional Financial Review*, November-December 2004, p. 16 and note 2。

[49] D. Baker, "The Housing Bubble Fact Sheet", Center for Economic Policy Research, July 2005, CEPR website.

[50] D. Baker and D. Rosnick, "Will a Bursting Bubble Trouble Bernanke? The Evidence for a Housing Bubble", Center for Economic Policy Research, November 2005, especially p. 7, Figure 1, CEPR website; "Still Want to Buy? Global Houses Prices", *The*

Economist，5 March 2005；S. Cecchetti，"Housing Binge Will Have an Inflation Hangover"，*Financial Times*，19 December 2005.

［51］Baker，"Bursting Bubble"；Cecchetti，"Housing Binge"；"Still Want to Buy."

［52］FRB，*Flow of Funds*，Table 1.1 Credit Market Debt Outstanding；"The Global Housing Boom：In Come the Waves"，*The Economist*，16 June 2005；and Zandi，"Through the Roof."

［53］World Trade Organization Database.

［54］关于这一段和上一段的内容，我要感谢 N. R. Lardy，"The Economic Rise of China：Threat or Opportunity?" in Federal Reserve Bank of Cleveland，*Economic Commentary*，1 August 2003（available online）；N. R. Lardy，"The Economic Future of China"，in Asia Society，*Resources*，2005（available online）；N. R. Lardy，"Trade Liberalization and its Role in Chinese Economic Growth"，International Monetary Fund，14-16，November 2003（available online）；G. J. Gilboy，"The Myth Behind China's Miracle"，*Foreign Affairs*，July-August 2004. 参见 A. Glyn，"Imbalances of the World Economy"，*New Left Review*，no. 34，July-August 2005。

［55］"US Manufactures Imports from Individual Countries" in "Aggregate Foreign Trade Data，Foreign Trade Highlights"，US Office of Trade and Economic Analysis website.

［56］United Nations Conference on Trade and Development，"Overview" *World Investment Report 2005*，New York，2005，p. 2，Table 1.

［57］"Asian Demand Lifts Japan's Trade"，*BBC News UK Edition*，26 May 2004（online）.

［58］中国出口对美国市场的直接或间接的依赖在 2001 年得到明显的证明，当时美国衰退和随后出现进口大幅下降是与中国出口增长惊人下降相伴的，中国平均每年出口在 1990—2000 年间增长接近 16％，而 2001 年出口增长下降到 6％。但是，注意这不能替代对中国经济发展的深层面原因的分析——与仅仅分析出口增长相对立——我并不想伪称要在这里提供分析。

［59］FRB，*Flow of Funds*，Table F. 107，Rest of the World.

［60］美国中央银行的利率已经高于欧洲，所以吸引了对以美元计价的债券的投资，这些因素无疑可能防止美元贬值。美国 GDP 和生产率增长在过去几年里确实比欧元区国家高。IMF，*Global Financial Stability Report*，September 2005，pp. 16-18. 另外，还不清楚的是后者实际上推动美元，因为没有证据表明欧洲的（或者其他国家的）私人货币（private money）已经流入到美国资产或直接投资，特别是在净资产或净投资的基础上。所以，并不明确的是美国政府债券的更大的边际回报如何超过美元贬值的明显风险并使货币流入到美国。

［61］这些关于国外持有美元的数据明显高于美国财政部标准报告中的数据。后者低估了这些国家的中央银行从美国购买的国库债券，因为这其中的许多国库债券是由于行政相对人（private parties）作为中央银行的代理人来购买的。这些国家中央银行以美元计算的储备

的实际增长可以准确确定，因为它们每年都由这些国家的中央银行向国际清算银行报告。参见 N. Roubini and B. Setser, "Will the Bretton Woods 2 Regime Unravel Soon? The Risk of Hard Landing in 2005 – 2006", New York University, unpublished manuscript, 2005, p. 1, available at Roubini Global Macro website。请注意与 M. Higgins and T. Klitgaard, "Reserve Accumulation: Implication for Global Capital Flows and Financial Markets", *Current Issues in Economics and Finance*, vol. x, no. 10, Federal Reserve Bank of New York, September-October 2004 的比较。

[62] Roubini and Setser, "Will the Bretton Woods 2 Regime Unravel Soon?" pp. 5 – 10.

[63] 这还没有考虑到人民币升值对美国在中国的公司重新出口到美国市场所产生的损失。

[64] 确实，中国与 20 世纪 90 年代的大多数的东亚经济存在着不同，它在金融市场上并没有开放，所以保持着那些国家经济所缺乏的王牌。另外，它有限制外国货币流入和流出的制度是一回事；在迫使人民升值和随之产生的金融资产抬高的压力下，它实际上阻止外国货币流入和流出是另一回事。

[65] 在 1990—1995 年间，美国 GDP 增长实际上与在 2000—2005 年间的情况相同。

[66] 唯一的例外就是关于每个就业人员的 GDP，在这方面美国和日本在 2000—2005 年间要比在 1990—1995 年间要好一些。

[67] 感谢道格·亨伍德（Doug Henwood）关于这些数据的计算。

[68] 健康服务业的大力扩张表明美国医疗成本的新的上涨，同时给健康维护组织 CHMOs 和保险带来大量利润，这对经济其他部门来说带来越来越难以承受的负担。

[69] 另外，非金融部门的利润率明显被高估了。公司利润的基本数据不仅由机构也由公司收集，而机构和公司又被经济分析局划分为金融的或非金融的。但是，因为一些主要的公司如通用电气公司、通用汽车公司和福特公司，被经济分析局归为非金融公司，但是这些公司在近些年通过金融运作获得了大量利润，而这部分利润被经济分析局当做非金融部门的利润，名义上的非金融利润挤占了金融利润而被误导性地扩大了。另外，在 2005 年末，公司养老金计划（corporate pension plans）的资金缺口总共达到 4 500 亿美元，至少在形式上是对未来公司利润的大量扣除。R. Lowenstein, "The End of Pensions", *The New York Times*, 30 October 2005.

[70] R. Gordon, "America Wins the Prize with a Supermarket Sweep", *Financial Times*, 20 August 2003.

[71] A. Aston and M. Arndt, "A Head of Steam on the Factory Floor", *Business Week*, 8 August 2005.

[72] 在 2005 年后期，德尔福公司（Delphi）（这个美国最大零部件制造商）和西北航空公司（Northwest Airlines），似乎能够迫使它们的工人接受将每小时工资从 25～30 美元降低到大约 15 美元，而通用汽车公司（GE）每年获得工人在健康津贴方面的让步达到数百万美元。这样大规模的让步在战后时期是前所未有的，但是这些似乎在可预见的未来可能更加普遍。

[73] IMF，"Global Imbalances：A Saving and Investment Perspective"，*World Economic Outlook. Building Institutions*，September 2005。也可参见 Bank for International Settlements，*75th Annual Report 1 April 2004—31 March 2005*，Basel，27 June 2005。

[74] 例如，参见 "The Great Thrift Shift：A Survey of the World Economy"，*The Economist*，24 September 2005；关于储蓄下降，参见 "Global Imbalances：A Saving and Investment Perspective"，p. 92，Figure 2.1。当然，无法否认的是，亚洲和欧佩克（OPEC）对以美元计价的资产的购买有助于压低美国的利率。

[75] FRB Flow of Funds，Table F. 213 Corporate Equities（FRB website）；BEA NIPA 1. 14 and Fixed Asset Tables 4. 7；T. Petruno，"Buyback Surge is Stoking Debate"，*Los Angeles Times*，17 August 2005.

[76] J. Loeys et al. ，*Corporate Are Driving the Global Savings Glut*，JP Morgan Research，JP Morgan Securities Ltd，24 June 2005（online）；R. Miller et al. ，"Too Much Money"，*Business Week*，11 July 2005；"The Great Thrift Shift"。

[77] S. Roach，"China Slowdown—Early Not Wrong"，Morgan Stanley Global Economic Forum，2 December 2005，as well as A. Xie，"China：The Slowdown Has Begun"，and "Towards a Deflationary Landing"，Morgan Stanley Global Economic Forum，2 August and 23 November 2005，available at Morgan Stanley web site.

[78] "Still Gushing Forth：The World Economy"，*The Economist*，5 February 2005；"Central Banks Move to Mop Up Excess Cash"，*Reuters*，1 December 2005.

[79] 罗伯特·夏德（Robert Shiller）根据时间顺序进行了计算，伦敦的咨询机构史密瑟斯与康普尼（Smithers and Company）进行了更新，该公司友好地将其送给了我。这是市盈率的计算，比没有调整的要高一些，因为它以过去经济周期的历史资料为基础，它预期利润增长将随着周期延长而下降。

[80] "Global Housing Boom"。

附录 Ⅰ
利润率和生产率增长：界定与来源

Ⅰ. 利润率

私人经济及其相应产业中的利润率

ⅰ）如果不说明，利润率（r）常常指的是净利润率，标准地界定为净利润与净资本存量之比。净利润等于增加的净增加价值减去补偿数额和间接营业税，净增加值等于总的增加值减去磨损或资本消耗。资本存量等于工厂和设备（在美国还包括软件），同时，如果不说明，资本存量在本书中一般是指非居住性的。所以，r=P/K。

利润份额（P/Y）是利润（P）与产出或增加值（Y）的比率。产出—资本比率 Y/K 是产出或增加值 Y 与资本存量（K）的比率。通过分解，利润份额率等于利润份额乘以产出—资本率。所以，r=P/Y × Y/K。

ⅱ）如果不具体说明，补偿和工资指的是工资加上津贴。应该注意的是，补偿在计算利润率的情况下不仅包括雇员的补偿，而且包括"自我经营的补偿"。自我经营因此是根据每小时或每人以同一比率将补偿发给在它们行业中或相关的集体雇员。自我经营补偿等于雇员的每小时或每人的补偿乘以自我经营的小时或自我就业的人数（等同全日制）。

ⅲ）如果不具体说明，利润一般将间接营业税排除，但是包括公司所得税。

利润所以被界定为磨损、补偿以及间接营业税后的剩余。这意味着它包括支付的净利息。所以，"利润"这个术语如果不具体说明，如"利息的净利润"、"利润减去利息"，"不包括利息的利润"等，它常常意味着包括净利息。

ⅳ）利润率一般是为"私人经济"或"私人商业经济"或一个具体的主要产业而界定的，如果不具体说明，私人经济常常是非农业的和非住宅的，意味着将农业和住宅部门的增加值排除在外。政府企业的增加值也被排除在外。有时，利润率（以及其他数据）是为"商业经济"界定的，商业经济指的是非农经济减去政府部门，但包括政府企业。

美国利润率：私人经济与具体产业

如果不具体说明，下面是美国私人和具体产业（特别是制造业）的利润率数据的主要来源：

ⅰ）劳动统计局（Bureau of Labour Statistics），关于商业经济和非农商业经济的资料，如果索取可以提供。

ⅱ）经济分析局（Bureau of Economic Analysis），"产业部门的总产品"（Gross Product Originating by Industry）可以在BEA网站上找到。

ⅲ）经济分析局，固定资产表（Fixed Asset Tables）可以在BEA网站上找到。

美国利润率：标准产业分类系统和北美产业分类系统

在2002年，美国经济统计机构从标准产业分类系统（the Standard Industrial Classification System，SIC）转向了北美产业分类系统（the North American Industry Classification System，NAICS）。如果不具体说明，2001年的利润率数据是基于标准产业分类系统的数据。如果不具体说明，2001年之后的利润率数据是基于北美产业分类系统的数据。

美国利润率：公司部门、非金融公司部门和制造业公司部门

ⅰ）有时利润率界定为公司部门（the Corporate Sector），或者界定为金融公司部门（the Corporate Financial Sector），或者界定为非金融公司部门（the Non-Financial Corporate Sector）（即将金融部门排除的公司部门），或者界定为制造业公司部门（the Corporate Manufacturing Sector），或者界定为非金融非制造业的公司部门（the Corporate Non-Financial Non-Manufacturing Sector）（即将非金融的公司部门减去制造业的公司部门）。这些利润率像上述界定的一样，也是净利润率。如果不具体说明，利润率常常是在资本损耗调整和库存估价调整之后的。如果不具体说明，它们常常是公司所得税前的。

ⅱ）计算公司部门和非金融公司部门的净利润率的基本来源是经济分析局，NIPA Table 1.14。这里的净利润是资本损耗调整和库存估价调整之后的。这里的"净利润"像上面一样界定为——即增加值减去补偿、资本损耗

和间接营业税——但是它们是净利息。所以，有必要将"净利润"和"净利息"加起来来衡量像上述私人经济和它的相应的产业的利润。如果不具体说明，公司部门和非金融公司部门利润率常常是"净利润"加上净资本存量的"净利息"。公司部门和非金融公司部门的净资本存量能在经济分析局的固定资产表中找到，BEA网站上有这些数据。

ⅲ）从标准产业分类系统转向了北美产业分类系统会带来复杂性，因为在NIPA统上Table 1.14的数据是到2000年以标准产业分类系统形式出现，而2001年之后以北美产业分类系统形式出现。我在分析非金融公司部门利润率的数据时，选择将2001年之后以北美产业分类系统形式为基础的利润率，转为到2000年的标准产业分类系统的利润率，而不是仅仅将后者附在前者上。这不会产生什么影响，因为公司部门和非金融公司部门在两个分类系统中非常相似。

ⅳ）计算制造业公司部门的利润率具有某些困难，因为经济分析局提供的制造业公司部门的"利润"——是以"形成于工业的总产品"和NIPA Table 6.16为基础——是没有进行资本损耗调整的。因为在战后时期税收法律的变化影响到制造业公司所称的它们的资本损耗补偿，制造业公司的利润率数据从长期看并不相一致，更具体地说，制造业公司提供的利润长期看是越来越低。我运用公司和准公司部门即排除自我经营的部门的"形成于工业的总产品"的数据，"从零开始"计算制造业公司的利润率。制造业部门的所有公司实际上都是法人，所以这样做就可行。将"从零开始"计算的利润率与运用"形成于工业的总产品"（没有进行资本损耗调整）数据中的制造业公司的利润率而计算的战后的早些年（在税法变化之前）的利润率进行对比，也证明了这一点，而且发现这些几乎都是一样的。经济分析局很好地提供了关于制造业公司资本存量和资本损耗的时间序列。我要感谢谢尔比·赫尔曼（Shelby Herman）给我提供这些资料。

日本的利润率

计算私人经济的利润率的资料来源如下：

ⅰ）OECD, *National Accounts*, Volume Ⅱ, Detailed Tables; OECD, *Flows and Stocks of Fixed Capital*. 这些最新的资料都可以在新的"STAN"系列中找到。

ⅱ）日本经济与社会研究所（Japanese Economic and Social Research Institute），国民收入核算系统（System of National Accounts）。这可以在国民收入核算系统网站http://www.esri.cao.go.jp/en/sna/menu.html上找到。

日本制造业部门的利润率系列依赖于下面来源：

ⅲ）制造业净资本存量，当前和固定价格，1955—1991 年，"Data on Japanese Manufacturing Capital"，28 February 1996；我感谢 BLS 主任爱德华（Edward）向我提供这些系列资料。

ⅳ）制造业净资本存量，当前价格（1955—2003 年），在日本财务省，产业财务报表统计局的历史数据中可以查到。这可以在财务省网站 http：//www.mof.go.jp/English/files.htm 上找到。

ⅴ）"Underlying Data for Indexes of Output per Hour, Hourly Compensation, and Unit Labour Costs in Manufacturing , Twelve Industrial Countries, 1950—2004"，可以向 BLS, Office of Productivity and Technology 索取。我要感谢约翰·罗杰斯（John Rodgers）在我搜集日本的利润率系列资料的过程中对我提供的帮助。

德国的利润率

OECD, *National Accounts*, Volume Ⅱ, Detailed Tables; OECD, *Flows and Stocks of Fixed Capital*，这些最新的资料都可以在新的"STAN"系列中找到。

对于 1950—1960 年和 1990—2000 年的资料，我依赖于德国国民核算的系列数据，这是温迪·卡林（Wendy Carlin）和安德鲁·格林（Andrew Glyn）慷慨提供给我的。

Ⅱ. 生产率增长

ⅰ）如果不具体说明，生产率一般是劳动生产率。它被界定为每小时或每人的实际增加值。

ⅱ）如果不具体说明，生产率的测量是为美国私人经济或者类同于私人商业部门而设定的，它是针对非农的非住宅的私人经济。

ⅲ）如果不具体说明，为美国私人经济和单个的产业如制造业的利润率测量是以"形成于工业的总产品"中提供的实际增加值指数和劳动统计局提供的小时数为基础。

ⅳ）关于美国生产率的数据常常是针对"商业经济"，它指的是非农的商业经济。劳动统计局在它的关于商业经济文献库中提供这些资料。商业经济的实际增加值几乎等同于上述界定的私人的实际增加值，但也有不同，即商业经济包括政府的企业。

ⅴ）如果不具体说明，德国和日本的私人经济或私人商业部门生产率的测量，运用实际增加值的数据或指数，并且 OECD，*National Accounts*，Volume Ⅱ，Detailed Tables 向所有人提供数据。

ⅵ）美国、德国和日本的制造业生产率的数据是由劳动统计局直接提供的。Program on Foreign Labor Statistics, in "International Comparisons of Manufacturing Productivity and Unit Labor Cost Trends"，发布的消息可以在劳动统计局网站中找到。

ⅶ）劳动统计局发表的关于美国产业的实际增加值只能追溯到 1977 年。对于 1950—1977 年，我依赖于未发表的、非官方的关于制造业和非制造业的实际增加值的系列资料，这些是由劳动统计局的生产率和技术部门（the BLS Office of Productivity and Technology）的比尔·格利克森（Bill Gullickson）提供给我的。我对比尔·格利克森给我提供这些资料表示感谢。

ⅷ）经济分析局并不发表关于私人的非农部门或私人的非农非制造业部门的实际增加值的数据。所以，我依赖于经济分析局的布赖恩·莫耶（Brian Moyer）和埃里克·斯特拉纳（Erich Strassner）为我提供变量的非公开的资料。我感谢他们给我提供这些资料。

附录 II
主要变量的来源

I.关于美国、德国和日本的国内经济的数据

美　国

如果不具体说明,下面是所列出的变量(有一些是重复的)的来源:

ⅰ) 美国商务部 (US Department of Commerce),经济分析局,"来自于工业的总产品",按当年价值计算的 GDP,1947年至今,按年重订求数及环比连接法计算的 GDP,1977年至今,经济分析局网站;名义增加值;对雇员的名义补偿;间接营业税;所有者收入;政府企业的产出;公司利润(加资本损耗和库存估价调整额);公司净利息;实际增加值;所有个人(FTE);雇员(FTE)

ⅱ) 美国劳工部 (US Department of Labour),劳动统计局,"工业分析比率"和"基本工业数据":非农的商业;制造业;非金融公司部门;总的经济;所有个人和雇员,1949年至今(数额和每人变化);名义增加值;名义补偿;实际增加值;工作时间;每小时补偿;实际每小时补偿;每小时增加值(劳动生产率);消费价格指数;就业。索取可以得到。

ⅲ) 美国商务部,经济分析局,国民收入与产品核算,经济分析局网站(数据加上每人季度变化和年度变化):名义和实际的 GDP;名义和实际的总的私人固定的非住宅投资(结构、设备和软件);名义和实际的个人消费支出(耐用品,非耐用品,服务)。个人消费支出、总的私人的非住宅的投资、总的私人的住宅投资、商品和服务的出口和政府支出对于实际总的国内产品中每人变化的贡献。

ⅳ) 美国劳工部,劳动统计局,实际的增加价值的制造业和非制造业指数,1950年至今。非公开发表的资料是由比尔·格利克森(参见上面附录 I

关于利润率与生产率增长部分)。

ⅴ) 美国商务部, 经济分析局, 固定资产表, 经济分析局网站: 净资本存量的当前和不变价格, 固定资本的损耗的当前和不变价格, 总投资的当前和不变价格

ⅵ) 美国劳工部, 劳动统计局, 劳动统计局网站: 就业形势发布的"B"表中的历史数据, 在当前就业统计概况中的就业、收入和工作时间: 生产和非管理者工人的收入; 总的经济, 私人部门; 总体经济中的就业, 私人非农部门以及根据产业分类的经济情况。

我要感谢劳动统计局的埃德温·迪安（Edwin Dean）、约翰·格拉泽（John Glaser）、比尔·格利克森、迈克·哈珀（Mike Harper）、菲利斯·奥托（Phyllis Otto）、拉里·罗森布拉姆（Larry Rosenblum）和史蒂夫·罗森（Steve Rosenthal）以及经济分析局的迈克·格伦（Mike Glenn）、谢尔比·赫尔曼、兰德尔·马特逊纳加（Randal Matsunaga）、布赖恩·莫耶、肯·彼得里克（Ken Petrick）、乔治·斯密（George Smith）、埃里克·斯特拉纳（Erich Strassner）和鲍勃·尤斯卡瓦吉（Bob Yuskavage）帮助提供这些数据。

ⅶ) 总统经济报告, 华盛顿（年度）: 失业率, 制造业能力利用; 实际政府消费支出; 消费价格指数; 货币供给; 利息率; 联邦、州和地方政府当前收入与支出。

ⅷ) 美国贸易与经济分析局, 对外贸易重点, 总的对外贸易数据: 商品出口, 商品进口, 商品贸易平衡; 服务出口, 服务进口, 服务贸易平衡; 制造业出口, 制造业进口, 制造业贸易平衡; 对单个国家的出口, 从单个国家的进口, 与单个国家的贸易平衡; 对单个国家的制造业出口, 从单个国家的制造业进口, 与单个国家的制造业贸易平衡。

ⅸ) 联邦储备, 工业生产与生产能力利用, Table G.17: 制造的生产、生产能力和生产能力利用的历史数据; 制造业的生产、生产能力和生产能力利用的历史数据。

德国和日本

ⅰ) OECD, *National Accounts*, Volume Ⅱ, Detailed Tables, 1960—1994: 按照行业; 增加的价值, 当前和不变价格; 雇员的补偿; 间接营业税; 所有工作人员; 雇员。

ⅱ) OECD, *Flows and Stocks of Fixed Capital*, 直到1960年的各期: 私人经济, 制造以及服务; 资本总存量和净存量的当前和不变价格; 固定资

本损耗的当前与不变价格；总投资的当前与不变价格。

也可参见本书附录Ⅰ中关于利润率与生产率增长的内容。

Ⅱ．关于美国、德国和日本的国内经济比较的数据

ⅰ）OECD，*Economic Outlook*，Paris（semi-annual）：年度的单位变化；名义和实际的GDP，私人；消费紧缩；实际总的私人非住宅固定资本形成；失业率；政府资金平衡；政府结构平衡。

ⅱ）美国劳工部，劳动统计局，"制造业生产率和单位劳动成本趋势的国际比较，15个国家，1950年至今"，在劳动统计局网站：总的工作日，就业，实际每小时产出，实际每人产出，以本国货币计算的每小时补偿，名义的每小时补偿，以美元计算的每小时补偿，以本国货币计算的单位小时成本，以美元计算的单位小时成本。

ⅲ）美国劳工部，劳动统计局，"制造业生产工人的每小时补偿成本的国际比较，29个国家，1975年至今"，在劳动统计局网站：制造业中对生产工人的以美元计算的每小时补偿成本；制造业中对生产工人的以美元计算的每小时补偿成本的每年单位变化。

ⅳ）美国劳工部，劳动统计局，"劳动力统计的国内比较，10个国家，1959年至今"，在劳动统计局网站：国内劳动力的就业与失业；以经济部门划分的国内劳动力。

Ⅲ．关于国际变量的数据

ⅰ）国际货币基金组织的数据档案：美国、德国、日本，1950—1994年；商品和服务的实际出口增长；商品和服务的实际进口增长；出口价格增长率；进口价格增长率；世界出口的单位份额；商品和服务的名义出口额与名义GDP之比；商品和服务的出口额与GDP（调整后的价格）之比；以美元计算的相互之间进口与出口增长；相互之间的贸易平衡。

朝鲜、台湾地区、新加坡和香港，1950—1994：实际出口增长，世界出口的单位份额，向美国出口的增长，美国总的进口的单位份额，向美国、德国和日本以美元计算的出口的增长，向美国、德国和日本以美元计算的进口的增长。

我要感谢国际货币基金组织的斯塔芬·戈恩（Staffan Gorne）和皮特·克莱达拉斯（Pete Kledaras）向我提供这些数据。

ⅱ）国际货币基金组织国际金融统计，华盛顿（月份和年度）：美国、德国、日本和其他国家；名义上的有效汇率，相对于美元的汇率；商品出口的价值和数量；服务出口的价值和数量；商品和服务出口的价值和数量；商品进口的价值和数量；服务进口的价值和数量；商品和服务进口；价值与数量；商品出口价格；商品进口价格；商品和服务价格。

ⅲ）OECD，*Economic Outlook*，*Paris*（semi-annual）：美国、德国、日本和其他国家；出口数量，进口数量，单位相对劳动成本，世界出口中的份额，世界进口中的份额，贸易平衡，经常项目平衡在 GDP 中所占的百分比。

译后记

罗伯特·布伦纳是当代美国著名的马克思主义主义者、经济学家和历史学家。现为加州大学洛杉矶分校历史学教授，社会理论与比较历史研究中心主任。布伦纳的主要著作有《商人与革命》(1985)、《繁荣与泡沫：全球视角中的美国经济》(2002)、《全球动荡的经济学》(2005)等。布伦纳在西方马克思主义理论界具有十分重要的影响，也是20世纪70年代末以来十分活跃的理论家。布伦纳与科亨、埃尔斯特及罗默等人是标志着"分析马克思主义"成立的"9月小组"成员。同时，布伦纳的观点与一些西方马克思主义者的观点不同，因此常常有人将其理论与艾伦·伍德的理论并称为"政治马克思主义"，国内学术界在这方面的研究成果参见鲁克俭、郑吉伟的《布伦纳的政治马克思主义评析》[载《当代世界与社会主义》，2006(2)]等。布伦纳认为资本主义的发展并不是农民阶级斗争胜利的结果，更不是资产阶级出现而导致的结果。资本主义是英国阶级斗争的非自愿的结果。也因为如此，封建主义到资本主义的过渡问题在很长时期成为西方学术界讨论的重要问题，有的学者将其称为"布伦纳争论"。1987年，T. H. 阿斯顿和C. H. E. 菲尔平编辑出版了《布伦纳争论：前工业时期欧洲的发展》一书，反映了西方学者对布伦纳的思想的回应。

《全球动荡的经济学》最初作为关于世界经济的特别报告发表于《新左派评论》1998年5—6月号，后来作者进行了修改并增加了新的材料，于2006年以书的形式出版。《全球动荡的经济学》出版以后，一时成为欧美一些大学的学者之间的研讨会和研究生课堂讨论的重要主题。西方一些知名的左派学者撰文对《全球动荡的经济学》进行研究和评论，其中突出的有约翰·B·福斯特的《过度竞争是根本问题吗?》，本·法因、考斯塔斯·拉珀维萨斯和迪米里斯·米勒纳吉斯的《讨论世界经济：后退两步》，大卫·麦克南尼的《世界经济中的动荡》等。目前，《全球动荡的经济学》已经被翻译成西班牙语等多种语言。

《全球动荡的经济学》的重要现实意义在于它以美国、欧盟（包括它成立之前的德国、法国、英国等国家）和日本这三大经济体为主要分析对象，阐述了发达资本主义国家经济从1945年到2005年由长期繁荣到长期衰退的演变过程。西方主流经济学在近几十年里越来越走向数学化和模型化，因此其与现实世界相脱离的问题常常受到包括少数主流经济学家在内的西方学者的诟病。"西方马克思主义"在一些西方学者看来（如佩里·安德森在《西方马克思主义探讨》中所说的）主要从事脱离实际的哲学研究。《全球动荡的经济学》既不同于西方主流经济学也不同于"西方马克思主义"，它以大量数据和极为详细的资料为基础，对当代发达资本主义国家经济之间的竞争和发展态势进行了深入研究。

值得注意的，如亨里克·格罗斯曼在出版《资本主义制度的积累规律与崩溃：危机理论》几个月之后资本主义世界爆发1929—1933年经济危机一样，《全球动荡的经济学》作为著作出版之后，资本主义国家在2008年发生了自大萧条以来最严重的经济危机。所以，《全球动荡的经济学》在经济危机期间和所谓的"后危机时代"受到西方学者更大的关注。《新左派评论》2008年11—12月号专门开辟了"布伦纳专题讨论"栏目，认为在"很少有经济学家具有历史的眼光，很少有历史学家受过经济学训练"的背景下，《全球动荡的经济学》"仍然是一道历史性的风景"，并发表了分别来自英美国家、欧洲大陆国家和亚洲的三个著名学者评论和研究该书的文章：尼科拉斯·科拉夫斯的《末日的利润？》、密切尔·阿吉利塔的《经济增长体制》和山村光山的《请给出更多的体制！》。从这个意义上说，《全球动荡的经济学》对于我们正确认识当代发展资本主义经济自第二次世界大战以来的发展历史和未来走势，理解全球化背景下世界经济的矛盾及其解决办法，具有重要的参考价值。当然，布伦纳的观点并不一定正确，特别是关于中国经济发展和人民币汇率的某些看法只是其一家之言，具有一定的片面性。

《全球动荡的经济学》的重要理论意义在于探索利润率趋于下降的规律在当代资本主义条件下的表现及发展趋势。马克思指出资本主义社会存在着利润率趋于下降的规律，并指出"这从每一方面来说都是现代政治经济学的最重要的规律，是理解最困难的关系的最本质的规律。从历史的观点来看，这是最重要的规律"[①]。同时，要想真正将利润率趋于下降规律揭示出来并能够使其为广大民众理解，不仅需要掌握马克思主义基本经济理论，而且需要勇

---

① 《马克思恩格斯全集》，中文2版，第31卷，148页，北京，人民出版社，1998。

气和探索的精神。马克思在 19 世纪 50 年代指出"这一规律虽然十分简单，可是直到现在还没有人能理解，更没有被自觉地表述出来"[1]。在资本主义与 19 世纪相比发生重大变化（突出地体现在垄断和国家作用的增加、经济全球化、非制造业所占的比例越来越大等）的背景下，将利润率趋于下降规律"自觉地表述出来"是十分重要而又艰巨的历史任务。布伦纳在《全球动荡的经济学》中分析了资本主义国家经济之间的竞争，阐述发达国家经济自 20 世纪 70 年代中期以来长期衰退背后的利润率下降的根本问题。

据有的媒体报道，西方发达国家在 2008 年经济危机期间，《资本论》成为畅销书，许多人将它当成馈赠亲友的礼品书。德国柏林的一家出版社在该年的《资本论》销售量是 1990 年的 100 倍。马克思在《资本论》第 3 卷中分析了资本家之间的竞争，详细阐述了平均利润率的形成和利润率趋于下降的规律，从而得出资本主义必然出现经济危机的趋势。布伦纳沿着这一思路，认为由于资本主义国家之间（主要体现在先发展起来的国家与后起的国家之间）的竞争，再加上它们推行凯恩斯主义，发达国家出现了制造业的产能过剩和生产过剩，整个经济体制资本回报率出现严重而无可挽回的下降，资本积累和总需求因此长期疲弱，结果是这些国家陷入长期衰退。布伦纳运用他的理论分析了近三十年来发达资本主义国家出现的所有经济危机，包括（他在该书中文版序言分析的）2008 年经济危机。西方的一些左派学者批判布伦纳的观点。例如，本·法因等人认为《全球动荡的经济学》至少存在三个方面的缺陷：布伦纳对资本主义竞争和积累的理论分析体现的是亚当·斯密和主流经济学而不是马克思主义的本质；布伦纳忽视了货币在资本主义危机中的作用；他完全忽视了生产和金融的国际化。一些西方学者批判布伦纳没有坚持马克思的理论的重要论据就是因为他没有坚持劳动价值理论，而马克思是在《资本论》第 1 卷中阐述劳动价值理论的，所以，这些西方学者的批判在某种程度上说是西方学术界在一定范围内存在的《资本论》第 1 卷和第 3 卷之间有矛盾的看法的延伸。并且，布伦纳在《全球动荡的经济学》中强调制造业利润率下降是资本主义长期衰退的根本原因（在一定程度上体现生产劳动创造价值的看法），揭示在生产和非管理岗位的工人在长期衰退中受到更大剥削，批判供给派坚持的工人工资提高会挤压利润的观点，这些都表明布伦纳在一定程度上坚持马克思主义的基本立场和思想倾向。当然，将当代资本主义的利润率趋于下降规律"自觉地表述出来"只是布伦纳的一种探索，

---

[1] 《马克思恩格斯全集》，中文 2 版，第 31 卷，148 页。

也并不完全成熟，需要包括中国学者在内的理论家在马克思主义理论基础上作进一步的努力。

2007年初，本人开始翻译《全球动荡的经济学》，从翻译初稿的完成到2010年基本定稿历时三年之久。翻译及反复修改使我付出了大量的精力，许多人的热情鼓励和帮助使我坚定了完成这项工作的决心。苗晓东翻译了本书第三、第四章的初稿，文雅和刘明翻译了本书第十章的初稿。本书作者罗伯特·布伦纳为《全球动荡的经济学》中文版专门写了序言。本书的责任编辑田芳提出了很好的修改意见，体现了她扎实的专业知识和敬业精神。在这里，我对这些为本书翻译提供支持和付出劳动的人们表示衷心的感谢。同时，《全球动荡的经济学》的翻译和出版是本人主持的国家社会科学基金"近些年西方学者对马克思和恩格斯经济学文本的研究及评析"（批准号为11BJL008）、教育部社会科学基金"20世纪80年代以来西方马克思主义经济学的主题转换与新发展"（批准号为09YJC710044）和中国人民大学"明德青年学者计划"（批准号为10XNJ019）的阶段性成果，它为最终完成这些科研项目奠定了重要的文献基础。

本书翻译虽然经历几次认真修改和推敲，但是，由于本人水平所限，翻译中肯定存在着一些不当之处，敬请读者批评指正。

郑吉伟

于中国人民大学人文楼

The Economics of Global Turbulence by Robert Brenner
First published in 2006 by Verso, London and New York
Copyright © 2006 Robert Brenner
Simplified Chinese version © 2012 by China Renmin University Press.
All Rights Reserved.

图书在版编目（CIP）数据

全球动荡的经济学／（美）布伦纳著；郑吉伟译．—北京：中国人民大学出版社，2012.3
（马克思主义研究译丛）
ISBN 978-7-300-15323-0

Ⅰ.①全… Ⅱ.①布…②郑… Ⅲ.①经济学-研究 Ⅳ.①F0

中国版本图书馆CIP数据核字（2012）第032058号

马克思主义研究译丛
全球动荡的经济学
[美]罗伯特·布伦纳（Robert Brenner） 著
郑吉伟 译
Quanqiu Dongdang de Jingjixue

出版发行	中国人民大学出版社		
社　　址	北京中关村大街31号	邮政编码	100080
电　　话	010-62511242（总编室）	010-62511398（质管部）	
	010-82501766（邮购部）	010-62514148（门市部）	
	010-62515195（发行公司）	010-62515275（盗版举报）	
网　　址	http://www.crup.com.cn		
	http://www.ttrnet.com（人大教研网）		
经　　销	新华书店		
印　　刷	北京市易丰印刷有限责任公司		
规　　格	165 mm×230 mm　16开本	版　次	2012年5月第1版
印　　张	25 插页2	印　次	2012年5月第1次印刷
字　　数	424 000	定　价	68.00元

版权所有　侵权必究　印装差错　负责调换